KARL CHRIS

VON GIBBON ZU ROSTO

KARL CHRIST

VON GIBBON ZU ROSTOVTZEFF

LEBEN UND WERK FÜHRENDER ALTHISTORIKER DER NEUZEIT

1972

WISSENSCHAFTLICHE BUCHGESELLSCHAFT
DARMSTADT

wb Bestellnummer: 6070
Schrift: Linotype Garamond, 9/11

Satz: Carl Winter, Darmstadt
Druck: Wissenschaftliche Buchgesellschaft, Darmstadt
Einband: C. Fikentscher, Darmstadt
Printed in Germany

ISBN 3-534-06070-9

Zu allen Zeiten sind es nur die Individuen, welche für die Wissenschaft gewirkt, nicht das Zeitalter. Das Zeitalter war's, das den Sokrates durch Gift hinrichtete, das Zeitalter, das Hussen verbrannte: die Zeitalter sind sich immer gleich geblieben.

Goethe, Maximen und Reflexionen, Nr. 313

INHALT

Anhang

1

EINLEITUNG

Innerhalb des Systems der wissenschaftlichen Disziplinen nimmt die Alte Geschichte eine eigenartige Stellung ein. Als Aufgabe ist dem Fach nach seinem traditionellen Selbstverständnis und nach seiner Entwicklung zugefallen, die Geschichte des Mittelmeerraumes samt seiner Kontaktzonen von der Erfindung der Schrift bis zum Ende des 6. Jahrhunderts n. Chr. auf Grund einer systematischen Auswertung der Geschichtsquellen zu erforschen und darzustellen. Darüber hinaus hat es diesen Stoff gemäß den sich wandelnden politischen und geistigen Fragestellungen der jeweiligen Gegenwart zu reflektieren. Die spezifische Stellung der Alten Geschichte wird dadurch bestimmt, daß sie einmal im Schnittpunkt der verschiedensten Disziplinen, insbesondere der Altertums- und der Geschichtswissenschaft, liegt, und daß zum anderen die Interdependenzen in Sicht und Wertung über einen besonders großen Zeitraum hinweg erfolgen.[1] Hieraus ergibt sich, daß das Fach, je nach dem Standort der Betrachtung, funktional sowohl Grund-, Hilfs- oder Nachbarwissenschaft als auch integrierende Schlüsseldisziplin werden konnte, welche versuchte, Fragestellungen und Resultate von Spezial- und Nachbarfächern wie der Epigraphik, Numismatik, Papyrologie, Sozial- und Wirtschaftsgeschichte, Kirchengeschichte, Rechtsgeschichte und anderer mehr, zu immer neuen Synthesen zu verbinden. Aus der spezifischen Stellung des Faches im wissenschaftlichen Gesamtsystem folgt aber auch, daß hier der Wechsel der Kategorien, Aspekte und Wertungen der

[1] Die allgemeine Position des Faches wird ausführlicher erörtert bei H. Bengtson, Einführung in die Alte Geschichte. [6]1969, 1 ff. und J. Vogt, Geschichte des Altertums und Universalgeschichte, in: Orbis. 1960, 362 ff. — Zur Definition aus marxistischer Sicht siehe E. Ch. Welskopf, Die wissenschaftliche Aufgabe des Althistorikers, Sitz. Ber. Deutsche Akad. d. Wiss., Klasse für Geschichte, 1965, Nr. 2.

jeweiligen Gegenwart gerade wegen der großen Distanz zum Forschungsgegenstand schärfer und reiner hervortritt als anderswo. Der Stellenwert des Faches in der Gesellschaft hing in den letzten zweihundert Jahren[2] entscheidend mit von dem Rang ab, welcher der Antike für Bildung und Kultur der einzelnen Epochen zuerkannt wurde.[3] Das Altertum ist dabei überwiegend nicht nur als eine von vielen abgeschlossenen historischen Formationen, nicht

[2] Da es eine befriedigende und ausführliche Gesamtdarstellung der Geschichte der Alten Geschichte bisher nicht gibt, ist hierfür auf folgende Werke zu verweisen: C. Wachsmuth, Einleitung in das Studium der Alten Geschichte. 1895, 1—66; K. J. Neumann, Entwicklung und Aufgabe der alten Geschichte. 1910, 26—103; Fr. Wagner, Geschichtswissenschaft 1951; M. Wegner, Altertumskunde. 1951; J. T. Shotwell, The story of ancient history. Columbia Paperback 18. 1961. Vgl. weiter die S. 353 ff. aufgeführte Literatur. Sehr nützlich sind die knappen Entwicklungsskizzen: H. Bengtson, Die neueren Forschungen auf dem Gebiet der Griechischen Geschichte, in: Griechische Geschichte von den Anfängen bis in die römische Kaiserzeit. ²1960 (Handbuch der Altertumswissenschaft III, 4), 1 ff.; ders., Die neueren Forschungen auf dem Gebiet der Römischen Geschichte, in: Grundriß der Römischen Geschichte mit Quellenkunde. I. 1967 (Handbuch der Altertumswissenschaft III, 5, 1), 1 ff.; A. Heuß, Die römische Geschichte in der Forschung, in: Römische Geschichte. 1960, 499—600. Instruktiv ist ein Vergleich mit N. A. Maschkin, Die Behandlung der römischen Geschichte von der Renaissance bis zur Gegenwart, in: Römische Geschichte. 1953, 44—78, informativ auch H. F. Graham, The significant role of the study of ancient history in the Soviet Union, Classical Weekly 61, 1967, 85—97.

Die wichtigsten modernen Einzeluntersuchungen kommen aus der Feder von A. Momigliano, Contributo alla storia degli studi classici. 1955. Secondo contributo ... 1960. Terzo contributo ... 2 Bde. 1966. Quarto contributo ... 1969. Auswahlsammlung: Studies in Historiography. 1966.

[3] Aus der umfangreichen Literatur zu diesem Fragenkreis seien hier nur hervorgehoben: P. Joachimson, Geschichtsauffassung und Geschichtsschreibung in Deutschland unter dem Einfluß des Humanismus. 1910. E. R. Curtius, Europäische Literatur und lateinisches Mittelalter. 1948. W. Rehm, Griechentum und Goethezeit. ³1952. R. Newald, Nachleben des antiken Geistes. 1960. Eine wichtige Quellensammlung hat K. Müller herausgegeben: Gymnasiale Bildung. Texte zur Geschichte und Theorie seit Wilhelm von Humboldt. 1969.

nur als eines von vielen Modellen menschlicher Erfahrung eingestuft, sondern in ein ganz besonderes dialektisches Verhältnis zur Gegenwart gestellt worden, weil es auf Grund seiner Kulturleistung für die Ausbildung einer modernen Zivilisation in Europa als notwendig komplementär erachtet werden konnte. Die frühesten schriftlichen Artikulationen des Menschen in unserem Kulturkreis, der erste Niederschlag des bewußten menschlichen Seins, die Fixierung der Erfahrungen in Politik und Gesellschaft, Geistesleben und Religion, Kunst und Wirtschaft und nicht zuletzt die Prägekraft dieser Kultur auf Nachbarräume und Folgezeit begründeten die Sonderstellung der Antike, die erst mit der Überwindung eines europazentrischen Geschichtsbildes relativiert wurde.

Die Entwicklung des Faches Alte Geschichte ist so identisch mit einem zentralen Strang der europäischen Kulturentwicklung, ihre Erforschung und Vergegenwärtigung nicht bloß von antiquarischem Interesse. Es ist nicht zufällig, daß sich unter den großen Althistorikern führende Köpfe der modernen europäischen Geschichtsforschung und Geschichtsschreibung befinden, maßgebende Methodologen wie Geschichtsphilosophen. Gewiß hat das Fach der Alten Geschichte nach seiner institutionellen Verankerung in Hochschulen und Wissenschaftsbetrieb während des letzten Jahrhunderts, wie andere Disziplinen auch, im Zuge der immer stärker werdenden Spezialisierung in zunehmendem Maße ein Eigenleben entwickelt. Gewiß hat es die Verbindungen zu wichtigen Nachbargebieten – wie der Philologie, der Nationalökonomie, den Gesellschaftswissenschaften – gelockert und über der Bewältigung der von neuen Quellen oder neuen Fragen gestellten Aufgaben die Kooperation vielfach vernachlässigt und damit seine Wirkungsmöglichkeiten zum Teil selbst beschnitten.[4] Aber es ist nicht zu verkennen, daß

Vgl. ferner: P. Treves, Lo Studio dell'Antichità Classica nell'Ottocento. 1962. Ders., L'idea di Roma e la cultura italiana del secolo XIX. 1962. (Dazu: A. Momigliano, Riv. Stor. It. 75, 1963, 399 ff.). L. O'Boyle, Klassische Bildung und soziale Struktur in Deutschland zwischen 1800 und 1848, HZ 207, 1968, 584–608; W. Rüegg, Humanistische Bildung in der demokratischen Gesellschaft, Gymnasium 76, 1969, 217–232.

[4] Auf neue Aspekte des Faches in der Gegenwart weisen hin: Chr. Meier, Was soll uns heute noch die Alte Geschichte, in: Entstehung des Begriffs

innerhalb seiner Grenzen besonders viele originelle und profilierte Persönlichkeiten gearbeitet haben, mit deren Werk eine Auseinandersetzung immer lohnen wird.

Es ist das Hauptziel dieses kleinen Buches, die Entwicklung der wissenschaftlichen Disziplin Alte Geschichte an einigen Gestalten der großen Althistoriker des 18. bis 20. Jahrhunderts aufzuzeigen. Wenn dabei für die exemplarische Betrachtung Edward Gibbon ausgewählt wurde, der klassische, aber heute nur noch selten gelesene Autor der ›History of the Decline and Fall of the Roman Empire‹, Barthold Georg Niebuhr, der so oft beschworene Begründer der modernen Geschichtswissenschaft, Johann Gustav Droysen, der die Zeit Alexanders des Großen und des Hellenismus in ganz neue Zusammenhänge rückte, Ernst Curtius, der berühmte Ausgräber von Olympia und Verfasser der am weitesten verbreiteten deutschsprachigen ›Griechischen Geschichte‹ des 19. Jahrhunderts, Theodor Mommsen, der mit seiner ›Römischen Geschichte‹ als Schriftsteller ebenso reussierte wie als Gelehrter und Spezialist und nicht zuletzt als einer der maßgebenden Organisatoren des wissenschaftlichen Großbetriebs, Jacob Burckhardt, der die Kulturgeschichte zu einem neuen, nach ihm nur noch selten erreichten Rang erhob, Hans Delbrück, der die Geschichte der Kriegskunst unter universalhistorischen Vorzeichen erforschen und darstellen wollte, Robert von Pöhlmann, der Großstadtprobleme, die soziale Frage, Demokratie und Lehrfreiheit in seiner Gegenwart wie im Altertum als vordringliche Aufgaben erfaßte, Karl Julius Beloch, der Bevölkerungs- und Wirtschaftsgeschichte, Statistik und extremem Realismus in der Alten Geschichte zu ihrem Recht verhalf, Eduard Meyer, der als erster für große Bereiche des Altertums eine moderne Universalgeschichte vollendete, die diesen Namen auch verdient, und endlich Michael Rostovtzeff, der zuerst die ganze Vielfalt der archäologischen Quellen ausschöpfte und auf dieser neuen Grundlage die Geschichte der hellenistisch-römischen Welt zur Darstellung brachte – wenn also gerade diese Historiker ausgewählt wurden,

„Demokratie“. 1970, 151 ff. und K. Christ, Zur Entwicklung der Alten Geschichte in Deutschland, Geschichte in Wissenschaft und Unterricht (im Druck).

so deshalb, um an ganz verschiedenen Ansatzpunkten die Vielfalt der Methoden und Perspektiven und Wertungen deutlich zu machen. Bei der Beschränkung auf die genannten Namen ist sich der Verfasser der Tatsache bewußt, daß viele wichtige Persönlichkeiten zunächst fehlen: so August Bœckh, der Begründer des ›Corpus Inscriptionum Graecarum‹ und nüchterne Erforscher der ›Staatshaushaltung der Athener‹[5], so Karl Otfried Müller[6], dessen Bewertung der griechischen Stämme und speziell Spartas großen Einfluß gewinnen sollte, so Georg Grote[7], Gaetano De Sanctis[8], Camille Jullian, Stéphane Gsell, Walter F. Otto[9] – und viele andere mehr. Aber einmal wird von dem Wirken dieser und mancher anderer Historiker auch in unserem Rahmen wenigstens kurz gesprochen werden, zum anderen erschien es richtiger, die für unsere Zeit und speziell für die deutsche Entwicklung besonders wichtigen Erscheinungen relativ ausführlicher zu erörtern, als eine Fülle von Miniaturen aller bekannteren Gelehrten vorzuführen.

Die getroffene Auswahl zeigt schon vorab drei allgemeinere Resultate, erstens das Übergewicht der deutschsprachigen Historiker in dieser Reihe, zweitens den Vorrang der großen Geschichtsschrei-

[5] A. Bœckh, Die Staatshaushaltung der Athener. 1. 2. 1817. 3. 1840. 3. Aufl. in 2 Bänden, hrsg. von M. Fränkel. 1886.

[6] Über ihn siehe: O. und E. Kern, K. O. Müller. Lebensbild in Briefen an seine Eltern mit dem Tagebuch seiner italienisch-griechischen Reise. 1908. K. O. Müller, Briefe aus einem Gelehrtenleben 1797–1840. 2 Bde., hrsg. von S. Reiter. 1950.

[7] Auszugehen ist hier von der Biographie von H. Grote, Georg Grote. Sein Leben und Wirken. Übers. von L. Seligmann 1874 und von den Einzelstudien von R. v. Pöhlmann, Zur Beurteilung Georg Grotes und seiner Griechischen Geschichte, in: Aus Altertum und Gegenwart. I². 1911, 228 ff. und A. Momigliano, G. Grote and the study of Greek history, in: Studies in Historiography. 1966, 50 ff.

[8] Bibliographie in G. De Sanctis, Studi di storia della storiografia greca. 1951. Grundlegend jetzt A. Momigliano, Gaetano De Sanctis, Atti della Accademia delle Scienze di Torino 104, 1969/70, 69 ff.

[9] Vgl. die kurzen Würdigungen von H. Berve, R. v. Pöhlmann und W. Otto, in: Geist und Gestalt. I. 1959, 190 ff.; A. Rehm, Sitz. Ber. Bayer. Akad. d. Wiss. 1942, 1 ff.; L. Wenger, Almanach der Wiener Akademie 92, 1942, 286 ff. mit Schriftenverzeichnis.

bung vor der Einzelforschung, drittens die enge Verflechtung der Gelehrten in die Politik und die geistigen Strömungen ihrer Zeit. Zu diesen Feststellungen sind schon hier einige vorausgreifende Erläuterungen notwendig:

Wenn zwischen Niebuhr und Eduard Meyer ausschließlich deutschsprachige Althistoriker genannt wurden, so bedeutet das selbstverständlich nicht, daß hier lediglich ein enger oder gar nationalistischer Maßstab angelegt werden soll. Das verbietet sich schon deswegen, weil keiner der betreffenden Gelehrten aus dem Geflecht der internationalen Forschung seiner Zeit herausgelöst werden kann – der Epigraphiker Mommsen zum Beispiel ist ohne die Arbeiten des Grafen Borghesi gar nicht zu verstehen –, und wenn es eine Disziplin gibt, die bis heute auf die kleine Zahl der Forscher und Spezialisten aller Nationen angewiesen ist, so die Alte Geschichte. Aber es ist nun einmal nicht zu bestreiten, daß die wichtigsten Leistungen in diesem Fach während des 19. Jahrhunderts überwiegend im deutschen Sprachbereich entstanden sind.

Der Vorrang der Geschichtsschreibung vor der Einzelforschung ist keine zufällige Erscheinung. Wenn in einigen Fällen, zum Beispiel bei Niebuhr, Burckhardt und Delbrück, auch wichtige Geschichtswerke aus Vorlesungen hervorgegangen sind, so ändert dies nichts an der allgemeinen Feststellung, daß die großen Althistoriker der letzten beiden Jahrhunderte den Durchbruch zur weiten Resonanz dem Wagnis der großen Geschichtsdarstellung verdankten. Hier hat sich die Lage inzwischen teilweise ganz entschieden gewandelt: In der Gegenwart weist die Alte Geschichte eine ganze Reihe von führenden Forschern auf, wie zum Beispiel die Epigraphiker Robert und Klaffenbach, die Numismatiker Robinson und Panvini Rosati, die Papyrologen Zucker, Grenfell und Hunt, welche ihr hohes Ansehen als ausgesprochene Spezialisten begründet haben, zu einer Breitenwirkung aber nicht gelangt sind.

Die dritte Feststellung im Hinblick auf die hier zu behandelnde Historikerreihe ist die auffallend enge Verflechtung der maßgebenden oder originellsten Gestalten in die Politik und in die geistigen Strömungen ihrer Zeit. Gerade aus diesem Spannungsfeld hat die Alte Geschichte mit ihre wichtigsten Antriebskräfte empfangen, keiner der hier in Rede stehenden Historiker ist ohne die Berücksichtigung seiner Gegenwartserlebnisse und seiner geistigen Erfahrungen zu begreifen. Eine histoire pure hat es auch in der Alten Geschichte nur selten gegeben. Was die Strömungen der Aufklärung für Gibbon, die Erfahrungen der Freiheitskriege und der Julirevolution für Niebuhr, waren die Erlebnisse in Schleswig-Holstein und diejenigen des Jahres 1848 für Droysen und Mommsen. Was die Umwelt des späten 19. Jahrhunderts für Curtius und Burckhardt, die des frühen 20. Jahrhunderts für Pöhlmann, Beloch und Eduard Meyer bedeutete, bedeutete die Oktoberrevolution für Rostovtzeff. Manche der klassischen althistorischen Darstellungen sind so zugleich ein besonders sinnfälliger Ausdruck ihrer Zeit geworden, aber nicht selten dennoch bis heute lebendig geblieben.

Es muß ein Hauptzweck dieses Buches sein, Informationen und Orientierung zu geben. Dabei wird ganz bewußt der etwas altmodische Weg gewählt und zunächst jeweils der individuelle Werdegang des betreffenden Historikers beschrieben. Wieweit seine Arbeiten und seine Wertungen durch seine Umwelt, durch die politischen und gesellschaftlichen, religiösen und geistigen Voraussetzungen und Entwicklungen bedingt wurden, soll in jedem einzelnen Fall konkret erläutert werden. Auch die Besprechung der Hauptwerke wird dann in möglichst enger Anlehnung an die wichtigsten Texte und häufig genug mit Hilfe der Zitate von Schlüsselstellen erfolgen. Erst nach den zum Verständnis von Persönlichkeit und Werk unentbehrlichen Informationen sollen dann die Methoden, die Wertungen und die Nachwirkung der einzelnen Forscher kritisch besprochen und nicht zuletzt in ihrer Bedeutung für die Althistorie der Gegenwart aufgezeigt werden.

Das kleine Buch, das hier vorgelegt wird, ist aus Marburger Vorlesungen und Übungen entstanden. Der Verfasser widmet es in dankbarer Verbundenheit den Mitarbeitern und Studierenden des Marburger Althistorischen Seminars, die mit ihm zusammen Probleme der Wissenschaftsgeschichte dieser Disziplin erforschen.

2

EDWARD GIBBON
(1737–1794)

Es gibt nur sehr wenige Althistoriker, die sich hinsichtlich der Verbreitung und der Nachwirkung ihrer Schriften mit Edward Gibbon messen können. Sein umfangreiches Hauptwerk ›The History of the Decline and Fall of the Roman Empire‹ ist in alle wichtigeren Sprachen Europas übersetzt worden; im englischen Sprachbereich wird es noch heute, zweihundert Jahre nach seiner Entstehung, als klassisches Werk der Literatur in wohlfeilen Ausgaben nachgedruckt. Der Name des Autors und der Titel seines Werkes haben sich in das Bewußtsein der Gebildeten vieler Generationen tief eingeprägt, sie sind geradezu miteinander verschmolzen. Die große Frage nach den Ursachen von "Decline and Fall of the Roman Empire" aber ist für die Geschichtswissenschaft zu einem Stachel geworden, der sie zu immer neuen Anstrengungen antrieb. Ja, sie wurde zu einer jener wenigen magnae quaestiones im Gebiet der Altertumswissenschaft, welche auch Vertreter anderer Disziplinen zum Versuch der Beantwortung anlockten.[1]

Diese Tatsachen sind um so erstaunlicher, als Gibbon selbst gar nicht dem Wissenschaftsbetrieb der historischen Zunft angehörte, sondern sein Werk als Amateur und Literat im besten Sinne des Wortes schrieb. Von Hochschullehrern wurde er persönlich kaum beeinflußt[2], und wenn, dann in der Regel nur auf dem Wege über ihre Schriften. Gibbon hat auch nie Römische Geschichte gelehrt, und sein Werk ist von keiner wissenschaftlichen Schule gepflegt worden.[3] Er war praktisch ein Autodidakt mit allen Vorzügen

[1] Zur wissenschaftsgeschichtlichen Entwicklung siehe S. Mazzarino, Das Ende der antiken Welt. 1961. J. Saunders, The Debate on the Fall of Rome, History 48, 1963, 1 ff. Der Untergang des Römischen Reiches. Hrsg. von K. Christ. 1970.

[2] Autobiography, 66. — Auflösung der Sigel siehe S. 356 ff.

[3] Gibbon hatte allerdings das seltene Glück, in J. B. Bury einen ebenso

und Schwächen des Typus. Er hielt sich offen für alle geistigen Impulse der Vergangenheit wie der eigenen Zeit. In erster Linie war er ein Meister der englischen Sprache und nie ein enger und trockener Fachhistoriker, obwohl er dem Fach entscheidende Anregungen gab. Vielleicht erklären diese Fakten wenigstens zum Teil seine anhaltende Wirkung.

Jacob Bernays, dem eine der wenigen eindringlichen Würdigungen Gibbons in deutscher Sprache verdankt wird, faßte seinen Eindruck von Leben und Persönlichkeit in dem Satz zusammen: „Gibbon war kein großer Mensch, der unabhängig von seinem Buche für die Nachwelt noch etwas bedeuten könnte." [4] Doch umgekehrt sind das Buch und dessen Wertungen kaum isoliert zu verstehen. Sie fordern vielmehr Vertrautheit mit dem eigenartigen Lebensweg und Bildungsgang des Verfassers.

Edward Gibbon wurde am 8. Mai, dem 27. April alter englischer Zeitrechnung, 1737 in Putney in der Grafschaft Surrey geboren. Den Grundstock des Vermögens der Familie hatte Gibbons Großvater als Kaufmann und Spekulant gelegt. Der Vater konnte als durchaus begütert gelten, obwohl er zuletzt in beträchtliche finanzielle Bedrängnis geriet; er gehörte dem niederen Adel an. Edward galt lange als kränkelndes Kind, er verlor eine Reihe von jüngeren Geschwistern, schon 1747 auch seine Mutter. Vielleicht wurde er auch deshalb schon früh zum Einzelgänger. Nach dem Besuch der Westminster School ist er schließlich 1752, noch nicht einmal 15 Jahre alt, als gentleman-commoner in das St. Magdalen-College in Oxford aufgenommen worden.

Das trübe, teilweise geradezu unglaublich skurrile Bild, das Gibbon in seiner Autobiographie von dem Aufenthalt in Oxford

kritischen wie kompetenten Bearbeiter einer neuen, wissenschaftlich voll befriedigenden Edition seines Werkes zu finden. Burys Ausgabe, erstmals 1896—1900 in 7 Bänden erschienen, ist auch heute noch maßgebend. — Vgl. zu Bury: A Bibliography of the Works of J. B. Bury. Compiled with a Memoir by N. H. Baynes. 1929.

[4] J. Bernays, Edward Gibbons Geschichtswerk, in: Gesammelte Abhandlungen. Hrsg. v. H. Usener. II, 1885, 211. — Vergleiche zu J. Bernays die feinsinnige Würdigung von A. Momigliano, J. Bernays, Mededel. Kon. Nederl. Akad. van Wetensch., Afd. Letterkunde, N. R. 32, 5. 1969.

entworfen hat,[5] mag zum Teil durch die Kritik und den Haß mitbestimmt worden sein, der dem einstigen Schüler später von hier entgegenschlug. Aber die Eindrücke, die der junge Student empfing, waren zwiespältig genug. Viel wichtiger als der Einfluß von Lehrern oder Tutoren erschien ihm jedenfalls die Lektüre nach eigener Wahl. In ziemlich expansiver und unsystematischer Weise wurden dabei, wie schon früher, auch viele historische Werke bewältigt. Den nachhaltigsten Eindruck machten auf Gibbon jedoch Übersetzungen der Schriften von Bossuet[6]. Denn sie und der Einfluß eines Londoner Jesuiten führten nun dazu, daß Gibbon am 8. Juni 1753 in London die Häresie abschwor und zur katholischen Kirche übertrat.

Der Entschluß zeigte, wie tief den Sechzehnjährigen die Frage nach dem rechten christlichen Glauben ergriffen hatte, aber die Folgen des Entschlusses sollten sich dann auf längere Sicht ganz anders auswirken, als es zunächst den Anschein hatte. Gibbon war sogleich gezwungen, Oxford zu verlassen, sein Vater zog aus dem konfessionellen Wildwuchs des Sohnes die Konsequenzen und gab ihn zur Fortsetzung seiner Studien in die Obhut des reformierten Pfarrers Daniel Pavilliard in Lausanne. Im Juni oder Juli 1753 traf Gibbon dort ein.

Was die Glaubensfragen anbelangt, so sollte der Vater, rein äußerlich gesehen, nicht enttäuscht werden, denn schon zu Weihnachten 1754 nahm Edward wieder das Abendmahl. Aber es blieb beim äußerlichen Kompromiß, denn zum überzeugten Christen, wenigstens im Sinne der alten oder irgendeiner anderen christlichen Konfession, ist Gibbon nicht mehr geworden. Er blieb gegenüber dem Christentum innerlich distanziert, religiös weithin indifferent; manches ironische oder bittere Wort, das er später über das Christentum und die Christen niederschrieb, findet in der eigenen Erfahrung mit diesem Glauben seine Erklärung.

Im übrigen genoß Gibbon im Hause Pavilliards geistig bald eine praktisch unbegrenzte Freiheit. Etwas selbstbewußt meinte er später, daß ihn sein Mentor seinem Genius überlassen habe, als er feststellte,

[5] Autobiography, 65 ff.

[6] Gibbon nennt Autobiography, 84 Exposition of the Catholic Doctrine and History of the Protestant Variations.

daß der Schützling über den eigenen Horizont hinausschritt.[7] Jedenfalls gab sich Gibbon auch in Lausanne ausgedehnter Lektüre hin. Er las neben Cicero, Xenophon, der Ilias und Herodot andere Autoren der Antike, wobei freilich seine Kenntnis des Griechischen nicht überschätzt werden darf. Er las viele historische Werke, nicht zuletzt aber die Repräsentanten der französischen Literatur. Besonderen Eindruck haben auf ihn damals Pascals ›Lettres Provençales‹ gemacht, daneben das Leben Julians des Abbé de la Bleterie und die Geschichte Neapels von Giannone.[8] Gibbon zögerte nicht, mit bekannten Gelehrten wie Crevier, Breitinger und Gesner in Korrespondenz zu treten[9], Voltaire lernte er bald persönlich kennen.

Als Ergebnis dieser Studien auf Schweizer Boden stellte Gibbon fest: "I had ceased to be an Englishman"[10], und dies traf nun in mehr als einer Hinsicht tatsächlich zu. Denn Gibbon hatte sich dazu erzogen, französisch zu denken, zu sprechen und zu schreiben; in französischer Sprache und Form waren ihm sowohl Werke der Philosophie als auch historische Untersuchungen in strenger wissenschaftlicher Gestalt begegnet, die Verflechtung beider Traditionen, der philosophischen wie der historischen, sollte für Gibbon charakteristisch werden. Verbunden mit allen wichtigen geistigen Strömungen seiner Zeit und von ihnen getragen, fühlte er sich als "a citizen of the world"[11].

Während sich Gibbons Vater noch einmal verheiratet hatte, begegnete Edward im Jahre 1757 Suzanne Curchod.[12] Aber das Verhältnis wurde abgebrochen. Mit dem lakonischen "I sighed as a lover; I obeyed as a son"[13] hat Gibbon später die Entscheidung

[7] Autobiography, 98.

[8] Autobiography, 103.

[9] Briefe. I. 1956, 14 ff.

[10] Autobiography, 110.

[11] Misc. W. I., 669. — Vergleiche hierzu Bernays, a. O., 216 und A. Momigliano, Gibbon's Contribution to historical Method, Historia 2, 1954, 450—463 = Studies in Historiography. 1966, 40—55, wo Gibbon in den großen Konflikt zwischen gelehrter Geschichtsforschung und den über Geschichte reflektierenden Philosophen eingeordnet wird.

[12] Briefe. I. 68 ff.

[13] Autobiography, 109.

umschrieben. Aus Mademoiselle Curchod ist dann Madame Necker geworden; der kleine, rothaarige, im Alter ziemlich beleibte Gibbon, der später eine spezielle Vorliebe für eine sehr phantasievolle Kleidung an den Tag legte, blieb zeitlebens Junggeselle.[14] Nach einem rund fünfjährigen Aufenthalt in Lausanne kehrte er im Frühjahr 1758 wieder nach England zurück, nicht ohne auf der Rückreise in Maastricht Beaufort, dem berühmten Erforscher der Römischen Republik, einen Besuch abgestattet zu haben.

Dem Einundzwanzigjährigen stand es nun frei, wie der Vater das Leben eines englischen Landedelmannes zu führen, aber zu diesem Lebensstil fand er nie ein Verhältnis. Er war kein Freund der Jagd, stieg selten zu Pferd, rührte nie eine Schußwaffe an.[15] Sein Leben wurde zwar durch den Rhythmus der Sommer in Beriton und der Winter in London gegliedert, aber beherrscht durch die Fortsetzung der Studien und nun auch durch die erste eigene literarische Produktion. Seinen jetzt heranreifenden ›Essai sur l'Étude de la Littérature‹ ließ Gibbon freilich erst 1761 drucken.

Inzwischen meldete sich Gibbon zum Dienst als Offizier in der Hampshire-Miliz, den er zwischen 1760 und 1762 ableistete. Der durch und durch unmilitärische Literat hat die Erlebnisse und Eindrücke jener Jahre später zwar etwas martialisch stilisiert,[16] die Härte des Soldatentums und das wahre Gesicht des Krieges aber nur aus der Ferne erblickt. Statt dessen blieb ihm Muße genug, um an neue literarische Projekte zu denken. Nacheinander entstanden Pläne für eine historische Darstellung des Italienzuges Karls VIII., für eine Biographie Sir Walter Raleighs, zu einer ›History of the Liberty of the Swiss‹ und schließlich zu einer Geschichte der Republik Florenz unter dem Hause der Medici.[17] Für alle diese Pläne wurden die Vorarbeiten umsichtig und durch

[14] Siehe hierüber D. A. Saunders, Autobiography, 20 f.

[15] Autobiography, 119.

[16] Autobiography, 134: "The discipline and evolutions of a modern battalion gave me a clearer notion of the phalanx and the legions, and the captain of the Hampshire grenadiers (the reader may smile) has not been useless to the historian of the Roman empire." — a. O., 132 spricht Gibbon von den "bloodless and inglorious campaigns".

[17] Autobiography, 137 ff.

längere Zeit hin betrieben, dennoch wurde zuletzt jeder nach reiflicher Überlegung wieder verworfen.

Das nahende Ende des Siebenjährigen Krieges und die Auflösung der Miliz erlaubten Gibbon eine neue Bildungsreise. Im Frühjahr 1763 lernte er dabei in Paris eine ganze Reihe von Führern des französischen Geisteslebens persönlich kennen, er sah d'Alembert und Diderot. Wieder hielt er sich geraume Zeit in Lausanne auf, dann unternahm er zusammen mit seinem Freund Holroyd, dem späteren Lord Sheffield, eine Reise nach Italien, die ihn auch nach Rom führte und schließlich den Anstoß zum späteren Werk gab: "It was at Rome, on the 15th of October 1764, as I sat musing amid the ruins of the Capitol, while the barefooted friars were singing vespers in the temple of Iupiter, that the idea of writing the decline and fall of the city started to my mind. But my original plan was circumscribed to the decay of the city rather than of the empire, ..."[18]

Doch dieser Plan sollte sehr langsam reifen und erst nach geraumer Frist verwirklicht werden. Im Sommer 1765 kehrte Gibbon wieder nach England zurück und setzte fürs erste seinen gewohnten Lebensstil fort. Er beteiligte sich jetzt an der Herausgabe der ›Mémoires Littéraires de la Grande Bretagne‹, begrub unter dem negativen Eindruck eines Leseabends in einer Literarischen Gesellschaft im Jahre 1768 schließlich das Projekt seiner Geschichte der Freiheit der Schweizerischen Eidgenossenschaft endgültig und konzentrierte sich mehr und mehr auf die Arbeit an ›Decline and Fall‹. Zwischendurch setzte sich Gibbon im Jahre 1770 in einer anonymen kleinen Schrift ›Critical Observations on the Sixth Book of the Aeneid‹ mit einer Vergilinterpretation Bischof Warburtons

[18] Autobiography, 154. — Den Eindruck, den die Ruinen Roms auf Gibbon machten, hat er auch in dem Brief an seinen Vater vom 9. 10. 1764 beschrieben: "Whatever ideas books may have given us of the greatness of that people, Their accounts of the most florishing state of Rome fall infinitely short of the picture of its ruins. I am convinced there never existed such a nation and I hope for the happiness of mankind that there never will again." — Momigliano, a. O., 45 f. wies daneben auf die Bedeutung der Lektüre des Rutilius Namatianus hin.

auseinander. Er war stolz darauf, Heynes Zustimmung zu finden.[19]

Der Tod des Vaters im Jahre 1770 zwang Gibbon dann zu einer durchgreifenden Neuordnung der Finanzen und des Besitzes seiner Familie. Er siedelte schließlich ganz nach London über, wo er nun kontinuierlich an der Ausarbeitung des ersten Bandes von ›Decline and Fall‹ feilte. Zwischen 1774/75 und 1783 nahm Gibbon aber auch während acht Sitzungsperioden einen Platz im englischen Parlament ein. Als "a school of civil prudence, the first and most essential virtue of an historian"[20] hat er selbst diese Tätigkeit bezeichnet, obwohl sich der Anhänger der Whig-Regierung und Bewunderer von Lord North im übrigen völlig zurückhielt. Immerhin bekam er zum Dank für die Abfassung eines Mémoire Justificatif eine Pfründe im Board of Trade, doch mit dem Sturz von Lord North fand Gibbons Ausflug in die politische Praxis sein Ende.

Inzwischen war die erste Hälfte von ›Decline and Fall‹ erschienen, 1776 der erste, 1781 der zweite und dritte Band. Der vorsichtige Verleger hatte zunächst lediglich eine Auflage von 500 Exemplaren vorgesehen, dann aber doch 1000 gedruckt und selbst diese innerhalb kürzester Frist verkauft. Das Buch wurde sofort ein sensationeller Erfolg, sein Verfasser vielleicht am meisten durch einen Brief von David Hume beglückt.[21] Da schon der erste Band des Werkes Gibbons Erörterung der "*human* causes of the progress and establishment of Christianity" enthielt, begann sogleich die später zu besprechende Auseinandersetzung der Theologen mit Gibbons Buch, die 1783 in der Indizierung gipfelte, freilich nicht wenig zu dessen Verbreitung beitrug.[22]

Nachdem Gibbon seiner politischen Pflichten ledig war, siedelte er wiederum nach Lausanne über, wo er mit seinem Freund

[19] Autobiography, 162 f.

[20] Autobiography, 174.

[21] Autobiography, 175.

[22] Schon früh erschienen separate Editionen der betreffenden Kapitel. Z. B. E. Gibbon, Ausbreitung des Christentums aus natürlichen Ursachen. Hamburg 1788.

Deyverdun eine Wohngemeinschaft einging. Am späten Abend des 27. Juni 1787 war dann das Gesamtwerk abgeschlossen; während des Druckes der letzten drei Bände, 1787/88, hielt sich Gibbon noch einmal rund ein Jahr lang in England auf. Die folgende, letzte Zeit in Lausanne wurde durch den Tod Deyverduns ebenso verdunkelt wie durch den Ausbruch der Französischen Revolution, deren Auswirkungen Gibbon stark beunruhigten. Er hat in dieser Zeit nur noch wenig geschrieben, neben der Autobiographie insbesondere eine Untersuchung ›On the position of the meridional line and inquiry into the supposed circumnavigation of Africa by the Ancients‹[23], die nach Bernays „zu dem Reifsten" gehörte, „was aus seiner Feder geflossen ist"[24].

Im Frühjahr 1793 eilte Gibbon nach England zurück, um seinem Freund Lord Sheffield zur Seite zu stehen, der damals seine Frau verlor. Gibbon wurde jetzt, da sein Werk schon in ganz Europa verbreitet war und diskutiert wurde, der Mittelpunkt vielfältiger Ehrungen. Am 16. Januar 1794 ist er im Alter von 57 Jahren gestorben.

Für den Erfolg seines Werkes hat Gibbon selbst einmal die Tatsache geltend gemacht,[25] daß Geschichte die populärste Kategorie der Literatur sei, und zum andern darauf verwiesen, daß er sich einen berühmten Gegenstand ausgewählt habe, da Rom dem Schüler ebenso vertraut sei wie dem Staatsmann. Wie Gibbons Suche nach dem adäquaten Thema zeigt, sah er seine Aufgabe somit in erster Linie als ein literarisch-historisches Unternehmen an. Sein Werk beruht weniger auf eigenen Analysen und eigener Einzelforschung als vielmehr auf einer Synthese einerseits der Quellen, andererseits der von anderen geleisteten Vorarbeiten.

Es läßt sich zeigen, daß Gibbon viele alte Fäden wieder aufnahm. Wenn er sein Werk mit einem Tableau des Zeitalters der Antonine beginnen ließ und dann die ganze Epoche zwischen M. Aurel und dem Fall Konstantinopels im Jahre 1453 unter die Signatur des Niedergangs und Untergangs stellte, so schloß er sich damit, wenig-

[23] Misc. W. III, 482—504.

[24] Bernays, a. O., 221.

[25] Autobiography, 175.

stens zum Teil, an die Konzeptionen der italienischen Humanisten des 15. Jahrhunderts an, wenngleich diese andere Akzente für die inclinatio selbst gesetzt hatten.[26] Seit Montesquieus ›Considérations sur les causes de la grandeur des Romains et de leur décadence‹ von 1734 war auch die Fragestellung, die ja Konstantinopel ebenfalls schon einbezog, scheinbar nicht gerade originell. Es gibt des weiteren, wie längst bemerkt wurde[27], Dicta Voltaires, zum Beispiel über den Beitrag des Christentums zum Untergang des Römischen Reiches, deren Tendenz Gibbon teilt, und manche andere Querverbindungen zur Literatur und Philosophie seiner Zeit, etwa zum Skeptizismus Bayles.[28]

Es kommt hinzu, daß Gibbon in seiner Autobiographie auch sehr freimütig die Steinbrüche nennt,[29] aus denen er sein Material heranführte. Er erwähnt in diesem Zusammenhang die Werke und Sammlungen von Muratori, Sigonius, Maffei, Baronius, Pagi, den Kommentar von Jacobus Gothofredus zum Codex Theodosianus, vor allem aber Tillemont. Und es liegt nun freilich „eine wahre Ironie des Schicksals darin, daß Gibbon die Bausteine zu seiner antichristlichen Veste aus der Hand des frommen Tillemont empfing“[30]. Ungeachtet aller Quellenzitate ist es unbestreitbar, daß Gibbon vieles aus zweiter Hand erhielt, daß er mehr als ein Historiker es sollte, „zusammengelesen“[31] hat. Wo weniger „zusammengelesen“ war, wie in der Byzantinischen Geschichte, sank das Niveau seiner Darstellung ganz erheblich ab.[32]

[26] Chr. Dawson, Edward Gibbon, Proceedings of the British Academy 20, 1934, 163 hat auf die Verbindung zu Flavio Biondos, 1453 abgeschlossenen, Historiarum ab inclinatione Romanorum imperii decades tres hingewiesen. Vgl. dazu aber auch S. Mazzarino, a. O., 81 ff. und A. Momigliano, a. O., 48 f.

[27] Bernays, a. O., 224. Momigliano, a. O., 49.

[28] Dawson, a. O., 162. — Zu den allgemeinen geistesgeschichtlichen Zusammenhängen zuletzt G. Giarrizzo, E. Gibbon e la cultura europea del Settecento. 1954. A. Lossky, Gibbon and the Enlightenment, in: The Transformation of the Roman World. Ed. L. White, Jr. 1966, 1—29.

[29] 166.

[30] Bernays, a. O., 218.

[31] Th. Mommsen, Der Tag. 12. 11. 1909, 3.

Von den vielen Verbindungen, die Gibbon in seinem Werk hergestellt hat, ist die von Gelehrsamkeit und commonsense nicht die unwichtigste gewesen. Denn er ist in dem riesigen Stoff nicht erstickt. Sein Werk wird durch prägnante Leitlinien und eine klare Struktur ausgezeichnet, die Periodisierung ist sicher gewählt, viele Akzente wurden von der neueren Forschung bestätigt, der Stil hat seine suggestive Kraft und seinen Glanz bis heute nicht verloren. Und doch lebt das Werk nicht nur vom Glanz dieses oft gerühmten Stils, wobei Gibbon "the middle tone between a dull chronicle and a rhetorical declamation"[33] erstrebte. Die Eigenart des Gesamtwerks beruht vielmehr in der Verbindung von philosophischer Reflexion und Wertung mit gelehrter wissenschaftlicher Darstellung, in der aufgeklärt-kritischen und doch seriösen Behandlung des großen Themas, in der Synthese aus Reichs- und Kirchengeschichte. Für die Zeitgenossen sollte allerdings die zuletzt genannte Verbindung besonders provozierend wirken.

Nach der Darstellung der Zeit Konstantins des Großen legte Gibbon in sein Werk zwei miteinander in Zusammenhang stehende Kapitel ein, welche einerseits die Ausbreitung des Christentums, andererseits die Haltung der römischen Kaiser von Nero bis Konstantin gegenüber dem Christentum schilderten. Es sind gerade diese Kapitel, das 15. und das 16. des Gesamtwerkes, gewesen, die sofort die stärkste Resonanz auslösten und die lang anhaltende Diskussion um das Werk entfachten. Gibbon war davon überzeugt, daß „eine unbefangene, aber nach den Grundsätzen der Vernunft angestellte Untersuchung über die Verbreitung und Einführung des Christentums ... als ein sehr wesentlicher Teil der Geschichte des Römischen Reiches angesehen werden (kann)“[34]. Die von Tillemont

[32] Vgl. hierzu die Beiträge von Sp. Vryonis, M. Lichtheim und G. E. von Grunebaum in dem in Anm. 28 genannten Sammelwerk The Transformation of the Roman World. Gibbon's Problem after Two Centuries. Ed. L. White, Jr. 1966.

[33] Autobiography, 173.

[34] Bei den folgenden Auszügen ist die deutsche Übersetzung von K. G. Schreiter, 3. Teil, 1805 zugrunde gelegt. Sie wurde nur geringfügig verbessert oder abgeändert, ihre Schreibweise derjenigen der Gegenwart angepaßt. Die Stelle: S. 112.

auseinandergezogenen Fäden der Reichs- und der Kirchengeschichte wurden hier wieder ineinander verflochten. Aber im Gegensatz zu Tillemont war Gibbon nicht von den Grundsätzen des Glaubens, sondern von denen der Vernunft geleitet. Er behandelte die von ihm berührten Abschnitte der Kirchengeschichte mit anderen Worten in säkularisierter Form, und doch – im Gegensatz zu Voltaire – nicht von vornherein unter „philosophischem" Vorzeichen, sondern mit dem Anspruch der Wissenschaft und damit der Wahrheit.

Die Verschränkung von Reichsgeschichte und Kirchengeschichte stand jedoch von Anfang an unter einer ganz eindeutigen Wertung: „Während der Zeit, da dieser große Staatskörper durch offenbare Gewalt angegriffen, oder durch langsamen Verfall untergraben wurde, verschaffte sich eine reine und demütige Religion allmählich Eingang in die Gemüter der Menschen, sie wuchs in der Stille und Dunkelheit auf, bekam durch den Widerstand neue Kraft, und richtete endlich die siegende Fahne des Kreuzes auf den Ruinen des Kapitoliums auf."[35] Gibbon sprach weiter von einer „finsteren Wolke", welche über diesen ersten Jahrhunderten der Kirche schwebt; im Hinblick darauf unterschied er strikt zwischen den Pflichten des Theologen und den ganz anderen des Historikers: „Der Theologe mag immerhin das angenehme Geschäft übernehmen, die Religion so zu schildern, wie sie vom Himmel in ihrer ursprünglichen Reinheit hernieder stieg. Dem Geschichtsschreiber ist eine traurigere Pflicht auferlegt; er muß die unvermeidliche Mischung von Irrtum und Verderbnis, welche sie sich durch einen langen Aufenthalt auf der Erde unter einem schwachen und entarteten Geschlecht zugezogen hat, aufdecken."[36]

Auf diese Fixierung des eigenen Standpunktes und der eigenen Perspektiven folgt dann die Schlüsselstelle des 15. Kapitels: „Unsere Wißbegierde treibt uns natürlicherweise an, den Ursachen nachzuspüren, durch welche der Glaube der Christen einen so merklichen Sieg über die andern auf der Erde herrschenden Religionen

[35] a. O., 112.
[36] a. O., 113 f.

erhalten hat. Die einfachste, aber darum nicht minder befriedigende Antwort auf diese Frage wäre wohl, daß man ihn der einleuchtenden Wahrheit der Lehre selbst, und der waltenden Vorsehung ihres großen Urhebers zuzuschreiben habe. Allein da Wahrheit und Vernunft selten eine so günstige Aufnahme in der Welt finden, und da die Weisheit der Vorsehung sich oft herabläßt, die Leidenschaften des menschlichen Herzens, und die allgemeine Lage der Umstände des menschlichen Geschlechts als Mittel und Werkzeuge zur Ausführung ihrer Absichten zu gebrauchen, so wird es uns doch immer, wiewohl mit geziemender Demut, erlaubt sein zu fragen, nicht welches die ersten, aber doch welches die zweiten und untergeordneten Ursachen des schnellen Wachstums der christlichen Kirche gewesen sind. Vielleicht läßt es sich zeigen, daß dasselbe am meisten durch folgende fünf Ursachen begünstigt und unterstützt worden ist:

I. Durch den unbeugsamen, und wenn man sagen darf, intoleranten Eifer der Christen, der freilich aus der jüdischen Religion seinen Ursprung hatte; aber doch insoweit gereinigt war, daß man nicht mehr eine so eingeschränkte und unduldsame Denkungsart dabei hatte, wodurch die Heiden sonst, anstatt zur Annahme des Mosaischen Gesetzes angelockt zu werden, davon abgeschreckt worden waren.

II. Die Lehre von einem zukünftigen Leben, welche durch einige hinzugekommene Umstände, die dieser wichtigen Wahrheit mehr Gewicht und Wahrheit geben konnten, war verbessert worden.

III. Die wundertätige Macht, welche man der ersten Kirche zuschreibt.

IV. Die reine und strenge Moral der Christen.

V. Die Vereinigung und Kirchenzucht der christlichen Republik, wodurch nach und nach ein unabhängiger und anwachsender Staat mitten im Römischen Reich aufgerichtet wurde." [37]

Diese fünf Ursachen hat Gibbon dann im 15. Kapitel ausführlich dargestellt, und es verdient immerhin angemerkt zu werden, daß

[37] a. O., 114 f.

sie auch von modernen Kirchenhistorikern durchaus – wenn auch natürlich nicht ausschließlich – in Anschlag gebracht werden[38]. Aber es waren nicht Gibbons Argumente allein, die provozierten, sondern mehr noch sein "sneer", seine „höhnische Intonation in der Erzählung der Facta"[39]. Da war es beispielsweise „dem Fleiß unserer gelehrten Theologen" geglückt, die „zweideutige Sprache des Alten Testaments" ebenso „hinlänglich zu erklären" wie „das zweideutige Betragen der apostolischen Lehrer"[40]. Da wurde die Tugend der ersten Christen wie die der alten Römer „am meisten durch Armut und Unwissenheit geschützt"[41]. Da ersetzte geistiger Stolz den Verlust sinnlicher Vergnügungen[42], Aktivität in der Regierung der Kirche den Verzicht auf die Teilnahme an den Geschäften der Welt[43]. Ironisch wurde darauf hingewiesen, daß Seneca, der ältere und der jüngere Plinius, Tacitus, Plutarch, Galen, Epiktet und M. Aurel, „wahre Zierden des Zeitalters", „die Vollkommenheit des christlichen Systems teils übersehen, teils verworfen"[44] hätten.

Vielleicht noch zersetzender mußte in den Augen der Orthodoxen der Inhalt des 16. Kapitels erscheinen, jenes Kapitels, in dem es Gibbon darum ging, „aus dem bunten Gemisch von Dichtung und Irrtum, wo möglich, einige wenige zuverlässige und bemerkenswerte Tatsachen heraus zu heben, und die Ursachen, den Umfang, die Dauer, und die wichtigsten Umstände jener Verfolgungen, welchen die ersten Christen ausgesetzt gewesen sind, auf eine deutliche und zusammenhängende Art vor Augen zu legen"[45]. Er legte dar, daß die römischen Herrscher erst nach geraumer Zeit gegen die Christen vorgingen, daß Gerichtsverfahren nur widerwillig und mit äußerster Vorsicht eröffnet wurden, die Strafen maßvoll waren

[38] Vgl. hierzu besonders A. von Harnack, Die Mission und Ausbreitung des Christentums in den ersten drei Jahrhunderten. II^4. 1924, 957 f.

[39] Bernays, a. O., 230.

[40] a. O., 127.

[41] a. O., 189 f.

[42] a. O., 193.

[43] a. O., 197.

[44] a. O., 266.

[45] a. O., 275.

und die Kirche überdies immer wieder Intervalle des Friedens und der Ruhe erlebte.

In einem kritischen Überblick über die Christenverfolgungen im Römischen Reich, dem in den Grundzügen der moderne Forschungsstand[46] weithin entspricht, schränkt Gibbon, auf Origenes gestützt, die Zahl der Märtyrer entschieden ein: „Das Ansehen dieses Mannes (des Origenes) könnte schon allein hinreichend sein, jenes furchtbare Heer von Märtyrern wieder in sein Nichts zu verwandeln, deren größtenteils aus den Römischen Catacomben ausgegrabene Reliquien so viele Kirchen angefüllt, und deren wunderbare Taten den Stoff zu so vielen Bänden heiliger Romane dargeboten haben."[47]

Der faktische Hergang der Verfolgungen wird verniedlicht, Cyprian angeblich gentlemanlike behandelt, sein Entschluß zum Martyrium relativiert und zynisch gesagt: „Es ist merkwürdig, daß, unter einer so großen Menge von Bischöfen in der Provinz Africa, Cyprian der erste war, welcher für würdig gehalten wurde, die Ehre des Märtyrertums zu erwerben."[48] Mit einem gewissen Behagen wird umgekehrt Paulus von Samosata als Beispiel eines verweltlichten Bischofs sehr eingehend geschildert und schließlich am Exempel der Vorgänge in den Niederlanden unter Karl V. darauf hingewiesen, „daß die Anzahl der unter einer einzigen (christlichen) Regierung hingerichteten Protestanten die Anzahl der frühern Märtyrer des Christentums in einem Zeitraum von drei Jahrhunderten, und in dem Umfange des ganzen Römischen Reiches, gar sehr übertraf"[49].

Die Theologen von Oxford und Cambridge traten als erste gegen solche Äußerungen und Urteile an; Vorlesungen, Predigten, Pamphlete, kommentierte Abdrucke waren dem Kampf gegen Gibbons Thesen gewidmet, einem Kampf, der in würdigen und unwürdigen Formen zugleich geführt wurde.[50] Denn neben Richard

[46] J. Moreau, Die Christenverfolgung im Römischen Reich. 1961. J. Vogt — H. Last, Christenverfolgungen, RAC. 2, 1954, 1159—1228.

[47] a. O., 340 f.

[48] a. O., 352.

[49] a. O., 446.

[50] Das Wichtigste des heute noch greifbaren Materials hat Sh. T.

Watsons ›An Apology for Christianity, in a Series of Letters addressed to Edward Gibbon‹ von 1776, die rasch mehrere Auflagen erlebte, standen einseitige, gehässige, und zum Teil niveaulose Schriften in großer Zahl. Als später Kritiker ließ sich auch Kardinal Newman vernehmen,[51] mehr und mehr wurde freilich die Stellung des Christentums isoliert und um seiner selbst willen verteidigt, der Zusammenhang mit Gibbons Fragestellung, das heißt der Geschichte des Christentums im Römischen Reich und seinem Anteil an dessen Untergang, gelöst.

Auf die Frage nach den Ursachen des Untergangs des Weströmischen Reiches ging Gibbon im 38. Kapitel seines Werks im Zusammenhang ein. Die „Disparilität der römischen republicanischen Volksgeschichte und der kaiserlichen Weltgeschichte“[52] trat schon allein dadurch zutage, daß Gibbon einleitend noch einmal die Tugenden der römischen Republik beschwor. Roms Verfall wurde als natürliche, unvermeidliche Folge seiner übermäßigen Größe erklärt. Im Einklang mit der moralischen Wertung der antiken Geschichtsschreibung kamen dann auch hier der Sittenverfall und der verderbliche Einfluß von Reichtum und Luxus zur Sprache. Speziell die Entartung und die Zügellosigkeit der römischen Armee wurden gebrandmarkt, jener Armee, welche sich zuerst an der Freiheit der Römischen Republik und dann an der Majestät des Purpurs verging.

Expressis verbis wurde dann aber auch der Einführung und dem Mißbrauch des Christentums beträchtlicher Einfluß auf den Untergang des Reiches beigemessen. Während der Klerus Geduld und Demut lehrte, die aktiven Tugenden der Gesellschaft entwertet und die letzten Reste militärischen Geistes im Kloster begraben wurden, zerrüttete der Glaubensfanatismus Kirche und Staat. Aber auch hier gab es einen positiven Aspekt: „Wenn der Niedergang des Römischen Reiches durch die Bekehrung Constantins beschleu-

McCloy, Gibbon's Antagonism to Christianity, 1933, gesammelt, vgl. insbesondere die bibliographische Übersicht 369—381. — Gibbon selbst setzte sich in Autobiography, 180 ff. in ironischer Weise mit seinen Gegnern auseinander und hielt natürlich an seiner Auffassung fest.

[51] An Essay in aid of a Grammar of Assent. 1870, 541 ff.

[52] Bernays, a. O., 236.

nigt wurde, so brach seine siegreiche Religion die Gewalt des Falls und milderte die wilde Wut der Eroberer.“ [53]

Doch damit nicht genug. Gibbon war der Meinung, daß die Erörterung der „grauenhaften Revolution“ „mit Nutzen auf die Belehrung des gegenwärtigen Zeitalters angewandt werden“ könne. In der Geschichtsforschung der Neuzeit eröffnet er damit die Reihe jener Versuche, gerade aus der Analyse des Untergangs des Römischen Reiches Folgerungen für die Entwicklung der eigenen Gesellschaft zu ziehen und Lehren wie Prognosen für die Zukunft zu geben. Für Gibbon war es dabei selbstverständlich, daß er Europa als eine einzige große Staatengemeinschaft betrachtete und „die wilden Nationen des Erdbodens“ als die „gemeinsamen Feinde der civilisierten Gesellschaft“ erklärte. Von diesen Voraussetzungen her wollte er erforschen, „ob Europa noch jetzt mit einer Wiederholung derselben allgemeinen Plagen bedroht sein könne, welche vormals die Waffen und die bürgerlichen Einrichtungen Roms zerdrückten. Vielleicht dürfte dieselbe Betrachtung die Ursachen des Umsturzes jenes mächtigen Reiches erläutern, und die wahrscheinlichen Ursachen unserer gegenwärtigen Sicherheit enthüllen.“ [54].

In der erstaunlich optimistischen und fortschrittsgläubigen Gegenüberstellung der Situation Europas am Vorabend der Französischen Revolution mit der des untergehenden Römischen Reiches wies Gibbon zunächst darauf hin, daß die Römer das Ausmaß der drohenden Gefahr, vor allem die Zahl ihrer Gegner nicht erkannt hätten. Eine mit der germanischen vergleichbare Völkerwanderung hält Gibbon in der Zukunft für unmöglich. Ein zweiter Vergleichspunkt stellt die Abhängigkeit des Bürgers von der Willkür des Herrschers dar. Auch hier gibt sich Gibbon zuversichtlich mit dem Hinweis darauf, daß Mißbrauch der Tyrannei durch gegenseitigen Einfluß von Furcht und Scham unter den Herrschern gehemmt werde. Europa darf sich nach Gibbon vor den Barbaren sicher fühlen. Wollten diese es erobern, so müßten sie erst aufhören,

[53] ed. Beck. 9. 1805, 177. — Zu dem Gesamtproblem Fr. C. Scheibe, Christentum und Kulturverfall im Geschichtsbild E. Gibbons, Archiv für Kulturgeschichte 50, 1968, 240—275.

[54] a. O., 178.

Barbaren zu sein. Die Möglichkeit eines Rückfalls der europäischen Völker in die Barbarei schließt er praktisch aus. Ausbreitung und Fortschritt in Zivilisation und Kultur scheinen ihm auch eine gesicherte und glückliche Zukunft zu verbürgen.

Die Späteren überblicken natürlich weitere historische Horizonte als Gibbon. So war es für Arnold Toynbee[55] leicht, Gibbon die tatsächliche Entwicklung der letzten zwei Jahrhunderte entgegenzuhalten, die Europa von innen drohenden Gefahren, den Mißbrauch und Terror der Macht zu beschwören. Selbstverständlich zeigt es sich dabei, wie verhängnisvoll es war, technische Fortschritte mit moralischen gleichzusetzen; nicht einmal Gibbons ultima spes für die Bewahrung der europäischen Kultur, sein Glaube an die Unzerstörbarkeit und Sicherheit eines amerikanischen Asyls, läßt sich heute noch vertreten.

Was für die Frage nach den Ursachen des Untergangs gilt, gilt erst recht für das ganze Werk. Die Althistoriker, die sich heute um die Erforschung der Spätantike mühen, stehen nicht mehr in der Spannung zwischen „Vernunft und katholischer Superstition"[56]. Sie sind in der Lage, auch die positiven Leistungen des Christentums, speziell des Mönchtums und der christlichen Literatur, unbefangen zu würdigen und können auch die germanische Welt differenzierter betrachten als Gibbon. Vor allem aber können sie von der Entwicklung des Oströmischen Reiches ein schärferes und vielseitigeres Bild zeichnen als dies vor zweihundert Jahren möglich war und zudem neue, gesellschaftliche und wirtschaftliche Aspekte berücksichtigen. Doch damit nicht genug. Sie beziehen die Spätantike nicht mehr zurück auf die Verhältnisse des Zeitalters der Antonine oder auf die Römische Republik, sondern versuchen die Epoche aus sich selbst heraus, in ihrer Eigengesetzlichkeit zu erfassen. An die Stelle der Konzeption von ›Decline and Fall‹ kann heute auch die Alternative der Vorstellung einer Metamorphose

[55] A Critique of Gibbon's General Observations on the Fall of the Roman Empire in the West, in: A Study of History. IX². 1955, 741—757.

[56] In Autobiography, 143 apostrophiert Gibbon "the Catholic superstition which is always the enemy of reason", räumt jedoch ein, sie wäre zugleich "often the parent of the arts".

der antiken Kultur treten.[57] In der langen Reihe der wissenschaftlich hervorragenden Darstellungen zu diesem Themenkreis[58] aber befindet sich bisher keine, die einen ähnlichen literarischen Rang erreichte und eine ähnliche Ausstrahlung und Nachwirkung, wie Edward Gibbons ›History of the Decline and Fall of the Roman Empire‹.

[57] Zur modernen Beurteilung siehe allgemein das in Anm. 32 genannte Werk. — J. Vogt, Der Niedergang Roms. 1965.

[58] Hervorgehoben seien O. Seeck, Geschichte des Untergangs der antiken Welt. 6 Bände. 1895 ff. J. B. Bury, History of the Later Roman Empire. 2 Bände. 1923. E. Stein, Histoire du Bas-Empire. Ed. J.-R. Palanque. I.[2] 1959. II. 1949. H. Dannenbauer, Die Entstehung Europas. 2 Bände. 1959. A. H. M. Jones, The Later Roman Empire. 284—602. 3 Bände. 1964.

3

BARTHOLD GEORG NIEBUHR
(1776–1831)

Als einer der Begründer der modernen Geschichtswissenschaft, als Urheber der historisch-kritischen Methode und als Verfasser eines klassischen Geschichtswerkes genießt Niebuhr noch heute eine, freilich etwas zur Konvention gewordene, große Autorität. Seine Zeitgenossen sahen ihn anders. Ihnen imponierte zugleich die politische Erfahrung des Staatsmannes, des Finanzexperten und Diplomaten, vor allem jedoch die ganz ungewöhnliche Identität von Persönlichkeit, Ethos und Werk.[1] Wie bei manchem anderen großen Historiker des 18. und 19. Jahrhunderts, haben sich auch bei ihm Gegenwartserfahrung und historisches Urteil gegenseitig bedingt, zudem Praxis und Theorie, so daß Wilhelm von Humboldt sagen konnte: „Niebuhr spielt unter den Gelehrten den Staatsmann, unter den Staatsmännern den Gelehrten."[2] Auf jeden Fall ist in ihm die Spannung zwischen dem auf praktisches Wirken drängenden Staatsmann und „Weltmann" und dem sich um Untersuchung und Reflexion mühenden Historiker bis zum letzten ausgetragen worden.

Barthold Georg Niebuhr ist am 27. August 1776 in Kopenhagen geboren worden; die Zugehörigkeit zum dänischen Staatsverband und der Ruhm des Vaters haben seine Kindheit und die Anfänge seines Werdegangs geprägt. Der dänische Staat durfte um die Mitte des 18. Jahrhunderts zu den größeren Mächten des Nordens zählen, seine Interessen griffen bis nach Grönland aus, selbst im Mittelmeer sicherte er sich Einfluß und Handel. Im Zusammenhang mit dieser weitgespannten See- und Handelspolitik, aber auch mit der kul-

[1] Siehe das von Fr. v. Bezold, Geschichte der Rheinischen Friedrich-Wilhelms-Universität von der Gründung bis zum Jahr 1870. I, 1920, 264 übermittelte Urteil Savignys.

[2] Zitiert nach Briefe. I, LXII.

turellen und wissenschaftlichen Aufgeschlossenheit des dänischen Königs Friedrich V. (1746–1766) wird man die Orientexpedition sehen müssen, die Barthold Georgs Vater, Carsten Niebuhr, in den Jahren zwischen 1761 und 1767 im Auftrage der dänischen Krone nach Ägypten, Arabien, Indien, Persien und in die Türkei führte. Auf dieser Reise hat Carsten Niebuhr sowohl, damals noch nicht entzifferte, Hieroglyphen als auch, gleichfalls noch nicht entschlüsselte, altpersische Keilschrifttexte nachgezeichnet. Durch seine Veröffentlichungen über diese Reise, die ›Beschreibung von Arabien‹ (1772) und die zweibändige ›Reisebeschreibung nach Arabien und anderen umliegenden Ländern‹ (1774, 1778) wurde Carsten Niebuhr über die Grenzen Dänemarks hinaus bekannt. Die Orientalisten de Sacy und Reiske haben mit ihm korrespondiert, der Gründer des Göttinger Hainbundes, Heinrich Christian Boie, und der berühmte Übersetzer Johann Heinrich Voß in seinem Hause verkehrt, als er sich 1778 in Meldorf, im Westen Schleswig-Holsteins, als Landschreiber von Süderdithmarschen niederließ. So konnte sich Barthold Georg später rühmen, „in dem einzigen frei administrierten Winkel Dänemarks erzogen worden zu sein“ [3].

Dem berühmten Vater glich der Sohn indessen keineswegs. War der Vater schon seiner bäuerlichen Herkunft nach vital, zäh, ein welterfahrener, scharf beobachtender Praktiker, so der Sohn in sich gekehrt, sensibel, kränkelnd, zeit seines Lebens außerordentlich reizbar, immer wieder von Depressionen überwältigt, zum Teil wird er als Hypochonder oder Neurastheniker klassifiziert.[4] Später sollte ihm der Freiherr vom Stein noch den „Dünkel und die Irascibilität eines Bücherwurms“ [5] nachsagen. Trotz dieser Gegensätze aber wuchs Barthold Georg im Banne des Vaters auf, dem er eine dauernde Verehrung bewahrte.[6] Er lernte schon früh Dimensionen kennen, wie nur wenige junge Menschen seiner Zeit, und er genoß Verbindungen, die Privilegien gleichkamen.

[3] Schreiben Niebuhrs an Altenstein vom 28. 11. 1807. Briefe I, 426.

[4] LN. II, 115. Briefe I, LXI. (Auflösung der Sigel siehe S. 357).

[5] Zitiert nach Briefe I, CXXVII, Anm. 80.

[6] Von ihr legt Niebuhrs Schrift Carsten Niebuhrs Leben, in: Kleine historische und philologische Schriften. I, 1828, 1–82 ein beredtes Zeugnis ab.

Der Ausdruck vom „kosmopolitischen Wunderkind“ [7], mit dem Theodor Mommsen Niebuhr einmal bedachte, ist vor allem für den Heranwachsenden passend, der eine Sprache nach der andern erlernte, und der schon als Fünfzehnjähriger mit dem Göttinger Philologen Chr. G. Heyne über ein Kopenhagener Pindarmanuskript korrespondierte.[8] Der Wissensdrang des frühreifen Knaben, seine außerordentliche historische Phantasie und die weithin autodidaktisch erworbene Bildung werden nicht selten kritiklos gerühmt. In Wirklichkeit war es eine sehr problematische geistige Welt, die sich hier ein junger Mensch auf seine Art geschaffen hatte, auch wenn übertrieben und einseitig sein sollte, was er rückblickend an Friedrich Heinrich Jacobi schrieb:

„Ich bin mit einer innern Disharmonie geboren, deren Dasein ich bis in meine frühesten Kinderjahre verfolgen kann, obgleich sie durch eine unselige Erziehung, oder vielmehr durch eine Mischung von dieser und gänzlicher Nichterziehung aufs höchste gebracht ward ... Eine größere Leichtigkeit Anschauliches aufzufassen, fest zu halten, in eine innre Bilderwelt zu verbinden, und diese auf die mannichfaltigste Weise zu beleben, und, was davon unzertrennlich ist, ein schnelleres und treueres Gedächtnis als mir die Natur verliehen hatte, würde ich nicht wünschen wenn ich mich selbst zu einem neuen Erdenleben ausstatten sollte ...

Eine unerhörte Absonderung von der Welt in der kleinstädtischsten aller kleinen Städte, eine Beschränkung von den allerersten Jahren auf den Umfang des väterlichen Hauses und Gartens, gewöhnte mich den Stoff für die unersättlichen Bedürfnisse meiner kindlichen Phantasie nicht aus dem Leben und der Natur sondern nur aus Büchern, Kupfern und Gespräch zu nehmen. So löste sie sich von der Wirklichkeit ganz ab, zog in ihr Gebiet alles was ich las, und ich las ohne Maß und Ziel: aber die Welt selbst verschloß sich meinen Blicken so, daß ich fast unfähig ward irgend etwas zu begreifen was nicht schon von einem andern begriffen, anzu-

[7] Brief vom 25. 1. 1856 an Henzen. Zitiert nach L. Wickert, Aus Theodor Mommsens Werkstatt. Kölnische Zeitung Nr. 610 vom 29. 11. 1942.

[8] Briefe I, 5.

schauen was nicht von einem andern angeschaut war. In dieser second hand world freilich wußte ich vortrefflich Bescheid, und ich konnte sogar früh genug altverständig urteilen, aber die Wahrheit in mir und außer mir war meinen Blicken verschlossen: die echte Wahrheit der objektiven Vernunft. Selbst als ich nun älter ward und mit großer Leidenschaft das Altertum studierte, diente es mir lange nur hauptsächlich jene Traumwelt reicher zu bevölkern und glänzender zu beleben.“ [9]

In diesem Brief vom 21. November 1811, der als eine Schlüsselstelle für die geistige Bildung Niebuhrs gelten muß, beklagt sich der Fünfunddreißigjährige darüber, daß ihm die natürliche Entwicklung und das ganze Kinderleben verlorengingen. Anschaulich schildert er, wie ihm geradezu unheimlich wurde, als er die Diskrepanz zwischen der Welt seiner Luftgebilde und der Wirklichkeit entdeckte. Umgekehrt ist ohne diese Phantasie und ohne diese Begabung der Wille zur energischen Vergegenwärtigung der Geschichte nicht denkbar, der Geschichte, die nach Niebuhr „nichts anders ist als Darstellung und Beurtheilen des Vergangenen als ob es Gegenwart wäre“ [10].

Gegenüber der Erziehung im elterlichen Haus und gegenüber der Bildung durch eigene Lektüre waren die Eindrücke, die Niebuhr 1794–1796 an der Universität Kiel empfing, weniger stark. Seine Studien wiesen gewiß eine universelle Breite auf: „Mir schwindelt, wenn ich überdenke, was ich noch zu lernen habe, Philosophie, Mathematik, Physik, Chemie, Naturgeschichte, Geschichte bis zur Vollkommenheit, Deutsch und Französisch bis zur Vollkommenheit. Und dann römisches Recht, so gut ich nur kann, das übrige wenigstens einigermaßen, die Verfassung von ganz Europa, fortgesetztes Studium der Alterthümer, und das alles höchstens in fünf Jahren ...“ [11], so lautet das Programm, das Niebuhr den Eltern im Juli 1794 mitteilt. Einen Gelehrten, der ihn als Historiker geprägt hätte, traf Niebuhr jedoch in Kiel nicht an, am allerwenigsten in der Römischen Geschichte. Doch wie vielfältig die Gegenstände

[9] Briefe II, 237 f.

[10] LN. I, 493. (Brief an D. Hensler vom März 1811).

[11] LN. I, 48.

seines Interesses auch immer waren, keinen Augenblick zweifelte er an seiner Berufung zur Geschichte und zum Wirken als Staatsmann: „... mich, glaube ich, hat Natur, die individuelle Richtung meines Geistes und meiner Fähigkeiten, zum eleganten Schriftsteller, Geschichtsschreiber, neuer und alter Zeit, Staatsmann, und vielleicht Weltmann bestimmt." [12]

In der Tat übernahm Niebuhr schon 1796 den etwas delikaten Posten eines Privatsekretärs beim dänischen Finanzminister, dem Grafen Schimmelmann; ein Jahr später zog er sich auf eine Stelle an der Kopenhagener Bibliothek zurück, die es ihm erlaubte, seine Kenntnisse der antiken Autoren zu vertiefen, aber auch zu verwerten. 1798–1799 konnte er dann als Stipendiat der dänischen Regierung eine Reise nach England und Schottland unternehmen, die ihn mit bleibender Bewunderung für dieses Land erfüllte: „... ich weiß keine Nation, der ich als Bürger lieber angehören möchte, als der Englischen; nicht bloß der Verfassung wegen, sondern aus Wohlgefallen an dem arbeitsamen, thätigen Geist, und dem starken, geraden Verstande der denkenden Männer, und wegen der vorzüglichen, äußerst allgemeinen Bildung der eigentlichen Bürger und vermuthlich auch der Landleute, welche manchen dünkelnden Gelehrten, und reich erzognen, fein zugeschnittnen Vornehmen, sehr zu beschämen fähig wären." [13]

In Edinburgh studierte Niebuhr Mathematik und Naturwissenschaften, vor allem Botanik und Agrikultur. Nach seiner Rückkehr trat er im Mai 1800 in den dänischen Staatsdienst ein, wo er zunächst als Assessor im Commerzcollegium für das Ostindische Bureau und als Secretair und Comptoirchef bei der permanenten Commission für die Barbaresken-Angelegenheiten Verwendung fand. Doch neben dieser praktischen Tätigkeit, die Niebuhr selbst im Rückblick als Diät betrachtete,[14] nahm er schon bald wieder seine historischen Studien auf. Nach Plänen, eine Darstellung der

[12] Brief an die Eltern vom 16. 11. 1794 aus Kiel. LN. I, 61. — Zu Niebuhrs Bildungsgang siehe W. Dilthey, Anfänge der historischen Weltanschauung Niebuhrs, Deutsche Rundschau 147, 1911, 294–299.

[13] Brief an Graf Adam Moltke. London, 9. 10. 1798. LN. II, 35.

[14] In dem Brief an Fr. H. Jacobi vom 21. 11. 1811. Briefe II, 240.

verschiedenen griechischen Verfassungen zu schreiben,[15] setzen 1802 Untersuchungen über die römischen Staatsländereien ein, die auch künftig im Mittelpunkt von Niebuhrs Studien zur römischen Geschichte stehen sollten und die er, wie kaum einen anderen Gegenstand, zeit seines Lebens mit Passion fortgesetzt und vermittelt hat.

1804 schreibt Niebuhr darüber an seinen Freund, den Grafen Adam Moltke: „Ich begann eine Abhandlung über das Römische Eigenthumsrecht, und die Geschichte der Ackergesetze, von weitem Plan, und muthiger Freiheit ... Jene wird von vielen verdammt werden, und kein Edelmann und Gutsbesitzer wird, consequent, sie gerne sehen können."[16] Vier Jahre später bricht Niebuhr bei einem Vergleich zwischen der niederländischen, altdeutschen und altrömischen Markscheidung in die Worte aus: „Davon wissen meine gelehrten Mitbrüder nichts: um die liederlichen Dirnen des Alterthums hat man sich schmunzelnd bekümmert, und Abhandlungen über sie geschrieben. Aber der römische Bauer interessirt den Gelehrten nicht mehr als der einheimische: welcher Gelehrte läßt sich herab sich um die Eintheilung von Bauerschaftsfeldmarken zu bekümmern? Und doch begreifen wir ohne das kaum die Schriftsteller vom Ackerbau."[17] Es sollte dann freilich noch einmal vier weitere Jahre dauern, bis Niebuhr diese Erkenntnisse im zweiten Band seiner ›Römischen Geschichte‹ einem weiteren Publikum unterbreiten konnte.

Fürs erste stand Niebuhr freilich in der dänischen Finanzverwaltung seinen Mann. 1804 stieg er zum Geschäftsführenden Direktor der Dänischen Staatsbank auf und dank dieser Qualifikation wurde der Freiherr vom Stein auf ihn aufmerksam. 1806 trat Niebuhr als Finanzexperte in den preußischen Staatsdienst ein, eine vielversprechende Tätigkeit in einem größeren Wirkungskreis und unter einem Minister, den er bewunderte,[18] schien sich abzu-

[15] LN. I, 275.

[16] LN. II, 44.

[17] Am 21. 8. 1808 aus Amsterdam. Nachgelassene Schriften B. G. Niebuhr's nichtphilologischen Inhalts. 1842, 255.

[18] Brief vom 28. 11. 1806 an D. Hensler aus Königsberg: „Es ist ein

zeichnen. Aber als Niebuhr in Berlin eintraf, wurde er sogleich in die Strudel der preußischen Niederlage von Jena gerissen und schließlich bis nach Riga verschlagen. Eine Dienstreise, deren Ziel es war, Preußen durch eine Anleihe finanzielle Entlastung zu gewähren, führte Niebuhr nach Holland. Sie schlug sich in „Circularbriefen“[19] an die Familie nieder, die vielfältigste Beobachtungen enthalten und nahezu alle Aspekte einer modernen geographischen Landeskunde berücksichtigen.

Ende des Jahres 1809 konnte Niebuhr dann zusammen mit den preußischen Zentralbehörden nach Berlin zurückkehren. „Die innere und äußere Staatsschuld, die Banknoten oder sogenannten Tresorscheine, das Finanzielle der Domainenveräußerung, die Benutzung aller Cassenbestände, die nicht dringend erforderlich sind, die Einziehung der Activa des Staats, das Salzmonopol und Banquiergeschäfte für den Staat“[20] gehörten jetzt zu seinem Departement, verstrickten ihn aber auch bald in den „Kampf matter Intriguen und unbefugter Ambition“[21]. Ein bequemer, anpassungsfähiger Beamter ist Niebuhr nie geworden. Als er erkennen mußte, daß sich seine Vorstellungen in der Finanzadministration nicht verwirklichen ließen, bat er im Sommer des Jahres 1810 um seine Entlassung. Allein aus der Resignation über das Scheitern auf diesem Felde wurde Niebuhr auf geradezu wunderbare Weise auf einen neuen Höhepunkt seines Wirkens geführt, oder, wie er selbst in einem schönen Bilde den unerwarteten Wandel umschrieb: „Das Wrack worauf ich solange gepumpt hatte ward auf den Strand geworfen, und siehe! es war die Heimat meiner Jugendwünsche, eine höchst begünstigte literarische Muße, in sehr angenehmen Verhältnissen.“[22] Noch vor seinem Ausscheiden aus der Finanzverwaltung war Niebuhr, der sich damals ganz als „Geschäftsmann“ fühlte, zum ordentlichen Mitglied der Preußischen Akademie der

Mann im höchsten Sinne des Worts, und als Minister, das was ich mir wünschte.“

[19] Abgedruckt in dem in Anm. 17 genannten Bande.

[20] Brief an den Vater vom 22. 12. 1809. LN. I, 431 f.

[21] LN. I, 440.

[22] Briefe II, 241.

Wissenschaften ernannt worden, wenig später auch zum Historiographen des preußischen Hofes. Im Zusammenhang mit der Eröffnung der Universität Berlin wurde er deshalb eingeladen, eine Vorlesung zu übernehmen, nach einigem Schwanken kündigte er ein Kolleg über ›Römische Geschichte‹ an.

Das Ziel hatte Niebuhr weit gesteckt: „Ich werde von den ältesten Zeiten Italiens anfangen, und so weit es möglich ist, die alten Völker nicht allein aus dem engen Gesichtspunct ihrer Unterjochung, sondern auch, wie sie an sich und was sie früher waren, darstellen; dann in der Römischen Geschichte die Verfassung und die Administration, wovon ich ein sehr lebhaftes Bild vor Augen habe. Gerne brächte ich diese Geschichte bis auf den letzten Zeitpunct herab, wo die aus alten Keimen entwickelten Formen ganz abstarben und die des Mittelalters ihren Platz einnahmen."[23] Ein halbes Jahr später mußte Niebuhr selbst bekennen, daß er an seine Arbeit ein völlig falsches Maß angelegt hatte, wenn er zuerst allen Ernstes daran dachte, „die ganze Römische Geschichte bis auf Karl den Großen in zwei Stunden während eines Winter halben Jahres vorzutragen"[24]. Denn in Wirklichkeit fiel er in das andere Extrem. Seine Vorlesung endete mit dem römischen Ständekampf.

Auch in anderer Hinsicht war diese berühmte Vorlesung des Wintersemesters 1810/11 eine Abnormität. Denn der vierunddreißigjährige Niebuhr war weder ordentliches Mitglied des Lehrkörpers der Berliner Universität, noch war er bisher im Bereich der Römischen Geschichte durch größere wissenschaftliche Veröffentlichungen ausgewiesen. Sehr viel mehr hatte der Finanzexperte, Reformer und Geheime Staatsrat von sich reden gemacht. Der junge Staatsmann zog die Hörer viel stärker an als der Gelehrte, sein Gegenstand versprach ja ohnehin die Geschichte des gerade durch seine Staatskunst ausgezeichneten Volkes. So erklärt sich die für die damalige Situation der Berliner Universität außerordentlich hohe Zahl von zweihundert Hörern, so erklärt es sich aber auch, daß in diesem Auditorium die geistig führenden Männer Platz genommen hatten, Savigny, Schleiermacher, Spalding, An-

[23] Brief an D. Hensler, Mitte September 1810. LN. I, 454.
[24] LN. I, 491.

cillon, Nicolovius, Schmedding und Süvern, mit ihnen Beamte, Offiziere und Angehörige des Königshauses.[25]

Die Vorlesung wurde zu einem ungewöhnlichen Erfolg. Savigny, der Inaugurator der historischen Rechtsschule, ließ sich dahin vernehmen, daß Niebuhr „eine neue Epoche für die römische Geschichte anfange“[26]. Wenn irgendwo die Verbindung von Forschung und Lehre verwirklicht wurde, so hier. Niebuhr persönlich konstatierte: „Belebend sind auch meine Vorlesungen selbst, weil sie anhaltende Forschungen erfordern, von denen ich sagen darf, daß sie mir nicht fruchtlos bleiben können; und sie sind belebender als bloß schriftstellerische Arbeiten, weil ich mit der Wärme des ersten Funds vortrage, und nachher mit denen rede, die sie ebenfalls neu wie sie entstanden sind aufnehmen.“[27]

In vielfacher Hinsicht stellen die Wintermonate 1810/11 den Höhepunkt von Niebuhrs Leben dar. Gegenstand der Bewunderung und hohen Respekts, im Austausch mit Gleichgesinnten und ihm in Freundschaft verbundenen Kollegen stehend, zugleich in einer glücklichen Ehe lebend, wuchsen ihm neue Kräfte zu. Schon ging er daran, die Vorlesung für den Druck einzurichten, obwohl er sich sagen mußte, daß sie für die Lektüre nur zum Teil geeignet sei, da ihm die Untersuchungen besser gelungen waren als die Darstellung und sein Stil gelegentlich „dunkel“ wirkte. Aber die Zweifel wurden unterdrückt. Niebuhr hatte sein Äußerstes gegeben und in diesem Bewußtsein identifizierte er sich ganz mit dem schon 1811 erschienenen ersten Band seiner ›Römischen Geschichte‹: „Ich habe mit einer so strengen Gewissenhaftigkeit, nicht nur in Lob und Tadel, sondern auch in Hinsicht historischer Untersuchung geschrieben, daß ich auf dies Buch sterben könnte ... Das Verdienst des Buchs liegt in der Kritik der Geschichte, und in der Erleuchtung einer Menge einzelner Punkte der Verfassung, Gesetze u. s. w.“[28]

Es verstand sich von selbst, daß Niebuhr die Vorlesung fortsetzte, aber ebenso, daß sich die einzigartige Konstellation des Anfangs

[25] Brief an D. Hensler vom 9. 11. 1810. LN. I, 482.
[26] LN. I, 483.
[27] Brief an D. Hensler, 19. 3. 1811. LN. I, 489.
[28] Brief an D. Hensler, 18. 5. 1811. LN. I, 497.

nicht mehr wiederholen konnte. Allein er hielt durch und besorgte auch diesmal so rasch es ging den Druck. Der schon 1812 veröffentlichte zweite Band der ›Römischen Geschichte‹ machte auch Niebuhr selbst „weniger Vergnügen als der erste, obgleich er an Inhalt wohl ebenso reich, und an eigentlich streng ausgemachtem Gewinn für die Wissenschaft wohl noch reicher ist als dieser“[29]. Von Roms Bündnis mit den Latinern führte er bis zur Einnahme der Stadt durch die Kelten und den anschließenden inneren Reformen. Niebuhr mußte sich freilich eingestehen, daß sein Interesse an dem Gegenstand erlahmte. „So wird es bleiben bis zur Zeit der Gracchen: von dort an wird die Geschichte wieder interessant.“[30] Die Hochstimmung des Einsatzes verklang, Kritik und Polemik wurden laut, vor allem aber zwang nun das Geschehen des Sommers 1812 auch Niebuhr in seinen Bann: „An Arbeiten ist gar nicht zu denken. Wie klein erscheint die alte Geschichte selbst gegen die ungeheuern (kein andrer Ausdruck ist groß genug) Begebenheiten die fast vor unsern Augen vorgehen! Und wie kleinlich die Beschäftigung sie kritisch zu bestimmen und nach dürftigen Bruchstücken zu schreiben! Man braucht nicht faul zu sein um die Hand vom Werk zu lassen wo das Arbeiten uns selbst kindisch geringfügig vorkommt.“[31]

Der Wahlpreuße wurde von der Begeisterung der nationalen Erhebung angesteckt, er lernte exerzieren, meldete sich als Freiwilliger bei der Landwehr und träumte davon, als Sekretär im Generalstab zu dienen. Doch der preußische König erteilte seine Erlaubnis nicht, er sagte Niebuhr jedoch zu, ihn in angemessener Weise zu verwenden. Vor allem als Publizist trat Niebuhr nun für die Sache Preußens ein. Er wirkte als Herausgeber des ›Preussischen Correspondenten‹[32] und verfocht in einer besonderen Flugschrift Preußens Recht gegen den sächsischen Hof, wobei er nichts Geringeres forderte als das Aufgehen Sachsens in Preußen. Friedrich Meinecke hat diese Flugschrift als Beispiel von Niebuhrs Ideenwelt

[29] Brief an D. Hensler, 2. 6. 1812. LN. I, 520.

[30] Brief an D. Hensler, 21. 3. 1812. Briefe II, 257.

[31] Am 29. 12. 1812 an Perthes. Briefe II, 354.

[32] Zusammenstellung seiner Artikel in den Nachgelassenen Schriften B. G. Niebuhr's nichtphilologischen Inhalts. 1842, 316 ff.

feinsinnig gewürdigt.[33] Die römische Geschichte bildete nun den Hintergrund von Niebuhrs Aktivität. Bühne und Horizont hatten die Funktionen vertauscht. So ist es kein Zufall, daß in der Einleitung des ›Preussischen Correspondenten‹ der taciteische Agricola den Ton angibt: „Wir haben Jahre durchlebt, in denen wir stumm sitzen mußten ... Die Besten schwiegen über das Elend der Gegenwart und ihre Gräßlichkeiten: die Furchtsamen verstanden sich zu abscheulichen Huldigungen ... noch eine kleine Zeit, und wir verdarben ganz."[34] Für einige Zeit fand Niebuhr in den Aufgaben, die ihm der Tag stellte, und im aktiven Wirken volle Befriedigung. Erneut wurde er mit finanzpolitischen Problemen befaßt, er wurde zur Erziehung des Kronprinzen herangezogen, vertrauensvoll sah er in die Zukunft: „Eine merkwürdige Zeit liegt noch vor uns: während unsers ganzen Lebens wird die Welt nicht wieder in ihre alte Insipidität und Schlaffheit zurücksinken: und bessere Zeiten können gegründet werden."[35] Vor allem aber war Niebuhr davon überzeugt, „daß eine unmittelbar schirmende und waltende Hand aus der Höhe in keiner Zeit der Weltgeschichte so unverkennbar erschienen ist als in der welche wir jüngst erlebt haben".[36] Die frische Offenbarung hatte seinen Glauben für einen Augenblick im historischen Wissen verankert.

Doch auch diese Hochstimmung verflog, schon das Jahr 1815 brachte neben politischen Enttäuschungen herbe persönliche Verluste. Niebuhr verlor seinen hochbetagten Vater und kurze Zeit darauf seine Frau Amalie, an der er einst den „Römersinn, ... Stolz, Geist, unbedingte Liebe, die scheueste Zucht, Unveränderlichkeit und Milde"[37] gefeiert hatte, eine Frau, die ihm selbstlos jene Harmonie gewährt hatte, deren er zu erfolgreichem Wirken bedurfte. Ihre ältere Schwester Dore Hensler, eine sehr viel stärkere und eigenwilligere Persönlichkeit, die 1838/39 die ›Lebensnachrichten über Barthold Georg Niebuhr aus Briefen desselben und aus

[33] Fr. Meinecke, Weltbürgertum und Nationalstaat. ^{3}1915, 209 ff.
[34] Vgl. Anm. 32, 316.
[35] Am 19. 4. 1814 an D. Hensler aus Amsterdam. LN. I, 588.
[36] a. O. (Anm. 32), 326.
[37] Okt. 1797 an Graf Adam Moltke. LN. II, 28.

Erinnerungen einiger seiner nächsten Freunde‹[38] herausgeben sollte, eine schon früh verwitwete junge Frau, die bis zu diesem Augenblick die wichtigste Korrespondentin Niebuhrs gewesen war, stand ihm jetzt zwar zur Seite. Doch nicht mit ihr kam es zu einer neuen Ehe, sondern mit ihrer Nichte Grete Hensler, und erst allmählich, vor allem dank der Kinder, fand Niebuhr hier ein neues familiäres Glück. Seine Niedergeschlagenheit wich jedoch nur langsam.

Niebuhr hatte sich in diesen Berliner Jahren sehr aktiv im Rahmen der Akademie betätigt. Unter anderem war ihm der maßgebende Entwurf des seit 1815 unter der Leitung von Boeckh begonnenen ›Corpus Inscriptionum Graecarum‹ zu verdanken.[39] Dennoch erscheint es nur natürlich, wenn ihn seine Freunde jetzt zur Fortsetzung seiner ›Römischen Geschichte‹ drängten, die er einst hatte in fünf Bänden bis auf Augustus weiterführen wollen.[40] Aber Niebuhr sah sich dazu nicht imstande. „Ein mittelmäßiges kaltes Supplement"[41] wollte er nicht liefern; an Dore Hensler schrieb er im Januar 1816: „Aber Du weißt nur nicht, Du sahst es nicht und begreifst es nicht, wie ein Werk der Art, wie meine Geschichte, entsteht, und einzig entstehen kann: nur in Liebe und Freude, nicht in Trübsal, Angst und Verlassenheit."[42]

Eine neue Aufgabe riß ihn aus diesem Verzagen. Niebuhr wurde zum Gesandten Preußens beim Vatikan ernannt und dabei mit der Regelung der Beziehungen zwischen den neu erworbenen preußischen Gebieten und der Kurie beauftragt, langwierigen Verhandlungen einer delikaten Materie, welche zudem noch dadurch erschwert wurden, daß Niebuhr lange Zeit auf verbindliche Instruktionen zu warten hatte. So trat er nun 1816 die Reise nach Rom an, das ihm für sieben Jahre zur neuen Heimat werden sollte.

[38] Zur Kritik an dieser Edition siehe E. Rosenstock, Die Zuverlässigkeit der „Lebensnachrichten über B. G. Niebuhr", HZ 110, 1913, 566 ff.

[39] Vergleiche hierzu U. Wilcken, Eine Gedächtnisrede auf B. G. Niebuhr. Bonner Akademische Reden, Heft 10. 1931, 15. — Niebuhrs Entwurf ist abgedruckt bei A. Harnack, Geschichte der Kgl. Preußischen Akademie der Wissenschaften zu Berlin. II, 1900, 379—382.

[40] LN. I, 467.

[41] 16. 1. 1816 an D. Hensler. LN. II, 158.

[42] 30. 1. 1816 an D. Hensler. LN. II, 163.

Scheinbar hatten sich jetzt endlich seine alten Wünsche erfüllt. „Seit dem Knabenalter habe ich davon geträumt in italienischen Bibliotheken in Codicibus rescriptis Wunder von Entdeckungen zu machen: und wir wollen auch schon Entdeckungen in der Vaticana machen"[43] – so hatte er sich gegenüber dem befreundeten Dahlmann geäußert. Und wie hatte er seinen Freund, den Grafen Moltke, schon 1804 um dessen Italienreise beneidet: „Es ist mir hart zu denken, daß ich den Boden nie sehen werde, welcher der Schauplatz von Thaten war, die ich vielleicht glauben darf schärfer zu kennen als irgendeiner meiner Zeitgenossen ..."[44]

In wissenschaftlicher Hinsicht entsprach freilich nur der Anfang des Aufenthaltes Niebuhrs Erwartungen. Schon in Verona entdeckte er eine wichtige Handschrift mit dem Text der bis dahin nur fragmentarisch bekannten ›Institutionum commentarii quattuor‹ des römischen Juristen Gaius, später fand er auch noch einige Cicero- und Liviusfragmente, insgesamt gesehen erfüllten sich jedoch seine Hoffnungen nicht. Noch schlimmer war indessen die Ernüchterung über das Land, die Denkmäler und die Menschen.

Der junge Niebuhr hatte von den „unerschütterten und unberaubten Gegenden Italiens"[45] geschwärmt, von Rom, „der Wunderstadt"[46], Pompeji, der „Schatzkammer des Römischen Privatlebens"[47], Ravenna, dem „Ring, der alte und mittlere Geschichte zusammenbindet"[48]. – Als er jetzt das Land ein Dutzend Jahre später betrat, überwog die Enttäuschung: „Wo das Lebende anekelt, wie kann der welcher nur durch Menschengeist und Menschenherz sich selbst gehoben und glücklich zu fühlen vermag, an Bildsäulen, Gemälden und Gebäuden Ersatz finden? ... Die Italiener sind eine Nation von wandelnden Todten."[49] Von Rom selbst aber hieß es: „Die Stadt, so weit sie bewohnt ist, mit ihren Bewohnern, hat keinen Reiz für mich ... Die Ruinen der Kaiserzeit beharre ich nur fremd zu finden: wahrhaft schön ist außerordentlich

[43] 14. 11. 1815 aus Berlin. Briefe II, 645.

[44] LN. II, 46.

[45–47] Brief an D. Hensler vom 24. 8. 1797. LN. I, 101.

[48] Brief an Graf Adam Moltke. 21. 5. 1804. LN. II, 45.

[49] Brief an Jacobi. 11. 1. 1817 aus Rom. LN. II, 268.

wenig."[50] Erst allmählich wurde er in Rom heimisch und sein Urteil ausgeglichener.

In den langwierigen Verhandlungen mit Papst Pius VII. und dem Kardinalstaatssekretär Consalvi errang sich Niebuhr die Hochachtung der Gegenseite und eine nicht geringe diplomatische Reputation. Sein Wissen und seinen Rat hat er auch anderen Delegationen, die in Verhandlungen mit der Kurie standen, geliehen. Genf zeichnete ihn zum Dank dafür mit seinem Bürgerrecht aus.[51] Endlich kamen auch die preußischen Bemühungen zu einem erfolgreichen Abschluß. Die päpstliche Circumscriptionsbulle ›De salute animarum‹ vom 16. 7. 1821 besiegelte die Vereinbarung. Niebuhr durfte mit dem geduldig herbeigeführten Ergebnis zufrieden sein, doch nun drängte er auch zurück. Anfang des Jahres 1823 erreichte er seine Ablösung und konnte die Heimreise antreten, freilich ohne sich über seine zukünftige Verwendung im klaren zu sein. Seit 1824 gehörte er dem Staatsrat an, für kurze Zeit hielt er sich in Berlin auf, dann stand sein Entschluß fest, noch einmal eine akademische Lehrtätigkeit, diesmal an der Universität Bonn[52], zu beginnen.

Wie fünfzehn Jahre zuvor in Berlin, so gehörte Niebuhr auch diesmal keiner Fakultät an, zögerte jedoch keinen Augenblick, in allen Dingen, die ihm wichtig schienen, direkt mit dem Ministerium zu verhandeln. Er hat sich häufig genug exponiert, ist zum Beispiel mutig für den verfolgten E. M. Arndt eingetreten, aber auch für Männer, die dies weniger verdienten. Reibungen konnten in der kleinen Universitätsstadt so nicht ausbleiben.

Doch dies war nur die äußere Seite, und die weniger wichtige der Bonner Zeit. Zunächst wiederholte sich der triumphale Berliner Lehrerfolg, ja er steigerte sich noch. In der ersten Vorlesung hörten ihn angeblich dreihundert Studenten. Niebuhr sprach jetzt frei. Der Mann, der weder durch sein Äußeres noch durch seine rhetorische Technik imponieren konnte, schlug seine Hörer durch die Aus-

[50] Weihnachten 1816 an D. Hensler. LN. II, 262.

[51] Siehe hierzu E. Vischer, B. G. Niebuhr und die Schweiz, Die Welt als Geschichte 16, 1956, 9 ff.

[52] Eingehend erörtert in der Anm. 1 genannten Arbeit von Fr. v. Bezold.

strahlungskraft seiner Persönlichkeit in Bann. Sein Ernst und sein Ethos verfehlten auch diesmal ihren Eindruck nicht.

Auch jetzt trieb ihn diese beglückende Resonanz zu äußersten Anstrengungen an. Neben der Ausarbeitung neuer Kollegs über die noch nicht behandelten Epochen der alten Geschichte, über alte Länder- und Völkerkunde, römische Altertümer, aber auch einer Geschichte des Zeitalters der Revolution stand die Neubearbeitung der ›Römischen Geschichte‹, stand die Mitbegründung des ›Rheinischen Museums‹ im Jahre 1827 und die Organisation einer Sammlung der Byzantinischen Geschichtsquellen, des sogenannten Bonner Corpus. Niebuhrs elf Bonner Semester sind von einer geradezu hektischen Arbeitswut erfüllt, durch Überanstrengung und Überreizung gekennzeichnet und wiederum nicht frei von schweren Sorgen und Verlusten. Als Niebuhrs Haus am 6. 2. 1830 niederbrannte, konnte wenigstens das Manuskript zur zweiten Auflage des zweiten Bandes der ›Römischen Geschichte‹ aus der Asche geborgen werden, aber seine Stimmung blieb düster.

Dann versetzte ihm die Julirevolution von 1830 einen neuen Schlag. Niebuhr arbeitete weiter „mit stetem Abwehren der sich aufdrängenden kummervollen Sorgen über den für Vermögen, die liebsten Besitzthümer, und jedes erfreuliche Verhältniß drohenden Untergang“[53]. Den neuen Erschütterungen, der immer weiter ausgedehnten Tätigkeit, kurz der Überforderung war Niebuhrs sensible Natur nicht mehr gewachsen. Am 2. Januar 1831 ist er verstorben.

Niebuhr bemühte sich in seiner ›Römischen Geschichte‹ um kritische Untersuchung, nicht um eine skeptizistische oder lediglich destruktive Kritik. Auch von einer theologischen Konzeption der Geschichte im Sinne Bossuets setzte er sich ab und bekannte sich statt dessen zur „philologischen“, da er „die alte Geschichte hauptsächlich als einen Bestandteil der Philologie, als eine philologische Disziplin, als ein Mittel der Interpretation und der philologischen Kenntnisse“[54] verstand. In dieser Haltung ist es begründet, wenn seine *Methode* als eine „historisch-philologische“ bezeichnet wird. Allein diese war sehr persönlich geformt.

[53] RG. II². 1830, V.

[54] VAG. I, 6.

Gewiß steht auch bei Niebuhr die historisch-kritische Interpretation der schriftlichen Geschichtsquellen am Anfang seiner Untersuchungen. Gewiß forderte er als Voraussetzung für das Studium der alten Geschichte „einen gesunden tüchtigen, philologisch-grammatischen Sinn, der gegen alles willkürliche Etymologisiren verwahrt", aber dies ist nicht alles. Denn im gleichen Atemzug verlangt er eben auch „ein entwickeltes geübtes Gefühl, Denkbarkeiten, Wahrscheinlichkeiten und Wahrheiten zu unterscheiden, ein gereiftes Urtheil, eine Kenntniß der menschlichen und bürgerlichen Dinge, dessen was sich zu verschiedenen Zeiten nach gleichen Gesetzen zugetragen hat ..."[55]. Immer aber wurde diese wissenschaftliche Arbeit durch ein hohes Ethos geprägt, fast möchte man sagen geadelt oder geheiligt: „Bei diesem herrlichen Studium wie bei aller Geschichte ist Wahrheitsliebe nebst richtig ahndendem Sinne unerläßliche Bedingung, fern seien Eitelkeit und Hypothesensucht, fern sei jede Entweihung der Wissenschaft, fern jeder Schein."[56]

Zu diesen wissenschaftlichen, geistigen und moralischen Voraussetzungen sollte nach Niebuhr stets ein „tüchtiger praktischer Sinn" kommen. Umgekehrt zog er daraus die letzten Konsequenzen: „Es ist meine vollkommene Überzeugung daß wir gänzlich in Barbarei versinken, wenn wir das Studium der Alten nicht in Ehren und Ansehen erhalten, worüber manche Gelehrte verblendet sind. Will man dasselbe auf derselben Stufe halten wie im sechzehnten Jahrhundert, so irrt man sehr und wird es nicht können. Man muß die Alten vielmehr an das Leben und die Wirklichkeit immer mehr hinanbringen, wir sollen es dahin bringen, daß wir Thucydides und Demosthenes, Cicero und Sallust lesen, nicht etwa wie ein Deutscher Junius' Briefe liest, sondern wie er Schriften liest die über unsere eigene Zeit geschrieben sind, in der Zeit unserer eigenen ungeheuren Veränderung."[57]

Niebuhrs Wille zu energischer Vergegenwärtigung der frührömischen Geschichte trieb ihn zu intensiver Quellenanalyse, die jedoch nicht zum Selbstzweck, sondern zum Element der eigenen

[55] VRG. I, 75.
[56] VRA. 3.
[57] VRA. 23.

Konstruktionen geworden ist. Die Analogie, der politische, historische und literarische Vergleich, trat hinzu. „Analogie und Combination" wurden seine wichtigsten Hilfsmittel, ja Mittel des menschlichen Fortschritts überhaupt. So ließ er sich, selbst in einer Zeit der „Liedertheorien" lebend, dazu verführen, auch für die Römische Geschichte die Existenz von Heldenliedern zu postulieren, die seiner Ansicht nach einst einen großen Teil der römischen Geschichte überliefert hätten.[58]

Das Charakteristische an Niebuhrs Behandlung der römischen Geschichte ist wohl darin zu sehen, daß die Intensität der Analyse und Rekonstruktion insbesondere der frührömischen Geschichte sich verband mit der praktischen Erfahrung des Staatsmannes und daß sie vollzogen wurde vor dem Geflecht eines für seine Zeit erstaunlich breiten historischen Wissens. Diese drei Faktoren haben sich immer wieder gegenseitig durchdrungen. Aus ihnen floß die zum Teil subtil-akademische, zum Teil ungewöhnlich lebendige Darstellung. Die kritische Behandlung der Quellen, die später teilweise dann auch von denen übernommen wurde, welche Niebuhrs Ergebnisse nicht anerkannten, stand dabei im Grunde unter einem durchaus konservativen Vorzeichen. Damit verbanden sich die idealistische Grundstimmung, der Einfluß Friedrich Heinrich Jacobis, die innere Nähe zur Klassik der Goethezeit und die Nachwirkungen der Philosophie Kants, mit der sich der junge Niebuhr so intensiv beschäftigt hatte[59]. Sein Urteil war jedoch durchweg unabhängig, auch dort, wo sich später zeigte, daß es mit Wertungen Vicos im Einklang stand.[60]

[58] Vgl. hierzu A. Momigliano, Perizonius, Niebuhr and the Character of Early Roman Tradition, Secondo Contributo alla storia degli Studi classici. 1960, 69—87.

[59] In diesem und dem folgenden Abschnitt werden einige zusammenfassende Formulierungen meiner Untersuchung Römische Geschichte und Universalgeschichte bei B. G. Niebuhr, Saeculum 19, 1968, 172 ff. übernommen. Zur geistigen Prägung Niebuhrs ist neben der in Anm. 12 genannten Arbeit von W. Dilthey wichtig G. Kuentzel, Niebuhrs Römische Geschichte und ihr zeitgenössischer politischer Gehalt, Festgabe für Friedrich Clemens Ebrard. 1920, 175—190.

[60] E. Vischer, a. O. (Anm. 51), 26 f.

Rom ragte für Niebuhr hervor durch die Vereinigung von politischer Vollkommenheit, Macht und Geist, durch die Dimensionen seiner historischen Formation und durch deren Nachwirkung. Die Geschichte der Verfassung der römischen Republik wurde für ihn nicht zu einem System staatsrechtlicher Abstraktionen, sondern zur ideal gesehenen Geschichte der politischen Entwicklung der römischen Plebs, einer freien Bauerngemeinde, zu deren Verklärung noch die Liedertheorie einen Beitrag zu leisten hatte. Wenn Niebuhr gesellschaftliche Fragen aufwarf und untersuchte, so geschah das ohne revolutionären Radikalismus, vielmehr behutsam und umsichtig, aber doch auch stets unter Beachtung analoger Abläufe in anderen Epochen und in allen Teilen der ihm bekannten Welt. Ihre universalgeschichtliche Bedeutung hatte die Römische Geschichte bei Niebuhr aus sich selbst gewonnen. Rom war bei ihm gleichsam von innen gesehen und erreichte dennoch den höchsten weltgeschichtlichen Rang. Durch die „Vorsehung", wie Niebuhr die in der Geschichte wirkende Macht nannte, war Rom zu seinem einzigartigen Beruf bestimmt. Niebuhr fand: „Es ist keineswegs wahr daß die Geschichte den Glauben an eine leitende Vorsehung schwächen könne." [61]

Niebuhrs Darstellung der ›Römischen Geschichte‹ begann mit einer minuziösen und liebevollen Schilderung der Bevölkerung und der Geschichte des alten Italien. In sie waren die Anfänge Roms eingebettet, dessen Entwicklung dann im ersten Band bis zum Ständekampf aufgezeigt wurde. Noch heute läßt sich unschwer ermessen, wie stark die hier ausgebreitete Gelehrsamkeit die Zeitgenossen beeindrucken mußte, mochte Schlegel noch so sehr lästern „... und Oskisch und Etrurisch – wird alles hier Niebuhrisch" [62]. Viel stärker war Niebuhrs persönliches Engagement jedoch in jenen Partien des zweiten Bandes, wo er die Agrargeschichte des frühen Roms erörterte, die Ackergesetze der römischen Republik und die Nutzung des ager publicus besprach. Hier war Niebuhr ganz in seinem Element, hier verbanden sich die Jugendeindrücke aus Dithmarschen und England mit den Überlegungen aus der Zeit der

[61] VRG. II, 49.

[62] Werke. Ed. Böcking. II, 1846, 244.

preußischen Reformen, hier gab er sein Bestes. Diese Teile der ›Römischen Geschichte‹ wurden in wesentlichen Zügen auch von Mommsen nicht „überholt", vielmehr ging jenen weiten Problemkreis erst der eigenwillige Mommsenschüler Max Weber mit einer ähnlichen Passion wieder an, wenn auch in anderen Perspektiven, mit anderen zeitlichen Schwerpunkten und unter ganz anderen juristischen und historischen Voraussetzungen.[63]

Für Niebuhr lag das Heldenzeitalter der römischen Geschichte im vierten Jahrhundert v. Chr., der römischen Plebs, den freien Bauern und Landleuten gehörten seine Sympathien. Sein Urteil war dabei sowohl politisch als auch sittlich bedingt. Wenn der dritte Band von Niebuhrs ›Römischer Geschichte‹ mit dem ersten Punischen Krieg abbricht, so sind wir durch die postume Veröffentlichung seiner ›Vorlesungen über die Römische Geschichte‹ doch auch über Niebuhrs Bewertung der folgenden Perioden unterrichtet. Die Geschichte der römischen Expansion ließ Niebuhr kühl, erst das Zeitalter der Gracchen zog ihn wieder an, im Ausgang der römischen Republik sah er lediglich „das Ende eines durchgeführten Lebens". Von seinem Standpunkt aus und aus seiner Perspektive war die Geschichte Roms in der Kaiserzeit ganz folgerichtig „die Geschichte einer verdorbenen großen Masse wo die Gewalt allein entscheidet, wo das Geschick von hundert Millionen und mehr Menschen auf einem einzigen Individuum und den Wenigen die seine nächste Umgebung bilden beruht"[64]. Niebuhrs Interesse an dieser „Entwicklung mechanischer Kräfte" erlosch, obwohl sich auch in diesem Zusammenhang nicht wenige bemerkenswerte Äußerungen finden, die Niebuhrs historischen Sinn und sein geschärftes politisches Urteil attestieren.

Sieht man näher, so ist es kein Zufall, wenn die Darstellung

[63] Zu M. Webers einschlägigem Werk ›Die Römische Agrargeschichte in ihrer Bedeutung für das Staats- und Privatrecht‹, 1891 sowie zu seiner Leistung im Bereich der Altertumswissenschaft siehe A. Heuss, Max Webers Bedeutung für die Geschichte des griechisch-römischen Altertums, HZ 201, 1965, 529—556 und G. Abramowski, Das Geschichtsbild Max Webers. 1966. (Kieler Historische Studien 1.)

[64] VRG. III, 162.

der folgenden Epochen der römischen Geschichte in Niebuhrs Vorlesungen immer spröder und knapper wurde. Die Zeit der römischen Weltherrschaft und des „Universalreichs“ mußte denjenigen abstoßen, der zum Herold der freien Bürgerschaft geworden war. Zugleich wurde hier ein generelles Baugesetz der römischen Geschichte sichtbar, dem sich auch die späteren Historiker Roms zu beugen hatten. Ging es ihnen um die Bürgertugenden und um die Staatskunst der freien Bürgergemeinde, um Agrargeschichte oder Kolonisation, so lagen die Schwerpunkte ihrer Darstellung meist ähnlich wie bei Niebuhr in der Frühzeit der klassischen römischen Republik. Richteten sie ihr Augenmerk auf die Einigung Italiens, so rückte Caesar in den Mittelpunkt. Zog sie die Romanisierung des Okzidents, die wechselseitige Durchdringung hellenistischer Kultur und römischer Staatsordnung an oder das Hineinwachsen des Christentums in den römischen Staat, so mußte das Imperium der Kaiserzeit in einen neuen Rang rücken und die Geschichte der römischen Republik dem zu- und untergeordnet werden. Um „Römische Geschichte“ aber handelte es sich in jedem Falle, nur zog jede der Perspektiven andere Wertungen nach sich, jede erforderte auch eigene Methoden.

Eine wertvolle Ergänzung zu Niebuhrs ›Römischer Geschichte‹ wie zu seinen Vorlesungen über die römische Geschichte stellen die ›Vorträge über römische Alterthümer‹ dar, die ungefähr gleichzeitig mit der zweiten Auflage der ›Römischen Geschichte‹ entstanden. In ihnen wollte Niebuhr eine Darstellung „des Wesens und der Zustände des römischen Volkes“[65] geben. Sein Begriff der „Alterthümer“ war dabei weitgespannt und persönlich gefaßt. Niebuhr verstand darunter zunächst den Staat, sodann die mit dessen Wesen zusammenhängenden Bereiche, wie das Kriegswesen, aber auch den Menschen in seiner häuslichen Gesellschaft, Sitten, Gebräuche und Gewerbe. Er verstand darunter aber auch den Menschen in seiner Beziehung zur höheren Welt, das heißt in seiner Religion.[66]

Naturgemäß berühren sich diese Vorträge an vielen Stellen mit

[65] VRA., 1. — Vgl. K. Christ, a. O. (Anm. 59), 183.

[66] VRA., 5.

Wertungen und Aspekten der ›Römischen Geschichte‹, so beispielsweise bei der Erörterung der ältesten Stammeseinteilung, in Niebuhrs Theorie der Entstehung Roms, in der Auffassung der Klientel und an vielen anderen Stellen mehr. Aber die Besprechung des römischen Senats, der Magistrate, der Priesterschaften, des Heer- und Gerichtswesens ist hier sehr viel systematischer gefaßt und deshalb auch nicht selten klarer als in dem eigentümlichen Geflecht von Untersuchung und Beschreibung der ›Römischen Geschichte‹. Nicht minder bemerkenswert sind die Partien des Abschnittes über das „häusliche Leben der Römer", in denen Niebuhr Namengebung, Erziehung, Ehe, Begräbnis, Spiele und Geldwesen, Wohnung wie Kleidung bespricht und somit Ansätze zu einer modernen Kulturgeschichte bietet.

Eine weitere Ergänzung stellen Niebuhrs ›Vorträge über alte Länder- und Völkerkunde‹ dar, eine Vorlesung des Wintersemesters 1827/28. Auch Niebuhr war klar, daß Geschichte stets die Kenntnis „der Zustände und die der Ereignisse" umfasse; „beide sind in der Abstraction zweckmäßig getrennt, wenn sie auch im Concreten nie gesondert erscheinen können"[67]. Seine Länder- und Völkerkunde des antiken Mittelmeerraumes mutet heute gewiß in manchen Partien karg und dürftig an. Immerhin hat sie im Augenblick des Erscheinens zum Beispiel auf den jungen Ernst Curtius großen Eindruck gemacht und diesen bei seinen eigenen landeskundlichen Studien beflügelt. Anschaulich sind Niebuhrs Vorträge speziell bei der Behandlung der einzelnen Landschaften Italiens und in der Beschreibung der Topographie Roms, die immer wieder von persönlichen Erinnerungen und historisch-politischen Ausblicken unterbrochen wird. Ohne Anschauungsmaterial, Karten und Grundrisse dürfte diese spröde Vorlesung freilich einst nicht geringe Anforderungen an die Hörer gestellt haben.

Die Vorträge über römische Altertümer und diejenigen über alte Länder- und Völkerkunde bezeugen, wie intensiv Niebuhr Zustände und Ereignisse durchdrang. Aber seinen Zug zum ganzen, umfassenden Bild der Geschichte des Altertums spiegelt doch am klarsten jene Vorlesung wider, die er in den Jahren 1826 und

[67] VLV., 1.

1829/30 hielt. Diese ›Alte Geschichte nach Justins Folge‹[68] griff über Justin auf die Konzeption des Pompeius Trogus zurück, der in augusteischer Zeit die Geschichte der verschiedenen Völker des Altertums bis zu ihrem Eintritt in das Imperium Romanum dargestellt hatte. Sie ist somit Ausdruck eines entschiedenen universalhistorischen Bewußtseins, zugleich aber auch eine notwendige Ergänzung zur ›Römischen Geschichte‹: „Denn die römische Geschichte erscheint in ihren Uranfängen mit der des übrigen Alterthums nur durch schwache Fäden verknüpft; diese Fäden verstärken sich dann zu mächtigen Wurzeln im Erdboden anderer Nationen, und endlich wächst sie zu einem solchen Umfange heran, daß in ihrer Größe alle übrigen Geschichten des Alterthums endigen, die griechische, macedonische (in die schon die asiatische und ägyptische übergegangen waren), die carthaginiensische; sie nimmt die Urgeschichte unserer Vorfahren mit auf. Die römische Geschichte überschattet die ganze Welt. Die vollendete Beziehung zu Rom erreichen die übrigen Völker in ihrem Untergang im römischen Reiche, und in der Zeit der römischen Kaiser gibt es keine Spur der classischen Geschichte, die sich nicht in der römischen begriffen oder verloren fände."[69]

Nur in der Konzeption, nicht in den Einzelheiten schloß sich Niebuhr an den Vorgänger an. Die Reiche des Alten Orients behandelte er ausführlicher, nicht zuletzt deshalb, um zu einem angemessenen „Verständniß der historischen Bücher der heiligen Schrift" zu gelangen. Dagegen wollte er die „Geschichte der Zuckungen und des Haders der macedonischen Dynastien"[70] zusammenziehen, eine Geschichte, die ihn immer abgestoßen hatte. Niebuhrs Darstellung der orientalischen Reiche wirkt durch die Fülle der auszubreitenden Fakten weithin spröde. Häufig folgte er den Schilderungen Herodots, aber immer wieder flocht er in seine Darstellung auch Erkenntnisse oder Vermutungen seines Vaters ein.

[68] Zu dieser Vorlesung H. Bengtson, B. G. Niebuhr und die Idee der Universalgeschichte des Altertums. 1960. Würzburger Universitätsreden. Heft 26.

[69] S. 6 f.

[70] S. 8 f.

Am lebendigsten wird seine Schilderung dort, wo er auf Denkmäler oder auf die Entzifferung der Schriften zu sprechen kommt. Nur selten werden dagegen allgemeine historische Reflexionen vorgetragen.

Marcus Niebuhr hat diese große Vorlesung seines Vaters in drei Bänden herausgegeben und ihr damit zu weiterer Resonanz verholfen. Heute mutet vieles an der Schilderung konventionell und unbefriedigend an, besonders im zweiten Band, der praktisch eine griechische Geschichte von Perikles bis zum Tode Alexanders d. Gr. enthält. Und doch ist es gerade dieses Werk gewesen, das später Eduard Meyer stark beeindrucken sollte und schließlich mit den Anstoß zu einer modernen Universalgeschichte des Altertums gab.

Überhaupt läßt sich Niebuhrs Wirkung und Ausstrahlung im 19. Jahrhundert kaum überschätzen. Gewiß traf seine ›Römische Geschichte‹ schon früh auf entschiedene, zum Teil auch berechtigte Kritik, wie diejenige von A. W. von Schlegel. Selbst mokante Polemik fehlte nicht.[71] Mochte es um die Liedertheorie stiller werden und konnten auch die Schüler (A. Schwegler, K. W. Nitzsch und H. Nissen) das Feld auf die Dauer nicht behaupten, Bachofen und Mommsen wurden zur Auseinandersetzung gezwungen; auf Ranke, Burckhardt und E. Meyer übten Niebuhrs Schriften einen nachhaltigen Einfluß aus.[72] Goethes Wort über den Toten „Er geht noch umher und wirkt“ [73] bewahrheitete sich, und schließlich versagte auch Theodor Mommsen, trotz aller Gegensätze und Vorbehalte, den Respekt nicht, indem er befand: „Wohl ist er es gewesen, der in einer gewaltigen Zeit, wo mit der Befreiung des Geistes und der Entfesselung der Forschung der Kampf um die verlorene Unabhängigkeit der Nation begonnen und bestanden

[71] Die Rezension A. W. von Schlegels aus den Heidelberger Jahrbüchern der Litteratur 1816 erschien auch als Separatdruck und erlangte so weitere Verbreitung. — „F. Eggo“ (= P. F. Stuhr), Der Untergang der Naturstaaten dargestellt in Briefen über Niebuhrs Römische Geschichte. 1812.

[72] Hierzu K. Christ, a. O. (Anm. 59), 190 ff.

[73] Goethe an Zelter, 29. 1. 1831. — Zu Goethes Verhältnis zu Niebuhr siehe L. Wickert, Goethe und der Historismus in der Altertumswissenschaft, Convivium (Festgabe für Konrat Ziegler. 1954), 165 ff.

ward, zuerst es gewagt hat die Geschichtswissenschaft an der Logik der Tatsachen zu prüfen, aus dem trüben Wust unverstandener und unverständlicher Tradition das innerlich Unmögliche auszuscheiden, das durch die notwendigen Gesetze der Entwickelung Geforderte auch da zu postulieren, wo es in der Überlieferung verwirrt oder aus ihr verschollen ist. Wir danken es ihm noch heute, daß unsere Geschichtswissenschaft dies aprioristische Moment, dies Erkennen des Gewesenen aus dem Gewordenen mittelst der Einsicht in die Gesetze des Werdens niemals ablehnen kann und wird ..." [74]

[74] Th. Mommsen, Reden und Aufsätze. 1905, 199. — Vergleiche auch E. Meyer, Geschichte des Altertums. III³. 1954, 226.

4

JOHANN GUSTAV DROYSEN
(1808–1884)

Das Griechenideal der deutschen Klassik im Sinne Winckelmanns und Humboldts gipfelte bekanntlich in einer Apotheose des freien Griechentums.[1] Wertungen wie diejenige Wilhelm von Humboldts, daß „griechischer Geist auf deutschen geimpft, erst das ergäbe, worin die Menschheit, ohne Stillstand, vorschreiten kann"[2], schlossen jedes angemessene geschichtliche Verständnis derjenigen Kräfte aus, welche im 4. Jahrh. v. Chr. die Relikte der griechischen Staatenwelt unterworfen und größeren historischen Formationen zugeordnet hatten. Zur Verteidigung der griechischen Werte trat unter den zeitgenössischen Erschütterungen durch Napoleon die historische Verteidigung der griechischen Freiheit hinzu. Sie führte zur Identifizierung mit der Sache des Demosthenes gegen Philipp II. von Makedonien. Es ist ein symptomatisches Ereignis der geistigen Entwicklung am Anfang des 19. Jahrhunderts, daß B. G. Niebuhr im Jahre 1805 anonym eine Übersetzung der I. Philippischen Rede des Demosthenes veröffentlichte und diese dem Zaren Alexander von Rußland widmete.

Die Gesamtdeutung der griechischen Geschichte, die Hegel in seiner ›Philosophie der Geschichte‹ gab, das heißt in den Vor-

[1] Vgl. allgemein W. Rehm, Griechentum und Goethezeit. Geschichte eines Glaubens. ^{3}1952.

Zur wissenschaftsgeschichtlichen Stellung *Winckelmanns:* Fr. Matz, Winckelmann und das 19. Jahrhundert, Geistige Welt 3, 1948, 3–13. W. Schadewaldt, Winckelmann und Homer. Leipziger Universitätsreden. 6. 1941.

Zu *Wilhelm von Humboldt:* E. Kessel, W. v. Humboldt. 1967, 95 ff. H. J. Liese, Wilhelm von Humboldt und das Altertum. Diss. Münster/Westf. 1951. P. Stadler, Wilhelm von Humboldts Bild der Antike. 1959.

[2] Brief an Schweighäuser. Zitiert nach Momigliano. Genesi (s. Anm. 19), 172.

lesungen der zwanziger Jahre des 19. Jahrhunderts, ist trotz der weiten Horizonte, in die sie gestellt ist, bezeichnend für die damalige allgemeine Bewertung der nachklassischen Epoche der griechischen Geschichte. Sie ist eine „Periode des Sinkens und des Verfalles", an deren Ende das Zusammentreffen mit Rom steht, „dem späteren Organe der Weltgeschichte"[3]. Der Inhalt der Epoche, die Hegel durch das makedonische Reich gestaltet und durch den Untergang des griechischen Geistes charakterisiert sieht, wird ziemlich negativ eingeschätzt. Auf Philipp II. fällt auch hier der übliche Vorwurf der Kleinkrämerei, des Harten, Gewaltsamen, politisch Betrügerischen, – nur Alexander ist von dem generellen Verdikt ausgenommen. Sein Miniaturportrait ist sogar erstaunlich positiv. Hegel spricht davon, daß in ihm nicht allein Feldherrngenie, der größte Mut und die größte Tapferkeit vereinigt waren, sondern daß alle diese Eigenschaften noch durch schöne Menschlichkeit und die Individualität erhöht wurden.[4] Allein schon die Zeit der Diadochen interessierte Hegel weniger, was an ihr interessant ist, wäre nach ihm nicht das Schicksal der Staaten, sondern das der großen Individuen.

Die entscheidende Wendung in der Bewertung Alexanders d. Gr. und der Jahrhunderte nach ihm führte dann jedoch erst Johann Gustav Droysen herbei. Droysen wurde am 6. Juli 1808 in Treptow in Pommern als Sohn eines Garnisonspredigers geboren. Der Junge hat die Bewegung der Freiheitskriege, Ohnmacht und Wiederaufstieg Preußens, selbst erlebt, Blücher und Nettelbeck, den Verteidiger Kolbergs, im Hause des Vaters gesehen[5] und 1813 das Hin- und Herwogen der Kämpfe im Raum von Stettin beobachtet; er hat Erregung und Elend dieses Krieges früh aus der Nähe erfahren. Durch einen anderen Schlag wurde Droysens Familie noch unmittelbarer getroffen: Der Vater, der sich als glühender Patriot ebensowenig geschont hatte wie als Seelsorger, erhielt zwar 1814 seine Ernennung zum Superintendenten und pastor primarius von

[3] G. W. Fr. Hegel, Vorlesungen über die Philosophie der Geschichte. Mit einer Einführung von Th. Litt. Ausg. Stuttgart 1961, 321.

[4] a. O., 382.

[5] G. Droysen, J. G. Droysen. I. 1910, 12.

Treptow, doch zwei Jahre später riß sein Tod die Familie in die Armut. Droysens Mutter mußte mit ihren fünf Kindern die Amtswohnung im schönen „Elefantenhaus" räumen und durch Nähen, Flicken und Flechten für den Lebensunterhalt ihrer Kinder sorgen.[6]

Nur mit Hilfe von Spenden der Freunde seines Vaters konnte Johann Gustav deshalb das Stettiner Mariengymnasium besuchen und später dann auch in Berlin ein Studium aufnehmen. Schon der Gymnasiast war gezwungen, sich am „Schulmeistern" zu versuchen, um die schmale Börse durch Nachhilfestunden aufzufüllen. Aber durch einen vorzüglichen Griechischlehrer wurde er auch an Demosthenes und Sophokles herangeführt, so daß er sich an eine metrische Übersetzung von Sophokles' ›Antigone‹ heranwagte.[7]

Seit 1826 studierte Droysen in Berlin, wo August Boeckh und Hegel den wichtigsten Einfluß auf ihn ausübten.[8] Anfangs fiel es ihm schwer, sich einzuleben. Manche Töne seiner Briefe erinnern an Winckelmanns Beginn: „Ich bin allein, fremd unter Fremden, beschränkt auf mich und den Umgang mit meinen toten Freunden, den hehren ernsten Alten."[9] Droysens Situation verdüsterte sich noch, als 1828 auch seine Mutter starb und er mehr denn je auf zusätzlichen Verdienst als Privatlehrer angewiesen war. Boeckh vermittelte ihm deshalb 1829 den berühmten Schüler, den fast gleichaltrigen Felix Mendelssohn-Bartholdy. Droysen trat nun in eine freiere geistige und gesellschaftliche Welt ein. „Die leben wie die Menschen im Paradiese", schrieb er an seine Schwester Mathilde[10].

Das enge Verhältnis zwischen den beiden jungen Männern ist

[6] a. O., 31.

[7] a. O., 37.

[8] Das Verzeichnis der Vorlesungen, welche Droysen in Berlin belegte, ist abgedruckt bei H. Astholz, Das Problem „Geschichte" untersucht bei J. G. Droysen. 1933, 209 f. — Zum Einfluß Hegels siehe B. Bravo, Hégélianisme et recherche historique dans l'œuvre de J. G. Droysen, Antiquitas Graeco-Romana. Prag 1968, 151 ff.

[9] Brief an die älteste Schwester vom 13. 6. 1826 — zitiert nach G. Droysen, a. O., 51.

[10] Zitiert nach G. Droysen, a. O., 58.

noch durch den Briefwechsel bezeugt, Mendelssohn hat zudem Gedichte Droysens vertont. Droysen ist selbst in hohem Maße musikalisch gewesen,[11] und es wurde schon oft ausgesprochen, wie sehr seine Sprache, sein Stil und seine Bilder davon zeugen. Durch die Beziehung zu Mendelssohn wurde sein Sinn für Musik und Poesie ohne Zweifel gefördert und vertieft. Gleichzeitig erhielt er auch durch den Kreis seiner Berliner Freunde, der sich inzwischen um ihn gebildet hatte, reiche Anregungen, so durch Moritz Veit und den Maler Eduard Bendemann.[12]

Während Droysen als Lehrer am berühmten „Grauen Kloster"-Gymnasium in Berlin wirkte, entstand die 1832 veröffentlichte Übersetzung der Tragödien des Aischylos, der 1835/38 eine dreibändige Übersetzung der Komödien des Aristophanes folgte. In beiden Fällen handelte es sich um Schöpfungen von großer sprachlicher Gestaltungskraft, die ihren Rang behauptet haben, in beiden Fällen aber auch mehr um freiere Nachgestaltungen als um wörtliche Übertragungen, und in beiden Fällen endlich hatte Droysen die Stücke auf ihren historischen Boden gestellt.

Denn längst hatte er sich historischen Themen zugewandt. Schon 1829 veröffentlichte er im ›Rheinischen Museum‹ einen Aufsatz über „die griechischen Beischriften von fünf ägyptischen Papyren zu Berlin" [13], 1831 wurde er mit einer Arbeit über das Lagidenreich unter Ptolemaios VI. promoviert,[14] seit 1833 wirkte er als Privatdozent für Alte Geschichte und Klassische Philologie an der Universität Berlin, und noch im selben Jahr erschien von dem Fünfundzwanzigjährigen die berühmt gewordene ›Geschichte Alexanders d. Gr.‹, mit der ein neues Kapitel der Wissenschaftsgeschichte be-

[11] Hierüber zuletzt W. F. Kümmel, Musikgeschichte und Geschichte. 1967. (Marburger Studien zur Musikgeschichte 1), 230 ff.

[12] Die Zusammenarbeit gipfelte später in der Komposition der Wandgemälde repräsentativer Säle des Dresdener Schlosses, für die Droysen dann auch eine Beschreibung lieferte: Die Wandgemälde im Ball- und Concertsaal des Königlichen Schlosses zu Dresden, Kleine Schriften zur Alten Geschichte. II. 1894, 153—181.

[13] Rheinisches Museum 3, 1829, 491—541. Abdruck in Kleine Schriften zur Alten Geschichte. I. 1893, 1—39.

[14] Abdruck in Kleine Schriften zur Alten Geschichte. II. 1894, 354—432.

ginnen sollte. Diese stürmisch vorangetriebene Produktion entstand dabei unter den denkbar größten Belastungen. Selbst als Droysen im Jahre 1835 schließlich außerordentlicher Professor an der Universität Berlin geworden war, hatte er neben seinen zehn Wochenstunden an der Universität noch zwanzig weitere am Gymnasium zu lehren.[15]

Für Droysens Geschichtsschreibung hat man neben den bereits erwähnten und im Grunde selbstverständlichen Voraussetzungen, dem engen Verhältnis zur klassischen Bildung und der ausgeprägten Musikalität, in erster Linie seine Herkunft aus dem protestantischen Pfarrhaus und sein entschiedenes Preußentum als konstitutiv bezeichnet. Doch Droysens Christentum war keineswegs eng oder orthodox, und so ist es wohl richtiger, wenn man Droysens Werk mit Friedrich Meinecke bestimmt sieht durch die Polarität zwischen „universaler Weltanschauung und nationalem Staatsideal“[16].

Die Neubewertung Alexanders d. Gr. und der Jahrhunderte nach ihm beruht bei Droysen auf dem Zusammentreffen sehr stark profilierter persönlicher, religiöser und politischer Wertungen, die uns sein Briefwechsel aus jenen Jahren noch erhalten hat. Die allgemeinste persönliche Wertung des Geschichtsprozesses kann man als aktivistisch im Sinne des Fortschrittes der Geschichte bezeichnen. 1834 schreibt Droysen darüber an den Philologen Welcker: „Sie wissen schon, daß ich Verehrer der Bewegung und des Vorwärts bin; Cäsar, nicht Cato, Alexander und nicht Demosthenes ist meine Passion. Alle Tugend und Moralität und Privattrefflichkeit gebe ich gern den Männern der Hemmung hin, die Gedanken der Zeit aber sind nicht bei ihnen. Weder Cato noch Demosthenes begreifen mehr die Zeit, die Entwicklung, den unaufhaltsamen Fortschritt, und der Historiker, meine ich, hat die Pflicht, diese Gedanken einer Zeit als den Gesichtspunkt zu wählen, um von dort aus das andere alles, denn es gipfelt sich dorthin, zu überschauen.“[17]

Dieses Bekenntnis zur Bewegung und zum Vorwärts verband

[15] M. Duncker, J. G. Droysen, Preußische Jahrbücher 54, 1884, 146.

[16] Fr. Meinecke, J. G. Droysen. Sein Briefwechsel und seine Geschichtsschreibung, HZ 141, 1930, 249–287.

[17] Briefwechsel. I. 1929, 66 f.

sich bei Droysen mit der religiösen Überzeugung, daß „Gott ... zu keiner Zeit unbezeugt geblieben“ sei, wie er 1836 an einen Unbekannten schrieb, „und die Jahrhunderte, die seiner Gnade und Offenbarung die Stätte bereitet, müssen mehr als nur Verderben, Sünde und Gottlosigkeit enthalten“ [18]. Da für Droysen die Stiftung des Christentums der Angelpunkt der Menschheitsgeschichte war, orientierte er die Jahrhunderte nach Alexander auf diesen Vorgang zu und gab ihnen damit eine neue Würde.

Zu der allgemeinen und der angedeuteten religiösen kam endlich noch eine besondere politische Wertung hinzu, die Friedrich Meinecke als die „Rechtfertigung des monarchisch-militärischen Prinzips“ bezeichnet hat. Es ist keine Frage, daß die Leser von Droysens ›Geschichte Alexanders d. Gr.‹ in den unverblümten Urteilen über das bankerotte Elend der griechischen Kleinstaaterei und in der Anerkennung der makedonischen Militärmacht Erfahrungen und Hoffnungen ihrer Gegenwart wiederfanden. Allerdings ist die Analogie der Einigung Griechenlands durch Philipp II. zu der Einigung Deutschlands durch Preußen dann erst 1877 in der zweiten Auflage des Alexanderbuches stärker durchgezogen. Vor allem ist hier aber nach den Forschungen von Arnaldo Momigliano[19] darauf hinzuweisen, daß die Gleichsetzung Preußens mit Make-

[18] a. O., 108. — Von der zeitgenössischen wissenschaftlichen Kritik an Droysens Auffassung ist hervorzuheben A. Schmidt, Droysens Geschichte des Hellenismus I. Kritische Beurteilung, Neue Jahrbücher für Philologie und Pädagogik. 1837, 3—60. — Th. Mommsen hat aus dem „Diadochenbuch“ etwas ganz anderes gelernt, wie er am 30. 8. 1881 an Droysen schrieb: „... da zuerst habe ich es begriffen, daß die Geschichtsforschung keinen Unterschied machen darf zwischen Marmor und Papier, und wie für verlorene oder zerrüttete Überlieferung einigermaßen Ersatz geschaffen werden kann“.

[19] A. Momigliano, Genesi storica e funzione attuale del concetto di Ellenismo, Contributo alla storia degli studi classici. 1955, 165—193. Ders., Per il centenario dell'Alessandro Magno di J. G. Droysen, a. O., 263—273. — Die Unterschiede zwischen der ersten und zweiten Auflage werden — im Gegensatz zu Momigliano — reduziert von B. Bravo, Philologie, Histoire, Philosophie de l'Histoire. Étude sur J. G. Droysen, Historien de l'Antiquité. Acad. Polon. des Sciences. 1968. Dazu A. Momigliano, Riv. Stor. Ital. 81, 1969, 679 ff.

donien keine Erfindung Droysens ist. Bereits 1758, im Jahre des Bündnisses zwischen England und Preußen, hatte Thomas Leland im Vorwort seiner Geschichte des Lebens und der Regierung Philipps II. zum Ausdruck gebracht, daß er an Friedrich d. Gr. dachte, während er über Philipp schrieb. 1789 hatte dann John Gillies umgekehrt eine Betrachtung der Regierung Friedrichs II. durch eine Parallele zu Philipp II. von Makedonien ergänzt.

Aus diesen drei Momenten ergaben sich somit die Neubewertung Alexanders d. Gr. und Droysens Definition des Hellenismus. Das Buch über Alexander d. Gr. setzte in der ersten Auflage von 1833 fast hymnisch ein und zeigte gerade in seinen ersten Sätzen am klarsten, mit welch gläubigem Enthusiasmus und in welchem Geiste es geschrieben war: „Wenigen Menschen und wenigen Völkern wird das Vorrecht zuteil, eine höhere Bestimmung als die Existenz, eine höhere Unsterblichkeit als zeitloses Vegetieren, als das Nichts der körperlichen Seele zu haben. Berufen sind alle; aber denen, welche die Geschichte zu Vorkämpfern ihrer Siege, zu Werkmeistern ihrer Gedanken auserwählt, gibt sie die Unsterblichkeit des Ruhmes, in der Dämmerung des ewigen Werdens gleich einsamen Sternen zu leuchten. – Wessen Leben also über die öde Dämmerung der Zeitlichkeit emporsteigt, dem ist der Friede des Lebens und der Genuß der Gegenwart versagt, und auf ihm lastet das Verhängnis einer Zukunft; seine Tat wird ihm zur Schuld, seine Hoffnung zu einsamer Sorge und rastloser Arbeit um ein Ziel, das doch erst sein Tod erfüllt; und noch die Ruhe des Grabes stören die lärmenden Kampfspiele um seine Heldenwaffen und ein neues, wilderes Ringen der aufgerüttelten Völker. – Also drängt sich das Chaos des Menschengeschlechtes Flut auf Flut; über den Wassern wehet der Geist Gottes, ein ewiges Werde, eine Schöpfung ohne Sabbat."

Auf diese Eingangssätze folgt die erstaunliche Behauptung, daß schon „der erste Tag der Geschichte die Völker aus Abend und Morgen zum ersten Male geschieden habe zu ewiger Feindschaft und dem ewigen Verlangen der Versöhnung". In diesen Prozeß ist das Wirken des „Heldenjünglings" eingegliedert. Dann klingt die Einleitung folgendermaßen aus: „Denselben Kampf wiederholen die Jahrhunderte unablässig; dieselbe Angst treibt die Völker

Asiens gen Westen, dasselbe Verlangen den Abendländer zum Heiligen Grabe, zu den Schätzen Golkondas, zum verschollenen Golde des Altai; mit allen Waffen der Gewalt und List, der Wildheit und Bildung, des Glaubens und Wissens, der Masse und des Gedankens treten neue und neue Völker in die Schranken, und nur die Potenzen ihrer Gewalt unterscheiden sie. Schon nistet Asien am Herzen Europas, schon hat Europa die Tore des hohen Asiens erbrochen; wer kennt die Zukunft? Aber einst, wenn aus Abend und Morgen der letzte Kampf entschieden ist, dann wird die Ruhe des schweigenden Anfangs wieder sein und die Geschichte hinwegeilen in eine neue Welt."

Natürlich hat Droysen das forcierte Pathos der Einleitung dann im Buch selbst nicht durchgehalten. Dennoch wurde das ganze Werk zu einer Apotheose Alexanders, die Droysen den Mangel an Kritik zu Recht eintrug, und die fast vergessen ließ, daß dieses Buch nach einer sehr eingehenden Beschäftigung mit den Quellen entstanden war. Als Droysen über vierzig Jahre später, 1877, seinen ›Alexander‹ in einer zweiten Auflage herausbrachte, trug er ein wesentlich anderes Gesicht. Der Überschwang war kupiert, die allgemeine historische Reflexion, die in der ersten Auflage mit einer gewissen Unbefangenheit vorgetragen worden war, trat nun zurück. Droysen wurde jetzt auch den Gegenkräften und Gegenspielern Alexanders eher gerecht. Der Hymnus der Einleitung war gestrichen, statt dessen wurde das Buch in der zweiten Auflage durch den berühmten lapidaren Satz eröffnet: „Der Name Alexander bezeichnet das Ende einer Weltepoche, den Anfang einer neuen."

Paradoxerweise läßt sich sagen, daß es Droysen bereits in seinen Anfängen mehr um diese neue Weltepoche als um Alexander gegangen war, der gleichsam nur den Auftakt zu ihr gegeben hatte.[20] Wir stehen damit bei Droysens Hellenismus-Begriff. Droysen war schon zu Anfang der dreißiger Jahre des 19. Jahrhunderts mit Problemen des ptolemäischen Ägyptens beschäftigt, und schon 1830 hatte er in einem Brief an Heydemann die Absicht geäußert,

[20] G. Droysen, a. O., 101. — Zur Entwicklung des Alexanderbildes nach Droysen siehe G. Wirth, Dareios und Alexander, Chiron 1, 1971, 133—152.

ἑλληνικὰ μετὰ τοὺς περὶ 'Αλέξανδρον zu schreiben,[21] mit anderen Worten eine Geschichte der Zeit nach Alexander, in welcher vermutlich das ptolemäische Ägypten eine beherrschende Stellung einnehmen sollte. Das Motiv, das ihn dazu erfüllte, war bereits in einer Doktorthese aufgetaucht, die er 1831 bei seiner Promotion verfochten hatte.[22] Es war die These, daß die griechische Religion der christlichen näherstehe als die jüdische, und aus solcher Perspektive ging Droysen denn auch die Zeit nach Alexander an. Er sah mit anderen Worten jene Jahrhunderte nicht mehr von Griechenland aus, sondern er stellte sich auf den Boden einer von griechischen wie orientalischen Kräften gebildeten Kultur, die er „Hellenismus" nannte und die er im Grunde von Anfang an auf die Entstehung des Christentums bezog.

Auch diese Sicht war im Grunde nicht originell, denn schon bei Herder findet sich ein in seiner Bedeutung erst spät erkannter Satz, der in nuce Droysens Programm bereits in sich birgt. Er lautet: „Wir bemerkten, daß der Hellenismus, das ist eine freiere, schon mit Begriffen andrer Völker gemischte Denkart der Juden, der Entstehung des Christentums den Weg gebahnet habe."[23] Es ist nun wichtig geworden, daß Droysen bei der Wahl und Interpretation seines Leitbegriffes, eben des Hellenismus, in einer ähnlichen Weise wie Herder, von einem Mißverständnis der zeitgenössischen Philologen und Theologen ausging. Da der Begriff 'Ελληνισταί in den acta Apostolorum VI, 1 demjenigen der 'Εβραῖοι entgegengestellt ist, war man seinerzeit der Meinung, daß mit 'Ελληνισταί diejenigen bezeichnet wären, die eine Mischsprache zwischen dem Griechischen und dem Hebräischen redeten, und daß infolgedessen die mit hebräischen Bestandteilen durchsetzte griechische Sprache des Neuen Testamentes als hellenistisch bezeichnet worden sei. Nach diesem grundlegenden ersten Irrtum übertrug Droysen nun die Erscheinung der Vermischung vom sprachlichen Bereich auf denjenigen der Kultur allgemein, wobei

[21] Briefwechsel. I. 1929, 24.

[22] G. Droysen, a. O., 69. Die These lautete demnach: A doctrina Christiana Graecorum quam Iudaeorum religio propius abest.

[23] Werke. 14. 318.

gleichzeitig der Gegenpol zum Griechischen vom hebräischen auf den orientalischen Faktor ausgeweitet wurde.

In der Zwischenzeit ist längst festgestellt worden,[24] daß die Griechen selbst unter ἑλληνίζειν und ἑλληνισμός ursprünglich etwas ganz anderes verstanden. Das Verb ἑλληνίζειν bezeichnet in seiner griechischen Grundbedeutung ganz einfach „griechisch reden" — und es schließt eine Mischung von Fremdem mit Griechischem gerade aus. Bei Aristoteles ist die Wortbedeutung sogar noch verschärft zum „ein reines Griechisch reden" und betont abgesetzt erstens vom Nicht-Griechisch-Sprechen, zweitens vom ein unreines Griechisch-Reden, das heißt griechischen Dialekt sprechen. Die sprachgeschichtliche Bewegung, die hier zu fassen ist, mündete dann später in den sogenannten Attizismus ein, der nun das Attische zum reinen Griechisch schlechthin erhob und damit die Tradition eines ἑλληνισμός im Sinne des Aristoteles praktisch usurpierte.

Das weitere Schicksal des historischen Begriffes Hellenismus ist indessen nicht allein durch das Mißverständnis des Anfangs bestimmt, für das Droysen, wie gesagt, persönlich nicht haftbar gemacht werden kann, sondern durch den Bedeutungswandel des Begriffes schon bei Droysen selbst. Der Begriff begegnet bei ihm zum erstenmal in einem Brief aus dem Jahre 1831 in einem religionsgeschichtlichen Zusammenhang.[25] Er ist dort einfach mit der Erscheinung des Anthropomorphismus gleichgesetzt, sagt somit für den späteren Gebrauch wenig aus. Im ›Alexander‹ von 1833 sind dann hellenistisch und hellenisch an mehreren Stellen einfach synonym verwandt. Dort wo der Begriff Hellenismus im Sinne der Übertragung von Griechischem auf Fremdes gebraucht wird, gibt das Griechische nichts preis. Im Gegensatz zu dieser, sagen wir vereinfacht griechisch-aktivistischen Auffassung des Hellenismus im Alexanderbuch wird dann bereits in der Einleitung zur ›Geschichte

[24] R. Laqueur, Hellenismus. Giessener Rektoratsrede 1925. Vgl. auch die in Anm. 19 genannte Studie von A. Momigliano sowie dessen Aufsatz ›J. G. Droysen between Greeks and Jews‹, History and Theory 9, 1970, 139—153. — Die beste Einführung in den Gesamtproblemkreis nun bei A. Momigliano, Introduzione all'Ellenismo, Riv. Stor. Ital. 82, 1970, 781 bis 799.

[25] Briefwechsel. I. 1929, 40.

des Hellenismus‹ der Beitrag der einzelnen orientalischen Völker stärker betont: so viele Kulturen sich mit dem Griechischen verbinden, so viele Arten des Hellenismus gibt es nun. Im Hellenismus handelt es sich jetzt also im Prinzip nicht mehr um eine Übertragung von griechischen Kräften und Formen auf fremde, sondern nur um die Ergebnisse eines vielgestaltigen Austauschprozesses.

R. Laqueur, der dieser begriffsgeschichtlichen Entwicklung bei Droysen nachging, spitzte sie in dem Satz zu, daß der Hellenismus Droysens im Werke über den Hellenismus orientalischer sei als derjenige im ›Alexander‹.[26]

Nach Droysens Ansicht leitete der Alexanderzug diesen Prozeß ein, wobei er allerdings selbst feststellte, daß nach dem Tode Alexanders d. Gr. zunächst für rund drei Jahrzehnte eine rückläufige Bewegung einsetzte, und daß der Austauschprozeß erst darnach zur vollen Entfaltung kam. Die Ausführung des anfänglichen Planes einer Geschichte des Hellenismus, so wie ihn Droysen sah, das heißt eines auf die Entstehung des Christentums hinwirkenden Austauschprozesses, hätte eine Behandlung des Geschehens von Alexander zumindest bis in die Zeit des Augustus erforderlich gemacht. Dazu ist es jedoch aus äußeren und inneren Gründen nicht gekommen. In dem 1836 erschienenen ersten Band der ›Geschichte des Hellenismus‹ schilderte Droysen die Zeit der Diadochen bis zum Jahre 277, in dem 1843 veröffentlichten zweiten Band die Zeit der Epigonen bis zum Jahre 220. Darüber hinaus hat er sein Werk nicht fortgesetzt.

Der äußere Grund liegt in Droysens Berufung auf den historischen Lehrstuhl in Kiel, die ihn 1840 mit ganz neuen Aufgaben und Problemen konfrontierte. Droysen wandte sich jetzt, wie er schrieb[27], von dem albernen, abgebröckelten Altertum ab. Er wurde

[26] a. O., 22.

[27] Brief an A. Heydemann, 14. 8. 1841. — Briefwechsel. I. 1929, 195. Besonders in den von R. Hübner im Briefwechsel publizierten Briefen an Theodor v. Schön, Karl Francke, Wilhelm Arendt, Moritz Veit und Justus von Grüner gab Droysen eine temperamentvolle Kritik an den politischen Vorgängen seiner Zeit, während in den Schreiben an H. v. Sybel, M. Duncker, K. W. Nitzsch und Fr. v. Palacky die fachwissenschaftlichen Themenkreise im Vordergrund standen.

in die politischen Auseinandersetzungen des Kampfes gegen Dänemark gerissen und in die Bahnen der neuen Geschichte gelenkt. 1846 publizierte er seine Vorlesungen über die Freiheitskriege, 1851/52 die dreibändige Yorckbiographie und zuletzt, bis zu seinem Tod im Jahre 1884, die 14 Bände der ›Geschichte der preußischen Politik‹, die bis 1756 reichte. In dieser Serie seiner großen Werke stellt die 1877/78 erschienene zweite Auflage der ›Geschichte des Hellenismus‹, die nun drei Bände umfaßte, weil sie die Geschichte Alexanders d. Gr. mit einbezog, gleichsam einen Rückfall in die Zeit der Anfänge dar.

Erweitert hat Droysen seine Darstellung auch jetzt nicht, doch wurden an nicht wenigen Stellen, wie im Falle Alexanders d. Gr. bereits angedeutet worden ist, die Akzente neu gesetzt. In der ersten Auflage hatte die religionsgeschichtliche Wertung stärker durchgeschlagen. So hieß es in der Einleitung des Bandes von 1843: „Das Höchste, was das Altertum aus eigener Kraft zu erreichen vermocht hat, ist der Untergang des Heidentums." Es ist einleuchtend, daß insbesondere der Prozeß der gegenseitigen Vermischung und Durchdringung religiöser Formen, den wir als Synkretismus zu bezeichnen pflegen, während ihn Droysen Theokrasie nennt, gewissermaßen als Vorstufe des Christentums stark herausgestellt wurde. In der zweiten Auflage, für die die alte Neubewertung der Jahrhunderte nach Alexander im Prinzip natürlich immer noch galt, war demgegenüber die Notwendigkeit einer Verbindung der hellenistischen Entwicklungen mit der makedonischen Monarchie Philipps II. und Alexanders d. Gr. wesentlich höher eingestuft. Für Griechenland selbst wurde die Bedeutung der Einigung unter makedonischer Hegemonie unterstrichen, im Osten auf dem Boden des alten persischen Reiches die Rolle des neuen Staatenkomplexes unter makedonischer Leitung und die des daraus resultierenden Gleichgewichtssystems betont.

Von den zeitgenössischen Voraussetzungen dieser Gewichtsverlagerungen ist bereits die Rede gewesen. Aber vielleicht noch folgenschwerer wurde die Tatsache, daß Droysens ›Geschichte des Hellenismus‹ auch jetzt noch gleichsam offen blieb. Da er selbst nach seinen eigenen Worten nur jene Persönlichkeiten und Zeitabschnitte bearbeiten konnte, die ihn mit krasser Gewaltsamkeit interessierten, ging Droysen den späteren Schicksalen in der hellenistischen Kultur, insbesondere ihrer Berührung mit Rom, nicht mehr nach, als seine prinzipiellen Überzeugungen ausgesprochen waren. Er hinterließ den Hellenismus-Begriff deshalb im Grunde in einem Zustand, der durchaus noch weiterer Entwicklung fähig war, ja diese geradezu forderte.

Droysen hatte in seinem Hellenismus-Begriff den griechisch-orientalischen Vermischungsprozeß aus dem sprachlichen Bereich auf den der Kultur ausgeweitet und diesen weiter gefaßten Begriff dann auch schon zur Signatur einer Epoche erhoben, ihn also auch zu einer chronologischen Einheit umgemünzt. Hellenismus konnte jetzt auch den Zeitraum bezeichnen, in welchem die Erscheinung jener Vermischung begegnete; der Begriff war mit anderen Worten jetzt auch ein zeitlicher Rahmen der nachklassischen Phase des Griechentums wie der orientalischen Geschichte nach dem Zusammenbruch des persischen Reiches geworden. Und er konnte schließlich zuletzt nochmals erweitert werden, wenn man die Elemente der Vermischung weiter faßte, das heißt, wenn man an die Stelle des Orientalischen allgemein das Nicht-Griechische setzte. Aus solcher Perspektive ließ sich der Begriff auch auf die Verbreitung und Vermischung griechischer Kultur im Westen des Mittelmeers anwenden, woran Droysen nie gedacht hatte, ja in letzter Konsequenz ließ sich die gesamte römische Geschichte und Kultur unter den Begriff des Hellenismus subsumieren.

Diese und andere Erweiterungen des Hellenismus-Begriffes sind in der Zeit nach Droysen dann auch tatsächlich durchgeführt worden. So ging Julius Kaerst[28] (1857–1930) wieder ganz von griechischem Boden und von den Erscheinungen der griechischen Geistesgeschichte aus. Sein Hauptproblem war die Erforschung der Frage, auf welchen Wegen die griechische Polis für die hellenistischen Universalreiche innerlich, das heißt geistig, vorbereitet und

[28] Zur Würdigung seines Werks Geschichte des Hellenismus. I. 1927. II². 1926. (Zuerst unter dem Titel ›Geschichte des hellenistischen Zeitalters‹ erschienen: I. 1901. II. 1909) siehe J. Vogt, in: Universalgeschichte. Abhandlungen von J. Kaerst. 1930, VIIff. und H. Bengtson, Der Hellenismus in alter und neuer Sicht: Von Kaerst zu Rostovtzeff, HZ 185, 1958, 88–95.

„reif" wurde. Kaerst spürte deshalb insbesondere die ideengeschichtlichen und religiösen Voraussetzungen des hellenistischen Zeitalters in der nachklassischen griechischen Geistesgeschichte auf. In ungleich stärkerem Maße als Droysen beleuchtete Kaerst so das geistige Vorfeld der Alexanderzeit von der Sophistik an, die politische Geschichte hat er dagegen nur bis zum Jahre 301 herabgeführt. Von ganz anderen Quellenbereichen und Fragestellungen ging dann wieder Michael Rostovtzeff aus, von dem später ausführlicher zu sprechen ist.[29]

Die neue Definition einer Epoche, so wie sie Droysen im Falle des Hellenismus gab, wird stets eine der bedeutsamsten Leistungen eines Historikers bleiben. Das Erfassen ganzer Zeitalter unter universalem Aspekt und den Mut, weitverzweigte Geschehensketten auf einen „politischen Grundgedanken"[30] zu reduzieren, hat Droysen auch in den Vorlesungen über die Freiheitskriege und in der ›Geschichte der Preussischen Politik‹ gezeigt, mögen auch die Impulse, die von diesen Konzeptionen ausgingen, geringer zu veranschlagen sein als jene kühne, jugendliche Vision seines Hellenismus. Wie leidenschaftlich er sich aber auch den politischen Problemen seiner Gegenwart und den damit in Zusammenhang stehenden historiographischen Aufgaben im Bereiche der Neueren Geschichte hingab, die Griechen sind Droysen immer wieder „über den Hals" gekommen.[31] Wie in Kiel, so las er auch in Jena (seit

[29] Siehe unten S. 334ff.

[30] W. Arendt an Droysen, 31. 10. 1855. Briefwechsel. II, 1929, 368.

[31] Am 6. 4. 1883 äußert er sich gegenüber seinem Sohne Gustav folgendermaßen: „Mir drohen wieder einmal die alten Griechen über den Hals zu kommen. Einige Lektüre über die hansischen Städte und ihre verwünschte Monopolienpolitik mit gründlicher Aussaugung des platten Landes um sie her und in der Fremde, wo sie ihre Ansiedlungen, Kontore und Stahlöfen machten, hat mich zu einer Revision der griechischen Geschichte geführt, die nichts als Hanseatismus und Partikularismus ist, und deren Leben ein Ende hat, sobald sich über ihre Kleinlichkeit und Krämerhaftigkeit ordentliche Staaten mit Regiment und Soldaten begründen. Nur daß unser deutsches und italisches Städtewesen allmählich (sich) hat unterbuttern lassen, während die Griechen es für Tugend und Patriotismus hielten, zu leben und zu sterben nach dem Satz sint ut sunt aut non

1851) und in Berlin (ab 1859) regelmäßig Alte Geschichte. Er gab in seinen Seminaren auch althistorische Themen zur Bearbeitung aus und legte noch in seinen letzten Berliner Jahren eine ganze Reihe von Spezialuntersuchungen zur Geschichte des Altertums und speziell zur antiken Numismatik vor, deren Bedeutung für die Erforschung des hellenistischen Zeitalters er schon früh erkannt hatte.[32]

Wissenschaftliche Arbeit im Bereich des Altertums belebte Droysen auch unter den stärksten Anspannungen,[33] für den Historiker aber schien ihm die Kenntnis der antiken Welt eine fundamentale Voraussetzung zu sein.[34] Umgekehrt hat sich Droysen in der Beschäftigung mit der Antike zuerst selbst zum Historiker ausgebildet. Hier hat er seine Vorstellung über das Verhältnis von Quelle und Faktum geklärt und sich schon früh den Problemen genähert, die dann unter neuen geistigen und politischen Impulsen in seinem geschichtstheoretischen Kleinod, der ›Historik‹, die für ihn abschließende Behandlung erfuhren.

Der Schüler des „Sachphilologen“[35] Boeckh ging schon in seiner

sint, wie die Jesuiten. Daß dabei allerlei schöne Bauwerke, Kunst und Literatur hat erwachsen können, ist keine Rechtfertigung für sie, und hat sie nicht vor recht elendem Verkommen ohne Auferstehen gerettet. Herrlich, dann neben ihnen die grobklötzigen Römer zu beobachten, die wenigstens Ordre zu parieren und zu herrschen gelernt haben.“ Briefwechsel. II. 1929, 957.

[32] Die Abhandlungen in Kleine Schriften zur Alten Geschichte. II. 1894, 275 ff. — Antike Numismatik: Brief an Fr. G. Welcker, 2. 7. 1836. Briefwechsel. I. 1929, 90. Brief an einen Unbekannten, 9. 11. 1836. Briefwechsel. I. 1929, 108.

[33] Brief an A. Heydemann, 31. 5. 1845. Briefwechsel. I. 1929, 313.

[34] So schreibt er am 10. 3. 1858 an W. Arendt über H. v. Sybel: „Leider fehlt ihm wie der ganzen Rankischen Schule die antike Welt und vielleicht damit das Bedürfnis oder die Fähigkeit der grossen weltgeschichtlichen Anschauung, die man doch nicht ohne Jesaias und Äschylus, ohne Aristoteles und Augustinus gewinnt.“ — Daß dies für Ranke selbst nicht gilt, wurde nachgewiesen von G. Freitag, Leopold von Ranke und die Römische Geschichte. Diss. Marburg 1966.

[35] Zur Bewertung der Kontroverse aus marxistischer Sicht C. Lehmann, Die Auseinandersetzung zwischen Wort- und Sachphilologie in der deut-

ersten Vorlesung entschlossen gegen den Anspruch der reinen Philologie an: „Das Privilegium der humanistischen Studien ist erschüttert, die Zeit der Philologie ist vorüber; die Philologen sind nichts mehr als Monographen des klassischen Altertums." Er sah es als Fortschritt gegenüber Idolatrie und „philologischer Laune" an, daß das Altertum jetzt „in seiner vollen historischen Bedeutung begriffen und anerkannt"[36] werden könne. Aber es ist nun auch charakteristisch für Droysen, daß er sich von Anfang an gegen eine Überschätzung der Quellenkritik der Rankeschule stemmte und gegen die sich bald abzeichnenden Exzesse des modernen wissenschaftlichen Großbetriebs – obwohl er selbst als einer der ersten Gründer eines modernen historischen Seminars in Deutschland die Arbeit an den Geschichtsquellen und die handwerkliche Ausbildung des Historikers intensiver und strenger lehrte als mancher andere.

Schon 1837 schrieb Droysen an Perthes die provozierenden Sätze: „Das wahre Faktum steht nicht in den Quellen ... Man braucht einen höheren Gesichtspunkt als das Kritisieren der Quellen, und die Richtigkeit der zu erzählenden Fakta ist stets prekär."[37] Wie „Geschäfte" zu Geschichte werden, das bewegte ihn. Drei Jahre vor seinem Tod brach es anläßlich eines Dankschreibens für Baumgartens ›Sleidan‹ mit geradezu eruptiver Gewalt aus ihm hervor: „Ich sehe in der Art und dem Gang, den die Geschichtsstudien allmählich bei uns nehmen, die Gefahr, daß wir vor lauter Methode und Altklugheit und sich selbst bespiegelndem und produzierendem Forschungsvirtuosentum die Sache und das Werden und die Schaffung und Schöpfungen der sittlichen Welt vergessen und verlieren, vor lauter Bäumen resp. Sträuchern, Brombeeren, Farnkraut und Pilzen den Wald nicht mehr sehen und um die Waldesluft und Waldesstille kommen, an der die Menschenseele sich erhebt und beruhigt. Ich bin immer noch Philolog genug aus meinen jungen Jahren her, um mich mit dem Kleinen und Kleinsten gern ein-

schen Klassischen Altertumswissenschaft des 19. Jh. Ms. Diss. Humboldt-Univ. Berlin. 1964.

[36] G. Droysen, J. G. Droysen. I. 1910, 91.

[37] 8. 2. 1837 an Fr. Perthes. Briefwechsel. I. 1929, 119.

zulassen und kritisch herumzuschnüffeln; aber man soll nur nicht meinen, daß das Mittel der Zweck und das Instrument, eines unter andern und vielen oder allen, die Sache ist, die damit gemacht werden will. In vielen Examen, die ich zu halten habe, sehe ich mehr und mehr, wie unsere Jugend bei aller Schulung dürre wird und bei aller Methode gedankenleer, und, wer es hoch bringt, zum Spezialisten reift, zu einem Fabrikarbeiter für die Monumenta oder Urkundenbücher usw. Gewiß wird mit der mehr und mehr sich ausbildenden Art den großen wissenschaftlichen Unternehmungen und Sammlungen Förderung geschaffen, aber nicht der lernenden Persönlichkeit innere Spannkraft, geistige Erhebung, schöpferisches Denken. Den Schaden davon haben zunächst unsere Schulen, die nachwachsende Jugend, die Zukunft der Nation.“ [38]

Droysens Entschluß, zur Klärung der Methoden und der Theorie der Geschichte beizutragen, entsprang keineswegs nur abstraktem geschichtsphilosophischem Interesse, obwohl Hegels Einfluß auf ihn wahrscheinlich stärker war als er es wahrhaben wollte. Sondern den entscheidenden Anstoß gab auch hier die geistige Konstellation der Gegenwart und die Herausforderung durch die Situation in Jena: „Ich liege hier mit der verderblichsten aller Richtungen, der materialistisch-radikalen, welche uns Geschichte und Sittlichkeit und Philosophie und Gott selbst zu einer Dreck- und Stoffwechselwirtschaft, wie es derzeit die ganze aufgeblasene Naturbetrachtung ist, zu machen beflissen ist, auf der Mensur. Weh uns und unserm deutschen Wesen, wenn diese polytechnische Misère, an der Frankreich seit 1789 verdorrt und verfault, diese babylonische Mengerei von Rechnerei und Lüderlichkeit in das schon entartende Geschlecht noch tiefer einreißt! Jener brute Positivismus, den man in Berlin betreibt, setzt diese Revolution des geistigen Lebens ins Treibhaus; die systematische Heuchelei und Verdummung, die jetzt am Ruder ist, fehlt nur noch, um die Verzweiflung an der tiefen Macht und Weihe der Ideen zu vollenden. Weiß Gott, die Universitäten haben wieder einmal eine große und stolze Aufgabe!“ [39]

Droysen war davon überzeugt, daß die „beste Kraft“ der Ge-

[38] 11. 3. 1881. — Briefwechsel. II. 1929, 942.

[39] 17. 7. 1852 an M. Duncker. — Briefwechsel. II. 1929, 120.

schichtswissenschaft „ethischer Art“[40] sei. Auch von hier aus wird der in ihm schwelende Haß auf Ranke[41] verständlich. Wie er es gegenüber A. Bouché-Leclercq aussprach, sollte gerade seine Historik belegen, daß seine „Art der Geschichtsauffassung doch nicht bloß aus momentanen Stimmungen oder Tendenzen hervorgeht, sondern mit den letzten großen Fragen, die die Menschenseele bewegen und adeln, den Zusammenhang wenigstens sucht. Das bloße skeptische Achselzucken oder la morale courante lasse ich jedem, der darin sein Genüge findet, gern und ungestört.“[42] Von hier aus erklärt sich sein Haß auf das „vornehme Garnichts“ und auch sein erfrischendes und provozierendes Wort „Man muß zur Geschichte ein Herz haben“[43].

[40] 5.8.1853 an H. v. Sybel. — Briefwechsel. II. 1929, 169.

[41] In einem Brief an W. Arendt vom 17. 11. 1855 — Briefwechsel. II. 1929, 374 — legt Droysen die Ziele, die er sich als Historiker steckte, gerade in einer offenen Konfrontation mit Ranke dar: „Er (Ranke) gehört mit seiner feigen Intelligenz recht in die derzeitige Berlinerei; von sittlichem Zorn, von Erhabenheit der Gesinnung ist in ihm keine Spur; und daher geschieht es einem, daß, wenn man ein Buch von ihm hinausgelesen, man viel klüger, aber nicht besser geworden zu sein fühlt; man schließt nicht mit einem guten Vorsatz oder mit fröhlicher Emporrichtung des Blickes oder Nackens, sondern mit dem Erstaunen über so viel Geist, Kenntnis, Kunst. Ich habe Dir damit bezeichnet, was ich mir als das Bessere, als das Rechte denke; ob ich es erreiche, ist eine andere Frage. Sprechend kann ich es eher, und das ist es, wodurch ich auf dem Katheder etwas zu leisten vermag: da gibt es der Augenblick und der empfundene Gegendruck des Hörens und Ergriffenwerdens. Pfui, daß ich so von mir rede! Verzeih!“

[42] 10.5.1883. — Briefwechsel. II. 1929, 960.

[43] Briefwechsel. II. 1929, 374.

5

ERNST CURTIUS
(1814–1896)

Von den Vertretern der deutschen Altertumswissenschaft des 19. Jahrhunderts ist wohl keiner für den Zeitgeist seiner Epoche so sehr repräsentativ wie Ernst Curtius. Damit hängt es zusammen, daß der starken Resonanz in seiner eigenen Zeit das Vergessen der Gegenwart entspricht, die in der am häufigsten gelesenen ›Griechischen Geschichte‹ deutscher Sprache des vorigen Jahrhunderts keine Antwort auf ihre eigenen Fragen findet, von den klassizistischen Wertungen und dem harmonischen ruhigen Stil nicht gepackt wird. Ein näheres Zusehen zeigt indessen, daß Leben und Werk dieses Mannes, insgesamt betrachtet, eine so geschlossene Einheit bilden und eine so wesentliche Position markieren, daß eine Beschäftigung mit ihnen wohl lohnt.

Ernst Curtius wurde am 2. September 1814 geboren. Sein Vater war der angesehene Lübecker Syndicus Theodor Curtius, der dem Sohn immer als „das Vorbild eines christlichen Hausvaters“ [1] erschien. So wuchs der Junge in einer glücklichen, tiefreligiösen und harmonischen Familie auf. Ein engeres Verhältnis verband ihn während seiner Jugend insbesondere mit seiner Cousine Victorine Boissonet, mit der er später, wie mit dem Vater und mit seinem Bruder Georg, einen sehr regen Briefwechsel führte.

1833, zwei Jahre nach Niebuhrs Tod, begann Ernst Curtius sein Studium der Altertumswissenschaft in Bonn, wo er unter anderem bei Brandis, Welcker und Nitzsch hörte. Aber dieses Studium umfaßte daneben zunächst auch noch die Bereiche der Theologie, der Religions- und der Kunstgeschichte. Während die theologischen Interessen schon bald zurücktraten, wurde der eigenen Lektüre immer weiterer Raum gelassen. Curtius verstand sich bald ganz als

[1] Lebensbild (= E. Curtius, Ein Lebensbild in Briefen. Hrsg. von Friedrich Curtius. 1903), 65.

Philologen und schrieb am 2. Januar 1834 darüber an seine Eltern: „Die Philologie scheint mir die bildendste Wissenschaft zu sein, sie regt am allseitigsten an, übt die verschiedensten Geisteskräfte, und das ist denn doch das Ziel einer wahren Bildung, daß alle Keime entwickelt werden und Frucht bringen.“ [2]

Selbstverständlich geriet auch Curtius in der rheinischen Landschaft in romantische Schwingungen, er schwärmte seiner Cousine von den Feuern auf den Burgen vor und gestand ihr die gewiß harmlosen „Exzesse“ seines Studentenlebens ein: „Es ist wirklich gut, sich zuweilen ein bißchen auszurasen, man ist nachher ein desto frommeres Schaf.“ [3] Im Herbst 1834 nahm er von Bonn Abschied, um sein Studium in Göttingen fortzusetzen, wo insbesondere Dahlmann und Karl Otfried Müller tieferen Eindruck auf ihn machten. Mit dem letzteren sollte sich Curtius zeit seines Lebens eng verbunden fühlen. Noch im Alter fand er, daß Karl Otfried Müller „die ideale Auffassung der klassischen Alterthumskunde“ „in seltener Weise“ verkörperte.[4]

Die letzte Phase seines Studiums gedachte Curtius dann in Berlin zu absolvieren. Auch dort hatte er den Bogen seiner Arbeiten weit gespannt. Neben August Boeckh hörte er Lachmann, trieb indessen auch eine Zeitlang intensiv Sanskrit bei Bopp. Er studierte weiter Religionsphilosophie und Anthropologie und nahm an den archäologischen Übungen unter F. W. Gerhard teil. Wie Droysen, so war auch Ernst Curtius musisch allseitig begabt und interessiert, so daß er sich bald auch in einem kleinen Chor beteiligte. Der selbst immer auf Harmonie und Vollendung der Form Bedachte verkannte indessen nicht die Problematik der rhetorisch vollkommenen Predigten Theremins, deren Besuch damals Mode war. Die Kongruenz von Inhalt und Form, von Wahrheit und Gestaltung suchte er, aber die Substance mußte echt sein, und um sie ging es ihm in erster Linie.

Seit dem Juni 1836 erwog Curtius, bei Gerhard mit einer Arbeit über das Motiv des Dreifuß-Raubes des Herakles auf Vasen und

[2] Lebensbild, 25.

[3] Brief vom 7. 12. 1833. — Lebensbild, 23.

[4] Lebensbild, 659 (Brief vom 30. 5. 1880 an den Bruder).

Reliefs zu promovieren. Die Artikulation des religiösen Lebens der Griechen in der „redenden und bildenden Kunst“[5] hatte er sich immer entschiedener als persönliches Arbeitsfeld gewählt, und das Ende der Studien schien abzusehen, da erhielt er 1836 von seinem Bonner Bekannten Brandis eine Einladung, die ihm für die nächsten Jahre ganz neue Perspektiven eröffnete.

Professor Brandis war von König Otto von Griechenland als Berater in Universitätsfragen sowie zur Abhaltung wissenschaftlicher Vorträge nach Athen engagiert worden, und Brandis lud nun wiederum Curtius ein, ihn und seine Familie als Erzieher nach Griechenland zu begleiten. Curtius nahm die Einladung an; nach einer noch ziemlich aufregenden Reise kam er auf diese Weise mit dem Land in Berührung, dem fortan seine wissenschaftliche Lebensarbeit gelten sollte. In Athen angelangt, lernte er sofort mit Eifer Neugriechisch; von Ludwig Roß, dem damaligen Oberkonservator der Altertümer, dem Oberarchitekten Schaubert, dem vorübergehend in Griechenland weilenden Gerhard und dem Geographen Ritter wurde er mit den Denkmälern und dem Land vertraut gemacht. Bezeichnend ist die Stimmung, die Curtius an den antiken Stätten erfüllte, eine Stimmung, die seine künftige Haltung gegenüber dem Land, seiner Geschichte und seinen Denkmälern beherrschen sollte. „Der erste Eindruck kann kein anderer sein als der einer tiefen Wehmut“[6], sagte er im Hinblick auf die Akropolis noch, als er längst mit ihr vertraut war. Wie Curtius' spätere Rede ›Das alte und neue Griechenland‹ bezeugt, ging er gegenüber den Spannungen, Problemen und Erschütterungen des modernen Griechenlands auf Distanz: „Wer als Freund des Altertums nach Hellas kommt, wie ängstlich verschließt er sein Ohr dem unheimlichen Parteigezänke der Gegenwart! Ernst und schweigsam wandelt er über die Stätten der alten Geschichte; es ist, als fürchte er durch lose Rede die Geister derer zu verletzen, die hier einst so Großes gedacht und geschaffen haben.“[7] Curtius' romantische Grundeinstellung ist unverkennbar, wenn auch die nüchterne und sachliche

[5] Lebensbild, 77.

[6] Göttinger Festreden. 1864, 165.

[7] a.O., 182.

wissenschaftliche Arbeit bald bewirkte, daß er sich nicht völlig den Gefühlen überließ. Doch wichtiger ist anderes. Im bewußten Verschließen der Ohren vor den politischen und gesellschaftlichen Problemen der Gegenwart zeichnet sich bereits jene rein akademische und ganz und gar unpolitische Betrachtungsweise ab, welche später die ›Griechische Geschichte‹ prägen sollte.

Bald traten die Probleme der Akropolis in Curtius' Blickfeld; er schrieb für Boeckh griechische Inschriften ab, dann griff er über Athen hinaus. Er lernte die Peloponnes kennen, besuchte in diesem Zusammenhang 1838 erstmals Olympia, 1839 auch die griechischen Inseln, von denen ihn vor allem Naxos beeindruckt hat.[8] Da Curtius' Interesse für die griechische Landeskunde und Topographie immer stärker hervortrat, regte Brandis an, er solle eine deutsche Bearbeitung der Topographie Athens von Leake übernehmen. Curtius trat wegen dieses Planes wieder mit seinem alten Göttinger Lehrer K. O. Müller in Verbindung, und dieses Band befestigte sich nun vor allem deswegen, weil Müller selbst für das Frühjahr 1840 eine Griechenlandreise geplant hatte.

Im April 1840 kam es zu der neuen Begegnung, Curtius genoß in Hochstimmung das Glück, mit dem verehrten Lehrer gemeinsam

[8] In einem für ihn charakteristischen Gedicht aus dem Jahre 1839 hat Curtius den „Abschied von Naxos" so besungen:

Leb' wohl! mein Naxos! Sieh' es schwellt gelinde
Das Segel sich und führet mich von hinnen;
Noch seh' ich drüben Deine weißen Zinnen
Und gebe diesen letzten Gruß dem Winde.

Hab' Dank für jede Lust! Gleich einem Kinde,
Dem leicht und ohne Harm die Stunden rinnen,
Hab' ich bei Dir gelebt, und dies Gewinnen
Es ist des Glückes schönstes Angebinde.

Wann werden wieder zu so holdem Frieden,
Zu Lust und Lieb' mich duft'ge Gärten laden,
In welchen glüht die Frucht der Hesperiden!

O blühe, stille Wohnung der Najaden,
Und bleibe gern vom lauten Markt geschieden
Dir selbst genug, Du schönste der Kykladen.

(Lebensbild, 212)

zu reisen, zu besichtigen und zu forschen. Sie suchten zusammen Delphi auf, aber dort erkrankte der körperlich völlig erschöpfte Müller plötzlich schwer; nach einer eiligen Rückreise nach Athen starb er im Alter von 43 Jahren. Am 2. August 1840 wurde er mit allen Ehren auf dem Hügel der Akademie begraben. Für Curtius bedeutete diese bestürzende Wendung eine der tiefsten Erschütterungen seines Lebens.[9] Dem Andenken des Toten hielt er stets die Treue; ähnlich wie zu Niebuhr stand er dann noch zu ihm, als es stiller um K. O. Müllers Werk wurde, und als seine Leistung durch die blendenden Erscheinungen einer neuen Generation verdeckt worden ist.[10]

Im Winter des Jahres 1840 trat Curtius die Rückreise an. Für einige Wochen verweilte er im Frühjahr in Rom, dann ging es über Venedig und München heimwärts; schon im Sommer 1841 nahm er die Arbeit an seiner Dissertation ›de portubus Athenarum‹ auf, mit der er dann im Dezember desselben Jahres in Berlin promoviert wurde. Die Frage seiner Existenz war damit jedoch noch nicht gelöst. Curtius war zwar kgl. preußischer Schulamtskandidat geworden und gab auch am Französischen Gymnasium in Berlin Unterricht, doch eine feste Anstellung wurde ihm nicht gewährt. Aber von dem Risiko der wissenschaftlichen Laufbahn wurde Curtius nicht abgeschreckt. Er setzte seine Studien, unter anderem bei dem Ägyptologen Lepsius und in Boeckhs Seminar, fort.

Im Sommer 1843 konnte er auch seine Tätigkeit als Privatdozent an der Universität aufnehmen. Curtius las zunächst attische Topographie und fand damit durchaus Anklang. Einen ersten Höhepunkt seines Berliner Wirkens stellte dann jedoch seine öffentliche Vorlesung über die Akropolis vom Februar 1844 dar, über die wir noch einen köstlichen Bericht von Kurd von Schloezer an Theodor

[9] Curtius hat darüber seinen Eltern in einem ausführlichen Brief berichtet, vgl. Lebensbild, 232 ff. (7. 8. 1840).

[10] Lebensbild, 659. — Zu *K. O. Müller* siehe O. und E. Kern, Karl Otfried Müller. Lebensbild in Briefen an seine Eltern mit dem Tagebuch seiner italienisch-griechischen Reise. 1908. K. O. Müller, Briefe aus einem Gelehrtenleben. 1797—1840. 2 Bde. Hrsg. von S. Reiter. 1950.
Zu Curtius' Verhältnis zu Niebuhr siehe Lebensbild, 168 f., 275 und 576, sowie oben S. 46.

Curtius besitzen.[11] Die Vorlesung, die in Anwesenheit zahlreicher Mitglieder des Hofes stattfand, erzielte jedenfalls eine starke Resonanz und außerdem ein Ergebnis, mit dem Curtius wohl kaum gerechnet hatte: Ende Juni 1844 trat man an ihn mit der Anfrage heran, ob er bereit sei, die Stelle eines Erziehers für den Prinzen Friedrich Wilhelm, dem späteren deutschen Kaiser, zu übernehmen.

Curtius sagte zu und fand sich in der neuen, delikaten Funktion auch schnell zurecht. Es gelang ihm, das Wohlwollen der Familie des Prinzen von Preußen und später auch die Freundschaft seines Zöglings zu erlangen. Aber in dieser verantwortungsvollen und zugleich exponierten Vertrauensstellung sollte Curtius dann auch die Zuspitzung der preußischen Verfassungskrise und den Ausbruch der Revolution erleben. Seine Position wurde dadurch nicht gerade erleichtert, daß er die Wirren vorausahnte und die Entwicklung als zwangsläufig erkannte. In einem Brief vom 11. April 1847, in dem er seinen Eltern das Zusammentreten der Stände schilderte, schrieb er beispielsweise: „Es glaubt die Welt nicht mehr an das Königthum, für das er (der König) lebt und kämpft, und die geharnischte Rede gegen Alles, was an Constitution, Repräsentativverfassung und Charte erinnert, läuft Allem, was die Zeit beseelt, zuwider."[12] Es blieb freilich nicht aus, daß auch Curtius in die Ereignisse hineingerissen wurde, im März 1848 nahm er an der Flucht der Familie des Prinzen von Preußen und des Hofes teil und erlebte die Berliner Wirren im Zentrum des Geschehens.

Nachdem die Krise vorüber war, zog Curtius im November 1849 mit seinem Schützling, der nun seine Studien aufnahm, nach Bonn. Er selbst benützte diese Gelegenheit dazu, um Ritschl und Bernays zu hören, gab dann aber, im Frühjahr 1850, seine Tätigkeit als Prinzenerzieher auf, nicht zuletzt im Hinblick auf seine Vermählung. Schon im Sommersemester 1850 begann er wieder mit seinen Vorlesungen an der Universität Berlin. Das folgende Jahr sollte für Curtius dann mit zur schwersten und wechselvollsten Zeit seines Lebens werden. Wohl erschien jetzt der erste Band seines großen Werkes über die Peloponnes, aber im Januar verlor Curtius

[11] Lebensbild, 314—316.

[12] a.O., 367.

seine Mutter, im Juli gebar seine Frau einen Knaben, doch schon im August starb die junge Mutter völlig überraschend. Curtius gewann nur schwer seine Fassung wieder und flüchtete sich in die Arbeit. 1852 gab er den zweiten Band des Peloponneswerkes in Druck, er arbeitete an dem von Boeckh geleiteten ›Corpus Inscriptionum Graecarum‹ mit,[13] gleichzeitig nahm er auch den Auftrag an, für die Weidmannsche Verlagsbuchhandlung eine ›Griechische Geschichte‹ zu schreiben, als Pendant zu der dann im gleichen Hause erscheinenden ›Römischen Geschichte‹ von Theodor Mommsen.

Erscheinen sollte diese dreibändige ›Griechische Geschichte‹ dann freilich erst, als Curtius bereits in Göttingen wirkte. Denn nachdem am 31. Dezember 1855 Karl Friedrich Hermann in Göttingen verstorben war, wurde dessen Lehrstuhl für Klassische Philologie und Archäologie, derselbe Lehrstuhl, den einst K. O. Müller innegehabt hatte, Curtius angeboten. Dieser sagte zu und nahm schon im April 1856 seine Vorlesungen in Göttingen auf. Während sich Curtius in Berlin immer „nur als Supplement-Band der klassischen Professoren" gefühlt hatte, trat er in Göttingen bald in die erste Reihe seiner Kollegen und fand nun auch die volle Erfüllung in seinem Beruf. Zu der ungewöhnlichen Ausstrahlung, die er bald erzielte, trugen nicht am wenigsten seine Festreden bei, die er jeweils am Geburtstage König Georgs III., bei den Preisverleihungen der Universität oder aus anderen festlichen Anlässen hielt. Denn Curtius war ein Meister des schönen Wortes, selbst dort, wo er pathetisch wurde, wie in seiner Schillerrede. Aber charakteristisch war für ihn in der Regel der gepflegte, würdige, feinsinnige und gedankenreiche Vortrag, in der Form das extreme Gegenbild zur Dynamik und Prägnanz eines Jacob Burckhardt.

Dennoch gibt es hier eigentümliche Querverbindungen. So hielt Curtius im Jahre 1856 seine Preisrede über das Thema ›Der Wettkampf‹[14]. Der leitende Gedanke war dabei, „den agonistischen

[13] Der IV. Band des Werkes, der 1856 und 1859 erschien, nennt E. Curtius und Ad. Kirchhoff als Bearbeiter.

[14] E. Curtius, Festreden. 1864, 1—22. (Die Themen der übrigen Reden lauten: Das Mittleramt der Philologie, S. 23—51; Der Weltgang der griechischen Cultur, S. 52—78; Wort und Schrift, S. 79—103; Die Be-

Charakter des griechischen Lebens zu entwickeln und so auf den Inhalt des Festes überzugehen, zu zeigen, wie das ganze griechische Leben ein Wettkampf entfesselter Kräfte gewesen ist, ein Wettkampf zwischen Stämmen und Städten, in Krieg und Frieden, in Kunst und Wissenschaft im Gegensatz zu dem Genußleben des Orients, zur Überschätzung des Besitzes, des Habens"[15]. Aber für die harmonisierende Beurteilung von Curtius ist es bezeichnend, daß nach ihm die Griechen „weit entfernt" waren, „den Trieb, welchen der Wetteifer anregt, seiner natürlichen Beschaffenheit zu überlassen, in welcher er mehr zum Schlechten als zum Guten führt. Sie haben den wilden Trieb gezähmt, sie haben ihn gesittigt und veredelt, indem sie ihn der Religion dienstbar gemacht haben."[16]

Hier begegnet uns somit bereits in nuce das „agonale Prinzip", das Jacob Burckhardt später zu einem der wichtigsten Elemente seiner Darstellung der ›Griechischen Kulturgeschichte‹ erhob.[17] Aber bei ihm trat es dann in seiner ganzen Schärfe und Härte, auch mit all seinen negativen Begleiterscheinungen und Folgen entgegen, auch in seiner selbstzerstörerischen Funktion, im ganzen gesehen sehr viel nüchterner und pessimistischer bewertet als beim Vorgänger.

Die Hauptarbeit der Göttinger Zeit, die 1862/63 von einer neuen Griechenlandreise unterbrochen wurde, aber galt der ›Griechischen Geschichte‹, von der 1857 der erste, vier Jahre später der zweite, 1867 der dritte Band erschien. Da Ernst Curtius die eigene Arbeit in den gleichzeitigen Briefen an seinen Bruder immer wieder erläutert hat, ist es reizvoll zu sehen, auf welche Punkte seiner ›Griechischen Geschichte‹ er den größten Wert legte, wie er auf die Kritik an seinem Werk reagierte und wie er die Konkurrenten auf diesem Arbeitsfeld bewertet hat.

dingungen eines glücklichen Staatslebens, S. 104—131; Die Idee der Unsterblichkeit bei den Alten, S. 132—157; Das alte und das neue Griechenland, S. 158—184; Die Freundschaft im Alterthume, S. 185—212; Die Kunst der Hellenen, S. 213—235; Zum Andenken Schillers, S. 236—254.)

[15] Pfingsten 1856 an den Bruder. Lebensbild, 493.

[16] Festreden, 12.

[17] Zum agonalen Prinzip bei J. Burckhardt siehe H. Berve, Vom agonalen Geist der Griechen, in: Gestaltende Kräfte der Antike. ²1966, 1 ff.

Der erste Band dieser ›Griechischen Geschichte‹ setzt mit einem Kapitel über Land und Volk ein, das eine plastische Beschreibung des geographischen Schauplatzes enthält, eine Beschreibung, die – wie auch die späteren Landschaftsbilder – die Autopsie erkennen läßt und mit zu den gelungensten Partien des Buches zählt. Als ein „Hauptcharakter" der Griechen wird das „Maßvolle" auch ihrer „körperlichen Natur" hervorgehoben.[18] Dann entwickelt Curtius eine erste Lieblingsidee. Wie er an seinen Bruder schrieb, hatten sich ihm „eine Menge Räthsel gelöst", nachdem er „seit Urzeiten an der asiatischen Küste" griechische Stämme sah.[19] „Ionische Cultur ist von Anfang an im Osten zu Hause"[20] – oder wie es im Brief an den Bruder hieß: „Mit der Wiederentdeckung der Jonier als der bei der ursprünglichen Verzweigung des griechischen Volkes in Asien zurückgebliebenen, dann bei Bildung der asiatischen Reiche auf den Küstensaum vorgeschobenen und nun die jenseitigen Lande allmählich entdeckenden, besetzenden, erweckenden Griechen – damit sind die Anfänge der griechischen Geschichte in ein ganz neues Licht gesetzt ..."[21] Doch mit dieser Hypothese vermochte sich Curtius nicht zu behaupten. 1868 sagte er gerade im Hinblick auf jene Partien des ersten Bandes: „Bei allen Geschichtsanfängen beruht so viel auf einer gewissen intuitiven Anschauung der Dinge, daß man sich nicht mit der Hoffnung schmeicheln darf, sie den Anderen, namentlich den Mitforschern einzureden."[22]

Bei der Schilderung der „Vorzeit der Hellenen" gewährte Curtius den Göttern und Heroen sowie deren Kultus breiten Raum. Bei der Besprechung der Denkmäler des homerischen Zeitalters gab er eine besonders eindrucksvolle Darstellung von Mykene. Hier sind später auch Schliemanns Funde noch berücksichtigt worden. Im Banne von K. O. Müllers Spartabild hat auch Curtius den spartanischen Staat außerordentlich positiv bewertet. Dennoch wies

[18] I^6, 25.

[19] Lebensbild, 481.

[20] I^6, 30.

[21] Lebensbild, 481.

[22] 23. 12. 1868 an den Bruder. – Lebensbild, 590.

er darauf hin, „die Zucht, die Disziplin machte den Spartiaten, nicht das Blut der Ahnen“[23] und: „Das ganze Gemeindeleben hatte den Charakter des Zurückgezogenen, des Undurchsichtigen und Heimlichen.“[24]

Schwerpunkte der Darstellung waren dann die Schilderung von Solons Wirken, die mit vielen geographischen Einzelheiten gespickte Beschreibung der griechischen Kolonisation und endlich der Schlußakkord des ersten Bandes, die Einordnung des Orakels von Delphi. Hier, in Delphi, war für Curtius „die Idee der Nation, welche allen Einzelstämmen und Einzelstaaten vorschwebte, der Begriff einer hellenischen Sitte und eines gemeinsamen Vaterlandes, ... festgestellt worden“[25]. Der „delphische Gott“ war „durch den Mund seiner Priester ein Lehrer und Pfleger dessen, ... was man als die Blüthe des sittlichen Nationalbewußtseins der Hellenen bezeichnen darf“[26]. Es ist gerade diese Verklärung Delphis gewesen, die Burckhardt dann zu den berühmten negativen Gegenbildern provoziert hat, dem Bild von der fragwürdigen Einheit des Griechentums selbst im Bereiche der Religion[27] und dem anderen, unvergeßlichen, Delphi als „das große monumentale Museum des Hasses von Griechen gegen Griechen, mit höchster künstlerischer Verewigung des gegenseitig angetanen Herzeleids“[28].

Der zweite Band gab dann die Geschichte der Perserkriege und jene der großen Machtentfaltung Athens im 5. Jahrhundert v. Chr. bis zum Ende des Peloponnesischen Krieges, der bis in alle Einzelheiten beschrieben war. Mit besonderer Wärme wurde dabei Perikles geschildert, aber der Höhepunkt des Bandes liegt doch wohl in dem starken Mittelteil, in dem Kunstwerke und Denkmäler ebenso feinsinnig und liebevoll interpretiert werden wie die Zeugnisse der Literatur, in dem zugleich aber auch eine eindrucksvolle Schilderung der Topographie Athens in seiner Blütezeit vorgelegt wird. Über dem Studium der Quellen sind Curtius dabei zum Beispiel auch

[23] I^6, 182.
[24] I^6, 184.
[25] I^6, 476.
[26] I^6, 481.
[27] Griechische Kulturgeschichte I., Nachdruck Darmstadt 1956, 270 ff.
[28] a. O., 285.

die Grenzen des Thukydides bewußt geworden: „Es ist verkehrt, ihn als ein Muster der Historiographie hinzustellen. Wie viel Hauptsachen verschweigt er, während er ganz äußerliche Dinge auf das umständlichste vorträgt! Warum gibt er Nichts über den inneren Zusammenhang der Parteiumtriebe, über die politischen Ansichten z. B. eines Antiphon? Wie lehrreich wäre es, die Theorien der attischen Reaktionäre und Kreuzzeitungsritter kennen zu lernen!“[29] Curtius' reiche Kenntnisse der griechischen Literatur, des Landes und seiner Denkmäler konnten sich hier voll entfalten. Von umstürzenden Konzeptionen, wie der Jonier-These des ersten Bandes, sah er ab. Im Grunde hat er in diesem Hauptteil seiner ›Griechischen Geschichte‹ das ideale zeitgenössische Bild des Griechentums formuliert. So war die Aufnahme dieses Bandes ungleich günstiger und zustimmender als jene des ersten, der wissenschaftlich gesehen der originellere ist, aber gerade deshalb Widerspruch und Kritik auslösen mußte.

Die Arbeit am dritten Band, der dann die Entwicklung bis Chaironeia darzustellen hatte, ging Curtius offenbar schwerer von der Hand. Die Zeit zwischen Epameinondas und der Jahrhundertmitte etwa war für ihn ein „Gekrümel von kleinen Thatsachen, die an sich keine historische Bedeutung haben“[30]. Im ganzen blieb es bei der konventionellen Sicht und Wertung, wenngleich der Ton wehmutvoller gestimmt war als in den beiden vorangehenden Bänden.

Was immer gegen das Werk gesagt wurde und gesagt werden kann, Bunsen nannte es mit Recht ein „civilisirendes Buch“[31]. Jacob Bernays rühmte vor allem das feine Gehör, mit dem Curtius „auf die leisen Athemzüge der im Zuständlichen schlummernden Geschichte zu lauschen wisse“[32]. Er räumte dem Verfasser die Gabe ein, mehr „die res als die res gestae zu schildern“. Das Kapitel über die Kolonien sei daher am besten gelungen, Persönlichkeiten wie Solon, Peisistratos und Lykurg wären dagegen nicht glücklich erfaßt. „Hier ... sei zu voller Anschaulichkeit ein reichlicheres

[29] Am 28.12.1858 an den Bruder. Lebensbild, 528.

[30] Lebensbild, 569.

[31] Lebensbild, 522.

[32] Lebensbild, 519.

Detail und eine mäßige Reduktion auf die jetzigen politischen Begriffe notwendig gewesen."[33] Es ist offensichtlich, daß Curtius dabei an Mommsens ersten drei Bänden der ›Römischen Geschichte‹ gemessen wird, bei denen die „Reduktion auf die jetzigen politischen Begriffe" nun freilich bis zum anderen Extrem durchgeführt worden war.[34] Aber über den Schatten seines Naturells konnte Curtius nun einmal nicht springen, obwohl er gerade Bernays' Kritik nicht leicht nahm und einzelne Teile in den späteren Auflagen stark überarbeitet hat.

Dennoch konnte er sich mit dem Erfolg seiner Darstellung wohl zufrieden geben, die im Jahre 1888 bereits ihre 6. Auflage erlebte und so von allen, unter konservativen Zeichen stehenden Griechischen Geschichten des 19. Jahrhunderts die weiteste Verbreitung fand. Weder die rivalisierenden Werke von Kortüm[35], Busolt[36] und Holm[37] noch die einschlägigen Partien von Dunckers ›Geschichte des Altertums‹[38] konnten Curtius den Rang streitig machen. Die eigentlichen Gegenpositionen lagen bei Georg Grote[39], Robert von Pöhlmann, Julius Beloch und Eduard Meyer[40]. Dabei sollten die

[33] Lebensbild, 519.

[34] Siehe unten S. 106 ff.

[35] J. F. Chr. Kortüm, Geschichte Griechenlands von der Urzeit bis zum Untergang des Achäischen Bundes. 3 Bände. 1854. — Hierzu und zu den übrigen Darstellungen der Griechischen Geschichte aus der ersten Hälfte des 19. Jahrhunderts W. Vischer, Über die neueren Bearbeitungen der Griechischen Geschichte, Neues Schweizerisches Museum 1861, 109—129 = Kleine Schriften I., Hrsg. v. H. Gelzer. 1877, 511—533.

[36] G. Busolt, Griechische Geschichte. I. 1885. II. 1888. 2. Aufl. I—III, 2: 1893—1904.

[37] A. Holm, Griechische Geschichte. 4 Bände. 1886—1894.

[38] M. Duncker, Geschichte des Altertums. III. 1856. IV. 1857. 2. Aufl. 1860. Die Griechische Geschichte bis einschließlich der Perserkriege erscheint in der 3.—5. Auflage als Bd. V—VII des Gesamwerkes, sie wird dann bis zu Perikles fortgesetzt: VIII. 1884. IX. 1886. Zum Werk von Duncker siehe W. Vischer (A. 35) und B. Niese, GGA. 1884, 49—61.

[39] Vgl. A. Momigliano, George Grote and the Study of Greek History, in: Studies in Historiography. 1966, 56—74. Vgl. auch Curtius' Äußerung über Grote, Lebensbild, 532 f.

[40] Siehe unten S. 201 ff. und S. 248 ff. und S. 286 ff.

beiden zuletzt genannten Konzeptionen erst später zur Geltung kommen, als der Einfluß von Grote bereits versiegte.

Im Januar 1868 erhielt Curtius den Ruf auf eine Professur für Archäologie in Berlin, zugleich wurde er dort zum Mitglied der Museumskommission ernannt. Er hatte nun neue, archäologische Kollegs auszuarbeiten und dozierte besonders gerne im Museum, auf dessen weitere Ausgestaltung er drängte und die er auch durchsetzte. Aber im Mittelpunkt seines Wirkens sollte während der Berliner Jahre sein Einsatz für die Grabungen in *Olympia* stehen, die er schon längst geplant und vorgeschlagen hatte. Schon im Februar 1853 hatte Curtius dem preußischen König ein Memorandum überreicht, das die Inangriffnahme solcher Grabungen empfahl, ohne freilich effektive Zusagen zu erwirken. Es versteht sich von selbst, daß Curtius die Beziehungen zu seinem früheren Zögling, dem preußischen Kronprinzen, nicht abbrechen ließ, daß er immer wieder auf sein Lieblingsprojekt, Olympia, zu sprechen kam, aber auch sonst den Einsatz von staatlichen Mitteln für wissenschaftliche Zwecke intensivieren wollte. So suchte er beispielsweise über den Kronprinzen zu erreichen, daß Einheiten der preußischen Flotte im Mittelmeerraum zu Vermessungen und zu anderen wissenschaftlichen Aufgaben zur Verfügung gestellt würden.

Nachdem Curtius zwei Jahrzehnte hindurch gedrängt hatte, reiften endlich die Früchte. Es war ein Höhepunkt seines Lebens, als er im Frühjahr 1874 in Athen endlich den Vertrag über die Ausgrabungen in Olympia unter Dach und Fach bringen konnte. Curtius war glücklich darüber, „Träger eines Auftrages zu sein, der die erste Regung idealer Bestrebungen des Deutschen Reiches auf dem Gebiete der Wissenschaft ist“[41]. Im Herbst 1875 konnten dann die Ausgrabungen beginnen, die bald wichtige Funde zutage förderten. 1877 wurde im Berliner Museum bereits eine Olympia-Ausstellung eröffnet, welche die Ausbeute der Grabungen nun einer breiteren Öffentlichkeit präsentierte.

Doch Curtius blieben auch die Rückschläge nicht erspart. „Der allen hellenischen Sympathien fernstehende Kanzler“[42], Bismarck,

[41] 24.3.1874 an den Bruder. Lebensbild, 627.

[42] a.O., 697.

kassierte 1880 einen bereits zugesagten Supplementarkredit — doch Kaiser Wilhelm I. hielt dann die Verpflichtung des Reiches ein. Als sich Curtius im April 1880 wieder in Olympia aufhielt, wurden dort an die 500 Arbeiter beschäftigt. Die Grabungen, die schließlich in dem fünfbändigen Olympia-Werk[43] auch eine adäquate Publikation fanden, stellen auf archäologischem Gebiet ein bleibendes kulturelles Verdienst des zweiten Deutschen Reiches dar. Sie sind zudem identisch mit der ersten systematischen Großgrabung der europäischen Staaten im Mittelmeerraum, so daß sie eine neue Epoche der Archäologie eingeleitet haben. In der Verwirklichung dieses Planes dürfte die bedeutendste wissenschaftliche Leistung von Ernst Curtius liegen.

Aber auch sonst wurde die Berliner Zeit immer wieder durch Projekte und Verpflichtungen unterbrochen. Im Sommer 1871 unternahm Curtius zusammen mit mehreren Kollegen eine Kleinasienreise, ein Jahr später hatte er im Auftrag seines Ministers den freilich aussichtslosen Versuch zu unternehmen, Jacob Burckhardt für den Berliner historischen Lehrstuhl zu gewinnen. Dann wurde auch Curtius von dem „modernen Gründungsfieber“[44] gepackt. Er ist einer der Befürworter des Deutschen Archäologischen Instituts in Athen geworden. Zum äußerlichen Höhepunkt der Berliner Jahre wurde sein Rektoratsjahr 1881/82, zu einer für ihn besonders schmerzlichen und erschütternden Zeit das Jahr 1888, in dem sein vom Tode gezeichneter Zögling Kaiser wurde.

Die Feiern zum 50jährigen Doktorjubiläum im Jahre 1891 und die seines achtzigsten Geburtstages versammelten noch einmal

[43] Olympia. Die Ergebnisse der von dem Deutschen Reich veranstalteten Ausgrabungen. Hrsg. v. E. Curtius und F. Adler. 5 Bände und 4 Tafelbände, 1 Foliomappe. 1890—1897. — Eine zweite Phase der deutschen Grabungen setzte im Zusammenspiel mit den Olympischen Spielen von 1936 ein, 1952 die letzte. Vgl. hierüber E. Kunze, Olympia, in: Neue Deutsche Ausgrabungen im Mittelmeergebiet und im Vorderen Orient. 1959, 263—310. — Daß sich an Olympia der Wandel des Selbstverständnisses der deutschen Archäologie aufweisen läßt, zeigte H. v. Steuben, Der „heilige Boden“ Olympias, Frankfurter Allgemeine Zeitung 12. März 1971, S. 32.

[44] Lebensbild, 619.

Glanz und Anerkennung um den gealterten Gelehrten, der unter Sehbeschwerden litt und sich auch einer Augenoperation unterziehen mußte. Aber noch der Achtzigjährige hielt Vorlesungen und Akademievorträge und arbeitete bis zu seinem Tode am 11. Juli 1896 an der Edition seiner Vorträge und am Abschluß seiner Geschichte von Olympia[45].

In einer kleinen Gelegenheitsrede hat der Greis dankbar den großen harmonischen Zusammenhang seines Lebens geschildert,[46] die seltene Konsequenz und Geschlossenheit einer Entwicklung, die vom Aufwachsen in Lübeck ausging, in einer Stadt, die den Sinn für die Geschichte wecken mußte, und die dann zu immer neuen Berührungen mit dem griechischen Geist, der griechischen Geschichte und Griechenland selbst führte. Er war sich des Einflusses der für ihn entscheidenden Lehrer, K. O. Müller und A. Boeckh, ebenso bewußt, wie des Interesses und der Gunst des preußischen Königshauses, die er für die Sache der Altertumswissenschaft zu gewinnen verstand.

Die ›Griechische Geschichte‹ von Ernst Curtius hat bewirkt, daß sein Name zum Synonym für die Harmonie der ideal gesehenen sittlichen Welt des Griechentums geworden ist. Es sollte vielleicht nicht übersehen werden, daß diese, oft als Idyll mißverstandene Auffassung der griechischen Geschichte, die zum Modell der humanistischen Kreise des 19. Jahrhunderts wurde, von einem Gelehrten formuliert worden ist, dem Rang und Einfluß nicht in den Schoß fielen, sondern der tiefe Erschütterungen zu bestehen hatte und den die alten Bürgertugenden, Beharrlichkeit, Fleiß und Pflichterfüllung, daran hinderten, – wie er schrieb – „der erste Bummler der Welt“[47] zu sein.

Äußerlich betrachtet ging Ernst Curtius' wissenschaftlicher Weg vom Philologen zum Archäologen. Doch richtiger ist es, ihn als Vertreter einer umfassenden Altertumswissenschaft im Sinne seines großen Vorbildes, Niebuhr, zu sehen, denn wie jener bemühte er

[45] Noch immer versuchte er sich in empfindsamen Versen. Vgl. Lebensbild, 714.

[46] a. O., 695 ff.

[47] a. O., 505.

sich darum, Autoren und Denkmäler, Topographie, Religion und Geschichte als Einheit zu erfassen. Gegenüber der sich abzeichnenden Aufsplitterung dieser Einheit vertrat er die Gegenposition: „Ich halte es für meine Pflicht, so lange die Kraft vorhält, diesem aphoristischen Arbeiten gegenüber die ächte Synthesis zu vertreten, die immer vom Einzelnen zum Ganzen strebt.“ [48]

Aber, wie schon gesagt worden ist, in Curtius kulminiert eine unpolitische, ästhetisierende und idealisierende Auffassung der griechischen Geschichte, die weithin in der Tradition Winckelmanns und Humboldts steht. Sie ist ein charakteristisches und reines Produkt des Bildungshumanismus im Deutschland des 19. Jahrhunderts, im Ton, der Isolierung des Stoffes und manchen Einzelzügen oft Ranke verwandt. Überraschend ist nicht, daß diese ›Griechische Geschichte‹ so geschrieben wurde, wie sie vorliegt, – Naturell, Bildungsgang, Interessen und Perspektiven des Verfassers erklären sie zur Genüge. Überraschend ist eher der Verzicht auf klare politische Wertung bei einem Gelehrten, der die Revolution von 1848 aus nächster Nähe erlebt hatte, der Einblick in die Arcana des Hofes bekam und der die Fragwürdigkeit politischer Traditionen und Zustände in Griechenland wie in Deutschland erfahren mußte. Zwangsläufig lehrte deshalb gerade diese ›Griechische Geschichte‹ die Grenzen zu erkennen, welche einer Konzeption gesetzt waren, die wohl den Elementen der Landeskunde, Kunst und Literatur, Religion und Altertümer zu ihren Rechten verhalf, im Grunde aber doch apolitisch blieb.

[48] a.O., 650.

6

THEODOR MOMMSEN
(1817–1903)

Von den großen Vertretern der deutschen Altertumswissenschaft des 19. Jahrhunderts errang Theodor Mommsen den höchsten Ruhm. Der Nobelpreis für Literatur des Jahres 1902 zeichnete den Verfasser einer ›Römischen Geschichte‹ aus, die in viele Sprachen übersetzt war. Der französische Kaiser und der Papst zollten diesem Gelehrten ebenso ihren Respekt wie die führenden Fachkollegen ganz Europas. Der Mann, der es ablehnte, den Titel Exzellenz zu führen, wurde Ehrenbürger der Stadt Rom und Träger der höchsten akademischen Würden. Vor allem in Italien wetteiferten Bürgermeister und Fürsten, ihm zu huldigen. Für Ettore Pais glich ein Besuch des großen Meisters in seinem Haus einer Epiphanie.[1]

Die Generation der heute Lehrenden und Lernenden sieht Mommsen freilich anders als seine Zeitgenossen. Die berühmte ›Römische Geschichte‹ ist zu einem klassischen Stück deutscher Kunstprosa geworden, aber keineswegs mehr Allgemeinbesitz des deutschen Bürgertums. Das starke politische Engagement Mommsens dagegen, das ihm zu seinen Lebzeiten so oft verdacht wurde, findet größeres Verständnis in einer Zeit, welche feststellen kann, daß Mommsen manche Fehlentwicklungen der deutschen Politik richtiger voraussah als seine einstigen optimistischen Widersacher. Das Werk des Forschers und des Gelehrten endlich behielt auch aus der Distanz seine fundamentale Bedeutung, die von Mommsen inaugurierten Projekte des wissenschaftlichen Großbetriebs beschäftigen die Spezialisten zum Teil noch heute, der Schatten seines Wirkens reicht bis in die Gegenwart.

Dies gilt freilich auch im negativen Sinne. Mommsens starker Wille bestimmte noch weit über seinen Tod hinaus den Kurs, den

[1] Vgl. hierüber L. Wickert, L'Illustre Maestro, Deutschlands Erneuerung 26, 1942, 523 ff., zu E. Pais 527.

speziell die Alte Geschichte in Deutschland einschlug.[2] Aber die Blüte der von ihm souverän gemeisterten Kombination von Jurisprudenz und Geschichte, die Forcierung und Differenzierung der Grundwissenschaften, die Etablierung seiner Schule waren nur möglich um den Preis der Einseitigkeit. Erst aus der weiteren Distanz eines Jahrhunderts wird immer klarer erkennbar, daß seine monolithischen Systeme der Ergänzung, die von ihm gesammelten und edierten Quellen der Erschließung unter neuen Fragestellungen, seine Akzentuierungen kritischer Besinnung bedürfen. Vielleicht ist aber gerade dies nicht der geringste Vorzug von Mommsens Werk, daß es die Forschung noch immer belebt, steigert, ja enthusiasmiert.

I

Theodor Mommsen wurde am 30. November 1817 in Garding in Südschleswig geboren.[3] Seine Jugendjahre prägte das protestantische Pfarrhaus im kleinen holsteinischen Oldesloe, wo sein Vater als Diakon in sehr bescheidenen und beengten Verhältnissen wirkte. Der gemäßigte orthodoxe Theologe war ein gütiger Mensch und guter Humanist, der seinen ältesten Sohn auch in den klassischen Sprachen unterrichtete, aber er vermochte es nicht, den Sohn im Banne des protestantischen Glaubens zu halten. Im Alter von 17 Jahren bezog Theodor Mommsen das Gymnasium Christianeum in Altona, wo er im April 1838 die Reifeprüfung ablegte.

Im gleichen Jahre immatrikulierte er sich in der Juristischen Fakultät der Universität Kiel, der er fünf Jahre lang treu blieb. Es ist müßig, über den geistigen Rang der Kieler Professoren in Mommsens Studienzeit zu streiten, es steht fest, daß er unter

[2] Siehe dazu K. Christ, Zur Entwicklung der Alten Geschichte in Deutschland, GWU im Druck.

[3] Für die biographischen Details kann hier verwiesen werden auf die großangelegte Mommsenbiographie von L. Wickert, Theodor Mommsen. I. Lehrjahre. 1959. II. Wanderjahre. 1964. III. Wanderjahre. 1969. und auf die ältere, knappe, als Ganzes noch nicht überholte Darstellung des Mommsenschülers L. M. Hartmann, Theodor Mommsen. 1908.

den Juristen keinen voll imponierenden Lehrer fand, obwohl ihn die Probleme des Römischen Rechtes und der Rechtsgeschichte sofort beschäftigten und auch nicht mehr losließen. Statt dessen schloß Mommsen bald engeren Kontakt zu dem nur um vier Jahre älteren Otto Jahn[4], der ihn in die philologische Kritik im Sinne Karl Lachmanns und in die feinsinnige Interpretation lateinischer Dichtung einführte. Aus dem Lehrer-Schüler-Verhältnis ist bald eine Freundschaft geworden, Jahn hat Mommsens Anfänge besonders stark gefördert, durch ihn ist er auch mit den Aufgaben und Problemen der lateinischen Epigraphik in nähere Berührung gekommen.

So weitgespannt Mommsens Interessen während des Studiums waren, es blieb genügend Zeit für Geselligkeit, Burschenschaft und Poesie. Das ›Liederbuch dreier Freunde‹, das er 1843 zusammen mit Theodor Storm[5] und seinem Bruder Tycho Mommsen veröffentlichte, ist die Frucht gleichgestimmter Interessen und Versuche, gewiß keine vollkommene poetische Leistung, aber doch ein Versuch, der sich sehen lassen kann. Leitsterne der Poesie Mommsens waren dabei nicht nur Goethe und Mörike, sondern auch die Dichter des Jungen Deutschlands. Von Heinrich Heine, den er eine Zeitlang bewundert hat, trennte er sich später nicht ohne Bitterkeit.

Da Mommsens Dissertation ›Ad legem de scribis et viatoribus et De auctoritate‹ einige Beachtung fand, wäre es ihm beinahe geglückt, den direkten Anschluß an die akademische Laufbahn zu finden. Aber die Hoffnungen auf eine juristische Professur in Greifswald zerschlugen sich, Mommsen war gezwungen, die Fortsetzung seiner wissenschaftlichen Arbeiten von anderen Positionen aus in Angriff zu nehmen. Zunächst gab er in Altona an einer

[4] Vgl. Th. Mommsen — O. Jahn, Briefwechsel 1842—1868. Hrsg. von L. Wickert. 1962.

[5] Siehe Theodor Storms Briefwechsel mit Theodor Mommsen. Hrsg. von H.-E. Teitge. (Schätze aus der Deutschen Staatsbibliothek, 1) 1966. — Im Hinblick auf die Beziehungen zu Heine erinnert L. M. Hartmann, a. O., 17 an Mommsens bekannte Verse: „Auch ich war von der Gemeinde / Und trug dein Bandelier: / Einstmals da waren wir Freunde / Bewahre mich Gott vor Dir!“

privaten Mädchenschule in einem breiten Spektrum von Fächern Unterricht, dann wurde ihm im Jahre 1844 ein dänisches Reisestipendium übertragen, das es ihm erlaubte, in Italien epigraphische Studien zu betreiben, die zuletzt in die Edition des ›Corpus Inscriptionum Latinarum‹ münden sollten.

Nach der Rückkehr aus Italien im Jahre 1847 begann eine ziemlich turbulente Zeit. Mommsen nahm zunächst seine Lehrtätigkeit in Altona wieder auf, dann folgte 1848 ein Zwischenspiel als politisch exponierter Journalist der Schleswig-Holsteinischen Zeitung, bis ihm im Herbst desselben Jahres der Ruf auf eine außerordentliche Professur für Römisches Recht in Leipzig eine gesicherte Existenz zu bieten schien. Allein der glückliche Leipziger Auftakt währte nicht lange. Wegen seiner aktiven politischen Tätigkeit im „Deutschen Verein" wurde Mommsen 1851 zusammen mit seinen Freunden Otto Jahn und Moritz Haupt amtsenthoben, erst die Berufung nach Zürich im Jahre 1852 befreite ihn aus dieser Krise. Nun begannen in rascher Folge jene Werke zu erscheinen, die Mommsen sowohl in der Fachwelt als auch vor einem größeren Publikum bekannt gemacht haben, 1852 die Inschriften des Königreichs Neapel, die eindrucksvolle Ouverture zum ›Corpus Inscriptionum Latinarum‹, 1854 die ›Römische Geschichte‹. Damit war ihm der Durchbruch in die erste Reihe der Gelehrten seiner Zeit geglückt, jetzt öffneten sich ihm viele zuvor verschlossene Tore. 1854 erhielt Mommsen einen Ruf nach Breslau. Vier Jahre später bekam er die Gelegenheit, als wissenschaftlicher Beamter an der Preußischen Akademie der Wissenschaften zu Berlin die verantwortliche Leitung des lateinischen Inschriftenwerks selbst zu übernehmen, eine Tätigkeit, die 1861 durch eine Professur für Römische Geschichte in der Philosophischen Fakultät der Universität Berlin ergänzt wurde. 45 Jahre lang, bis zu seinem Tod am 1. November 1903, hat Mommsen diesem Aufgabenkreis die Treue gehalten, wohl unterbrochen durch leidenschaftliches politisches Wirken im Preußischen Abgeordnetenhaus und im Deutschen Reichstag, unterbrochen auch durch große Reisen für Inschriftenwerk und eigene Forschung, aber im Grunde doch in einer beeindruckenden Stetigkeit, die zu einem guten Teil das imponierende Ausmaß seines Werkes erklärt.

II

„Politische Stellung und politischen Einfluß habe ich nie gehabt und nie erstrebt; aber in meinem innersten Wesen, und ich meine, mit dem Besten was in mir ist, bin ich stets ein animal politicum gewesen und wünschte ein Bürger zu sein. Das ist nicht möglich in unserer Nation, bei der der Einzelne, auch der Beste, über den Dienst im Gliede und den politischen Fetischismus nicht hinauskommt." – Die Sätze aus Mommsens berühmter Testamentsklausel von 1899[6] bezeugen in jedem Falle, wie Theodor Mommsen seinen politischen Einsatz persönlich einschätzte, einen Einsatz, der auch dort zuerst gewürdigt werden muß, wo es vor allem darum geht, das Werk des Gelehrten und des Geschichtsschreibers zu analysieren.

Mommsen hat sich zeit seines Lebens zu einem Liberalismus, wie er es ausdrückte, „nicht mehr auf Politik beschränkt", bekannt. Nie hat er es gescheut, sich zu exponieren. Er ist 1848 auf die Straße gegangen und in einem Tumult in Hamburg verletzt worden. Das große Jahr der deutschen Demokraten sah ihn im Kampf um ein allgemeines Wahlrecht, für den Zentralismus wie für die Frankfurter Nationalversammlung, und die Parole der Schleswig-Holsteinischen Zeitung, deren Mitarbeiter er war, lautete: „Um jeden Preis die Einheit Deutschlands!"[7]

In leidenschaftlichen Worten und glänzenden Formulierungen hat er damals im Organ der Provisorischen Regierung die deutsche Sache vertreten, freilich auch in jener letzten Unabhängigkeit und Eigenwilligkeit, die für sein politisches Wirken stets charakteristisch blieben.[8] Seine Aufsätze und Polemiken zeigen ihn schon auf jener stilistischen Höhe, die wenige Jahre später dann auch die ›Römische Geschichte‹ bestimmen sollte: „Gehen wir (im Kampf mit Däne-

[6] Zu deren Text und Verständnis A. Heuß, Theodor Mommsen über sich selbst, Antike und Abendland 6, 1957, 105–117.

[7] Zuvor hatte Mommsen schon in den Kieler Blättern und im Altonaer Merkur kleinere Artikel veröffentlicht, die sich jedoch nicht erhalten haben. In ihnen war es vornehmlich um die Probleme des Sprachenstreits der Ständeversammlung gegangen.

[8] Bezeichnend dafür das frühe Wort: „... aber Sie müssen es mir schon

mark) zugrunde“, – so heißt es da – „so sind schuld daran die Klagenden und Zagenden, die bedenklichen, kränklichen Seelen, die superklugen Philister, die den großen Text der Geschichte mit ihren Frage- und Ausrufungszeichen versehen, die nachhinkenden Kleinmeister, welchen der herrlichste Sieg nicht genug Resultate gibt, die armen Seelen, welche keinen Glauben haben an den Gott in der Geschichte, kurz all die hoffnungslose Feigheit, die kopfschüttelnde Klugheit, die wie ein bleiernes Schwergewicht den edlen Enthusiasmus Deutschlands niederziehen möchte.“ [9]

An die erste Stelle der politischen Ziele hatte Mommsen die Einheit Deutschlands gesetzt, ob diese aber in republikanischer oder monarchischer Form erreicht wurde, war für ihn von sekundärer Bedeutung, denn er war davon überzeugt, „daß die Zwecke der Demokratie innerhalb der Grenzen der konstitutionellen Monarchie vollständig erreicht werden können“ [10]. Mit Mommsens Vorstellungen war deshalb auch die immer enger werdende Bindung an Preußen durchaus vereinbar.

Die zweite Etappe seines aktiven politischen Kampfes brachte Leipzig, wo er sich als Mitglied des liberalen „Deutschen Vereins“ und der Kommunalgarde, nicht zuletzt aber als einer der Autoren der ›Fliegenden Blätter aus Sachsen‹ erneut exponierte und seinen Zweifrontenkampf gegen die sächsische Regierung und gegen die radikalen Demokraten mit seiner Enthebung vom Lehramt zu bezahlen hatte. Der „Gothaer“, der Anhänger des Erbkaisertums, erwartete nun erst recht alles von Preußen. Er wurde auch nach der Rückkehr aus der Schweiz nicht müde, sich für die Ziele der Liberalen einzusetzen. So war er an der Gründung der Deutschen Fortschrittspartei beteiligt, für die er zwischen 1863 und 1866 im Preußischen Abgeordnetenhaus wirkte. Dabei ist es zunächst sein erklärtes Ziel gewesen, „Herrn Bismarck und den Seinigen gegen-

gestatten, meine Freiheit auch der Partei der Freiheit nicht aufzuopfern.“ SHZ. Nr. 146, 1. 10. 1848.

[9] Vgl. die Materialsammlungen bei C. Gehrcke, Th. Mommsen als schleswig-holsteinischer Publizist. 1927. (Veröffentlichungen der Schleswig-Holstein. Univ. Ges., 11 und bei L. M. Hartmann, a. O., 161 ff.

[10] SHZ. Nr. 146, 1. 10. 1848.

über die Verfassung zu verteidigen"[11]. Allein über Bismarcks außenpolitischen Erfolgen stellte auch Mommsen, der schon früh für eine Annexion Schleswig-Holsteins durch Preußen eingetreten war, seinen Widerstand ein: „Es ist ein wunderbares Gefühl dabei zu sein, wenn die Weltgeschichte um die Ecke biegt. Daß Deutschland eine Zukunft hat und daß diese Zukunft von Preußen bestimmt wird, das ist nicht mehr eine Hoffnung, sondern eine Tatsache, und eine gewaltige für alle Zeiten", schrieb er am 18. Juli 1866 an seinen Bruder Tycho.

Ein enger oder fanatischer Parteipolitiker ist Mommsen nie geworden. So saß er als Abgeordneter der Nationalliberalen zwischen 1873 und 1879 im Preußischen Abgeordnetenhaus, zwischen 1881 und 1884 als einer der „Sezessionisten" aus dem Kreis um Ludwig Bamberger im Deutschen Reichstag. Die Jahre des weitgehenden Einverständnisses mit Bismarcks Politik und des Sichabfindens mit dem Preis der Einheit machten nach 1870 jedoch bald wachsender, teilweise sarkastischer Kritik an der inneren Entwicklung im Reich, düsteren Prognosen und Warnungen, mit zunehmendem Alter aber auch Depressionen, Müdigkeit und bitterer Resignation Platz. Für Mommsen war es ein „elendes Schicksal in diesem sich regenerierenden Junker- und Pfaffenstaat als Ornamentstück figurieren zu müssen"[12]. Er beklagte „die Nichtswürdigkeit unseres Regimentes und die Fäulnis der Nation"[13] – und konnte sich von diesen Sorgen nicht frei machen.

So peinlich und unverständlich Angehörigen, Freunden und Kollegen dieser rücksichtslose politische Einsatz auch war, Mommsen vermochte es nicht, sich aus den politischen Problemen seiner Gegenwart zu lösen: „Unser Studium hat etwas vom Morphium; man spinnt die Combinationen aus und vergißt darüber die Gegenwart mit ihrem Druck. Sonst werde ich diesen nicht los. Ich bin nun einmal ein animal politicum und so wenig mich das erbliche Vicekaisertum und der Nyassa-See angehen, so völlig ich mich von allem politischen Tun und Verkehren zurückgezogen habe, in mei-

[11] Reden und Aufsätze, 373.

[12] Brief an W. Henzen vom 4. 12. 1882.

[13] Brief an den Bruder Tycho Mommsen vom 2. 12. 1892.

nen Gedanken lebe ich darin – was kann ich dafür? ich leide schwer genug darunter." [14]

Unerschrocken und eigenwillig brandmarkte Mommsen bis zuletzt Junkertum und „Kaplanokratie", trat er allen dehumanisierenden Tendenzen entgegen. Im Kampf gegen Bismarcks Wirtschaftspolitik zog er sich dann den Zorn des Kanzlers und eine bald niedergeschlagene Ehrenbeleidigungsklage zu. Er mußte sich von Bismarck sagen lassen, daß sein Blick für die Gegenwart durch die Vertiefung in 2000 Jahre Vergangenheit getrübt sei. Wer will es dem alten verbitterten Mann, der seine Ideale in jener Zeit verworfen sah, verdenken, daß er sich schließlich abwandte von dem, wie er sagte, „erbärmlichen", „nichtswürdigen und rückgratlosen Volk".

Gegen viele Fehlentwicklungen des preußisch-deutschen Machtstaates hat sich Mommsen seit den 80er Jahren mit Entschiedenheit gestemmt, im Parteileben, das er weithin durch die „Neidkategorie" und die Parteien des materiellen Interesses bestimmt fand, zuletzt auf ein Zusammengehen von Liberalen und Sozialdemokraten [15] gehofft. Mit am stärksten engagierte er sich jedoch in dem berühmten Berliner Antisemitismusstreit der Jahre 1879/80 und in der Hochschulpolitik.

Mommsen war von Haus aus kein Philosemit. Im dritten Band seiner ›Römischen Geschichte‹ hatte er zum Beispiel das Judentum mit einem später oft nachgesprochenen Wort als „wirksames Ferment des

[14] An Tycho Mommsen, 25. 12. 1888.

[15] In dem berühmten Artikel ›Was uns noch retten kann‹ (Die Nation 20, 1902, 163 ff. – abgedruckt bei L. M. Hartmann, a. O., 255 ff.) gab Mommsen über die Sozialdemokratie folgendes Urteil ab: „Zur Zeit ist dies die einzige große Partei, die Anspruch hat auf politische Achtung. Von dem Talent ist es nicht nötig zu reden; jedermann in Deutschland weiß, daß mit einem Kopf wie Bebel ein Dutzend ostelbischer Junker so ausgestattet werden könnten, daß sie unter ihresgleichen glänzen würden. Die Hingebung, die Opferbereitschaft der sozialdemokratischen Masse imponiert auch dem, der ihre Zwecke nichts weniger als teilt. An der Disziplin der Partei, deren ungeheuere Schwierigkeiten uns ihre Parteitage drastisch vor Augen führen, könnten namentlich unsere Liberalen sich ein Muster nehmen."

Kosmopolitismus und der nationalen Decomposition"[16] bezeichnet, und er hatte von seinem Buch ganz offen gesagt, es erhebe den Anspruch, „den Judenschmeichlern ebenso zu mißfallen wie den Judenhassern"[17]. Aber in der durch Heinrich Treitschke ausgelösten antisemitischen Kampagne hat sich Mommsen offen und kompromißlos auf die Seite der Juden gestellt. Sein Beitrag ›Auch ein Wort über unser Judentum‹ ist eine nüchterne und ausgeglichene Erörterung des Problems, eine Erörterung, in der sich Mommsen um eine durchaus fortschrittliche Gestaltung der Beziehungen zwischen Juden und Deutschen bemüht hat. Sie gipfelt in dem Satz, an dem Mommsen nicht rütteln ließ: „Selbstverständlich ist unsere Nation durch Recht und Ehre verpflichtet sie (die Juden) in ihrer Rechtsgleichheit zu schützen, sowohl vor offenem Rechtsbruch wie vor administrativer Prellerei; und diese unsere Pflicht, die wir vor allem uns selbst schulden, hängt keineswegs ab von dem Wohlverhalten der Juden."[18] Über der temperamentvollen und kompromißlosen Auseinandersetzung mit Treitschke zerbrach das vordem gute Verhältnis zu diesem Kollegen. Als Treitschke 1895 in die Preußische Akademie aufgenommen wurde, stellte Mommsen, der lange dagegen opponiert hatte, sein Amt als Sekretär der philosophisch-historischen Klasse zur Verfügung.

Es war selbstverständlich, daß Mommsens Stimme insbesondere in allen Fragen der Hochschulpolitik[19] zur Geltung kam, obwohl er sich mit seiner Auffassung nicht immer durchsetzen konnte. So lehnte er beispielsweise die Vertretung von Fächern wie Geographie und Neuere Deutsche Literaturgeschichte an der Universität ab, so sprach er sich gegen das „Karzerprivileg" der Studenten, aber für akademische Nachwuchsstipendien aus. Mit ganzer Leidenschaft aber protestierte er in dem „Fall Spahn", als eine historische Professur nach konfessionellen Gesichtspunkten besetzt werden

[16] III⁹. 1904, 550.

[17] Wiederabdruck von Mommsens Erklärung: Der Berliner Antisemitismusstreit. Hrsg. v. W. Boehlich. 1965, 217.

[18] a. O., 223 f.

[19] Vergleiche zum Folgenden A. Heuß, Theodor Mommsen und das 19. Jahrhundert. 1956, 192 f., 211.

sollte, gegen jeden Versuch einer Konfessionalisierung der Universitäten und schloß seine Intervention mit dem berühmten Wort: „Unser Lebensnerv ist die voraussetzungslose Forschung, diejenige Forschung, die nicht das findet, was sie nach Zweckerwägungen und Rücksichtnahmen finden soll und finden möchte, was andern außerhalb der Wissenschaft liegenden praktischen Zielen dient, sondern was logisch und historisch dem gewissenhaften Forscher als das Richtige erscheint, in ein Wort zusammengefaßt: die Wahrhaftigkeit.“[20]

III

Die Forschungen Theodor Mommsens umfassen etwa 1500 Einzeltitel.[21] Als der große Systematiker des römischen Rechts hat Mommsen mit seinen juristischen Hauptwerken, dem ›Römischen Staatsrecht‹ (in der letzten Auflage 1887/88 erschienen) und dem ›Römischen Strafrecht‹ von 1899 eine bis heute maßgebende Wirkung erzielt, in der Organisation des ›Corpus Inscriptionum Latinarum‹, das 1863 nach einer leidvollen Vorgeschichte zu erscheinen begann und heute noch nicht vollendet ist, sich als Meister des wissenschaftlichen Großbetriebes erwiesen. Mommsens Ausgaben des Cassiodor und der Digesten, des Monumentum Ancyranum und des Jordanes, seine Forschungen über römisches Münzwesen und römische Chronologie, sein Bodenrecht und seine ostgotischen Studien, die Quellenkritik seiner ›Römischen Forschungen‹ – um nur weniges zu nennen, haben immer noch kanonischen Rang.

Schon dieser erste Blick auf die fast unübersehbaren wissenschaftlichen Arbeiten Theodor Mommsens lehrt, daß die Tätigkeit des

[20] Th. Mommsen, Universitätsunterricht und Confession, in: Reden und Aufsätze. ³1912, 432 ff.

[21] Die Spezialbibliographie ›Theodor Mommsen als Schriftsteller‹. Ein Verzeichnis seiner Schriften von Karl Zangemeister. Im Auftrage der Kgl. Bibliothek bearbeitet und fortgesetzt von E. Jacobs. 1905 führt insgesamt 1513 Titel auf, eine Zahl, die insofern irreführend ist, als auch Briefe, Telegramme, Berichte, Übersetzungen und Neudrucke mitgezählt wurden.

Forschers nicht auf ein knappes Schlagwort zu bringen ist, sondern vielmehr durch eine einzigartige Spannweite und ein Nebeneinander der vielfältigsten Begabungsrichtungen charakterisiert wird. Mommsen war ebenso Editor wie Kritiker, Analytiker wie Systematiker. Er hat Ernst gemacht mit der Ausweitung und Erschließung der Geschichtsquellen, aber er hat diese Quellen zugleich in mustergültiger Weise kommentiert und interpretiert. Juristische, philologische, historische, epigraphische und numismatische Einzelstudien wechselten immer wieder ab mit Versuchen, die Einzelforschung zu Synthesen zu erheben.[22]

[22] Mommsen selbst hat seine Position im Rahmen der wissenschaftlichen Entwicklung und im Rahmen der Wissenschaftsgeschichte am deutlichsten in seiner Dankesbezeugung anläßlich der Quinquegenarien in utroque iure formuliert (Abdruck bei L. M. Hartmann, a. O., 56 f.): „Es ist mir beschieden gewesen, an dem großen Umschwung, den die Beseitigung zufälliger und zum guten Teil widersinniger, hauptsächlich aus den Fakultätsordnungen der Universitäten hervorgegangener Schranken in der Wissenschaft herbeigeführt hat, in langer und ernster Arbeit mitzuwirken. Die Epoche, wo der Geschichtsforscher von der Rechtswissenschaft nichts wissen wollte, in der der Rechtsgelehrte die geschichtliche Forschung nur innerhalb seines Zaunes betrieb, wo es dem Philologen wie ein Allotrium erschien, die Digesten aufzuschlagen, und der Romanist von der alten Literatur nichts kannte als das Corpus iuris, wo zwischen den beiden Hälften des römischen Rechts, dem öffentlichen und dem privaten, die Fakultätslinie durchging, wo der wunderliche Zufall die Numismatik und sogar die Epigraphik zu einer Art von Sonderwissenschaft gemacht hatte und ein Münz- oder Inschriftenzitat außerhalb dieser Kreise eine Merkwürdigkeit war — diese Epoche gehört der Vergangenheit an, und es ist vielleicht mit mein Verdienst, aber vor allen Dingen mein Glück gewesen, daß ich bei dieser Befreiung habe mittun können. Was ich, ausgegangen von ernsten Studien des römischen Privatrechts, dabei meinen älteren philologischen Freunden, vor allen Jahn, Haupt, Welcker, Lachmann, an innerer Anregung und äußerer Förderung verdanke, wie dann das Land Italien mit dem ewig belebenden Atem seines Bodens und in Italien die Lehre unseres Altmeisters Borghesi, die treue Arbeitsgemeinschaft mit meinen Freunden Henzen und Rossi befreiend und den Blick erweiternd auf mich gewirkt haben, das habe ich lebhaft und dankbar immer empfunden, wo ich in die Lage kam, mir zu vergegenwärtigen, was ich gefehlt und was ich recht getan."

Den Ausgangspunkt bildeten *die juristischen Studien*, die sich zuerst in einer ganzen Reihe von kleineren Spezialuntersuchungen und wichtigen Besprechungen niederschlugen.[23] Mommsen äußerte gelegentlich, daß er am juristischen Denken zum Forscher geworden sei, – aber die eigentlichen klassischen Werke in diesem Bereich legte er erst verhältnismäßig spät vor. Gewiß war er hier stark beeinflußt vom zeitgenössischen Forschungsstand, sein juristisches Werk ist sowohl eine Reaktion auf die Entwicklung der Historischen Schule in der Rechtsgeschichte als auch auf die Lage der Pandektistik. Neuere Arbeiten haben diese Zusammenhänge klarer herausgestellt,[24] auch wieder an die Verbindungen zum Werk Rubinos[25] erinnert. Aber Bezüge dieser Art, die, bewußt oder unbewußt, Einsatz und Entwicklung jedes Forschers bestimmen, nehmen Mommsens Leistung nichts von ihrer Originalität und ihrem Rang.

In seiner Züricher Antrittsrede vom 8. Mai 1852 über ›Die Bedeutung des Römischen Rechts‹[26] hat der junge Mommsen gleichsam in programmatischer Form seine spezifische Auffassung des Römischen Rechts erläutert. Er wollte es nicht als absoluten „Träger der Rechtsidee" überschätzt wissen, sondern es in seiner historischen Eigenart verstehen und im Spannungsverhältnis zwischen Institution und System zu begreifen lehren. Mommsens Kraft der Abstraktion zeigt sich dabei insbesondere in der klaren Erfassung der Institutionen, der konkreten Rechtsfiguren, wie zum Beispiel

[23] Hervorzuheben sind z. B. die Besprechung von G. Beseler, Volksrecht und Juristenrecht. 1843 in: Volksbuch für das Jahr 1845 mit besonderer Rücksicht auf die Herzogthümer Schleswig, Holstein und Lauenburg 2, 1844, 117–129 und die Studie Über die leges iudiciariae des VII. Jahrhunderts bis zur lex Aurelia, Ztschr. für die Altertumswissenschaft 1, 1843, 812–829. Die wichtigsten Arbeiten sind nun vereinigt in Th. Mommsen, Juristische Schriften. 3 Bde. 1905/07.

[24] Hier ist vor allem A. Heuß, Theodor Mommsen und das 19. Jahrhundert. 1956, 33 ff. zu nennen.

[25] Heuß, a. O., 23. Vergleiche auch die ältere Arbeit von J. Bernays, Die Behandlung des Römischen Staatsrechtes bis auf Th. Mommsen, in Gesammelte Abhandlungen. Hrsg. von H. Usener. II. 1885, 255–275.

[26] Abgedruckt in Juristische Schriften. III, 1907, 591 ff.

Eigentum und Kauf, und in der methodisch exakten Definition der „Individualität einer jeden Rechtsinstitution“ [27]. Aber dies ist nicht alles, sondern Mommsen drängt auf das Verständnis des umgreifenden Zusammenhangs; er ruht nicht, bis er die primär empirische Forschung so weit vertieft hat, daß jenes Rechtssystem hervortritt, welches die einzelne Institution sowohl bestimmt als auch aufnimmt.

Die reinste und die bezeichnendste Verwirklichung seines Programms hat Mommsen im ›Römischen Staatsrecht‹ vorgelegt. In jahrzehntelanger Lektüre gewonnene Erkenntnisse setzten Mommsen instand, Magistratur, Bürgerschaft und Senat als maßgebende Institutionen innerhalb des Systems des römischen Staatsrechts herauszukristallisieren und seine Darstellung durch ein dichtes Quellengerüst abzusichern. Die Aufgabe war dabei ebenso neuartig wie anspruchsvoll: „Es ist der allgemeine Theil der Darstellung des römischen Gemeinwesens, der hier im Anschluß an die hergebrachte Bezeichnung der ‚Staatsalterthümer‘ als ‚römisches Staatsrecht‘ gegeben wird, der Versuch eine jede Institution darzustellen sowohl als Glied des Ganzen in ihrer Besonderheit wie in ihrer Beziehung zu dem Organismus überhaupt. Darin liegt allerdings auch die eminente Schwierigkeit dieser Arbeit, daß dafür der Darstellende überall ebenso der vollständigen Kenntnis auch derjenigen Einzelheiten bedarf, die er nicht erörtert, wie der vollständigen Einsicht in das Wesen des römischen Organismus überhaupt. Indes soll der Mensch sich die Aufgabe nicht deshalb verkleinern, um sich seine Unzulänglichkeit dadurch zu verbergen.“ [28] Die generelle Bedeutung des Werks hat Mommsen selbst in dem Satz zum Ausdruck gebracht: „Die Arbeit wird ja wohl nicht verloren sein; denn zweierlei steht nun einmal fest: keine politische und keine historische Forschung im großen Stil kann absehen von Rom; und das Studium nicht der pragmatischen oder der dafür sich gebenden Tradition, sondern das der politischen Institutionen führt ein in die Erkenntniss der römischen Geschichte.“ [29]

[27] a. O., 586.
[28] I^3. 1887, XIII.
[29] a. O., XIV.

Während der erste Band des ›Römischen Staatsrechts‹ in einer umfassenden Weise Wesen, Befugnisse und „Emolumente“ der römischen Magistratur im allgemeinen[30] analysierte, war der zweite Band den einzelnen Magistraturen im speziellen gewidmet. Dabei wurden jedoch auch das römische Königtum und der Prinzipat in den Rahmen der Magistratur gestellt — und damit die Grundlinie von Mommsens Perspektiven markiert. Denn ein ›Römisches Staatsrecht‹ das primär ein System aufzeigen wollte und die zeitlichen Verschiebungen erst in zweiter Linie berücksichtigte, ein Staatsrecht, welches die Strukturen der Königszeit, der frühen und klassischen Republik, des Revolutionszeitalters und der Kaiserzeit überdeckte durch eine Gesamtstruktur *des* römischen Staates, war selbstverständlich in jenen Abschnitten besonders angreifbar, welche der praktisch mit den Verhältnissen der klassischen Republik identischen Grundlinie am fernsten lagen. Für Königszeit und frühe Republik war dabei die Problematik auf Grund der Quellenlage nicht so gravierend wie im Falle des Prinzipats. Mommsen hat dies

[30] Mommsen selbst hat dessen Inhalt wie folgt umrissen: „Darum ist zunächst dieser erste Theil des römischen Staatsrechts bestimmt den Begriff des Beamten (magistratus) und der Amtsgewalt (imperium, potestas) zu entwickeln, sodann die Lehre von der Collision der Beamtengewalt (par maiorve potestas) und den wichtigen und schwierigen Begriff der Collegialität darzulegen. Die folgenden Abschnitte des allgemeinen Theils behandeln die einzelnen Befugnisse der Magistratur, so weit sie eine allgemeine Behandlung zulassen und erheischen; zuerst positiv die Auspicien, das militärische Imperium, die Coercition, die Criminal-, Administrativ- und Civiljurisdiction, das Recht mit der Gemeinde und das mit dem Senat zu verhandeln, das Recht Nachfolger, Collegen und Gehülfen zu ernennen, überhaupt die Gemeinde staatlich wie ökonomisch zu vertreten; weiter das negative Recht den magistratischen Act eines anderen Beamten zu verbieten oder zu cassiren. Es folgen die Emolumente der Magistratur, das Consilium derselben, ihre Dienerschaft und ihre Abzeichen, endlich die Ehrenrechte der gewesenen und der fictiven Magistrate. Daran schließt sich die Auseinandersetzung über die magistratische Qualification und über den Antritt und den Rücktritt der Beamten. Den Beschluß des allgemeinen Theiles macht die Lehre von der magistratischen Verantwortlichkeit und die von der magistratischen Stellvertretung.“ I^3, 7.

auch selbst gesehen und er hat es nicht verschleiert, daß seine Konzeption hier Angriffsflächen bot,[31] denn letzten Endes hat er sich mit der Betonung des engen Zusammenhanges zwischen später Republik und Prinzipat die augusteische Stilisierung des Prinzipats zu eigen gemacht. Zugunsten der großen Einheit des Systems ist damit die Eigenart des Prinzipats verdeckt worden.

Mommsens dritter Band behandelte Bürgerschaft und Senat. Auch hier wurde keine Verfassungsgeschichte geboten, sondern sehr stark differenzierte Erörterungen von Patriziat und Klienten, patrizischer und patrizisch-plebejischer Gemeinde, des Gemeinwesens der Plebs, der Pflichten der Gemeinde wie der Kompetenzen der Volksversammlung. Nobilität und Ritterschaft kamen in ihrer Eigenart ebenso zu ihrem Recht wie Bundesgenossenschaft, Untertanen und Reich, ganz zu schweigen von dem Senat, dem der ganze zweite Halbband gewidmet war. Wenn der Schlußabschnitt des Werkes mit ›Der souveräne Senat des Principats‹[32] überschrieben ist, so zeigen sich in einer solchen Auffassung nur die Konsequenzen

[31] Am deutlichsten wird dies bei der Einschätzung der monarchischen Idee sichtbar, die Mommsen als Gefangener seiner eigenen Konzeption behandeln muß (II, 2³, 754 f.): „Die Auffassung des Herrschers als einer qualitativ über den Unterthanen stehenden und durch sich selbst zum Regiment berechtigten Persönlichkeit ist mit der Auffassung desselben als Magistrat in der Theorie wie in der Praxis unvereinbar und also, da letztere erwiesener Maßen dem Principat zu Grunde liegt, für denselben von Rechts wegen ausgeschlossen. Nichts desto weniger zeigt jene eigentlich monarchische Idee neben dieser wesentlich republikanischen sich sehr früh, ja fast gleichzeitig mit den Anfängen des Principats; und wenn sie auch nicht durchdringt, vielmehr, im Großen und Ganzen betrachtet, officiell abgelehnt wird und darum ihre Kennzeichen mehr dem Kaiser von anderen beigelegt als von ihm selber geführt werden, so ist es doch nothwendig auf diese dem Wesen des Principats entgegengesetzte, allmählich aber dasselbe unterhöhlende und schließlich in die eigentliche Monarchie überführende Anschauungsform einen Blick zu werfen, theils weil die im Grunde arbeitende Gegenströmung für das Verständniß des Principats selbst wesentlich ist, theils weil der Gegensatz des Principats und der auf ihn folgenden und aus ihm entwickelten Monarchie hier in schärfster Weise hervortritt."

[32] III³, 1252.

von Mommsens spezifischer Bewertung des Prinzipats und von dessen enger Verklammerung der frühen Kaiserzeit mit der römischen Republik. Gewiß ist die augusteische Staatsordnung ein „Compromiss“, wenn man von dem Verhältnis princeps – Senat ausgeht, aber die Realität des Verfassungslebens der Kaiserzeit erhält ihre unbestreitbare Dominante eben durch den princeps. Sie ist nicht identisch, wie Mommsen wollte, mit einer „Coexistenz des kaiserlichen und des Senatsregiments“[33], und es war nicht richtig, den Prinzipat als „Dyarchie“ aufzufassen, als „eine zwischen dem Senat einer- und dem Princeps als dem Vertrauensmann der Gemeinde andererseits ein für allemal geteilte Herrschaft“[34]. Es fragt sich, ob Mommsen an dieser prinzipiellen und entscheidenden Wertung auch dann noch festgehalten hätte, wenn er die innere Geschichte der römischen Kaiserzeit im einzelnen im 4. Band seiner ›Römischen Geschichte‹ ausführlich dargestellt hätte.[35]

Mit dem Gesagten ist schon angedeutet, daß sich die Bedeutung des ›Römischen Staatsrechtes‹[36] nicht allein auf den Bereich des

[33] III³, 1252.

[34] II³, 748.

[35] Die Implikationen des fehlenden IV. Bandes von Mommsens Römischer Geschichte auf sein Gesamtwerk — und umgekehrt — werden in der Diskussion selten berücksichtigt.

[36] Ein Werk solcher Dimensionen mit seiner reichen Fülle von philologischen und antiquarischen Belegen mußte freilich unübersichtlich werden; Mommsen selbst hat daher erstmals 1893 für das von Karl Binding herausgegebene Systematische Handbuch der Deutschen Rechtswissenschaft einen Abriß erstellt, in dem er sich bemühte, „schärfer als in der an den Apparat gefesselten ausführlichen Darlegung ... den systematischen Zusammenhang klar zu stellen, im ersten Buch die Bürgerschaft und das Reich, im zweiten die Magistratur allgemein, im dritten die einzelnen Ämter, im vierten die einzelnen Amtsfunctionen, im fünften die Comitien und den Senat“ zu erörtern. Durch Umstellung und Konzentration, nicht zuletzt durch einen ergänzenden Schlußabschnitt hat Mommsen sein Ziel erreicht, seine Gesamtsicht der römischen Verfassung in besonders prägnanter Weise vor Augen zu führen. Für jeden, der sich mit Mommsens klassischer Position auseinanderzusetzen hat, bildet der 1907 in zweiter Auflage erschienene Abriß den besten Einstieg. (Ein Neudruck wird von der Wissenschaftlichen Buchgesellschaft vorbereitet.)

römischen Rechts erstreckt, wo es als Ganzes und als System nicht durch oberflächliche Korrekturen zu ergänzen oder durch Nachträge zu verbessern war.[37] Seine Bedeutung erstreckte sich vielmehr ebenso auf das prinzipielle Verständnis der römischen Politik und der römischen Geschichte; die Folgen waren auf diesen Gebieten vielleicht noch schwerwiegender. Einmal wurde die Kombination von Geschichte und Jurisprudenz nach dem großen Vorbild in ihrer Ausschließlichkeit überschätzt, die Bedeutung der wirtschaftlichen und der gesellschaftlichen Grundlagen[38] der römischen Politik und Geschichte dagegen nicht angemessen berücksichtigt. Es wurde übersehen, daß „der Jurist (Mommsen) verschiedentlich über den Historiker gesiegt hat“[39]. Es dauerte Jahrzehnte, bis die ganz einseitigen Wertungen speziell des römischen Revolutionszeitalters und der römischen Kaiserzeit, nun allerdings fast gleichzeitig von völlig verschiedenen Richtungen her, in ihrer Problematik erkannt worden sind.

Ganz anderer Art war Mommsens Beitrag auf den Feldern der Grundwissenschaften, speziell der Epigraphik und der Numismatik. Der Gedanke, alle antiken Inschriften lateinischer Sprache in einer neuen Edition zu vereinigen, lag um die Mitte des 19. Jahrhunderts

[37] Von den Gegenpositionen zu Mommsen seien genannt: J. N. Madvig, Die Verfassung und Verwaltung des römischen Staates. 2 Bde. 1881/82. Madvig sah ganz bewußt von jeder Wertung und Synthese ab und begnügte sich mit einer durchaus verläßlichen Darlegung der Fakten. — Die historische Dimension in der Entwicklung des Römischen Staatsrechtes und die leitenden Ideen sind vor allem in der konzentrierten Darstellung von E. Meyer, Römischer Staat und Staatsgedanke. ^{3}1964 stärker berücksichtigt worden. Zum Vergleich der Konzeptionen von Mommsen und Meyer siehe H. Haffter, Römische Politik und römische Politiker. 1967, 70 ff. Die drei zeitlichen Ebenen Königszeit, Republik und Principat hat vornehmlich H. Siber, Römisches Verfassungsrecht in geschichtlicher Entwicklung. 1952 getrennt.

[38] In einer Reaktion auf Mommsen wurden sie besonders gewürdigt bei Fr. de Martino, Storia della costituzione Romana. 5 Bde. 1951—67. Zu den jüngsten Entwicklungen siehe A. Momigliano, The consequences of new Trends in the History of Ancient Law, in: Studies in Historiography. 1966, 239 ff.

[39] E. Meyer, Römischer Staat und Staatsgedanke. ^{2}1961, 445.

in der Luft, an Ansätzen fehlte es nicht. Mommsen verwuchs auf seiner Italienreise immer mehr mit diesem Projekt, da er rasch feststellen mußte, daß alle epigraphischen Voraussetzungen für seine eigenen juristischen, philologischen und historischen Studien fehlten. Er faßte damals den Plan zu einer ebenso umfassenden wie kritischen Inschriftenedition, wie sie später im ›Corpus Inscriptionum Latinarum‹ verwirklicht wurde. Ein kleiner Stab von Gelehrten sollte sämtliche lateinischen Inschriften des alten orbis Romanus sammeln, das Echte von den Fälschungen trennen, nach geographischen oder sachlichen Gesichtspunkten ordnen, die Publikation überwachen und auch alle Neufunde durch Nachträge erfassen. Voraussetzung aber war einmal die strikte Innehaltung des Prinzips der Autopsie, das schon Mommsens großer Vorgänger Borghesi gefordert hatte, zweitens die systematische Ausschöpfung der gesamten älteren Literatur[40].

Die Preußische Akademie der Wissenschaften stand an sich dem Projekt aufgeschlossen gegenüber, doch sie zögerte, es in so anspruchsvoller Form aufzugreifen und Mommsen die Leitung zu übertragen, nicht zuletzt deswegen, weil innerhalb der Akademie selbst andere personelle Interessen verfolgt wurden. Es kam zu einem dramatischen Konflikt zwischen Mommsen und der wissenschaftlichen Institution. Wohl verlor Mommsen die erste Phase der Auseinandersetzung, aber er gab nicht nach. Selbständig und nur mit verhältnismäßig geringen Zuschüssen veröffentlichte er im Jahre 1852 nach seinen Editionsgrundsätzen, die im Bereich der Epigraphik bis heute maßgebend geblieben sind, sein erstes epigraphisches Meisterwerk ›Die Inschriften des Königreichs Neapel‹. Vor dieser Leistung verstummten nun auch Kritik und Reserve der Akademie, Mommsen wurde die Leitung des ›Corpus Inscriptionum Latinarum‹ übertragen, jenes Werkes, in dem fortan der Großteil von Mommsens Lebensarbeit aufgehen sollte. Denn Mommsen hat sich nicht mit einer Oberaufsicht begnügt, sondern

[40] Mommsens Denkschrift aus dem Jahr 1847 „Über Plan und Ausführung eines corpus inscriptionum latinarum von Th. Mommsen, Doctor der Rechte“ ist abgedruckt bei A. Harnack, Geschichte der Kgl. Preuss. Akademie der Wissenschaften. II. 1900, 522—540.

wesentliche Teile des Corpus selbst bearbeitet; er ist oft genug dort in die Bresche gesprungen, wo Mitarbeiter ausfielen oder ein zusätzlicher Einsatz nötig war. Es versteht sich von selbst, daß ihn die Edition der Inschriften jeden Tag mit neuen Problemen konfrontierte; Dutzende epigraphischer und historischer Spezialuntersuchungen sind aus dieser Arbeit hervorgegangen.

Ähnlich starke und folgenreiche Initiativen Mommsens galten jedoch auch der *Numismatik.* Die römischen Münzen haben ihn früh als Quellen für Geschichte, Politik und Wirtschaft interessiert, aus frühen Spezialstudien erwuchs auch hier ein großes, systematisches Werk, die ›Geschichte des römischen Münzwesens‹ (1850), die lange das Fundament für jede wissenschaftliche Beschäftigung mit dieser Materie bildete. Überraschender war Mommsens Vorstoß, im Rahmen der Preußischen Akademie auch ein ›Corpus nummorum‹ in Gang zu setzen, ein Münzwerk, welches in vollständiger Form alle griechischen Prägungen in sich vereinigen sollte. Unter der Leitung von F. Imhoof-Blumer kam es nur langsam voran, die Schwierigkeiten der Realisierung waren hier wesentlich größer als beim Inschriftenwerk, Mommsen selbst hat lediglich noch den Beginn der Edition erlebt.[41]

Auch ein anderer Appell Mommsens auf dem Gebiet der antiken Numismatik hat erst spät die adäquate Resonanz gefunden. Bei seiner Untersuchung über die Örtlichkeit der Varusschlacht hatte Mommsen auch die Münzfunde als historisches Indiz ausgewertet. Das spezielle Problem ließ ihn die Bedeutung einer neuen Quellenkategorie erkennen und die systematische Erschließung auch hier fordern. Er stellte seiner Abhandlung deshalb folgenden Aufruf voran: „Auch diejenigen Gelehrten, welche dem Ergebnisse dieser Untersuchung ablehnend gegenüberstehen, werden alle darin mit mir übereinstimmen, daß die umfassende Verzeichnung und Ordnung der außerhalb der römischen Grenzen auf deutschem Gebiet gemachten Funde römischer Münzen ein wissenschaftliches

[41] Zur Anlage und weiteren Geschichte des sog. Berliner Münzcorpus siehe K. Christ, Antike Numismatik. 1967, 21 und W. Schönert, Zur Wiederaufnahme der Arbeiten am Corpus nummorum, Klio 39, 1961, 321 ff.

Bedürfnis ist, dessen Erledigung nicht bloß auf die Kriegsereignisse, sondern auch auf die Handelsverhältnisse jener fernen Zeit Licht werfen wird, und daß dazu auch die orthodoxen Varusgläubigen sich mit den Häretikern vereinigen könnten und sollten."[42] Auch hier zeigte es sich, daß umfangreiche Vorarbeiten notwendig waren, bis Mommsens Initiative in befriedigender Weise entsprochen wurde.[43] Sehen wir nun von anderen Anregungen ab, so ist doch Mommsens Bedeutung für die Entfaltung der römisch-germanischen Forschung nicht zu unterschätzen. Er ist einer der Männer gewesen, die sich schon früh tatkräftig für die Koordination der deutschen Limesforschung verwandten,[44] mit auf ihn geht der Zusammentritt der Limeskonferenz im Jahre 1890 zurück und die organisatorische Grundlegung des Limes-Werks. Seine Büste hat deshalb zu Recht auch auf der Saalburg ihren Platz gefunden.

Über all diesen Projekten war Mommsen geradezu zu einem Exponenten der „Großwissenschaft" in den Bereichen der Altertums- und der Geschichtswissenschaft geworden. Deren Notwendigkeit hat er schon früh eingesehen und bejaht: „Auch die Wissenschaft hat ihr soziales Problem; wie der Großstaat und die Großindustrie, so ist die Großwissenschaft, die nicht von Einem geleistet, aber von Einem geleitet wird, ein notwendiges Element unserer Kulturentwicklung, und deren rechte Träger sind die Akademien oder sollten es sein."[45] Mommsen sah das „Privilegium", das für den einzelnen Forscher mit den großen Gemeinschaftsaufgaben der Akademien verknüpft war, „das Privilegium, mehr als andere mit seiner Arbeit über seine Spanne Zeit hinaus zu wirken"[46]. Aber er sah auch die Folgen, die mit der unausbleiblichen Speziali-

[42] Th. Mommsen, Historische Schriften. I. 1906, 202.

[43] In Deutschland steht die nach dem 2. Weltkrieg von H. Gebhart und K. Kraft betreute Reihe „Die Fundmünzen der römischen Zeit in Deutschland" am Ende dieser Tradition. Vergleiche zu den unmittelbaren Auswirkungen von Mommsens Appell K. Christ, Antike Münzfunde Südwestdeutschlands. I. 1960, 17 ff.

[44] Th. Mommsen, Die einheitliche Limesforschung, Archäologischer Anzeiger 6, 1890, 25—36.

[45] Reden und Aufsätze, 209.

[46] Reden und Aufsätze, 156.

sierung auf immer engerem Raum verbunden blieben: „die Besten von uns empfinden es, daß wir Fachmänner geworden sind.“[47]

Ungeachtet der Bejahung der Assoziation der gelehrten Arbeit und der Konzentrierung der individuellen Kräfte, für die er sich schon in seiner Antrittsrede in der Preußischen Akademie der Wissenschaften von 1858 eingesetzt hatte, ungeachtet der Anerkennung der wissenschaftlichen Organisation, die er meisterte – aber auch ziemlich autoritär leiten wollte[48] – hat Mommsen andererseits aber auch die Grenzen von Teamwork und Kooperation erkannt: „Große Erfolge werden in jeder Wissenschaft nur dem Ernst und dem Geist des einzelnen Arbeiters gelingen und lassen sich nicht durch Akademiebeschlüsse erzielen ...“[49] Was er postulierte, war die Anerkennung jeder wissenschaftlichen Arbeit: „Alle Wissenschaft beruht auf dem Ineinandergreifen der verschiedenen arbeitenden Kräfte, und ihre sittliche Bedingung ist die gegenseitige Anerkennung der Arbeitenden.“[50] Seit seinem Eintritt in die Ber-

[47] Rede vom 4.7.1895. Reden und Aufsätze. ^{3}1912, 198.

[48] Die Beweiskraft des von L. Wickert, L'Illustre Maestro, Deutschlands Erneuerung 26, 1942, 538 f. mitgeteilten Briefes des Generals von Sarwey, der mit Mommsen in der Reichs-Limes-Kommission zusammengearbeitet hatte, dürfte nicht so rasch zu erschüttern sein. Es ist durchaus glaubhaft, daß Mommsen die Übertragung des „Parlamentarismus auf ein wissenschaftliches Unternehmen“ bedauert hat.

[49] Reden und Aufsätze, 37.

[50] Damit berühren sich die Äußerungen in dem Brief an Wilamowitz vom 18. 5. 1878 (Mommsen und Wilamowitz. Briefwechsel 1872–1903. 1935, 40 ff.), der zentralen Aussage Mommsens über wissenschaftlichen Stil und Polemik: „Ich sehe, wie Du das wohl bemerkt haben wirst, Deinem litterarischen Auftreten schon lange mit Bedenken zu ... Die gelehrte Schriftstellerei ist ein pervertierendes Gewerbe beinahe wie eine Schauspielerwirtschaft.“ Mommsen wirft Wilamowitz vor, daß er seinen Empfindungen einen Ausdruck verleihe, „wie er gegen Mitspieler nicht gestattet ist, wenn das Spiel nicht aufhören soll“ ... „Noch mehr aber scheinst Du mir darin zu fehlen, daß Du dich auf Polemik mit geringen Leuten einläßt ... Ich habe auch kein Fischblut in den Adern, und ich weiß, was es mir gekostet hat, die Niebuhrsche Wahnkritik und Nitzschs Gracchen zu ertragen. Aber ich bin heute noch stolz darauf, daß ich das über mich vermocht und mir über diese Dinge ein absolutes Schweigen

liner Akademie waren Mommsens Interessen und Kräfte zwischen Groß- und Einzelforschung geteilt. Für einen Gelehrten mit so ausgeprägter Individualität wie ihn blieb die unabhängige Einzelforschung stets eine notwendige Ergänzung zu den langfristig festgelegten Erfordernissen des Großbetriebs. In einer Vielzahl von Studien und Editionen hat er sich zu nahezu allen wichtigeren Problemkreisen der römischen Geschichte geäußert, in den ›Römischen Forschungen‹ (I. 1867. II. 1879) etwa implicite auch in zentralen Punkten die Kritik der Auffassungen Niebuhrs vorgelegt. Was ihn dabei leitete, war jene philologische Methode, die er 1869 in seinem Nachruf auf den Freund Otto Jahn definierte als „die rücksichtslos ehrliche, im großen wie im kleinen vor keiner Mühe scheuende, keinem Zweifel ausbiegende, keine Lücke der Überlieferung oder des eigenen Wissens übertünchende, immer sich selbst und anderen Rechenschaft ablegende Wahrheitsforschung ..."[51]

IV

Beruht Mommsens Bedeutung innerhalb der Altertumswissenschaft in erster Linie auf seinem Wirken als Forscher und Initiator, so diejenige in der großen Öffentlichkeit auf der schriftstellerischen Leistung seiner ›Römischen Geschichte‹[52]. Geschichtsschreibung und Geschichtsforschung stehen dabei in einem ganz ungewöhnlichen Wechselverhältnis, denn der Geschichtsschreiber reüssierte mit sei-

auferlegt habe; denn reden und Maß halten hätte ich nicht fertig gebracht. Ich bin andere Wege gegangen, ohne mit Steinen nach denen zu werfen, die ich auf dem falschen sah, und ich glaube, das hat mehr gewirkt ..." — Ähnlich am 2. 12. 78 (a. O., 53): „Ein zugleich geniales und methodisch großes Werk wird tausendmale mehr nützen als alles Erbsenwerfen und Schwärmerabbrennen; das Gute schlägt nicht immer durch, aber das Beste immer."

[51] Reden und Aufsätze, 459.

[52] Zu Mommsens Römischer Geschichte siehe L. Wickert, Theodor Mommsen. III. 1969, 399 ff. A. Wucher, Th. Mommsen. Geschichtsschreibung und Politik. ^{2}1968. A. Heuß, Theodor Mommsen und das 19. Jahrhundert. 1956, 58 ff.

nem Werk schon als noch nicht einmal Vierzigjähriger, das heißt zu einem Zeitpunkt, als seine wichtigsten Forschungen noch gar nicht vorlagen. Überdies war Mommsen ehrlich genug, um später zuzugeben, daß er in jenem Augenblick für seine Aufgabe noch nicht genug gewußt habe. Die Entstehung der ›Römischen Geschichte‹ wurde im übrigen nur durch das Zusammentreffen ungewöhnlicher Umstände möglich. Die Anregung kam von außen, die Zeit der Amtsenthebung und die Zürcher Jahre boten die Möglichkeit einer konzentrierten Beschäftigung mit dem Gegenstand, es zeigte sich, daß es für Mommsen später sehr viel schwieriger wurde, neben der Corpusarbeit Zeit für die Darstellung zu finden. In methodischer Hinsicht ist zunächst festzustellen, daß Mommsens ›Römische Geschichte‹ auf einer selbständigen und intensiven Durcharbeitung der Quellen fußt. Nur im Hinblick darauf trifft seine ironische Bezeichnung der „Geschichtsklitterung“ [53] zu, mit der Masse der modernen Sekundärliteratur hat sich Mommsen hier ebensowenig aufgehalten wie zum Beispiel im ›Römischen Staatsrecht‹. Was die Dimensionen des Werks anbelangt, so beschränkte es sich nicht allein auf die politische Geschichte, sondern bezog weite Teile der Kulturgeschichte mit ein. Enthalten schon die ersten drei Bände glänzende literarhistorische Partien, so wurde vollends im fünften Band, der die Geschichte der römischen Provinzen behandelt, auch das geistige und kulturelle Profil der einzelnen Reichsteile mit sicherer Hand nachgestaltet.

Man hat das in dynamischem Zug geschriebene Werk der aktivistischen[54] oder der voluntaristischen[55] Geschichtsschreibung zugezählt. Schon die ersten Leser erregte es jedoch vor allem durch die ganz bewußt gewählte Modernisierung des Stoffes, eine Methode, welche ebenso die starke Resonanz in weiten Bevölkerungskreisen wie auch die unwirsche Ablehnung durch viele Kollegen erklärt. Seinem Freund Wilhelm Henzen gegenüber hat sich Mommsen so verteidigt: „Über den modernen Ton wäre viel zu sagen. Sie kennen mich genug um zu wissen, daß er nicht gewählt

[53] Vergleiche die Zeugnisse bei Wickert, a. O., 620 f.

[54] Wucher, a. O., 25.

[55] Heuß, a. O., 68.

ist um das Publikum zu cajolieren; direkte Anspielungen, die sich hundertfach darboten, sind durchgängig verschmäht. Aber wollen Sie eins bedenken: es gilt doch vor allem die Alten herabsteigen zu machen von dem phantastischen Kothurn, auf dem sie der Masse des Publikums erscheinen, sie in die reale Welt, wo gehaßt und geliebt, gesägt und gehämmert, phantasiert und geschwindelt wird, den Lesern zu versetzen – und darum mußte der Konsul ein Bürgermeister werden usw. Es mag zuviel geschehen sein; glauben Sie nicht, daß ich eigensinnig gegen den Tadel mich opponiere. Aber meine Intention, denke ich, ist rein und richtig; die möchte ich vertreten." [56] Es ist gewiß richtig, wenn über den Verfasser dieser ›Römischen Geschichte‹ gesagt wurde, daß er „die Andacht zum Altertum" nicht mehr gekannt und sie „durch abstandslose Gegenwart" zerstört habe [57] oder daß er „die römische Geschichte von dem Firnis des Klassizismus befreit und sie dafür mit dem Firnis des Modernismus bedeckt" [58] hätte. Nur war dieser Modernismus Mommsens kein Selbstzweck, sondern in seinen Augen ein geeignetes Mittel, um „die sittlich-politische Tendenz" seiner Arbeit zu unterstreichen und damit jene Tendenz, welche er höher stellte als den rein wissenschaftlichen Wert.[59] Es ist keine Frage, daß dieses Grundsatzproblem der Geschichtsschreibung den Historikern in der Gegenwart wieder unter den Nägeln brennt. Mommsen hat in dieser Beziehung die Ansätze Niebuhrs kritisch aufgenommen. Begnügte sich Niebuhr häufig genug mit dem Aufzeigen von Analogien, so waren „Historische Analogien ..." für Mommsen „ein anmutiges Spiel, welches aber durchaus darauf beruht, daß die Bedingungen der einen oder beider Thatsachen nicht mit völliger Deutlichkeit erkannt werden" [60]. Mommsen ging hier ganz bewußt einen Schritt weiter. Vergegenwärtigung durch Moderni-

[56] Brief vom 26.11.1854. Abgedruckt bei Wickert, a.O., 628 Anm. 53.

[57] Fr. Gundolf, Caesar im 19. Jahrhundert. 1926, 60 (wiederabgedr. in Fr. Gundolf, Caesar. 1968).

[58] L. Wickert, in: Th. Mommsen. 1817–1967. Festakt im Christianeum am 30.11.1967, 16.

[59] Brief an C. Halm, zitiert bei Wucher, a. O., 25.

[60] Ein Citat, Die Nation 2, 1885, 222.

sierung und der Mut zu subjektiver Wertung machten die Geschichte auch zur politischen Pädagogik.

Von den politischen Idealen und der Passion seiner Jugend, von der eigenen politischen Vorstellungswelt ist auch Mommsens Geschichtsschreibung determiniert. Seine Forderung nach deutscher Einheit und nach einer starken Zentralgewalt stehen hinter dem Bild jenes großen italischen Einigungsprozesses, als den er die erste Phase der römischen Geschichte interpretiert: „Es ist die Geschichte Italiens, die hier erzählt werden soll, nicht die Geschichte der Stadt Rom. Wenn auch nach formalem Staatsrecht die Stadtgemeinde von Rom es war, die die Herrschaft erst über Italien, dann über die Welt gewann, so läßt sich doch dies im höheren geschichtlichen Sinne keineswegs behaupten und erscheint das, was man die Bezwingung Italiens durch die Römer zu nennen gewohnt ist, vielmehr als die Einigung zu einem Staate des gesamten Stammes der Italiker, von dem die Römer wohl der gewaltigste, aber doch nur ein Zweig sind.“ [61]

So ist die Geschichte der römischen Republik für Mommsen Prototyp der Geschichte einer nationalen Entwicklung und Einigung, ist sie geschrieben von einem glühenden liberalen Patrioten, für den „die Nationalität und ihre Erfüllung, der Nationalstaat ... das Heiligtum der Gegenwart“ [62] geworden waren. Im Gegensatz zu Niebuhr trennte Mommsen weite Bereiche der römischen Frühzeit kategorisch ab, im Gegensatz zu Niebuhr verklärte er das freie Bauerntum der klassischen Republik und die Formen der freien Gemeinde nicht, sondern rückte die römische Führungsschicht, die Nobilität, ins Zentrum des geschichtlichen Werdens,[63] obwohl er deren Schwächen und Verfall nicht übersah, im Gegenteil die verrottete Junkerherrschaft des Revolutionszeitalters nicht weniger haßte als die Aristokratie seiner Zeit.

Mommsens schriftstellerische Kunst erreichte ihren Höhepunkt in jener Galerie historischer Porträts, die sein ganzes Werk durchzieht. In oft blendenden Formulierungen hat er hier ebenso packende

[61] Römische Geschichte. I^9. 1903, 6.

[62] SHZ. 6. Gehrcke, a. O., 155.

[63] Darauf hat vornehmlich A. Heuß, a. O., 86 hingewiesen.

wie überraschende Urteile ausgesprochen, nirgendwo leidenschaftlicher als im Falle Ciceros und Caesars. Ciceros Wirken wird im dritten Band wiederholt gestreift und keine Gelegenheit versäumt, ihn herabzusetzen. Mommsen bezeichnet ihn als einen „politischen Achselträger, ... eigentlich von keiner Partei oder, was ziemlich dasselbe ist, von der Partei der materiellen Interessen“ [64], als einen „schwachmütigen Konsul“, einen „notorisch zaghaften und zu der Gattung der politischen Wetterfahnen zählenden Mann“ [65], den „haltungslosesten und ängstlichsten aller römischen Staatsmänner“ [66]. Aber diese bissigen und ätzenden Seitenhiebe sind nur der verhaltene Auftakt zu dem ganz in Grau gezeichneten Bild, das bei der Erörterung von Ciceros Tätigkeit als Gerichtsredner und Literat eingefügt ist: „Wir haben dieses vielseitigen Mannes schon mehrfach gedenken müssen. Als Staatsmann ohne Einsicht, Ansicht und Absicht, hat er nacheinander als Demokrat, als Aristokrat und als Werkzeug der Monarchen figuriert und ist nie mehr gewesen als ein kurzsichtiger Egoist. Wo er zu handeln schien, waren die Fragen, auf die es ankam, regelmäßig eben abgetan: so trat er im Prozeß des Verres gegen die Senatsgerichte auf, als sie bereits beseitigt waren; ... so polterte er gegen Catilina, als dessen Abgang bereits feststand, und so weiter. Gegen Scheinangriffe war er gewaltig und Mauern von Pappe hat er viele mit Geprassel eingerannt; eine ernstliche Sache ist nie, weder im guten noch im bösen, durch ihn entschieden worden und vor allem die Hinrichtung der Catilinarier hat er weit mehr geschehen lassen als selber bewirkt ... auf seiner Stilistik ruht seine Bedeutung und allein als Stilist auch zeigt er ein sicheres Selbstgefühl. Als Schriftsteller dagegen steht er vollkommen ebensotief wie als Staatsmann. Er hat in den mannigfaltigsten Aufgaben sich versucht, in unendlichen Hexametern Marius' Groß- und seine eigenen Kleintaten besungen, mit seinen Reden den Demosthenes, mit seinen philosophischen Gesprächen den Platon aus dem Felde geschlagen, und nur die Zeit hat ihm gefehlt, um auch den Thukydides zu über-

[64] Römische Geschichte. III[9], 180.
[65] a. O., 218 f.
[66] a. O., 191.

winden. Er war in der Tat so durchaus Pfuscher, daß es ziemlich einerlei war, welchen Acker er pflügte. Eine Journalistennatur im schlechtesten Sinne des Wortes, an Worten, wie er selber sagt, überreich, an Gedanken über alle Begriffe arm ... daß ein solcher Staatsmann und ein solcher Literat auch als Mensch nichts anders sein konnte als von schwach überfirnißter Oberflächlichkeit und Herzlosigkeit, ist kaum noch nötig zu sagen ... Cicero hatte keine Überzeugung und keine Leidenschaft." [67]

Es mußte auch Mommsen klar werden, daß eine solche vernichtende Beurteilung von Person und Werk die Frage nahelegte, wie sich denn Ciceros Wirkung auf seine Gegenwart und die Nachwelt damit vereinbaren lasse. Mommsen erklärte die Bewunderung der Reden mit der Macht der lateinischen Sprache: „Mit Cicero wird jeder Unbefangene bald im reinen sein; der Ciceronianismus ist ein Problem, das in der Tat nicht eigentlich aufgelöst, sondern nur aufgehoben werden kann in dem größeren Geheimnis der Menschennatur: der Sprache und der Wirkung der Sprache auf das Gemüt. Indem die edle lateinische Sprache, eben bevor sie als Volksidiom unterging, von jenem gewandten Stilisten noch einmal gleichsam zusammengefaßt und in seinen weitläufigen Schriften niedergelegt ward, ging auf das unwürdige Gefäß etwas über von der Gewalt, die die Sprache ausübt, und von der Pietät, die sie erweckt ... Gewohnheit und Schulmeisterei vollendeten dann was die Macht der Sprache begonnen hatte." [68] Es ist verständlich, daß sich die zeitgenössischen Humanisten gerade durch diese Partien besonders provoziert sahen. Sie zogen denn auch eine ganze Reihe von Ehrenerklärungen für Cicero nach sich.[69]

Dem Haß auf Cicero entsprach die Liebe zu *Caesar*, der Disqualifikation des Zauderers die Apotheose des Handelnden. Die große Caesarcharakteristik jenes Kapitels, das mit ›Die alte Republik und die neue Monarchie‹ überschrieben ist, setzt mit der Feststellung ein, daß mit Caesars Sieg bei Thapsus „die Entscheidung über die Zukunft der Welt in seine Hände" gelegt worden

[67] a. O., 619 f.

[68] a. O., 621.

[69] Vgl. Wucher. a. O., 95.

war: „Weniger Menschen Spannkraft ist also auf die Probe gestellt worden wie die dieses einzigen schöpferischen Genies, das Rom und des letzten, das die alte Welt hervorgebracht und in dessen Bahnen sie denn auch bis zu ihrem eigenen Untergange sich bewegt hat." Im Rückblick auf Caesars Jugend und Caesars Anfänge wird nichts beschönigt und nichts verschwiegen. „Auch er hatte von dem Becher des Modelebens den Schaum wie die Hefen gekostet, hatte recitiert und deklamiert, auf dem Faulbett Literatur getrieben und Verse gemacht, Liebeshändel jeder Gattung abgespielt und sich einweihen lassen in alle Rasier-, Frisier- und Manschettenmysterien der damaligen Toilettenweisheit, sowie in die noch weit geheimnisvollere Kunst immer zu borgen und nie zu bezahlen. Aber der biegsame Stahl dieser Natur widerstand selbst diesem zerfahrenen und windigen Treiben ..." Vor der Folie solchen Beginns entfalten sich Begabung und Charakter nur um so imponierender. Daß er, „obgleich Gentleman, Genie und Monarch ... dennoch ein Herz"[70] hatte, daß ihm „alle Ideologie und alles Phantastische" fern lagen, daß er „Realist und Verstandesmensch" blieb, hebt Mommsen in seinem breiten Panegyricus besonders hervor. In den Mittelpunkt seiner Betrachtung aber stellt er wiederum den Staatsmann: „Von früher Jugend an war denn auch Caesar ein Staatsmann im tiefsten Sinne des Wortes und sein Ziel das höchste, das dem Menschen gestattet ist, sich zu stecken: die politische, militärische, geistige und sittliche Wiedergeburt der tiefgesunkenen eigenen und der noch tiefer gesunkenen mit der seinen innig verschwisterten hellenischen Nation."... „Er hat nichts Einzelnes geschaffen." Kaskaden von rühmenden Sätzen zu den einzelnen Aspekten von Caesars Leistung werden schließlich so zusammengefaßt: „er war zwar ein großer Redner, Schriftsteller und Feldherr, aber jedes davon ist er nur geworden, weil er ein vollendeter Staatsmann war."[71]

In dieser Beziehung wird Caesar nahe an Cromwell[72] herangerückt. Besonders scharf wendet sich Mommsen gegen jede Isolie-

[70] Römische Geschichte. III^9, 461 f.

[71] a. O., 464.

[72] a. O., 465.

rung des Militärs. Für ihn ist Caesar im Gegenteil „der zum Feldherrn metamorphosierte Demagog“ gewesen. Wiederholt hämmert Mommsen Eigenart und Rang von Caesars Monarchie ein: „Er war Monarch; aber nie hat er den König gespielt“; – „Caesar war Monarch; aber nie hat ihn der Tyrannenschwindel erfaßt.“ [73] „... er blieb Demokrat auch als Monarch.“ ... „Denn diese Monarchie war nicht die orientalische Despotie von Gottes Gnaden, sondern die Monarchie, wie Gaius Gracchus sie gründen wollte, wie Perikles und Cromwell sie gründeten: die Vertretung der Nation durch ihren höchsten und unumschränkten Vertrauensmann.“ [74] In einem kontrastierenden Verfahren, das Caesars Politik absetzt von den Rauschtaten Alexanders d. Gr., wird auf den Gesichtspunkt nüchterner Mäßigung zurückgegriffen: „Er ist endlich vielleicht der einzige unter jenen Gewaltigen, der den staatsmännischen Takt für das Mögliche und Unmögliche bis an das Ende seiner Laufbahn sich bewahrt hat und nicht gescheitert ist an derjenigen Aufgabe, die für großartig angelegte Naturen von allen die schwerste ist, an der Aufgabe auf der Zinne des Erfolgs dessen natürliche Schranken zu erkennen.“ [75]

In der großen Charakteristik wie in späteren Partien der Darstellung stemmt sich Mommsen mit Leidenschaft dagegen, Caesar und sein Werk von den gegebenen Umständen zu isolieren: „Es gehört dies mit zu Caesars voller Menschlichkeit, daß er im höchsten Grade durch Zeit und Ort bedingt ward; denn eine Menschlichkeit an sich gibt es nicht, sondern der lebendige Mensch kann eben nicht anders als in einer gegebenen Volkseigentümlichkeit und in einem bestimmten Kulturzug stehen.“ [76] So verwahrt sich Mommsen auch gegen den dazu konträren Versuch, „das Urteil über Caesar in ein Urteil über den sogenannten Caesarismus umzudeuten“. Er lehnt die Tendenzen ab, monarchische Formen der Gegenwart durch eine Berufung auf die Geschichte im allgemeinen und die Monarchie Caesars im besonderen zu legitimieren: „In

[73] a. O., 466.
[74] a. O., 476.
[75] a. O., 467.
[76] a. O., 468.

diesem Sinne ist die Geschichte Caesars und des römischen Caesarentums, bei aller unübertroffenen Großheit des Werkmeisters, bei aller geschichtlichen Notwendigkeit des Werkes, wahrlich eine schärfere Kritik der modernen Autokratie als eines Menschen Hand sie zu schreiben vermag.“[77]

Wenn ein spezieller Aspekt von Caesars Leistung daneben besonders akzentuiert wurde, so ist es die emphatisch gefeierte „Unterwerfung des Westens“: „Daß von Hellas und Italiens vergangener Herrlichkeit zu dem stolzeren Bau der neueren Weltgeschichte eine Brücke hinüberführt, daß Westeuropa romanisch, das germanische Europa klassisch ist, daß die Namen Themistokles und Scipio für uns einen anderen Klang haben als Asoka und Salmanassar, daß Homer und Sophokles nicht wie die Veden und Kalidasa nur den literarischen Botaniker anziehen, sondern in dem eigenen Garten uns blühen, das ist Caesars Werk; und wenn die Schöpfung seines großen Vorgängers im Osten von den Sturmfluten des Mittelalters fast ganz zertrümmert worden ist, so hat Caesars Bau die Jahrtausende überdauert, die dem Menschengeschlecht Religion und Staat verwandelt, den Schwerpunkt der Civilisation selbst ihm verschoben haben, und für das, was wir Ewigkeit nennen, steht er aufrecht.“[78]

Mit diesen und ähnlichen Sätzen hatte Mommsen ein Caesarbild errichtet, das nur als Ganzes überwältigen oder abstoßen konnte, ein Bild, welches eine ähnlich lebhafte Diskussion hervorrief wie seine einseitige Darstellung Ciceros.[79] Von diesem so hochgetürmten Pfeiler der ›Römischen Geschichte‹ ließ sich kein Bogen zu den Regenten der Kaiserzeit hinüberschlagen. Es ist so nicht ohne innere Logik, daß Mommsen später davon absah, die eigentliche Kaisergeschichte zu schreiben, obwohl es ihm an Vorarbeiten der verschiedensten Art dazu nicht fehlte. Immerhin lassen einige

[77] a.O., 477.

[78] a.O., 301.

[79] Vgl. dazu Wucher, a. O., 99ff. — Aufschlußreich ist die moderne Kontroverse zwischen H. Strasburger, Caesar im Urteil seiner Zeitgenossen. ²1968 und M. Gelzer, War Caesar ein Staatsmann?, HZ 178, 1954, 449—470.

beiläufige Andeutungen und nicht zuletzt Victor Ehrenbergs Analyse der Nachschriften von Mommsens Kaiserzeitvorlesungen[80] erkennen, wie er vorgehen wollte und wie er die Akzente setzte. Nach Wilamowitz' Aussage sollte „mit der Hof- und Senatsgeschichte in der Weise des Tacitus aufgeräumt werden... Er (Mommsen) würde nur noch Dynastien unterscheiden, danach den Stoff abgrenzen. Hervortrat die schwere Ungerechtigkeit gegen Augustus, die er nie überwunden hat."[81] Die Vorlesungen rückten die Germanenkriege des Augustus, die Mommsen auch in anderen Zusammenhängen behandelt hat, stark hervor; sie vermitteln einen schwachen Abglanz der sehr subjektiven Bewertungen der augusteischen Literatur. Von den Kaisern haben Tiberius, Vespasian, Hadrian und Aurelian Mommsen stärker beschäftigt, aber es läßt sich nicht leugnen, „daß für Mommsen seit seinen mittleren Jahren die Institutionen wichtiger geworden waren als die Menschen, das Juristisch-Systematische wichtiger als das Historisch-Transitorische"[82].

Wäre der vierte Band der ›Römischen Geschichte‹ vollendet worden, so würden aller Wahrscheinlichkeit nach die Partien über den staatsrechtlichen Aufbau des Reiches und seine Verwaltungsgeschichte, die Abschnitte über die lateinische Literatur und die Vielsprachigkeit des Reiches zu den originellsten Teilen gezählt haben. Ebenso deutlich aber lassen die heute übersehbaren Äußerungen erkennen, daß Mommsen weder die griechisch-hellenistischen Kräfte und Erscheinungen des Ostens, noch die Vermischung der Religionen und schon gar nicht das Christentum als historischen Faktor im Römischen Reich zu würdigen verstand. In den Kaiserzeitvorlesungen werden die Christen fast ebenso konsequent aus der römischen Geschichte eliminiert[83] wie Brutus aus der Geschichte Caesars.

Was Mommsen hier schuldig blieb, das glich er mit seinem fünften

[80] V. Ehrenberg, Th. Mommsens Kolleg über Römische Kaisergeschichte, Heidelberger Jahrbücher 4, 1960, 94—107.

[81] Wilamowitz, Erinnerungen, 160, zitiert nach Ehrenberg, 95.

[82] Ehrenberg, a. O., 95.

[83] Ehrenberg, 106.

Band wieder aus, einer Geschichte der römischen Provinzen bis auf Diokletian, einer glänzenden Reihe von historischen, kultur- und wirtschaftsgeschichtlichen Skizzen der einzelnen Reichsteile, wie es sie in ähnlicher Art bisher noch nicht gegeben hatte und wie sie als Ganzes erst von M. Rostovtzeff übertroffen werden sollte. Die Einleitung des Bandes geht aus von Mommsens prinzipieller Bewertung der Leistung des Imperium Romanum in der Kaiserzeit. Sie gehört mit zum Wichtigsten und Schönsten, was er geschrieben hat: „... Das Greisenalter vermag nicht neue Gedanken und schöpferische Tätigkeit zu entwickeln, und das hat auch das römische Kaiserregiment nicht gethan; aber es hat in seinem Kreise, den die, welche ihm angehörten, nicht mit Unrecht als die Welt empfanden, den Frieden und das Gedeihen der vielen vereinigten Nationen länger und vollständiger gehegt als es irgend einer anderen Vormacht je gelungen ist. In den Ackerstädten Africas, in den Winzerheimstätten an der Mosel, in den blühenden Ortschaften der lykischen Gebirge und des syrischen Wüstenrandes ist die Arbeit der Kaiserzeit zu suchen und auch zu finden. Noch heute giebt es manche Landschaft des Orients wie des Occidents, für welche die Kaiserzeit den an sich sehr bescheidenen, aber doch vorher wie nachher nie erreichten Höhepunkt des guten Regiments bezeichnet; und wenn einmal ein Engel des Herrn die Bilanz aufmachen sollte, ob das von Severus Antoninus beherrschte Gebiet damals oder heute mit größerem Verstande und mit größerer Humanität regiert worden ist, ob Gesittung und Völkerglück im Allgemeinen seitdem vorwärts oder zurückgegangen sind, so ist es sehr zweifelhaft, ob der Spruch zugunsten der Gegenwart ausfallen würde. Aber wenn wir finden, daß dieses also war, so fragen wir die Bücher, die uns geblieben sind, meistens umsonst, wie dieses also geworden ist.“[84]

Gerade auf diese Frage sollte Mommsens fünfter Band eine Antwort geben: „es schien des Versuches werth einmal abzusehen sowohl von den Regentenschilderungen mit ihren bald grellen, bald blassen und nur zu oft gefälschten Farben wie auch von dem scheinhaft chronologischen Aneinanderreihen nicht zusammen-

[84] Römische Geschichte. V. 1885, 4 f.

passender Fragmente, und dafür zu sammeln und zu ordnen, was für die Darstellung des römischen Provinzialregiments die Überlieferung und die Denkmäler bieten, der Mühe werth durch diese oder durch jene zufällig erhaltene Nachrichten, in dem Gewordenen aufbewahrte Spuren des Werdens, allgemeine Institutionen in ihrer Beziehung auf die einzelnen Landestheile, mit den für jeden derselben durch die Natur des Bodens und der Bewohner gegebenen Bedingungen durch die Phantasie, welche wie aller Poesie so auch aller Historie Mutter ist, nicht zu einem Ganzen, aber zu dem Surrogat eines solchen zusammenzufassen."[85]

Der fünfte Band der ›Römischen Geschichte‹ konnte trotz vieler plastischer Schilderungen, seien es der Germanenkriege, seien es der Entwicklung der einzelnen Reichsteile, seien es literarhistorischer oder kultureller Erscheinungen und trotz der auch hier auf Schritt und Tritt zu fassenden Problematisierung des Stoffes schon a limine nicht die Faszination ausstrahlen wie die ersten drei Bände, die Geschichte der Römischen Republik. Aber insgesamt gesehen war dieser Band in seiner Fragestellung und in seiner Methode moderner, er hat die weiteren Forschungen und Darstellungen der römischen Kaiserzeit gewiß stärker beeindruckt als es eine ausgeführte Kaisergeschichte getan hätte.

Obwohl Mommsens Verhältnis zu Hegel ziemlich problematisch ist,[86] läßt sich nicht leugnen, daß auch er den Geschichtsprozeß als ein Wechselspiel von Bewegungen gesehen und in der Dialektik zwischen Konstanten und Variablen begriffen hat. Daraus ergaben sich für ihn auch Funktion und Stellenwert der Geschichte allgemein: „Freilich soll die Geschichte der vergangenen Jahrhunderte die Lehrmeisterin des laufenden sein; aber nicht in dem gemeinen Sinn, als könne man die Konjunkturen der Gegenwart in den Berichten über die Vergangenheit nur einfach wiederaufblättern und aus denselben der politischen Diagnose und Rezeptierkunst die Symptome und Specifica zusammenlesen: sondern sie ist lehrhaft einzig insofern, als die Beobachtung der älteren Kulturen die organischen Bedingungen der Civilisation überhaupt, die überall

[85] a. O., 5.
[86] Vgl. Heuß, a. O., 75 ff.

gleichen Grundkräfte und die überall verschiedene Zusammensetzung derselben offenbart und statt zum gedankenlosen Nachahmen vielmehr zum selbständigen Nachschöpfen anleitet und begeistert."[87]

Hier berührt sich Mommsen mit der Position Jacob Burckhardts, von dem ihn sonst so vieles trennt, und so sehr sich seine Behandlung der römischen Geschichte von Rankes Weltgeschichte unterscheidet, auch bei ihm begegnet der Begriff der Notwendigkeit[88] – nicht zuletzt im Hinblick auf Caesar. Als Antagonismus zwischen Freiheit und Notwendigkeit hat auch Mommsen den Ablauf des geschichtlichen Prozesses verstanden.

Für abstrakte philosophische Betrachtungen hatte Mommsen kein Organ. So hat er sich nur selten zur Methode und zum Beruf des Historikers geäußert, aber diese wenigen Äußerungen, vor allem die Rektoratsrede von 1874, sind bezeichnend genug. Zunächst trug Mommsen eine sehr nüchterne Definition der Geschichte vor. Sie war für ihn „nichts anderes als die deutliche Erkenntnis tatsächlicher Vorgänge, also zusammengesetzt teils aus der Ermittelung und der Sichtung der darüber vorliegenden Zeugnisse, teils aus der Zusammenknüpfung derselben nach der Kenntnis der einwirkenden Persönlichkeiten und der bestehenden Verhältnisse zu einer, Ursache und Wirkung darlegenden, Erzählung. Jenes nennen wir historische Quellenforschung, dieses pragmatische Geschichtsschreibung."[89] Doch Mommsen relativierte sogleich den Rang solchen Tuns: „jeder denkende Mensch" war nach ihm „ein solcher Quellenforscher und Pragmatiker". Die Möglichkeit einer eigentlichen Theorie der Geschichtsforschung lehnte Mommsen schlechthin ab, einzigartige und inkommensurable Faktoren konstituierten nach ihm die Historiographie: „Der Schlag aber, der tausend Verbindungen schlägt, der Blick in die Individualität der Menschen und der Völker spotten in ihrer hohen Genialität allen Lehrens und Lernens. Der Geschichts-

[87] Römische Geschichte. III^9, 477.

[88] Siehe hierzu Wucher, a. O., 90 Anm. 13. – Zum Begriff der Notwendigkeit bei Ranke: G. Freitag, L. v. Ranke und die Römische Geschichte, Diss. Marburg 1966, 101 f.

[89] Reden und Aufsätze, 10.

schreiber gehört vielleicht mehr zu den Künstlern als zu den Gelehrten."[90]

Noch nie zuvor waren die Tätigkeiten eines Systematikers und eines Historikers, eines Juristen und eines Epigraphikers, eines Philologen und eines Politikers in einer Person so eng zusammengeführt worden wie bei Theodor Mommsen. Das Wort, das er auf Caesar anwandte, gilt auch für ihn selbst: „Menschlich wie geschichtlich steht ... (er) in dem Gleichungspunkt, in welchem die großen Gegensätze des Daseins sich ineinander aufheben."[91] Aber nicht zuletzt durch die Intensität seiner Arbeiten und durch den hohen künstlerischen Rang seiner Geschichtsschreibung hat er mit am stärksten dazu beigetragen, daß die Spezialisierung und damit die Verengung triumphierte, daß in den Generationen nach ihm Quellenforschung, Darstellung und Reflexion weit auseinandertraten. Es sind nicht so sehr die Grenzen von Mommsens Kapazität, die der Gegenwart ins Bewußtsein treten, als die Folgen seiner überragenden Stellung in Alter Geschichte und Altertumswissenschaft.

[90] a. O., 11.

[91] Römische Geschichte. III^{9}, 467.

7

JACOB BURCKHARDT
(1818–1897)

Eine kurze Erörterung des Lebensganges von Jacob Burckhardt geht am zweckmäßigsten von jenen „Personalien" aus, welche Burckhardt selbst im Alter von ungefähr siebzig Jahren verfaßt hat in einer Aufzeichnung, die dann nach Basler Herkommen beim Beerdigungsgottesdienst für den am 8. August 1897 Verstorbenen verlesen worden ist:

„Der Schreiber dieser Zeilen, Jacob Christoph Burckhardt, wurde in Basel am 25. Mai 1818 geboren. Das erste Leid im Leben brachte ihm der Tod der lieben Mutter am 17. März 1830, in welchem Jahr das Haus auch durch Krankheit heimgesucht war. So machte sich bei ihm schon frühe der Eindruck von der großen Hinfälligkeit und Unsicherheit alles Irdischen geltend, und dies bei einer sonst zur Heiterkeit angelegten Gemütsart, wahrscheinlich einem Erbe seiner seligen Mutter.

Auch wurde ihm schon frühe inne, daß es ihm bei manchen Anlässen nicht schlimmer und oft besser ging als anderen, welche in ähnlicher Lage waren.

Den Schulen von Basel ist er schon Dank schuldig dafür, daß er sich nicht überarbeiten mußte und keinen Haß gegen das Lernen faßte, sodann ganz besonders für diejenige Grundlage in den alten Sprachen, welche ihm in allen Zeiten seines Lebens die Vertrautheit mit dem Altertum möglich gemacht hat. Ein besonderes Andenken widmet er mit zahlreichen andern Schülern vieler Generationen der Methode und der Persönlichkeit des verehrten Herrn Rektor Dr. Rudolf Burckhardt.

Nach Absolvierung des Pädagogiums folgte 1836/37 ein dreivierteljähriger Aufenthalt in Neuenburg, wo ihm der Eingang in die französische Gedankenwelt eröffnet und eine zweite geistige Heimat bereitet wurde.

Auf den Wunsch des seligen Vaters begann er hierauf an der

hiesigen Universität das Studium der Theologie und widmete demselben die vier Semester vom Frühling 1837 bis 1839, worauf ihm der Übergang zur Geschichtswissenschaft vom seligen Vater ohne Widerstand gestattet wurde. Er hat später seine Beschäftigung mit der Theologie, unter Lehrern wie De Wette und Hagenbach, niemals bereut oder für verlorene Zeit erachtet, sondern für eine der wünschenswertesten Vorbereitungen gehalten, welche dem Geschichtsforscher zuteil werden können. Nachdem das letzte Semester in Basel bereits dem neuen Studium angehört hatte, bezog er im Herbst 1839 die Universität Berlin, welcher er bis zum Frühling 1843 angehörte, mit Ausnahme des in Bonn zugebrachten Sommersemesters 1841.

Nicht sehr systematisch, sondern im wechselnden Angriff von verschiedenen Seiten her suchte er sich seiner nunmehrigen Fachwissenschaft zu bemächtigen. Er hatte das Glück, für Rankes Seminar zwei umfangreichere Arbeiten zu liefern und die Zufriedenheit des großen Lehrers als Lohn zu empfangen.

Außer der Geschichte aber hatte ihn auch die Betrachtung der Kunst von jeher mächtig angezogen, und neben den reichen geistigen Anregungen jeder Art, welche Berlin ihm gewährte, waren die dortigen Museen von Anfang an für ihn eine Quelle des Lernens und des ersehnten Genusses. Es wurde ihm die Lehre und der nahe Umgang Franz Kuglers zuteil, welchem er im wesentlichen seine geistige Richtung zu verdanken haben sollte. Eine edle Persönlichkeit eröffnete ihm Horizonte weit über die Kunstgeschichte hinaus.

Nach einem längeren Aufenthalt in Paris (1843) habilitierte er sich 1844 an unserer Universität als Dozent der Geschichte und erhielt 1845 den Titel eines außerordentlichen Professors. Vom Frühling 1846 an folgte wieder eine zweijährige Abwesenheit zum Zwecke von Studien und literarischen Arbeiten in Berlin und Italien. Der Geschichte und den Denkmälern dieses Landes hat er auch weiterhin nach bestem Vermögen seine Kräfte geweiht und dies nie zu bereuen gehabt. Im Frühling 1848 trat er sein hiesiges Amt wieder an, jetzt zugleich als Lehrer der Geschichte an der realistischen Abteilung des Pädagogiums, und glaubte nun zum erstenmal in gesicherter Lage seiner Wissenschaft leben zu können. Allein bei der Umwandlung dieser Anstalt zur Gewerbeschule 1853 büßte er diese Stelle ein und sah sich nun wesentlich auf literarische Tätigkeit angewiesen, anfangs wieder in Italien, dann hier, wo er seine Vorlesungen wieder aufnahm. Eine entscheidende Wendung trat für ihn ein durch die Berufung als Professor der Kunstgeschichte am Eidgenössischen Polytechnikum, welches Amt er im Herbst 1855 antrat.

Der Aufenthalt in Zürich, an einer neu beginnenden Anstalt, gewährte ihm Anregungen und Erfahrungen aller Art; auch war ihm jetzt ruhige Arbeit nach bestimmten Zielen gegönnt. Im Frühling 1858 folgte er dem Rufe an die hiesige Universität, welcher er seither als ordentlicher Professor der Geschichte angehörte. Der selige Vater hat noch die vollständige Rehabilitation des Sohnes erleben dürfen.

Die Jahrzehnte, welche er in diesem Amte verlebte, sind die glücklichsten seines Lebens geworden. Eine feste Gesundheit erlaubte ihm, sich ungestört seinen Aufgaben zu widmen, ohne eine einzige Stunde aussetzen zu müssen bis zu einem Unfall im Mai 1891. Auch in andern Beziehungen verfloß sein Dasein jetzt fast ungetrübt. Nachdem in den ersten Jahren die Ausarbeitung unternommener Schriftwerke beendigt war, lebte er ausschließlich seinem Lehramt, in welchem die beharrliche Mühe durch ein wahres Gefühl des Glückes aufgewogen wurde. Die Aufgabe seines akademischen Lehrstuhls glaubte er, den Bedürfnissen einer kleinern Universität gemäß, weniger in der Mitteilung spezieller Gelehrsamkeit erkennen zu sollen, als in der allgemeinen Anregung zu geschichtlicher Betrachtung der Welt. Eine zweite Tätigkeit, den Unterricht am Pädagogium (zuerst an den zwei obern, dann nur noch an der obersten Klasse), welcher ihm ebenfalls zu einer beständigen Freude gereichte, gab er – ungerne – teilweise und endlich völlig auf, um dafür an der Universität neben der Geschichte noch ein möglichst vollständiges Pensum der Kunstgeschichte zu übernehmen, so daß in den Jahren 1882–1886 die akademische Verpflichtung wöchentlich zehn Stunden betrug. Endlich ist Schreiber dieses auch häufig vor dem Publikum unserer Stadt aufgetreten, anfangs mit eigenen Zyklen von Vorträgen, später in der Reihe der allgemeinen Unternehmungen dieser Art, welche teils in der Aula, teils im Bernoullianum stattfinden.

Möge die wohlwollende Erinnerung der ehemaligen Studierenden der Universität Basel, die seine Zuhörer waren, der Schüler des Pädagogiums und der Zuhörerschaft der Wintervorträge ihm über das Grab hinaus gesichert bleiben; er hat dies Amt in seinem ganzen Umfang stets hochgehalten und daneben auf literarische Erfolge von Herzen gerne verzichtet. Ein bescheidener Wohlstand hat ihn in der spätern Zeit davor bewahrt, um der Honorare willen schreiben zu müssen und in der Knechtschaft buchhändlerischer Geschäfte zu leben.

Mahnungen der herannahenden Altersbeschwerden bewogen ihn zu Ende 1885, bei der hohen Behörde um Entlassung von seinem Amt als Lehrer der Geschichte einzukommen; auf seinen Wunsch blieb ihm noch seit Herbst 1886 der Lehrstuhl der Kunstgeschichte. Asthmatische Beschwerden nötigten ihn endlich, im April 1893 um gänzlichen Abschied einzukommen.“ [1]

Nehmen wir die wichtigsten Eindrücke der Vita auf, so gilt der erste persönliche Akzent, den Burckhardt setzt, dem Leid, der Erfahrung der „großen Hinfälligkeit und Unsicherheit alles Irdischen“. Dies ist gleichsam das Motto, unter das der Greis sein Leben stellt, ein Motto, das nicht nur für das persönliche Schicksal gilt, sondern für die Bewertung des menschlichen Lebens überhaupt. Aus seinem Bildungsgang [2] hebt Burckhardt die Grundlage der alten Sprachen hervor und die Berührung mit der französischen Geisteswelt; das Studium kreist um die drei großen Pole der Theologie, Geschichte und Kunstwissenschaft. Hier sind mit Bedacht die Namen der Lehrer gesetzt, De Wette, dessen Kritik am Alten und Neuen Testament Burckhardt von der Theologie als Beruf abhielt und ihn in eine tief durchlittene Glaubenskrise führte, Hagenbach, dessen kirchenhistorische Vorlesungen Burckhardt stark beeindruckten und ihm den Weg zur geschichtlichen Erfassung der Kirche wiesen, Ranke, zu dem Burckhardt ein so eigentümliches Haß-Liebe-Verhältnis gewann, und endlich Franz Kugler, der große

[1] Werke I, 1930, VII–IX.

[2] Vgl. zum Folgenden die eingehende Erörterung von W. Kaegi, Jacob Burckhardt. I. 1947.

Systematiker der deutschen Kunstwissenschaft im 19. Jahrhundert, dem Burckhardt immer die Treue hielt.

In der Liste der Lehrer vermißt man vielleicht die Namen von Boeckh, Droysen und Grimm, vermißt man den Namen des alten Bonner Freundes und Dozenten Kinkel, aber Burckhardt hat sie alle bewußt gleichsam in das zweite Glied gestellt. Kein Wort erinnert endlich an Burckhardts politische Erfahrungen aus der Mitte der vierziger Jahre, an die journalistische Tätigkeit in der Basler Zeitung (1844/45), als Burckhardt in kritischen Augenblicken auf seiten des Basler Ratsherren und Politikers Andreas Heusler die Sache der Konservativen verfochten hatte. Aber weder dieser Schock, der schließlich Burckhardts Entschluß zur „Apolitie" begründete, noch jener von 1870, der ihm die Gefährdung der europäischen Zivilisation vor Augen führte, das heißt jene Erlebnisse der inneren Biographie, die von der neueren Burckhardtforschung so stark herausgestellt werden,[3] gehörten in seinen nüchternen Bericht über den Lebensgang.

Gemäß der ungewöhnlich sorgsamen Disposition ist es dann aber auch kein Zufall, wenn im Zentrum der Vita der Name Italien fällt und der Satz steht: „Der Geschichte und den Denkmälern dieses Landes hat er auch weiterhin nach bestem Vermögen seine Kräfte geweiht und dies nie zu bereuen gehabt." Darunter sind die großen, der Kunst, Kultur und Geschichte Italiens gewidmeten Werke subsumiert, der ›Cicerone‹ von 1855, der 1893 schon seine sechste Auflage erlebt hatte, die 1860 erschienene ›Kultur der Renaissance in Italien‹ und das 1867 publizierte Buch über die ›Baukunst der Renaissance in Italien‹. Keiner dieser Titel wird darin erwähnt, auch nicht der des schon 1853 veröffentlichten großen Jugendwerks ›Die Zeit Constantins des Großen‹, das 1880 seine zweite Auflage erfuhr.

Aber Burckhardt dachte über „literarische Erfolge" sehr pessimistisch: „Es gibt nichts Hinfälligeres als das Leben historischer

[3] J. Wenzel, J. Burckhardt in der Krise seiner Zeit. Berlin 1967. — Umgekehrt hat Th. Schieder Burckhardts Erhellung der historischen Krisen gewürdigt in der Studie ›Die historischen Krisen im Geschichtsdenken Jacob Burckhardts‹, in: Begegnungen mit der Geschichte. Göttingen 1962, 129—162.

und kunsthistorischer Bücher, und es ist nichts als eine sehr starke und traurige Wahrscheinlichkeit, daß z. B. in 50 Jahren selbst z. B. Ranke nicht mehr wird gelesen werden."[4] Statt dessen unterstrich er die Bedeutung seiner Lehrtätigkeit. Das Wirken an der Universität seiner Vaterstadt und am Pädagogium wie seine öffentliche Vortragstätigkeit, alles als Pflicht des „Amts" verstanden,[5] haben ihn ganz ausgefüllt. Diese Tätigkeit umschließt auch das dann siebenmal gehaltene Kolleg über die Griechische Kulturgeschichte, mit seiner ungewöhnlichen Resonanz, das Kolleg, in dem Burckhardt vielleicht die tiefste Befriedigung fand, und diese Tätigkeit umschließt auch die ›Weltgeschichtlichen Betrachtungen‹, die wie die Griechische Kulturgeschichte erst postum gedruckt worden sind.

Auch dann, wenn man den Anlaß in Rechnung stellt und die Hörer, für deren Ohr Burckhardts Personalien bestimmt waren, wird man doch festhalten müssen, daß von den großen Historikern deutscher Sprache des 19. Jahrhunderts wohl kaum einer zeit seines Lebens und noch über den Tod hinaus so eng und so fest mit seiner Heimatstadt verbunden war wie Jacob Burckhardt. In Basel wurde er geboren, in Basel promoviert, in Basel wirkte er rund vier Jahrzehnte lang als Hochschullehrer, in Basel ist er verstorben. Burckhardts Basler Verwandten und Schülern wird die postume Herausgabe der späten Werke verdankt, Basler Gelehrten die Betreuung der Gesamtausgabe, dem Basler Historiker Werner Kaegi die große Jacob-Burckhardt-Biographie, dem Basler Bibliothekar Max Burckhardt die Edition des reichen Briefwechsels, den Betreuern der Basler Bibliographie endlich die systematische Sammlung allen Schrifttums über den großen Sohn der Stadt, Stiftung und Archiv die vorbildliche Bewahrung und Erschließung des Nachlasses.

Dem so in seiner Heimatstadt Verwurzelten ging freilich jede Enge ab. Die geographische Lage und die Geschichte seiner Heimat verhalfen Burckhardt vielmehr zu dem souveränen Überblick über die Geschichte und Kultur Alteuropas, den er sich in intensiven Studien erwarb und in ganz persönlicher, künstlerischer Form mitteilte. Der Gelehrte, der bewußt ein Basler blieb, kannte Berlin,

[4] Brief an H. v. Geymüller, 29. 1. 1881.

[5] Hierüber W. Kaegi, J. Burckhardt. IV. 1967, 7 ff., 39 ff.

das für ihn freilich nicht nur eine Stätte der „geistigen Anregungen" war, sondern die Verkörperung einer öden Residenz der Neuzeit, wie er schrieb, „ein ganz widerwärtiger Ort, eine langweilige Großstadt in einer unabsehbaren sandigen Ebene"[6], er kannte Göttingen, das mit seinen Büchermassen zu einer Art von Symbol fast alexandrinischer Gelehrsamkeit wurde, Bonn, in dem er einen Sommer hindurch der deutschen Romantik seinen Tribut zollte, Paris, mit seinen Museen, Theatern und Galerien, dessen Schätze und Atmosphäre er genoß, er kannte die Niederlande, Belgien, London, Wien, Prag, München, Dresden und Kassel – und endlich Italien und Rom.[7]

Die Spannweite des persönlichen Erfahrungshorizontes dieses Lebens deckt sich so, wenn man von Griechenland absieht, dessen Boden Burckhardt nie betrat, nahezu mit jenem Alteuropa, dessen Werke und Werte er vielleicht gerade deshalb so scharf sah, schärfer jedenfalls als andere, weil ihm deren Voraussetzungen und deren Gefährdungen klargeworden waren.

Bei nur wenigen Gelehrten treten indessen anfangs die lokale und die allgemeine Wirkung so auseinander wie bei Burckhardt. Während man in seiner Heimatstadt in den historischen und kunstgeschichtlichen Vorlesungen das ganze Ausmaß seiner Gedanken und die Weite seiner Interessen verfolgen konnte, während dort auch anspruchsvolle Hörer und Kollegen – wie Nietzsche[8] – in seinen Bann gezogen wurden, mochte es Fernerstehenden scheinen, als hätte sich Burckhardts Produktionskraft nach einem stürmischen Auftakt erschöpft. Heute aber läßt sich aus der Distanz abschätzen, daß in seinem Falle die Bücher die länger anhaltende Wirkung ausgelöst haben.

Schon das erste erregte Aufsehen genug. Von dem 1853 erschienenen Frühwerk ›Die Zeit Constantins des Großen‹ fordern Burck-

[6] 22.3.1840. Briefe I, 147.

[7] Die genaue Erforschung von Burckhardts Reisen wird wiederum W. Kaegi verdankt, der sie insbesondere im II. und IV. Band seiner Biographie umfassend behandelt hat.

[8] Zum Verhältnis Burckhardt–Nietzsche siehe: E. Salin, Burckhardt und Nietzsche. ^{2}1948. K. Löwith, J. Burckhardt. Der Mensch inmitten der Geschichte. (^{1}1936). Wiederabdruck 1966, 11–61.

hardts Konstantinbild und seine Beurteilung des Christentums den Leser bis auf den heutigen Tag zur Stellungnahme heraus. Ähnlich wie im Falle Gibbons wird dabei freilich oft übersehen, daß es Burckhardt in jenem Werk auch um andere Dinge ging. Die Bedeutung seines Themas hatte schon der junge Hegel erfaßt, wenn er schrieb: „Die Verdrängung der heidnischen Religion durch die christliche ist eine von den wunderbaren Revolutionen, deren Ursachen aufzusuchen den denkenden Geschichtsforscher beschäftigen muß.“ [9] Und wie Burckhardt schon auf der ersten Seite seines Werkes sagte, sollten in seinem Buch „die Dinge nicht nach der Zeitfolge und der Regierungsgeschichte, sondern nach den vorherrschenden Richtungen des Lebens geschildert werden“. Im Grunde ist die später bewußt vollzogene Entwertung des geschichtlichen Ereignisses schon hier angelegt.

Nach einem Rückblick auf die Entwicklung der „Reichsgewalt im dritten Jahrhundert“ gab Burckhardt deshalb schon für die Epoche Diocletians erste, systematisch ausgestaltete Querschnitte durch Regierungssystem und Reichsverwaltung, denen Skizzen der einzelnen Provinzen und der Nachbarlande in West und Ost folgten. Die neuere Geschichtsforschung hat hierfür differenziertere Bilder vorgelegt und sie ist durch die Auswertung anderer Quellen teilweise auch zu neuen Wertungen und nuancierter Betrachtung gelangt; als Ganzes gesehen stellt jener erste Hauptteil von Burckhardts Buch aber eine erstaunliche Leistung dar, und als Ganzes ist diese dann auch erst von Mommsen und Rostovtzeff übertroffen worden.

Ähnlich umfassend und originell war im zweiten Hauptteil die Beschreibung der Entwicklung des Heidentums. War die Aufklärung vom Gegensatz zwischen einer antiken Diesseitsreligion und dem weltabgewandten Christentum ausgegangen, so profilierte Burckhardt hier beide Pole schärfer. In seiner glänzenden Schilderung der heidnischen Unsterblichkeitsreligionen zeigte er die dem spätantiken Heidentum selbst immanenten Tendenzen zur Jenseitigkeit

[9] Hegel, Theologische Jugendschriften. Ed. H. Nohl. 1907, 220. Vgl. hierzu E. Schulin, Die weltgeschichtliche Erfassung des Orients bei Hegel und Ranke. Veröffentl. d. Max-Planck-Instituts für Geschichte. 2. 1958, 13.

auf und konfrontierte damit nicht weniger plastisch sowohl die weltverhafteten als auch die tiefreligiösen Impulse des Christentums. Der Ehrgeizling, der sich auf einen Bischofsstuhl drängt, gehört ebenso zu Burckhardts Bild der christlichen Gemeinschaft wie der demütige Fromme, der Asket und der Einsiedler. Die Voraussetzungen für den Triumph des Christentums hat Burckhardt in der Entwicklung des Heidentums gesucht, andererseits aber auch die historische Notwendigkeit des Sieges des Christentums in vollem Umfange anerkannt: „Eine hohe geschichtliche Notwendigkeit hatte das Christentum auf Erden eingeführt, als Abschluß der antiken Welt, als Bruch mit ihr, und doch zu ihrer teilweisen Rettung und Übertragung auf die neuen Völker, welche als Heiden ein bloß heidnisches Römerreich vielleicht gänzlich barbarisiert und vernichtet haben würden. Sodann aber war die Zeit gekommen, da der Mensch in ein ganz neues Verhältnis zu den sinnlichen wie zu den übersinnlichen Dingen treten sollte, da Gottes- und Nächstenliebe und die Abtrennung vom Irdischen die Stelle der alten Götter- und Weltanschauung einnehmen sollten." [10]

Bei aller Kritik an einzelnem und an einzelnen, wie an Euseb, wird so das Christentum bei Burckhardt nicht nur einseitig, negativ oder zerstörerisch beurteilt. Das Thema Konstantin und die Kirche, das im Mittelpunkt des letzten Hauptteiles steht, schließt Burckhardt vielmehr ab mit dem Hinweis auf die positiven Kräfte der christlichen Religion. Besonders stark werden dabei die christliche Wohltätigkeit und Barmherzigkeit sowie die Askese herausgearbeitet. Die Gestalten der christlichen Einsiedler in Ägypten und Palästina tauchen hier auf, Paulus, Antonius und Hilarion. Burckhardt sagt von ihnen, daß sie es gewesen sind, die dem ganzen geistlichen Stand der folgenden Jahrhunderte die höhere, asketische Haltung des Lebens oder doch den Anspruch darauf mitteilten. Obwohl er nicht verkennt, daß gerade aus ihren Visionen und aus den Wachträumen ihrer Anfechtungen so vieles in der Dämonen- und Gespensterwelt weiterlebte, welche die christliche Kirche das ganze Mittelalter über begleitet hat, seine Bewunderung für diese „Helden der Wüste" und für ihr asketisches Lebensideal ist echt und groß.

[10] Werke II, 1929, 113.

In seiner grundlegenden Burckhardtbiographie hat Werner Kaegi auf die persönlich zentrale Stellung hingewiesen, die der Abschnitt über die Einsiedler einnimmt.[11] Jedem, der ihn liest, wird deutlich werden, daß hier das Historische geweitet ist zum Allgemeinen, daß hier die spezielle Feststellung zum persönlichen Bekenntnis erhoben ist, daß hier ein Autor spricht, der trotz aller Basler Geselligkeit, die ihn umgab, immer ein großer Einzelgänger blieb: „Es liegt ein Zug in der Natur des Menschen, daß er, verloren in der großen, bewegten, äußern Welt sich und sein eigenes Selbst in der Einsamkeit wiederzufinden sucht. Diese Einsamkeit wird um so viel abgeschlossener sein müssen, je tiefer er zuvor draußen sich innerlich entzweit und zerrissen gefühlt hat. Tritt dann noch von seiten der Religion das Gefühl der Sünde und das Bedürfnis einer dauernden, unstörbaren Vereinigung mit Gott hinzu, so wird jede irdische Rücksicht schwinden, und der Einsiedler wird Asket, teils um zu büßen, teils um der Außenwelt gar nichts mehr als das dürftigste Fortleben zu verdanken, teils auch, um die Seele zum beständigen Umgang mit den höchsten Dingen fähig zu erhalten... Einen ganz gesunden Zustand der Gesellschaft und des Individuums setzt dies Einsiedlerleben nicht voraus; es gehört vielmehr in Zeiten der Krisis, da viele gebrochene Gemüter die Stille suchen, während zugleich viele starke Herzen irre werden an dem ganzen Erdenleben und ihren Kampf mit Gott fern von der Welt durchkämpfen müssen. Wer aber dem modernen geschäftigen Treiben und der allersubjektivsten Lebensauffassung anheimgefallen ist und von diesem Gesichtspunkt aus jene Einsiedler gerne in eine Zwangsarbeitsanstalt stecken möchte, der halte sich nur selber nicht für sonderlich gesund.“[12]

Man wird Burckhardts Beurteilung der Religiosität Konstantins nur dann richtig einschätzen, wenn man von seiner eigenwilligen Bewertung des Christentums ausgeht.[13] Da für Burckhardt die

[11] Jacob Burckhardt. III. 1956, 412ff.

[12] Werke II, 1929, 319.

[13] Zu den persönlichen Voraussetzungen siehe E. W. Zeeden, Die Auseinandersetzung des jungen Jacob Burckhardt mit Glaube und Christentum, HZ 178, 1954, 493—514. Zu Burckhardts Verhältnis zum Christen-

wahren Christen die Einsiedler waren, mußte ihm das Christentum Konstantins suspekt vorkommen, konnte er ihm nicht mehr zubilligen als eine gewisse Superstition zugunsten Christi. Burckhardts Kapitel über Konstantin und die christliche Kirche wird deshalb auch mit folgenden programmatischen Sätzen eröffnet: „Man hat öfter versucht, in das religiöse Bewußtsein Constantins einzudringen, von den vermutlichen Übergängen in seinen religiösen Ansichten ein Bild zu entwerfen. Dies ist eine ganz überflüssige Mühe. In einem genialen Menschen, dem der Ehrgeiz und die Herrschsucht keine ruhige Stunde gönnen, kann von Christentum und Heidentum, bewußter Religiosität und Irreligiosität gar nicht die Rede sein; ein solcher ist ganz wesentlich unreligiös, selbst wenn er sich einbilden sollte, mitten in einer kirchlichen Gemeinschaft zu stehen. Das Heilige kennt er nur als Reminiszenz oder als abergläubische Anwandlung."[14] Wenn Burckhardt es an anderer Stelle als sein erklärtes Ziel bezeichnete, Konstantins Bild auch den letzten Schimmer von Erbaulichkeit zu nehmen, so hat er damit zweifellos Erfolg gehabt. Seit ihm ist jeder Versuch zum Scheitern verurteilt, dieses Bild nur mit hellen und leuchtenden Farben zu zeichnen. Aber beim Aufhellen der Abgründe bleibt Burckhardt eben nicht stehen. Obwohl er Konstantin als unreligiös und indifferent, amoralisch und eidbrüchig bezeichnet, bejaht er die Notwendigkeit seines Handelns und die Größe seiner Erscheinung. Konstantins historische Leistung ist nach Burckhardt die rationale Beurteilung der christlichen Kräfte. Indem er die Zukunftsmöglichkeiten der christlichen Minorität vorausahnte, „wagte (er) eine der kühnsten Sachen, die sich denken lassen ... sie darnach behandelt zu haben, ist nun der ewige Ruhmestitel Constantins. Neben einer hohen und eiskalten Intelligenz, neben einer völligen inneren Unabhängigkeit von allem christlichen Empfinden gehörte hierzu

tum: A. v. Martin, Die Religion in J. Burckhardts Leben und Denken. ²1947.
M. Limpert, Die Grundlagen der Reformationsdeutung Jacob Burckhardts in seinen ›Historischen Fragmenten‹. Masch. Diss. Freiburg i. Br. 1958, 176 ff.

[14] Werke II, 1929, 286.

eine ebenso außerordentliche Entschlossenheit wie Tagesklugheit; Constantin wußte ... seine einzelnen Maßnahmen jedesmal den vorherrschenden Stimmungen anzupassen und war bis gegen sein Ende hin furchtbar genug, um dem Heidentum zu gleicher Zeit Trotz und etwas Gunst zu bieten."[15]

Schon Burckhardts erstes Werk aus dem Bereich der Geschichte des Altertums weist im übrigen eine für ihn charakteristische, eigenwillige Behandlung der Quellen auf. Burckhardt bevorzugte stets diejenigen Autoren, die ihm als Quelle der Kulturgeschichte im weitesten Sinne zu dienen vermochten, die ihm Antwort geben konnten auf seine Fragen nach dem Lebensgefühl, der geistigen Haltung, den Auffassungen von Zeit, Welt und Gott, nach dem Selbstverständnis der Menschen und ihren Zielen, nach der Art ihrer Lebensführung in allen Schichten der Gesellschaft. In diesem Fragen nach dem Allgemeinen aber war Burckhardt nun abhängig von der Selektion und Bewertung, von den Perspektiven und Maßstäben fremder Individualitäten – obwohl ihm klar war, daß für seine Zwecke gerade diejenigen Schriftsteller den Vorzug verdienten, welche die communis opinio wiedergaben.

Andererseits hat Burckhardt mit seiner persönlichen Einschätzung von Autoren und Werken nie zurückgehalten, „weil alles Bestimmte ein Königsrecht hat gegenüber dem Dumpfen, Unsicheren und Anarchischen"[16]. Bestimmend war sein Empfinden für das Echte, für die Kongruenz von Form und Gehalt; er erwartete eine Übereinstimmung von Aussage und Gesinnung. Deshalb lagen ihm von den Gestalten der römischen Literatur Cato, Catull, Horaz, die Elegiker und Tacitus am Herzen, nicht aber Martial und Seneca. Was Burckhardt stets suchte, war das Unmittelbare, und so ist seine Ablehnung Eusebs auch aus den allgemeinen Kategorien seines literarischen Urteils zu erklären.

Doch daneben wandte sich Burckhardt schon früh auch den nichtliterarischen Quellen zu, er suchte Inschriften, Denkmäler weitesten Ausmaßes und archäologische Funde für sein Bild einer

[15] Werke II, 1929, 293.

[16] J. Burckhardt, Weltgeschichtliche Betrachtungen. Herausgeg. von R. Stadelmann. 1949, 69.

Zeit auszuwerten: „Der Charakter einer vergangenen Zeit spricht sich zwar in den Nachrichten und den Denkmälern von dem politischen Dasein, von den Sitten und Gebräuchen in der Literatur, in der Religionsauffassung schon sehr deutlich aus; die geheimsten Ahnungen und Ideale jedoch werden der Nachwelt vielleicht nur im Gewand der Kunst anvertraut; um so wahrer, je unabsichtlicher.“ [17]

Der nur zwei Jahre nach dem ›Constantin‹ erschienene ›Cicerone‹, jenes Werk Burckhardts, das wohl am häufigsten gelesen worden ist und das Carl Justi einmal geradezu als „unsern Geschmacks-Vormund“ bezeichnete,[18] gehört einem ganz anderen literarischen Genos und auf den ersten Blick auch einer ganz anderen wissenschaftlichen Disziplin an. Aber da Burckhardt die heute üblichen Fachgrenzen zwischen Archäologie, Kunstgeschichte und Geschichtswissenschaft nie respektiert hat, wurde auch dieses Werk durch seine universalhistorischen Perspektiven und durch seinen ganz persönlichen Gestaltungswillen geformt. Dem doppelten Ziel entsprechend, sowohl einen übersichtlichen Führer zu den Denkmälern und Meisterwerken als auch zugleich eine Geschichte der Kunst Italiens zu geben, gliederte Burckhardt das Buch in die Hauptteile Architektur, Skulptur und Malerei, diese dann jeweils wieder gemäß den kunstgeschichtlichen Epochen auf. Von kompetenter Seite wurde der ›Cicerone‹ noch jüngst als „die am weitesten ausgreifende und folgenreichste Leistung des Kunsthistorikers“ gerühmt. Hier sei „zum ersten Male eine Gesamtdarstellung der Kunstgeschichte Italiens mit gleichmäßiger Gerechtigkeit gegenüber allen Epochen von der Antike an, mit Einschluß des Manierismus, mit der Entdeckung und ersten Rechtfertigung des Barock, einer Grundlegung zur Systematik dieses Stils – Basis für Wölfflins

[17] JBA. 207, 171 p. 36a. Zitiert nach W. Kaegi, J. Burckhardt. III. 1956, 347. – Methodisch mag hier selbst Max Weber von J. Burckhardt beeinflußt worden sein, wie R. Bendix, Max Weber – Das Werk. 1964, 362 annimmt. – Zu Burckhardts Methode allgemein: E. W. Zeeden, Über Methode, Sinn und Grenzen der Geschichtsschreibung in der Auffassung J. Burckhardts. 1948.

[18] Nach H. Wölfflin, Werke III. 1933, VII.

Bestimmungen — ... mit der ersten bis heute maßgebenden Periodengliederung und -folge durch den ganzen Verlauf"[19] gegeben worden.

Daneben enthält dieses Werk aber auch für die Geschichte des Altertums bemerkenswerte Urteile genug, denn Burckhardt war davon überzeugt, „daß wahre Geschichtsschreibung ein Leben in jenem feinen geistigen Fluidum verlangt, welches aus Monumenten aller andern Art, aus Kunst und Poesie ebensogut dem Forscher entgegenweht, wie aus den eigentlichen Scriptoren"[20]. Burckhardts Ausweitung des Quellenbegriffs für die Geschichtswissenschaft und die Auswertung der Denkmäler und Kunstwerke für die Kulturgeschichte lassen sich bereits hier deutlich beobachten. So wird schon im ›Cicerone‹ das Griechische als der notwendige Grund und als die ideale Basis der italienischen, das aber heißt zugleich der europäischen Kunst gesehen. Doch auch die römische Kunst kommt in vollem Umfang zu ihrem Recht. Burckhardt dringt dabei immer wieder zum allgemeinen Urteil vor. Hatte er schon in einer früheren Arbeit die römischen Bauten als „Ausdruck der Gewaltherrschaft über den Stoff"[21] verstanden, so wurde jetzt im Hinblick auf die Dimensionen der römischen Nutzbauten gesagt, „daß die Weltgeschichte einmal ein solches Volk hat haben wollen, das Allem, was es tat, den Stempel des Ewigen aufzudrücken versuchte"[22]. Über die dekorative Ausbildung der römischen Architektur aber hieß es: „Sobald man es vergißt, wieviel mißverstandene und umgedeutete griechische Formen unter den römischen versteckt liegen, wird man die letztern um ihrer prachtvollen, höchst energischen Wirkung willen bewundern müssen."[23]

Ob Burckhardt die griechischen Tempel von Paestum beschreibt oder die römischen Nutzbauten, das Pantheon, die Thermenanlagen, die römischen Porträts oder die altchristliche Skulptur, immer

[19] H. Kauffmann, J. Burckhardts ›Cicerone‹, Jahrbücher der Berliner Museen 3, 1961, 97.

[20] An G. Kinkel. 17.4.1847.

[21] Werke I. 1930, 286.

[22] Werke III. 1933, 38.

[23] Werke III. 1933, 16.

wieder beeindruckt er den Leser durch die Intensität der Beschreibung wie durch die Eindeutigkeit der historischen Einordnung und Interpretation. Aus dem „Lebensgefühl" sucht Burckhardt das Kunstwerk zu erklären, umgekehrt aber auch wieder im Kunstwerk das Lebensgefühl zu fassen.

Kulturgeschichte und Kunstgeschichte waren so für Burckhardt immer aufeinander bezogen, aber die Kulturgeschichte bedeutete ihm doch wohl mehr: 1874 teilte er im Rückblick seinem Freunde Friedrich von Preen mit: „Wenn ich nicht 1852 bald nach Vollendung des Buches (sc. des Constantin) meine hiesige Stelle verloren hätte (wobei ich mit Gewalt auf die Kunstgeschichte verwiesen wurde), so würde ich eine Reihe solcher kulturgeschichtlichen Schilderungen aus dem Mittelalter geschrieben haben; wovon die Kultur der Renaissance das Schlußbild gewesen wäre." Statt dessen schlug Burckhardt später den Bogen nach rückwärts. Kulturgeschichte des Mittelalters hat er zwar ebenso gelesen[24] wie Griechische Kulturgeschichte, aber es waren die Griechen, die dann zuletzt seine Kräfte absorbierten und sein Spätwerk beherrschten.

Nach der Publikation des ›Cicerone‹ aber mochte es für geraume Zeit scheinen, als ließen sich sowohl die Kultur- als auch die Kunstgeschichte der *Renaissance* meistern. Denn, „... die Renaissance sollte dargestellt werden insoweit sie Mutter und Heimat des modernen Menschen geworden ist, im Denken und Empfinden sowohl als im Formenbild. Es erschien als möglich, diese beiden großen Richtungen in einer würdigen Parallele zu behandeln,

[24] JBA. 207, 130. — Durch den an dieser Stelle zwangsläufig gegebenen Rahmen ist es nicht möglich, hier näher auf Burckhardts Verhältnis zum Mittelalter einzugehen. Es sei jedoch ausdrücklich darauf hingewiesen, daß Burckhardt seine historischen Kategorien am Mittelalter gewonnen und erprobt hat, am Mittelalter, dessen Kultur er noch in den achtziger Jahren in seiner Vorlesung behandelte. Vgl. hierzu neben W. Kaegis umfassenden Analysen in seiner Burckhardt-Biographie auch R. Stadelmann, J. Burckhardt und das Mittelalter, HZ 142, 1930, 457 bis 515. Wie weit das Bild der mittelalterlichen Stadt und das der griechischen Polis, das der mittelalterlichen und der griechischen Epen, der Kreuzzüge und der Perserkriege sich wechselseitig bedingt haben, würde eine spezielle Untersuchung verdienen.

Kunst- und Kulturgeschichte zu verschmelzen."[25] Allein über dem Basler Ruf, der Burckhardt neue und umfassende Verpflichtungen auflud, kam diese Verschmelzung nicht zustande. 1860 erschien wohl ›Die Kultur der Renaissance in Italien‹, jenes Buch, das die moderne Renaissanceforschung inaugurierte,[26] aus der Kunstgeschichte ist jedoch lediglich sieben Jahre später der Teil über die Baukunst veröffentlicht worden.

Daß die „Wiedererweckung des Altertums" zur Achse der Kulturgeschichte der Renaissance in Italien werden mußte, verstand sich von selbst. In den anderen Themenkreisen, in denen „der Staat als Kunstwerk", „die Entwicklung des Individuums", „die Entdeckung der Welt und des Menschen", Geselligkeit und Feste, Sitte und Religion zur Darstellung gelangten, findet sich dann jenes kulturgeschichtliche Koordinatensystem ausgeworfen, das später auch den Inhalt der ›Griechischen Kulturgeschichte‹ bestimmen sollte.

Wie Felix Staehelin nachgewiesen hat,[27] äußerte Burckhardt schon zu Anfang der sechziger Jahre die Absicht, eine Vorlesung ›Vom Geist der Griechen‹ zu halten. Allein der Plan blieb zunächst im Hintergrund und gewann erst um 1869 deutlichere Gestalt. Seit 1870 setzte dann eine fast ununterbrochene Quellenlektüre für dieses große Kolleg ein, das Burckhardt einmal als das „mühsamste" seines ganzen Lebens bezeichnet hat. Im Sommersemester 1872 wurde es zum erstenmal gehalten, bis zum Winter 1885/86 in erweiterter Form nicht weniger als sechsmal wiederholt.[28] Seit 1880 wohl arbeitete Burckhardt an einer Reinschrift, die schließlich die beiden ersten Bände des späteren Werkes umfaßte, während der Text des dritten und vierten Bandes von

[25] Schreiben an König Maximilian II. von Bayern.

[26] Des Jubiläums wurde in eigenen Publikationen gedacht: J. Burckhardt and the Renaissance 100 years after. Papers of the Central Renaissance Conference celebrating the century of the publication of "Die Kultur der Renaissance in Italien" held at the University of Kansas, April 28—30. 1960. Lawrence, Univ. of Kansas.

[27] Werke VIII. 1930, XVI.

[28] a. O., XXIX.

Jacob Oeri auf Grund des Kollegmanuskripts und einer Nachschrift von Hans Trog zusammengestellt wurde. In der Frage einer eventuellen Drucklegung schwankte Burckhardt bis zuletzt; es ist indessen nicht zu bezweifeln, daß sich Oeri durch die Veröffentlichung ein großes Verdienst erworben hat.

Die Voraussetzungen für dieses Projekt lagen auf den ersten Blick besonders ungünstig. So gerne Burckhardt Klassiker zusammentrödelte,[29] in die griechischen Autoren mußte er sich im reifen Mannesalter noch einmal energisch einarbeiten, den Gang der philologischen Spezialuntersuchungen hatte er nicht verfolgt, Griechenland und seine Denkmäler kannte er im Gegensatz zu Italien nicht, das griechische Licht und das griechische Meer, das Hofmannsthal, Bowra und Lesky so beredt gefeiert haben,[30] hat er nicht erlebt.

Dennoch war hier eine geheime Affinität zum Stoff vorhanden, deren sich Burckhardt mehr und mehr bewußt wurde. Kultur, Geschichte und Kunst waren hier eins. Für die vielfältigen Perspektiven seiner Sicht lag hier das große Thema bereit, der Gegenstand, an dem sich seine Fähigkeiten noch einmal in ihrer ganzen Kraft und Breite entfalten konnten, ja sich ergänzten und steigerten. Was es bedeutete, daß Burckhardt für dieses Thema die Begabung des Historikers und die des Kunsthistorikers mitbrachte, wird demjenigen deutlich, der Burckhardts ›Griechische Kulturgeschichte‹ mit den späteren Werken gleichen Titels vergleicht, die zumeist von Philologen und Philosophen geschrieben worden sind. Burckhardt hingegen hatte zu vielen Bereichen der Kunst ein sehr enges, persönliches Verhältnis: er dichtete,[31] war ein Meister der Kunstprosa, ein glänzender Redner, überdurchschnittlicher Zeichner, auch musikalisch sehr aufgeschlossen, kurz, er besaß in Fragen des künstlerischen Geschmacks ein fundiertes, wenn auch oft eigenwilliges Urteil.

[29] Brief an E. Schauenburg vom 25. 3. 1847.

[30] H. v. Hofmannsthal, H. Holdt, Griechenland, 1923, VIII. M. Bowra, Griechenland. 1960 (= The Greek Experience. 1957.), 26ff. A. Lesky, Thalatta. 1947.

[31] E Hämpfeli Lieder. 1853.

Burckhardts Konzeption der Kulturgeschichte ist so in diesem Spätwerk am geschlossensten verwirklicht worden. In der Einleitung ›Über die griechische Kulturgeschichte als Gegenstand eines akademischen Kurses‹ hat er sich deshalb auch ausführlich über seine Methode und sein Programm geäußert. Er setzte sein Unternehmen sowohl von den „Altertümern" ab, jenen antiquarisch konzipierten Kursen, die er selbst von Boeckh her kannte, als auch von der bloßen „Ereignisgeschichte"[32]. Dem stellte er seine Definition der Kulturgeschichte entgegen: „*Unsere* Aufgabe, wie wir sie auffassen, ist: die *Geschichte der griechischen Denkweise und Anschauungen* zu geben und nach Erkenntnis der lebendigen *Kräfte,* der aufbauenden und zerstörenden, zu streben, welche im griechischen Leben tätig waren. Nicht erzählend, wohl aber geschichtlich, und zwar in erster Linie, insofern ihre Geschichte einen Teil der Universalgeschichte ausmacht, haben wir die Griechen in ihren wesentlichen Eigentümlichkeiten zu betrachten, in denen, worin sie anders sind als der alte Orient und als die seitherigen Nationen, und doch den großen Übergang nach beiden Seiten bilden. *Hierauf,* auf die Geschichte des griechischen Geistes, muß das ganze Studium sich einrichten."[33] Das Programm bedeutet also Griechische Kulturgeschichte als Geistesgeschichte und als Teil der Universalgeschichte. Was ihren Inhalt betrifft, so geht sie „auf das Innere der vergangenen Menschheit und verkündet, wie diese *war, wollte, dachte, schaute* und *vermochte*"[34]. Burckhardt schloß seine Einleitung dann mit einer eigenwilligen und eindringlichen, dazu mit großer Autorität ausgesprochenen Wertung ab: „Unser *Resultat* ist folgendes:

[32] Schon 1870 hatte Burckhardt an Friedrich von Preen geschrieben: „Mir als Geschichtsdozenten ist ein ganz merkwürdiges Phänomen klargeworden: die plötzliche Entwertung aller bloßen ‚Ereignisse' der Vergangenheit."

— Auch für Burckhardts Auffassung der Kulturgeschichte ist im übrigen ein Vergleich mit E. Curtius sehr aufschlußreich: Siehe E. Curtius, Göttinger Festreden. 1864, 54.

[33] I, 4. (Die ›Griechische Kulturgeschichte‹ wird im folgenden nach der Ausgabe der Wissenschaftlichen Buchgesellschaft zitiert: J. Burckhardt, Gesammelte Werke. V. VI. 1956. VII. VIII. 1957.)

[34] I, 5.

Es handelt sich um keine Verklärung, und die enthusiastische Schönfärberei gedenken wir nirgends zu schonen. ‚Die Hellenen waren unglücklicher, als die Meisten glauben' (Böckh).

Aber die große weltgeschichtliche Stellung des griechischen Geistes zwischen Orient und Okzident muß klar gemacht werden.

Was sie taten und litten, das taten und litten sie *frei* und anders als alle frühern Völker.

Sie erscheinen original und spontan und bewußt da, wo bei allen andern ein mehr oder weniger dumpfes Müssen herrscht.

Darum erscheinen sie mit ihrem Schaffen und Können wesentlich als das geniale Volk auf Erden, mit allen Fehlern und Leiden eines solchen.

In allem Geistigen haben sie Grenzen erreicht, hinter welchen die Menschheit, wenigstens in der Anerkennung und Aneignung, nicht mehr zurückbleiben darf, auch wo sie die Griechen im Können nicht mehr erreicht.

Daran liegt es, daß überhaupt dies Volk aller Nachwelt sein Studium aufzuerlegen vermocht hat. Wer sich dem entziehen will, bleibt einfach zurück.

Und nun ihr Wissen und Schauen! Durch ihre Weltkunde beleuchten sie außer ihrem eigenen Wesen auch das aller andern alten Völker; ohne sie und ohne die philhellenisch gewordenen Römer gäbe es überhaupt keine Kunde der Vorzeit, weil alle andern Völker nur auf sich selbst achteten, auf *ihre* Königsburgen, Tempel und Götter.

Alle seitherige objektive Kenntnisnahme der Welt spinnt an dem Gewebe weiter, welches die Griechen begonnen haben.

Wir sehen mit den Augen der Griechen und sprechen mit ihren Ausdrücken.

Nun ist es aber die spezielle Pflicht des Gebildeten, das Bild von der *Kontinuität der Weltentwicklung* in sich so vollständig zu ergänzen als möglich; dies unterscheidet ihn als einen Bewußten vom Barbaren als einem Unbewußten; sowie der Blick auf Vergangenheit und Zukunft überhaupt den Menschen vom Tier unterscheidet, mag auch die Vergangenheit Vorwürfe und die Zukunft Sorgen mit sich führen, wovon das Tier nichts weiß.

Und so werden wir ewig im Schaffen und Können die Bewunderer und in der Welterkenntnis die Schuldner der Griechen bleiben. Hier sind sie uns nahe, dort groß, fremd und ferne.

Und wenn die Kulturgeschichte dies Verhältnis klarer hervorhebt, als die Geschichte der Ereignisse, so darf sie für uns den Vorzug vor dieser haben." [35]

Nach dieser Einleitung wird der erste Band des Werks in einer sehr glücklichen Komposition mit dem Abschnitt ›Die Griechen und ihr Mythus‹ eröffnet. Burckhardt ergeht sich dabei in keiner abstrakten Spekulation – von der Deutung einzelner Mythen durch die „neuere Wissenschaft" [36] wollte er nichts wissen –, sondern er zeigte den Mythus auf in den sagenhaften Erzählungen von den Göttern und der griechischen Vergangenheit. Burckhardt sah in ihm die „poetisch gestaltete Vorzeit" [37] der Griechen. Der Mythos war für ihn „der große allgemeine geistige Lebensgrund der Nation". „Er leuchtete in die ganze griechische Gegenwart hinein, überall und bis in späte Zeiten, als wäre er eine noch gar nicht ferne Vergangenheit, während er im Grunde das Schauen und Tun der Nation selbst in höherm Abbilde darstellte." [38]

Vor diesem, gleichsam pastellfarbenen Hintergrund richtet Burckhardt dann in denkbar stärkstem Kontrast sein düsteres Bild des griechischen Staates auf; der Abschnitt Staat und Nation ist dabei ganz um die Polis komponiert. Es scheint, als hätte Burckhardt dafür eine neue Tonart gewählt, die schon im Schlußsatz des Mythus-Kapitels überleitend angeschlagen wird: „Aber von allen Kulturvölkern sind die Griechen das, welches sich das bitterste, empfundenste Leid angetan hat." [39]

In der einführenden, systematischen Erörterung wird die griechische Polis, „die definitive griechische Staatsform, der unabhängige Kleinstaat" [40] von den Poleis der Phönizier abgesetzt. Die Kon-

[35] I, 11 f.

[36] II, 45. Im Hinblick auf die Forschungen von Creuzer und K. O. Müller gesagt.

[37] I, 36.

[38] I, 27 f.

[39] I, 50.

[40] I, 60.

frontation des Griechischen mit den Entwicklungen des alten Orients ist ein Mittel, dessen sich Burckhardt häufig bedient, am geschlossensten hat er dies in seiner Vorlesung Alte Geschichte getan.[41] Die Entstehung der griechischen Polis bringt Burckhardt in Zusammenhang mit den Auswirkungen der Dorischen Wanderung, aber schon diese Neugründungen sieht er nicht nur optimistisch im Zeichen des Fortschritts, sondern er weist auf die Opfer hin, die sie forderten: „Es ist eine in der ganzen übrigen Geschichte kaum wieder vorgekommene Häufung von bittern Schmerzen in dieser griechischen Polis: der allerstärkste Ortssinn und die größte Ortsandacht und diesem gegenüber die größte Menge von gewaltsam auferlegten und beschlossenen Ortswechseln.“ [42]

In seltener Konsequenz hebt Burckhardt so von Anfang an das Negative, die Folgen, den Preis der neuen Form staatlichen Lebens hervor. Er verkennt darüber weder die Bedeutung der „äußeren Requisiten“ [43] noch die Erfordernisse des rechten Maßes und die „im Begrenzten, im Proportionalen“ [44] liegende Schönheit der Institution, so daß man sagen kann, daß hier Staatsform und Siedlungsstruktur gleichsam nach künstlerischen Kriterien beurteilt werden. Aber: die Polis ist doch „ein ganz eigenes Produkt der Weltgeschichte. Sie ist die Darstellung eines Gesamtwillens von höchster Tätigkeit und Tatfähigkeit, indem sie ja nur im Sinne der Tat, der Machtübung, der Leidenschaft aus dem Dorfleben herausgetreten ist; ... Solche Poleis kennen eine ganz andere Sorte von Glück und Unglück als die Städte anderer Völker und Zeiten, und selbst die lebendigsten Stadtrepubliken des Mittelalters reichen nur momentan an diesen Grad des Lebens und Leidens. Hieraus erklärt sich aber auch ihre Gewaltsamkeit ... Im Innern wird sie dem Einzelnen höchst furchtbar, sobald er nicht völlig in ihr aufgeht. Ihre Zwangsmittel, von denen sie ausgiebigen Gebrauch macht, sind Tod, Atimie und Exil. Und zwar gibt es ... keine Apellation

[41] JBA. 207, 124. Die Vorlesung wurde 1854/55 gehalten.

[42] I, 63.

[43] I, 69. — Zu ihnen nun C. Bradford Welles, The Greek City, in: Studi in onore di A. Calderini e R. Paribeni. 1956, 81—99.

[44] I, 73.

an eine auswärtige Instanz mehr; sie ist völlig unentrinnbar, da ein Entrinnenwollen den Verzicht auf alle Sicherheit der Person in sich schließt."[45]

Burckhardt stellte so, wie niemand vor ihm, den terrorisierenden Charakter dieser Staatsform heraus. Die „Staatsknechtschaft des Individuums" besteht zudem „unter allen Verfassungen, nur wird sie unter der Demokratie, als sich die verruchtesten Streber für die Polis und deren Interesse ausgeben, d. h. den Satz salus rei publicae suprema lex esto in ihrem Sinne interpretieren konnten, am drükkendsten gewesen sein".[46]

Dieser Druck wirkte sich nun gemäß Burckhardts Sicht in zweifacher Weise aus. Er führte einmal zur bewußten Individualisierung, dazu, daß das Individuum „vorwärts" getrieben wurde.[47] Andererseits aber kam es zur „Abwendung der Fähigen"[48] vom Staat, zunächst in heimlicher, dann in offener Form. Die Entwicklung lief somit in Burckhardts Augen parallel zu jener, die er im ›Constantin‹ für die Spätantike skizziert hatte. Wie dort der spätantike Zwangsstaat und später auch die Auswucherung und Erhärtung der kirchlichen Organisation zum Rückzug, zu Eremitendasein, Askese, Mönchtum führten, zur „Apolitie der Besten"[49] – so galt dasselbe auch für die griechische Polis, in einer Linie, an deren Ende die Haltung des Diogenes stand.

In der Erörterung der historischen Entwicklung, die der systematischen Betrachtung folgte, fällt die überraschend positive Zeichnung Spartas auf. Obwohl Burckhardt durchaus die negativen Erscheinungen sah, die Lückenlosigkeit der Zucht, die zum Duckmäusertum führte, die Verrohung der Jugend, das Leben im permanenten Kriegszustand, den blinden Egoismus zur Zeit der Perserkriege, rühmte er an Sparta doch „die vollendetste Darstellung der griechischen Polis"[50]. Er rühmte sie deswegen, weil man sich in

[45] I, 76 f.
[46] I, 77.
[47] I, 80.
[48] I, 82.
[49] Zu den Zusammenhängen siehe vor allem K. Löwith, J. Burckhardt. 1966, 152 ff.
[50] I, 91.

Sparta Demokratie und Individualismus nicht habe über den Kopf wachsen lassen,[51] weil Macht dort rein, wenn auch nur um ihrer selbst willen gebildet wurde. Die Einseitigkeit des Urteils ist kaum zu verkennen, die Problematik der Freiheit im Staat hat Burckhardt absichtlich nicht am Beispiel Spartas, sondern an demjenigen Athens diskutiert.

Bei seiner Darstellung der griechischen Aristokratie hat Burckhardt insbesondere das Ideal der Kalokagathie herausgestellt, „jene ganz untrennbare Verschmelzung einer moralischen, einer ästhetischen und einer materiellen Überzeugung zu einem Begriff"[52] und das „agonale Wesen", den „Wettstreit unter Gleichen, welcher dann in zahllosen Gestaltungen das ganze Tun und Denken der Hellenen durchzieht"[53]. In der Tyrannis sah Burckhardt die „Todeskrankheit der Aristokratie", zugleich aber auch „eine antezipierte, durch einen einzigen vertretene Demokratie"[54].

Stärkere persönliche Akzente finden sich in der Besprechung der Demokratie und ihrer Ausgestaltung in Athen wieder.[55] Ganz unverhohlen äußert Burckhardt dort seinen Abscheu über Ostrakismos und Sykophantentum, über den öffentlichen Terrorismus und das Prozeßunwesen. „Von des attischen Reiches Herrlichkeit"[56] war hier nichts zu erkennen, die Omnipotenz des Staates in dieser Beschreibung der abstoßenden Lebenswirklichkeit zur Zeit der athenischen Demokratie vielmehr drastisch enthüllt. Ähnlich starke negative Eindrücke bietet der Schlußteil des Bandes, in dem „die Einheit der griechischen Nation" besprochen wird. Wie schon gesagt worden ist,[57] bildet er die Antithese zu Curtius' Darstellung. Auch hier gibt es bei Burckhardt keine Verklärung. Das Verhalten der griechischen Städte in den Kriegen des fünften und vierten

[51] I, 92.

[52] I, 160.

[53] I, 161.

[54] I, 166.

[55] I, 204 ff.

[56] U. v. Wilamowitz-Moellendorff, Von des attischen Reiches Herrlichkeit, in: Reden und Vorträge. ^{3}1913, 30—66.

[57] Siehe oben S. 77.

Jahrhunderts wird schonungslos gebrandmarkt, die „heiligen Gesetze der Milde“ werden sarkastisch mit der Wirklichkeit konfrontiert. Auch hier ist die innere Konsequenz und die Geschlossenheit des Bildes von bestürzender Wucht. Der Band, der mit den pastoralen Tönen über den Mythus begonnen hatte, schließt mit grellen Dissonanzen ab.

Der zweite Band des Werkes enthält die Abschnitte über Religion und Kultus, die Erkundung der Zukunft sowie die besonders wichtigen Äußerungen „Zur Gesamtbilanz des griechischen Lebens“. Es ist für Burckhardt charakteristisch, daß er Religion und Ethik in so weitem Umfange in sein Werk einbezogen hat; die Betrachtungsweise ist hier wesentlich differenzierter als einst im ›Constantin‹, die Partien enthalten eine Fülle persönlicher Urteile. An der griechischen Religion hob Burckhardt den merkwürdigen und späten Polytheismus hervor; in eindrucksvollen Bildern schilderte er die Götter und ihre Verehrung. Besonders betonte er die Tatsache, daß es sich um eine „laienhaft“[58] entstandene und ausgebildete Religion handelte, um eine Religion ohne Priesterstand, Theologie und Kirche in modernem Sinne.[59] Burckhardts Grundeinstellung und Haltung gegenüber der griechischen Religion ist jedoch ganz anders als gegenüber dem griechischen Staat. Hier will er in erster Linie Verstehen lehren.

Den Wechselbeziehungen zwischen Religion einerseits, Poesie und bildender Kunst andererseits wurde breiter Raum zugestanden, doch auch die Beziehungen zwischen Polis und Religion wurden unterstrichen. So bildeten die Gestalten des Olymp für Burckhardt „in ihrer Vermenschlichung eine Polis“[60]. Die Polis wiederum hat auf religiösem Gebiet die Funktion einer Kirche, ihre Religion verbindet jedoch nur innerhalb der eigenen Mauern, nach außen wirkt sie trennend.[61] Auch hier ist dann die Rolle der Religion in Leben und Gesellschaft ausführlich beschrieben. Opfer, Altäre, Tempel und Feste werden vor dem Leser gegenwärtig.

[58] II, 32.
[59] II, 31.
[60] II, 58.
[61] II, 131.

Obwohl Burckhardt über die zutagetretenden Schwächen dieser Religion nicht hinwegsieht, hat er Respekt vor dem großen „Bündnis zwischen Lebensfreude und Andacht“[62], wird die griechische Religion als „Temperamentsform des griechischen Volkes“[63] aufgefaßt, auch sie geprägt von der Mannigfaltigkeit der Entwicklungen und mitgestaltet durch das agonale Prinzip. Verständnisbereitschaft zeichnet auch den Abschnitt über die Erkundung der Zukunft aus, in den die Seher, Orakelsprüche, Weissagungen einbezogen sind.

Beim letzten Teil dieses Bandes, der „Gesamtbilanz des griechischen Lebens“, handelt es sich um den kühnen Versuch, unter Berücksichtigung der Ethik und der Popularphilosophie „die wirklich herrschende, durchschnittliche Ansicht des Lebens“[64] festzustellen. Während dabei am Anfang auf die Sophrosyne als Regulativ und auf die reine homerische Welt als idealen Hintergrund verwiesen wird, klingen dann bei der Durchsicht der Merkmale des griechischen Lebens immer dumpfere Töne auf. Aus den einzelnen dunklen Feldern in der Beschreibung der Graeca fides, der Ehrliebe, der Hohnkraft und des Neides und aus dem Rückgriff auf den Lebensrahmen der Polis erwächst schließlich in der Verrechnung des Glücks Burckhardts einseitige, durch und durch pessimistische Konzeption. Typen wie der Frühgestorbene und der große Dulder werden besonders herausgestellt, der Schlußakkord wird dann vom Phänomen des Selbstmordes beherrscht. Wenn Burckhardt in der Planung des Werkes im Jahre 1869 noch von einer gewissen Dialektik und Mischung in Lebensgefühl und Lebensstimmung ausgegangen war,[65] so hatte sich über der Ausarbeitung der pessimistische Ton durchgesetzt.

Der dritte Band, welcher der Bildenden Kunst, Poesie und Musik, Philosophie, Wissenschaft und Redekunst gewidmet ist, wird dann freilich von einer anderen Atmosphäre erfüllt. Kunst und Poesie sind nach Burckhardt „diejenigen Leistungen der Griechen, worin

[62] II, 194.
[63] II, 197.
[64] II, 319.
[65] Werke VIII. 1930, XVII.

sie die größte Überlegenheit über die seitherigen Völker und Zeiten geoffenbart"[66]. Von Anfang an werden auch sie durch die „Vielheit des Daseins" und durch den „agonalen Wettbetrieb" bestimmt. In der Verbindung von Freiheit und Maßhalten sieht Burckhardt weitere allgemeine Bedingungen der Kunst,[67] wobei er die Skulptur an die Spitze der verschiedenen Gattungen stellt. In der Entwicklung der Idealformen führt sie das Banner.[68] Deshalb wird der menschliche Leib „der einzige und natürliche Ausdruck des Geistes"[69], sind die Götter „ideale Menschen"[70]. Bei der Besprechung der Architektur wird dann besonders die Schaffung des Peripterostempels als die einer allgültigen Form des Heiligtums gewürdigt.[71]

Aufs Ganze gesehen ist die Behandlung der Kunst indessen ziemlich knapp. Man wird dabei jedoch zu berücksichtigen haben, daß Burckhardt – wie im Falle der Literatur – nicht ihre Geschichte um ihrer selbst willen geben wollte, sondern daß er sie lediglich als Quelle „einer freien Äußerung des Lebens und als einer nationalen Kraft"[72] zu behandeln gedachte. Burckhardts Bewertung der Kunst des Altertums im einzelnen läßt sich eher seinen einschlägigen Vorlesungen entnehmen, aus denen Felix Staehelin, Arnold von Salis und Werner Kaegi wichtige Partien publiziert haben.[73] Auch in ihnen ist es Burckhardt freilich mehr um den Entwurf eines Gesamtbildes gegangen, im Gegensatz zur Spezialforschung der viri eruditissimi. Es spricht für seine Eigenständigkeit, daß er die Kunst des Parthenon bevorzugte und die des Praxiteles, daneben aber insbesondere gegenüber der Kunst des vierten Jahrhunderts auf-

[66] III, 3.
[67] III, 10.
[68] III, 17.
[69] III, 18.
[70] III, 19.
[71] III, 39.
[72] III, 149.
[73] F. Staehelin, Werke. XIII. 1934, 9 ff. A. v. Salis, J. Burckhardts Vorlesungen über die Kunst des Altertums. Basler Universitätsreden, 23. 1948. W. Kaegi, J. Burckhardt. II, 1950, 466 ff.

geschlossen war. Während er zu den Neufunden aus Olympia kein Verhältnis gewann, rühmte er die Laokoongruppe[74] und widmete er dem Pergamonaltar mitreißende Beschreibungen[75].

Die *Poesie* wurde gemäß einem überraschend formalen Einteilungsschema, nach hexametrischer und außerhalb des bloßen Hexameters stehender Poesie abgehandelt, die Musik darin eingeschlossen. Hier häufen sich nun die dezidierten Äußerungen und die ganz subjektiven Urteile zu allen Gattungen und vielen Repräsentanten so sehr, daß einige Proben den Reichtum individueller Wertung nur ahnen lassen: Homer ist „für die Griechen die Urkunde der göttlichen und menschlichen Dinge im weitesten Umfange, ihr Religionskodex, ihr Kriegslehrer, ihre alte Geschichte, an welche noch spät alle Geschichte überhaupt anknüpft, wie auch alle Geographie an ihn zu appellieren pflegt; er ist für sie weit mehr, als vorgeschriebener, patentierter Tempelgesang je hätte sein können“[76]. Apollonios von Rhodos „duftet ... schon in der Aufzählung der Helden von lauter mythologischer und genealogischer Gelehrsamkeit“[77]. Über Aristophanes wird gesagt: „Man wird wohltun, ihn weder als Helden der Moralität noch als besonders unmoralischen Menschen zu betrachten; man möchte ihm vielmehr eine mittlere Moralität zuerkennen. Aber zu einem Heiligen soll man ihn nicht machen.“[78]

Die griechische Musik versucht Burckhardt auch von ihren äußeren und materiellen Voraussetzungen her verständlich zu machen: „... betreffs des *äußern Effekts* müssen wir uns hinwegdenken aus der Welt unserer modernen Blechinstrumente und uns andere Ohren vorstellen als unsere vergeigten, verblasenen, zertrommelten, von den Lokomotivpfiffen nicht zu reden. Das griechische Ohr, für dessen Feinheit wir in der Metrik ein allgemeines Zeugnis haben, muß von einer für uns kaum vorstellbaren Empfindlichkeit gewesen sein, wenn Instrumente mit Darmsaiten, welche nicht

[74] Werke. XIII. 1934, 15.
[75] Werke. XIII. 1934, 16 f.
[76] III, 91.
[77] III, 104.
[78] III, 255.

gestrichen, sondern nur gegriffen oder mit dem Plektron gespielt wurden, in riesigen, völlig besetzten Theatern hörbar sein sollten ..." [79]. Von solcher Anschaulichkeit ausgehend dringt Burckhardt bis zu den großen Zusammenhängen vor, indem er darauf hinweist, „daß die Griechen von der Musik, und zwar von *ihrer* uns so unvollkommen bemittelt erscheinenden Musik, auf eine ganz rätselhafte, magische Weise affiziert wurden. Und hier handelt es sich nun um ein ganz einziges Verhältnis, das sonst, wie uns scheint, in der ganzen Kulturgeschichte nicht mehr *so* dagewesen ist, nämlich um die innige Relation der Musik zur Erziehung und zum Staatswesen." [80]

Bei der Besprechung der *Philosophie* setzt Burckhardt seine wichtigsten persönlichen Akzente auf Pythagoras, Sokrates und Diogenes. „Der große Pythagoras" [81] wird mit seiner Schule eng an klosterähnliche Gemeinschaften herangerückt. „Seiner Schule aber wird es ewig zum Ruhme gereichen, daß sie der frühste völlig freie Verein ist, welcher zugleich religiös, ethisch und wissenschaftlich war ... Solche Wirkungen aber konnte Pythagoras nur hinterlassen, wenn er eine große *religiöse* Tatsache war." [82] Sokrates hinwiederum wird gerühmt als „ein Vorbild der Frömmigkeit, Selbstbeherrschung, Uneigennützigkeit und Charakterfestigkeit ... wir haben es bei ihm mit der größten Popularisierung des Denkens über Allgemeines zu tun, die je versucht worden ist" [83]. Und von Diogenes schließlich heißt es: „Das System des Diogenes kann wenig gewesen sein; das, was ihn zum äußersten Vorposten der griechischen Philosophie, ja des ganzen griechischen Lebens macht, ist die praktische Verachtung der Welt, die Freiheit von Staat, Menschen, Bedürfnissen und namentlich von Meinungen, der tiefe praktische Pessimismus, der bei ihm mit theoretischem Optimismus vereinbar war." [84]

[79] III, 126 f.
[80] III, 141.
[81] III, 286.
[82] III, 294.
[83] III, 349.
[84] III, 357.

Ähnlich prägnante und eigenwillige Urteile finden sich in den Kapiteln über die wissenschaftliche Forschung, Geschichte und Völkerkunde, mit denen der dritte Band schließt.

Im vierten Band seiner ›Griechischen Kulturgeschichte‹ hat Burckhardt dann den hellenischen Menschen „in seiner zeitlichen Entwicklung" behandelt, den Band so „als eine zweite Hälfte, Regulator und Ergänzung zum Bisherigen, eine Gegenrechnung"[85] verstanden und deshalb alle unvermeidbaren Überschneidungen dieses historischen Längsschnittes in Kauf genommen. Auch dieser Band quillt über von der Fülle ganz persönlicher Fragen, Beobachtungen und Urteile. In dem Epochenüberblick geht Burckhardt anfangs zum Beispiel auch auf die Gestalten der heroischen Welt ein. Sie sind ihm „Metastasen der hellenischen Gefühlsweise, die wir sonst nicht kennen würden"[86]. Die Zeit vom Abschluß der dorischen Wanderung bis zum Ende des sechsten Jahrhunderts v. Chr. wird als „koloniales und agonales Zeitalter" gesehen. In hochgestimmtem Tone feiert Burckhardt die weltgeschichtliche Bedeutung der griechischen Kolonisation,[87] vergleicht er diese mit anderen Kolonisationsprozessen, kommt er immer wieder auf die Bedeutung des Agons zurück. Ihn bezeichnet er als „das allgemeine Gährungselement, welches jegliches Wollen und Können, sobald die nötige Freiheit da ist, in Fermentation bringt"[88]. Er vergleicht den Agon mit dem modernen Wettbewerb und meint: „In Summa dürfen wir wohl aussprechen, daß die Griechen den Wert des Lebens zu sehr in der Meinung anderer gesucht haben, und wehe, wenn der Agon einst darin bestand, daß die einzelnen sich um die Wette bei den Massen geltend machten!"[89] Am Schluß dieses Kapitels wird dann bezeichnenderweise Pythagoras zum Antipoden des Agons und der Polis stilisiert.

Bei der Betrachtung des Menschen des fünften Jahrhunderts werden sowohl Athen im allgemeinen als auch seine führenden

[85] Werke VIII. 1930, XXII.
[86] IV, 51.
[87] IV, 68.
[88] IV, 84.
[89] IV, 116 f.

Persönlichkeiten im besonderen desillusionierend behandelt. Das „enorme Ruhmgerede“ wird hier ebenso beiseite gewischt wie „das Vorurteil von einer ganz aparten attischen Frömmigkeit“[90]. Die Würdigung des perikleischen Epitaphios bei Thukydides ist kühl, aber überzeugend; Burckhardts Urteile über Perikles und Alkibiades sind bei aller Prägnanz doch ausgewogen und sicher.[91]

In den beiden letzten Kapiteln werden dann „der Mensch des 4. Jahrhunderts bis auf Alexander“ und der „hellenistische Mensch“ behandelt. Beide Epochen werden hier überwiegend unter universalhistorischen Perspektiven gesehen. Die Funktion des Hellenismus wird von dem großen Schüler Droysens mit wuchtigen Sätzen eingehämmert: „Der Hellenismus ist das auf die ganze Welt angewandte und von der ganzen Welt in Anspruch genommene Griechentum, das große Mittel der Kontinuität des Geistes zwischen der älteren und der römischen und mittelalterlichen Welt.

Wir sollen uns alle Anwendungen des Wünschens auf vergangene Zeiten abgewöhnen, schon weil wir in unserer Gegenwart und in unserm täglichen Leben töricht zu wünschen pflegen. Allein wenigstens in betreff des Hellenismus können wir die Dinge *unmöglich* anders wünschen als sie geschehen sind. Wir können – und hierbei handelt es sich nicht bloß um das Kuriositätsinteresse des Historikers – nicht wünschen, daß statt der makedonischen Obmacht in Griechenland und der Eroberung Persiens etwa eine Überwältigung des entzweiten und zerrütteten Griechenlands durch irgendeine neue barbarische Naturmacht Asiens oder des skythischen Nordens stattgefunden hätte. Wir können nicht wünschen, daß Rom, wie in diesem Falle wohl geschehen wäre, ohne die hellenistische Bildung blieb; denn nur dem Philhellenismus der Römer für ein noch am Leben befindliches Griechenland verdanken wir es, daß die Kultur der ganzen alten Welt weitergelebt hat. Das hellenistische Römertum aber war der unentbehrliche Boden für die Verbreitung des Christentums. Und das Christentum, abgesehen von seiner Eigenschaft als Religion, sollte dann die einzige Brücke werden, welche die alte Welt mit ihren germanischen Eroberern zu verbinden

[90] IV, 166 f.

[91] IV, 175 f. – IV, 215 f.

bestimmt war. In dieser ganzen Kette von Ursachen und Wirkungen aber ist der Hellenismus der wichtigste Ring."[92] In diesen Sätzen ist die bestimmende Perspektive von Burckhardts Geschichtsbild umrissen.

Aus der erschütterten Staatenwelt und aus der zerrütteten Sittlichkeit sieht Burckhardt im vierten Jahrhundert v. Chr. „neue Götter" emporsteigen. Er schlägt dabei den Bogen von den „ruchlosen Outlaws, an deren Spitze Lysander steht"[93] über die „Tyrannen des spätern Typus" bis zu Philipp von Makedonien. Die wachsende Zahl von Söldnern wird in direkten Zusammenhang mit dem Phänomen der Apolitie gerückt:

„So kommen denn diese Söldnerheere zustande als eine kriegerische Kraft, die von jeder Polis abgelöst ist; auch sie stellen eine Seite der allgemeinen Abwendung vom Staate dar; dieselbe Apolitie, welche den Philosophen zur souveränen Reflexion über die Staaten und den Staat überhaupt befähigt, tritt hier höchst furchtbar in Waffen auf; man kann sagen, die Philosophen seien der eine, die Söldner der andere Pol derselben."[94] Aus der Schlußpartie ragt dann das auffallend positiv gezeichnete Alexanderporträt hervor und die nachhaltige Würdigung des Philhellenismus der Römer.[95]

Wenige Jahre nach der Publikation der ›Griechischen Kulturgeschichte‹ durch Burckhardts Neffen Jacob Oeri legte der gleiche Bearbeiter ein weiteres Werk Burckhardts vor, die ›Weltgeschichtlichen Betrachtungen‹, die ihrer Entstehungsgeschichte und ihrem Werdegang nach sehr eng mit der ›Griechischen Kulturgeschichte‹ zusammengehören.[96] Auch sie sind aus einer Vorlesung und aus einigen Vorträgen Burckhardts hervorgegangen, stammen in allen

[92] IV, 269 f.

[93] IV, 277.

[94] IV, 302.

[95] IV, 406 f., 519 f. — Über die Beziehungen der Griechischen Kulturgeschichte zu Nietzsche, Rohde und Bachofen hat F. Staehelin in Werke VIII. 1930, XXIII ff. alles nennenswerte zusammengestellt.

[96] Das Werk wird im Folgenden nach der Ausgabe von R. Stadelmann, Tübingen 1949 zitiert. Zur Würdigung des Werkes: R. Stadelmann, J. Burckhardts Weltgeschichtliche Betrachtungen, HZ 169, 1949, 31—72.

wesentlichen Teilen aus den Jahren um 1870, waren von Burckhardt selbst zwar noch zu einem beträchtlichen Teil für den Druck vorbereitet, dann aber doch zurückgehalten worden. Dem kostbaren und gedankenreichen kleinen Buch fehlt so wohl die letzte glättende Hand des Autors, aber da der Verfasser ohnehin „auf alles Systematische“ [97] verzichten wollte, stören gewisse Unausgeglichenheiten nicht, ja der „offene“ Zustand des Manuskriptes war dem Gegenstand auf eine merkwürdige Weise adäquat.

Die Aufgabe seines „Kursus“ steckte Burckhardt sehr bescheiden ab. „Eine Anzahl von geschichtlichen Beobachtungen und Erforschungen“ [98] wollte er, „an einen halb zufälligen Gedankengang“ anknüpfen. Auf eine weit ausholende, allgemeine Einleitung sollte die Erörterung der „drei großen Potenzen Staat, Religion und Kultur“ folgen mit der Besprechung von deren Wechselbeziehungen, dann die „Sturmlehre“, die Lehre von den Krisen und Revolutionen des Weltprozesses, weiter die „Konzentration der Bewegungen in den großen Individuen“, und schließlich sollte der letzte Abschnitt über „Glück und Unglück in der Weltgeschichte unsere Objektivität gegen Übertragung des Wünschbaren in die Geschichte zu wahren suchen“ [99]. Hier liegt somit gleichsam der geschichtstheoretische Epilog von Burckhardts Gesamtwerk vor, der in seiner abstrahierenden Form die Konstanten seiner Anschauung besonders klar hervortreten ließ.

Schon die Einführung darf als Schlüsselstelle für Burckhardts Geschichtsauffassung gelten. Von der Geschichtsphilosophie, die Burckhardt als „Kentaur, eine contradictio in adjecto“ bezeichnet, wird die Geschichte betont abgesetzt. Er distanziert sich von Hegel, kritisiert das „kecke Antizipieren eines Weltplanes“ [100], streift die religiöse Geschichtsübersicht wie die Tatsache, daß auch „andere Weltpotenzen“ „die Geschichte nach ihrer Art ausdeuten und ausbeuten, z. B. die Sozialisten mit ihren Geschichten des Volkes“ [101].

[97] S. 23.

[98] 23 — Nach Stadelmann, a. O., 338 ist statt „Erforschungen“ „Erfahrungen“ zu lesen.

[99] 23.

[100] 25.

[101] 26.

Dem allen stellt Burckhardt die eigene Position – wie in der ›Griechischen Kulturgeschichte‹ – scharf entgegen: „Unser Ausgangspunkt ist der vom einzigen bleibenden und für uns möglichen Zentrum, vom duldenden, strebenden und handelnden Menschen, wie er ist und immer war und sein wird; daher unsere Betrachtung gewissermaßen pathologisch sein wird.“ [102]

Als „die große Gesamtaufgabe der Geschichte im allgemeinen“, als „das Thema der Geschichte überhaupt“ bezeichnet es Burckhardt, „daß sie die zwei in sich identischen Grundrichtungen zeige und davon ausgehe, wie erstlich alles Geistige, auf welchem Gebiete es auch wahrgenommen werde, eine geschichtliche Seite habe, an welcher es als Wandlung, als Bedingtes, als vorübergehendes Moment erscheint, das in ein großes, für uns unermeßliches Ganzes aufgenommen ist, und wie zweitens alles Geschehen eine geistige Seite habe, von welcher aus es an der Unvergänglichkeit teilnimmt“ [103].

Immer wieder leuchten schon in dieser Einführung die prägnanten Urteile und Wertungen Burckhardts auf, so in seiner Gleichsetzung von Barbarei und Geschichtslosigkeit in dem berühmten Satz „Wir wollen durch Erfahrung nicht sowohl klug (für ein andermal) als weise (für immer) werden“ [104], vor allem aber in den mitreißenden Schlußworten, die eine Brücke schlagen zwischen der Bindung an die Heimat und den Dimensionen und Maßstäben der Weltgeschichte: „Es gibt aber neben dem blinden Lobpreisen der Heimat eine ganz andere und schwerere Pflicht, nämlich sich auszubilden zum erkennenden Menschen, dem die Wahrheit und die Verwandtschaft mit allem Geistigen über alles geht.“ –„. . . Das wahrste Studium der vaterländischen Geschichte wird dasjenige sein, welches die Heimat in Parallele und Zusammenhang mit dem Weltgeschichtlichen und seinen Gesetzen betrachtet, als Teil des großen Weltganzen, bestrahlt von denselben Gestirnen, die auch anderen Zeiten und Völkern geleuchtet haben, und bedroht von denselben Abgründen und einst heimfallend derselben ewigen Nacht

[102] 26.
[103] 27 f.
[104] 31.

und demselben Fortleben in der großen allgemeinen Überlieferung."[105]

Auf diese programmatischen Äußerungen folgen dann in den nächsten Abschnitten des Einführungsteils in lockerer Form eine kurze Betrachtung über „die Befähigung des XIX. Jahrhunderts für das historische Studium", „Winke für das historische Studium", die auch zum Dilettantismus ermutigen, schließlich „ein Wort über unser Verhältnis zu den Naturwissenschaften und der Mathematik als unseren einzigen uneigennützigen Kameraden"[106].

Der Hauptteil von Kursus und Buch aber ist dann den schon genannten drei Potenzen und der Reflexion über deren sechs Bedingtheiten gewidmet. In durchgehender Auseinandersetzung mit E. v. Lasaulx wird der Staat von seinem Ursprung, der „politischen Zusammenfassung eines Volkstums"[107], her charakterisiert und insbesondere der Gegensatz zwischen Großstaat und Kleinstaat beleuchtet. An dieser Stelle liegen gleichsam die Prämissen für Burckhardts Auffassung der griechischen Polis. Die Religionen definiert Burckhardt als „Ausdruck des ewigen und unzerstörbaren metaphysischen Bedürfnisses der Menschennatur"[108]. Hier beschäftigt ihn vor allem der Gegensatz der Nationalreligionen und der Weltreligionen (Buddhismus, Christentum und Islam), sind es doch die letzteren, „welche die größten historischen Krisen herbeiführen"[109].

Unter dem Begriff der Kultur faßt Burckhardt dann „die ganze Summe derjenigen Entwickelungen des Geistes, welche spontan geschehen und keine universale oder Zwangsgeltung in Anspruch nehmen" zusammen. Sind die beiden anderen Potenzen primär stabil, so wirkt die Kultur „unaufhörlich modifizierend und zersetzend"[110] auf jene ein. Die verschiedenen Bereiche der Kultur werden knapp gestreift, die Bedeutung der „großen geistigen

[105] 33 f.

[106] 46.

[107] 60. — Zu Burckhardts Verhältnis zu E. v. Lasaulx, Fr. Nietzsche und E. Renan siehe R. Stadelmann, J. Burckhardts Weltgeschichtliche Betrachtungen, HZ 169, 1949, 54 ff.

[108] 66.

[109] 77.

[110] 86.

Tauschplätze“[111] wird herausgestellt, in einer Auseinandersetzung mit Gustav Freytag kurz das Verhältnis der Kultur zur Sittlichkeit berührt und endlich als Eigentümlichkeit höherer Kulturen deren Fähigkeit zu Renaissancen besprochen. Ein angefügter Abschnitt ›Zur geschichtlichen Betrachtung der Poesie und der Künste‹ mutet wieder wie Prolegomena zu den gleichzeitig vorbereiteten Teilen der ›Griechischen Kulturgeschichte‹ an.

In seiner „Betrachtung der sechs Bedingtheiten“ rubriziert Burckhardt „eine Anzahl geschichtlicher Beobachtungen des verschiedensten Ranges und aus allen Zeiten“ über die Wechselwirkungen der von ihm so stark herausgestellten welthistorischen Potenzen. Mit dem Hinweis darauf, daß die Geschichte „überhaupt die unwissenschaftlichste aller Wissenschaften“[112] sei, wird dabei die „systematische Harmlosigkeit“ der eigenen Anordnung erklärt. Gleichwohl liegt hier ein Abriß abstrahierender und vergleichender Geschichtsbetrachtung vor, dessen Reichtum, Dichte und Gehalt den Leser immer wieder gefangennehmen. Nirgendwo verliert sich Burckhardt in reine Spekulationen. Fragen, wie den ewig offenen nach den Anfängen von Staat und Kultur, geht er nicht nach, aber – um ein Beispiel zu nennen – sein Überblick über die Bedingtheit der Kultur durch den Staat streift die Entwicklungen in Ägypten wie im Alten Orient, das Kastenwesen, das Burckhardt immer besonders interessiert hat, die griechische Polis wie das Römische Reich, die Verhältnisse des Mittelalters wie die der Neuzeit bis herauf zur amerikanischen Union. Burckhardt zersplittert sich dabei nun nicht im Aphoristischen: die Spannung zwischen Staatsgewalt und individueller Freiheit, eines seiner Generalthemen überhaupt, wird in den Reichen des Zweistromlandes ebenso analysiert wie im Staat Ludwigs XIV. Fast auf jeder Seite aber sind die abstrakten Darlegungen durch packende Bilder illustriert, so wenn die große Hugenottenaustreibung als „das größte Molochopfer, das je einer ‚Einheit‘ oder eigentlich dem königlichen Machtbegriff gebracht worden ist“[113] bezeichnet wird. Viele Sätze, wie die-

[111] 93.
[112] 115.
[113] 129.

jenigen über die Beziehung zwischen der modernen Nation und der Macht,[114] haben sich längst als wahrhaft prophetisch erwiesen. „Das moderne Treiben der Völker zur Einheit und zum Großstaat", dessen Ausgang für Burckhardt „noch dunkel"[115] erschien, enthüllte sich uns in seiner grausamen Konsequenz.

Ähnlich weitgespannt und zugleich eindringlich sind auch die Reflexionen über die anderen Teile des Beziehungsgeflechtes. In sie sind Kabinettstücke historischer Darstellung eingeschmolzen, wie etwa die Schilderung der kulturellen Leistung Athens[116] oder der Längsschnitt durch die Entwicklung der Beziehungen zwischen dem Christentum und dem Staat[117]. Von der persönlichen Erschütterung des Betrachters wird dann das Kapitel über die geschichtlichen Krisen geprägt, die kühle und sachliche Analyse „der beschleunigten Prozesse" der Weltgeschichte. Selten ist die generelle Physiognomie der historischen Krisen im neunzehnten Jahrhundert in so weiten Horizonten und zugleich in so prägnanter Weise dargestellt worden wie hier, selten aber auch so illusionslos, nüchtern und gerecht. Denn Burckhardt anerkennt durchaus die Leidenschaft als die „Mutter großer Dinge"[118], er ist offen für die befreiende Wirkung, für das Aufräumen der Krisen mit den „Pseudoorganismen", für ihre befruchtende Wirkung in Kunst und Literatur – aber er sieht auch das Leid, das Unrecht und die Ausbeutung in ihrem Gefolge. „Auf Erden ist das Unsterbliche die Gemeinheit."[119]

Während die ›Zusätze über Ursprung und Beschaffenheit der

[114] 131. – In dem von C. Rothe postum herausgegebenen Werk von A. Bergstraesser, Die Macht als Mythos und als Wirklichkeit. 1965 ist Burckhardts Sicht in größerem Zusammenhang gewürdigt worden. Von der älteren Literatur zu diesem Problemkreis ist immer noch wertvoll E. Dürr, Freiheit und Macht bei J. Burckhardt. 1918.

[115] 130. – Siehe hierzu auch E. W. Zeeden, Der Historiker als Kritiker und Prophet. Die Krise des 19. Jahrhunderts im Urteil J. Burckhardts, Welt als Geschichte 11, 1951, 154—173.

[116] 160 ff.

[117] 177 ff.

[118] 233.

[119] 227.

heutigen Krisis‹[120] stark den unmittelbaren Eindrücken der siebziger Jahre verhaftet sind, wird in dem Abschnitt über die historische Größe ›Das Individuum und das Allgemeine‹[121] wieder eine weitere Distanz gehalten und gerade deswegen ein um so nachhaltigerer Eindruck erzielt. Was Burckhardt an diesem Gegenstand faszinierte, war „die große, geheimnisvolle Verrechnung" zwischen Zeit und Mensch. Forscher, Entdecker, Künstler, Dichter und Philosophen werden dabei durchmustert, zuletzt die großen Männer der „historischen Weltbewegung". Hier wird die Betrachtung dann eingehender, differenzierter, mitreißend: „Diese großen Individuen sind die Koinzidenz des Allgemeinen und des Besonderen, des Verharrenden und der Bewegung in Einer Persönlichkeit. Sie resumieren Staaten, Religionen, Kulturen und Krisen"[122].

Das „Losschreiten" der Größe auf die Menschen hat Burckhardt zu erfassen gesucht, die Voraussetzungen, Fähigkeiten, die Seelenstärke der Großen, den Unterschied zwischen Größe und Macht, „die merkwürdige Dispensation von dem gewöhnlichen Sittengesetz"[123], schließlich die Ausstrahlungskraft der als Ideale fortlebenden großen Männer. Gerade weil Burckhardt keinem blinden Kult des Großen verfiel, konnte er sich kritisch mit den Tendenzen der eigenen Zeit auseinandersetzen, sich „vom Bedürfnis nach großen Männern" zu emanzipieren[124] – und doch daran festhalten: „... für den denkenden Menschen ist gegenüber der ganzen bisher abgelaufenen Weltgeschichte das Offenhalten des Geistes für jede Größe eine der wenigen sicheren Bedingungen des höheren geistigen Glücks."[125]

Am Schluß des Bandes steht dann, ganz in sich abgerundet, das Kapitel ›Über Glück und Unglück in der Weltgeschichte‹, hervorgegangen aus einem Aulavortrag vom 7. November 1871. Burckhardt geht hier mit den historischen Pauschalurteilen der Neuzeit

[120] 238 ff.
[121] 253 ff.
[122] 278.
[123] 292.
[124] 298.
[125] 299.

ins Gericht, er zeigt die Abhängigkeit, Begrenztheit, Einseitigkeit der egoistisch bedingten Urteile je nach der Kultur, nach dem Geschmack, der politischen Sympathie, der Sekurität und Größe auf und setzt statt dessen das Einzelne in bezug zur ganzen Vergangenheit und zur ganzen Zukunft: „Diesem großen und ernsten Ganzen gegenüber sind die Ansprüche der Völker, Zeiten und Individuen auf dauerndes oder nur momentanes Glück und Wohlbefinden nur von sehr untergeordneter Bedeutung; denn weil das Leben der Menschheit ein Ganzes ist, stellen dessen zeitliche und örtliche Schwankungen nur für unsere schwachen Organe ein Auf und Nieder, ein Heil und Unheil dar, in Wahrheit aber gehören sie einer höheren Notwendigkeit an."[126] Doch die Frage nach Glück und Unglück wird für Burckhardt unter der Hand zur Frage nach dem Fortleben des Menschengeistes und nach dem Wert der Erkenntnis. Diese wird zum Ziel der Fähigen.

Überwogen nach dem Erscheinen der ›Griechischen Kulturgeschichte‹, wie Burckhardt vorausahnen mochte, unter den viri eruditissimi lange Verständnislosigkeit und Ablehnung,[127] so fanden die ›Weltgeschichtlichen Betrachtungen‹ schnell ebenso die Beachtung eines breiteren Publikums wie die Wertschätzung anspruchsvoller Köpfe. Troeltsch, Gundolf und Meinecke haben sie in gleichem Maße bewundert. Aber Burckhardts Nachlaß war damit noch nicht ausgeschöpft. Im Zusammenhang mit der Publikation der Gesamtausgabe wurden bereits 1929 in deren VII. Band größere Partien seiner Vorlesungen gedruckt, die Emil Dürr mit Besonnenheit auswählte. Meist handelte es sich dabei um die Einleitungen zu den Vorlesungen jener Epochen, über welche Burckhardt selbst nichts oder nur sehr wenig publiziert hatte. Diese „Historischen Fragmente" boten Stoff für Zitate in Hülle und Fülle, sie wurden wiederholt nachgedruckt und kamen zudem einem neuen Zeitgeschmack entgegen.[128]

[126] 313.

[127] Die Äußerungen sind zusammengestellt bei A. Momigliano, Introduzione alla Griechische Kulturgeschichte di Jacob Burckhardt, in: Secondo Contributo alla Storia degli Studi Classici. 1960, 286 ff.

[128] Siehe hierüber das Vorwort von W. Kaegi zur Ausgabe Stuttgart 1957, V ff.

In den Jahren nach dem Zweiten Weltkrieg wurden dann weitere Materialien bekanntgemacht. Während Max Burckhardt eine große, systematische Edition des Briefwechsels in Angriff nahm, der zuvor über einer größeren Zahl separater Veröffentlichungen nur mehr schwer zu übersehen war,[129] ließ Werner Kaegi die ersten Bände seiner großen Jacob-Burckhardt-Biographie erscheinen. Der Mut zum weitausgreifenden Rahmen und zugleich zur höchsten Intensität erlaubte es ihm, den zuvor unbekannten Inhalt ganzer Vorlesungen bekanntzumachen und neue, wichtige Bruchstücke von Burckhardts Manuskripten mitzuteilen. Insbesondere gewannen die Vorlesungen über Römische Geschichte und über die Geschichte des Altertums erst jetzt Profil.[130]

Die Geschichte der geistigen Wirkung Burckhardts ist ungewöhnlich breit, vielfältig und reich an Umschlägen.[131] Neben nur wenig bestrittenen Positionen, wie den Werken zur Renaissance und dem ›Cicerone‹, steht die späte, aber doch wohl bleibende Anerkennung von Leistungen wie der ›Griechischen Kulturgeschichte‹, die erst Jahrzehnte nach ihrem Erscheinen die gebührende Beachtung fand. Aus der Althistorie ist Burckhardts ganz persönliche Konzeption einer universalhistorisch begründeten Kulturgeschichte des Altertums nicht mehr wegzudenken. Seine Erweiterung des Kreises der Geschichtsquellen, seine Verwendung der antiken Kunst als eines Elementes der Geistesgeschichte, seine Verschränkung von Geschichts-, Religions- und Kunstwissenschaft zur Erfassung der Spätantike, sein Vorstoß zur historischen Abstraktion und zur vergleichenden Analyse der historischen Potenzen, die Vielzahl seiner unabhängig gewonnenen, neuen Erkenntnisse, die sich als gültig

[129] Eine verdienstvolle ältere Zusammenfassung stellte der von F. Kaphahn herausgegebene Band J. Burckhardt, Briefe zur Erkenntnis seiner geistigen Gestalt. 1935. dar.

[130] W. Kaegi, J. Burckhardt. III. 1956, 305—324. 551 ff. — K. Christ, J. Burckhardt und die Römische Geschichte, Saeculum 14, 1963, 82—122.

[131] Siehe hierzu E. Colmi, Wandlungen in der Auffassung von Jacob Burckhardt. Diss. Köln 1936. — M. Limpert, Die Grundlagen der Reformationsdeutung J. Burckhardts in seinen „Historischen Fragmenten", Diss. Freiburg i. Br. 1958, IV ff. — H. J. Störig, Burckhardt als politischer Historiker. Diss. Hamburg 1937, 99 ff.

und fruchtbar erwiesen und seine sprachliche Meisterschaft sichern ihm den Rang eines der großen Einzelnen in der historischen Disziplin, obwohl seine Geschichtsschreibung keine Schule bilden konnte — im Unterschied zu seinem kunsthistorischen Schaffen, in dem Heinrich Wölfflin sein bedeutendster Schüler wurde.

Für die Generationen des zwanzigsten Jahrhunderts ist Burckhardt mehr und mehr zum „Historiker der Krise“ geworden. Vom Pessimismus Schopenhauers tief erfaßt, in der Auseinandersetzung mit Renan und Nietzsche geformt, ging er jedoch seinen eigenen Weg. Aber daneben bleibt er der Historiker der Kultur Europas, dessen Wesen und Gefährdung er in unvergeßlicher Weise beschrieb: „Was wir nicht zu wünschen brauchen, sondern schon vorhanden vorfinden, ob wir uns dessen freuen oder es beklagen, das ist *Europa* als alter und neuer Herd vielartigen Lebens, als Stätte der Entstehung der reichsten Gestaltungen, als Heimat aller Gegensätze, die in *der* einzigen Einheit aufgehen, daß eben hier alles Geistige zum Wort und zum Ausdruck kommt.

Europäisch ist: das Sichaussprechen aller Kräfte, in Denkmal, Bild und Wort, Institution und Partei, bis zum Individuum, — das Durchleben des Geistigen nach *allen* Seiten und Richtungen, — das Streben des Geistes, von *Allem*, was in ihm ist, *Kunde* zu hinterlassen, sich nicht an Weltmonarchien und Theokratien, wie der Orient, lautlos hinzugeben. Von einem hohen und fernen Standpunkt aus, wie der des Historikers sein soll, klingen Glocken zusammen schön, ob sie in der Nähe disharmonieren oder nicht: Discordia concors.

... Tödlich für Europa ist immer nur Eins erschienen: Erdrückende mechanische Macht, möge sie von einem erobernden Barbarenvolk oder von angesammelten heimischen Machtmitteln im Dienst Eines Staates oder im Dienst Einer Tendenz, etwa der heutigen Massen, ausgehen.“ [132]

[132] 192ff. — Zur geistesgeschichtlichen Einordnung seiner Konzeption siehe H. Gollwitzer, Europa und Europagedanke. 1951, 399ff. Grundlegend ist Burckhardts Europabild analysiert worden von W. Kaegi, Discordia concors in: Discordia concors. Festschrift für Edgar Bonjour. Basel 1968, 133—152.

8

HANS DELBRÜCK
(1848–1929)

Als Hans Delbrück an seinem 70. Geburtstag, dem 11. November 1918, vor den Gratulanten in einer bewegenden Ansprache auf sein Leben zurückblickte, konnte er dessen erstaunliche innere Geschlossenheit konstatieren. Er war niemals gezwungen gewesen, seine Existenz aus „ethischem Schutt und Trümmern" wiederherzustellen wie Goethe. „Die verschiedenen Elemente, die den Wechsel in mir bestimmt haben, waren von Anfang an auch in mir vorhanden, sowohl der aus meiner Familie und meiner Erziehung stammende starke Staatsbegriff, wie das Freiheitsideal, das Preußentum, der deutsche Nationalgedanke, die allgemein menschliche Bildung und das Humanitätsstreben"[1] — so führte er damals aus. Aber trotz seiner scheinbar organischen Entfaltung wurde dieses Leben doch durch große Spannungen und scharfe Auseinandersetzungen geprägt.

Der in Bergen auf Rügen geborene Hans Delbrück gehörte einer Familie an, aus welcher eine ganze Reihe hoher Beamter, Gelehrter, Juristen, Verwaltungs- und Wirtschaftsspezialisten des preußischen Staates hervorging. Er war verwandt mit dem preußischen Handelsminister und Chef des Reichskanzleramtes Rudolf Delbrück; der Präsident des Statistischen Reichsamtes Ernst Delbrück und der Professor an der Landwirtschaftlichen Hochschule Berlin, Max Delbrück, der Reichsgerichtspräsident Heinrich Delbrück und der Bankier Ludwig Delbrück waren seine Vettern. „Die für die Delbrücks charakteristischen Züge sind scharfer Verstand, überlegene Ruhe, realistische Nüchternheit, Fähigkeit zu organisieren und zu verwalten"[2] — so hat Peter Rassow den Grundzug des Delbrückschen Wesens wohl treffend umrissen.

[1] H. Delbrück, Krieg und Politik. III. 1919, 227.

[2] P. Rassow, Hans Delbrück als Historiker und Politiker, Die Samm-

Während ein großer Teil der weiteren Familie als ausgesprochen konservativ zu gelten hat, bekannte sich Hans Delbrücks Vater Berthold Delbrück entschieden zu demokratischen und liberalen Auffassungen. Nicht zuletzt deswegen gab er den Gedanken an eine Universitätslaufbahn auf und wirkte zuerst als Richter in Bergen, später als Appellationsgerichtsrat in Greifswald. Vom Vater vor allem mag Hans Delbrück ein gut Teil seines kompromißlosen Wesens geerbt haben, das ihn später dann so oft anecken ließ, aber auch die Zielstrebigkeit und Unbeirrbarkeit, mit denen er stets seinen eigenen Weg zwischen den Fronten ging, den akademischen wie den politischen.

Mit der preußischen Tradition war Delbrück so naturgemäß eng verbunden. Als Kind kannte er einen alten Herrn, der als Knabe einst noch Friedrich den Großen gesehen hatte. Seine „eigene älteste politische Erinnerung" war der Besuch eines französischen Kriegsschiffes, das während des Krimkrieges Kiel angelaufen hatte.[3] Zur Schule ist Hans Delbrück dann in Greifswald gegangen, wo er 1867 das Abitur ablegte und noch im gleichen Jahr als Soldat diente. Da er schon früh seinen Vater verlor, konnte er sein Studium nur dank der Hilfe von Verwandten aufnehmen. In Heidelberg, Greifswald und zuletzt bei Sybel in Bonn hat Delbrück seine historischen Studien betrieben, doch verdient erwähnt zu werden, daß er daneben ursprünglich auch Mathematik zu studieren gedachte, eine Disziplin, die seinen klaren, logischen Sinn besonders ansprach.

Allein aus diesem Studiengang wurde Delbrück durch den Ausbruch des Krieges 1870 herausgerissen. Er nahm an den Kämpfen von Gravelotte teil, erlebte die Belagerung von Metz, wo er schwer an Typhus erkrankte und den langen Lazarettaufenthalt zur Lektüre und Reflexion nutzen konnte. An eine militärische Karriere hat Delbrück nie gedacht, er nahm schließlich 1885 als Premier-

lung 4, 1949, 135. Delbrück war mit A. v. Harnack verschwägert. Vgl. darüber die auch auf persönlichen Erinnerungen beruhende Studie von A. v. Harnack, H. Delbrück als Historiker und Politiker, Die Neue Rundschau 63, 1952, 408—426.

[3] Krieg und Politik. III. 1919, 225.

leutnant der Reserve seinen Abschied. Um so stärker wurde nun jedoch sein politisches Engagement, und gerade in seinen politischen Auffassungen brach Delbrück jetzt, unter dem Eindruck der Reichsgründung, mit seiner Vergangenheit. War er früher von einem „leidenschaftlichen Haß gegen den Verfassungsbrecher Bismarck“[4] erfüllt gewesen, so schloß er sich nun unter dem Einfluß Constantin Rößlers innerlich ganz der Sache des Kanzlers an.

In beruflicher Hinsicht blieben Delbrück Umwege nicht erspart. 1873 konnte er zwar bei Sybel seine Dissertation über die Glaubwürdigkeit Lambert von Hersfelds abschließen, eine Arbeit, in der ziemlich scharf gegen Giesebrecht polemisiert wurde, doch dann stockte die akademische Laufbahn, da ihm die Mittel zur Überbrückung einer längeren Privatdozentenzeit fehlten. Schließlich nahm Delbrück 1874 im Hause des preußischen Kronprinzen, des späteren Kaiser Friedrich, eine Stelle als Erzieher für den kleinen Prinzen Waldemar an, eine Tätigkeit, von welcher sich vor allem Delbrücks Mutter eine glättende Wirkung auf ihren Sohn erhoffte, die indessen nur zum Teil eintrat.[5]

Der Tod seines Zöglings beendete im Jahre 1879 Delbrücks Wirken bei Hofe. Immerhin war es ihm gelungen, das Vertrauen des Kronprinzenpaares zu erwerben, das ihn auch weiterhin fördern wollte. Mehr und mehr traten nun Delbrücks kriegsgeschichtliche Interessen hervor. 1877 war ihm der Abschluß der Edition des Gneisenau-Nachlasses übertragen worden, der sich in den beiden 1880 erschienenen Schlußbänden niederschlug. Diese Aufgabe veranlaßte Delbrück aber auch zu der zweibändigen Gneisenaubiographie (1882) und damit zu jenem Werk, das seinen Namen zuerst bekannt gemacht hat und das schließlich vier Auflagen erleben sollte.

Parallel dazu liefen seine Versuche, an der Berliner Universität Fuß zu fassen. Dies gelang ihm freilich nur schrittweise und gegen einen nicht unbeträchtlichen Widerstand. Dieser Widerstand wurde

[4] a. O., 226.

[5] Vgl. darüber den Bericht Delbrücks, Persönliche Erinnerungen an den Kaiser Friedrich und sein Haus (1888), in: Erinnerungen, Aufsätze und Reden. ²1902, 64—86.

nicht allein durch Delbrücks gute Beziehungen zum Hofe geweckt, sondern auch durch das von ihm vertretene Fachgebiet, durch seine spezifischen kriegsgeschichtlichen Interessen. Die Fakultätsmitglieder konnten zunächst nicht wissen, wie Delbrück Kriegsgeschichte verstand, was er untersuchte und lehrte. Die Disziplin selbst schien ihnen eher auf die Kriegsakademie als an die Philosophische Fakultät zu gehören. So wurde er zwar 1881 habilitiert und 1885 zum außerordentlichen Professor ernannt, aber er hatte bis zum Jahre 1896 zu warten, bis ihm schließlich der Lehrstuhl Treitschkes übertragen wurde, freilich mit der ausdrücklichen Auflage, allgemeine Geschichte und Weltgeschichte zu lehren. Er hat ihn bis 1921 innegehabt.

Delbrücks wissenschaftlicher Karriere hat gewiß aber auch, wie später bei Arthur Rosenberg, die exponierte politische Aktivität sehr geschadet. Er hat zwar später bekannt: „Ich blieb immer und wollte bleiben, nicht Berufspolitiker, sondern der Gelehrte in der Politik“ [6], doch erzielte er im politischen Bereich zunächst schneller Erfolge, dort fand er bald eine größere Resonanz und Beachtung als im Felde der Wissenschaft. Schon 1882/83 hatte er die Leitung der ›Politischen Wochenschrift‹ [7] inne, die zwischen allen Parteien stehend soziale und liberale Ideen in gemäßigter Weise propagierte, ohne dabei mit den konservativen Kräften der Tradition zu brechen. 1882 bis 1885 gehörte Delbrück dann als Freikonservativer dem preußischen Abgeordnetenhause an, nach einem Wahlkampf, in dem er einen berühmten Berliner Kollegen, Rudolf von Gneist, besiegt hatte. 1884 bis 1890 war er als Abgeordneter von Greifswald Mitglied des Deutschen Reichstages. Doch seine stärkste politische Wirkung erzielte er nicht hier, sondern als Herausgeber der ›Preußischen Jahrbücher‹.

Zur Entlastung von H. von Treitschke war Delbrück 1883 in die Redaktion dieser Zeitschrift eingetreten, zwischen 1890 und 1919 blieb er der alleinige Herausgeber. Die monatlich erscheinen-

[6] Krieg und Politik. III. 1919, 226.

[7] Das Programm der ›Politischen Wochenschrift‹ ist abgedruckt bei A. Thimme, H. Delbrück als Kritiker der wilhelminischen Epoche. Düsseldorf 1955, 157 f.

den blauen Hefte erreichten zwar lediglich eine Auflage von 2000 Exemplaren und damit nie die Breitenwirkung der modernen Massenmedien, aber sie gelangten als Organ der Führungsschicht des preußischen Staates doch zu großem Einfluß. Nicht zuletzt erwiesen sie sich deshalb als so wirkungsvoll, weil Delbrück die Mentalität, die Kategorien und Maßstäbe der leitenden Beamten, der Parlamentarier und Hochschullehrer kannte, weil er ihren Stil beherrschte und über eine Diktion verfügte, die sich oft als zwingend erwies. Delbrück hat es nie auf bloße Effekte angelegt, der Besserwisserei stand er fern. Ihm ging es vielmehr stets um das Finden des rechten Weges und der rechten Mittel: seine Beiträge waren immer fundiert, die Argumentation nüchtern und sachlich, die angebotenen politischen Alternativen realisierbar, die Wertungen begründet. In der Sache herrschte unter Treitschke wie unter ihm dasselbe Programm: „Vereinigung von Macht und Kultur, von Preußentum und Deutschtum, nationale Gesinnung, aber kein National-Pfaffentum, nationaler Idealismus, aber kein nationaler Fanatismus, deutsches Volkstum als Glied der allgemeinen Menschheits-Bildung, Staats-Gesinnung statt der Partei-Gesinnung.“ [8]

Eine enge Parteigesinnung war von Delbrück nie zu erwarten. Als er von der späteren Kaiserin Friedrich einmal nach seiner Parteizugehörigkeit gefragt wurde, soll er geantwortet haben: „Ich bin ein konservativer Sozialdemokrat.“ [9] Er konnte deshalb von Fall zu Fall die überlegene politische Klugheit der Konservativen ebenso anerkennen wie den Scharfblick der Sozialdemokraten oder die Tatsache, daß „die Sozialdemokratie die einzige interessante, noch nicht im Stadium der Versteinerung befindliche, noch Talente aufweisende deutsche Partei sei“ [10]. Aufs Ganze gesehen überwogen freilich die konservativen Bindungen. Trotz aller Enttäuschungen durch Wilhelm II., den er schon früh persönlich kennengelernt und richtig eingeschätzt hatte, war Delbrück wie viele seiner Kollegen

[8] Krieg und Politik. I. 1918, 3. A. v. Harnack, a. O., 421 f. hat die ›Preußischen Jahrbücher‹ in sehr lehrreicher Weise mit M. Hardens ›Zukunft‹ verglichen.

[9] Erinnerungen, Aufsätze und Reden. ²1902, 479.

[10] Das Wort wurde 1902/03 formuliert. Siehe H. Delbrück, Vor und nach dem Weltkrieg. 1926, 27.

davon überzeugt, daß die Monarchie die für Deutschland angemessenste Staatsform wäre.

Für Delbrücks politische wie für seine historische Anschauung gab den Ausschlag, daß er, ähnlich wie Hegel und Ranke, im Staat die idealisierte Grundformation der menschlichen Geschichte sah. Seine Betrachtungsweise ist hier transzendent. Da für Delbrücks ideale Sicht Staat und Kulturstaat identisch werden konnten, respektierte er den fast absolut gesetzten Staat. Aber letzten Endes blieb es dann doch wieder bei dem „polarischen Gegensatz" zwischen Individuum und Staat. Der „Gegensatz zwischen Staat und Individuum in seiner ewigen Unlösbarkeit ist eines der großen bewegenden Momente der Weltgeschichte. Es ist der Gang Gottes in der Welt, daß der Staat ist; sein Grund ist die Gewalt der sich als Wille verwirklichenden Vernunft." Diese Sätze aus der Einleitung der ›Weltgeschichte‹[11] führen ins Zentrum von Delbrücks historisch-politischem Denken. Eine solche Legitimation und Anerkennung des Staates hatte notwendig auch die Anerkennung staatlicher Macht zur Folge und insbesondere die Sorge für den Ausbau der Streitkräfte.

Es ist für Hans Delbrück bezeichnend, daß er zunächst den Aufbau der deutschen Flotte aktiv gefördert und anfangs auch in vollem Umfange bejaht hat. Den Antagonismus und die Rivalität zwischen Deutschland und England erkannte er frühzeitig, ohne darüber zum Hetzer zu werden. Im Jahre 1905 stellte Delbrück nüchtern fest: „Um den Gegensatz England—Deutschland wird sich die Weltpolitik im nächsten Menschenalter bewegen."[12] Dennoch warnte er auch hier vor Übertreibungen. 1911 sprach er sich offen gegen das forcierte Tempo der Flottenrüstung aus und forderte statt dessen eine Verstärkung der Armee.

Die Unabhängigkeit Delbrücks tritt indessen kaum je deutlicher zutage als in der Kriegszieldiskussion während des 1. Weltkrieges. Gewiß, er hat lange von deutschen Annexionen im Baltikum ge-

[11] I, 16. — Die ausführlichste Schilderung der politischen Anschauungen H. Delbrücks findet sich in der unter dem Titel ›Regierung und Volkswille‹ erschienenen Buchausgabe einer Vorlesung für Hörer aller Fakultäten ›Parteien und Parteiregierung‹. (Berlin 1914.)

[12] Vor und nach dem Weltkrieg, 95.

träumt, wo die von den Russen vertriebenen deutschen Bauern angesiedelt werden sollten. Und er hat noch im Juni 1917 den Traum eines in sich geschlossenen, großen deutschen Kolonialreiches in Zentralafrika propagiert, ein Traum, der heute nur noch erschauern lassen kann: „Wird unser Sieg groß genug sein, so können wir hoffen, das ganze mittlere Afrika mit unserem alten Süd-West in unserer Hand zu vereinigen: Senegambien, Sierra Leone, die Goldküste, Dahome, das volkreiche Nigeria mit dem Hafen Lagos, Kamerun, die üppigen Inseln San Thomé und Principe, den französischen und den belgischen Kongo, das zukunftsreiche Angola mit seinen vorzüglichen Häfen, das Erzgebiet Katanga, Nord-Rhodesia, Nyassa-Land, Mozambique mit der Delagoa-Bai, Madagaskar, Deutsch-Ostafrika, Zanzibar, Uganda; dazu auf den Azoren den großen ausgebauten Hafen Ponta Delgado, eine der wichtigsten und besuchtesten Kohlenstationen, und Horta, eine der wichtigsten Zentralen der transatlantischen Telegraphenkabel.“ [13]

Auf der andern Seite aber stemmte sich Delbrück ebenso dezidiert den deutschen Annexionsabsichten im Westen, speziell in Belgien, entgegen. Er exponierte sich mit öffentlichen Erklärungen, trat entschlossen für einen Verständigungsfrieden ein und mußte sich deshalb von Eduard Meyer der Schar der „Flaumacher“ zurechnen lassen. Gerade während des 1. Weltkrieges trat bei Delbrück der Widerstreit der fortschrittlichen und kritischen Auffassungen mit seiner konservativen Grundhaltung ins Licht, jener große innere Konflikt, den er sein Leben lang auszuhalten hatte. Denn ganz anders als viele seiner Zeitgenossen sah er die bedenklichen Symptome des Wilhelminischen Reiches schon lange vor dem militärischen Zusammenbruch und brandmarkte sie auch, obwohl er diesen Staat bejahte.

Schon 1895 war Delbrück den staatlichen Versuchen entgegengetreten, mit Polizeigewalt gegen die Sozialdemokratie vorzugehen. Er sprach von den „Torheiten der Polizei“, die dafür sorgen, „daß das Bewußtsein der Freiheitsbeschränkung unausgesetzt in den Arbeitern wachgehalten und ihnen der Dorn ins Fleisch gedrückt wird“ [14].

[13] Krieg und Politik. II, 226.

[14] Zitiert nach P. Rassow (vgl. Anm. 2), 142.

Der preußische Innenminister sah sich durch solche Äußerungen provoziert und ließ Anklage gegen Delbrück erheben, die er erst wieder zurückzog, als er die negative Reaktion der öffentlichen Meinung konstatieren mußte. Ähnlich scharf und kompromißlos hat Delbrück die Polen- und die Dänenpolitik angegriffen[15] und dabei die Exzesse des nationalen Fanatismus aufgezeigt, was ihm eine Geldstrafe und einen Verweis des Kultusministeriums eintrug. Vor dem sozialen und intellektuellen Niveau des Deutschen Reichstages[16] machte Delbrücks Kritik ebensowenig halt wie vor der Bürokratie: „Der Kulturkampf, der Kampf mit der Sozialdemokratie, der Jammer in den Ostmarken und in Nordschleswig, der Geist unserer Strafjustiz, der Scharfmacherei, alles das hat auch noch andere Seiten und tiefere Wurzeln, aber seine eigentliche Farbe hat es von der Bureaukratie, die immer nur das Nächste, vor Augen liegende, die durchzusetzende Autorität, den zu schädigenden Geg-

[15] „Die jüngsten Ausweisungen in Schleswig schreien zum Himmel. Wenn man in der Darstellung der deutschen Geschichte zum Schleswig-Holsteinschen Kriege kommt und die Untaten der Dänen an dem verratenen Bruderstamm schildern möchte, dann stockt die Stimme und das Wort erstirbt auf der Zunge, denn die peinliche Wahrheit legt sich dazwischen: es war alles Kinderspiel, was die Dänen damals getan haben, und was den sittlichen Zorn des damaligen deutschen Volkes erregte, gegen die Gewaltsamkeit, mit der wir heute selber jene Landschaft regieren. Und noch schlimmer als die Brutalität, die uns zum Abscheu der gebildeten Welt macht, ist die Verblendung, die da glaubt, mit solchen Mitteln im Kampf der Nationalitäten dauernde Erfolge erzielen zu können. Es ist mit der nationalen Gesinnung wie mit der Religion: hinter den wahrhaft Frommen erheben sich sofort die greulichen Pfaffen, Ketzerriecher und Inquisitionsrichter, um im Namen des Heiligen ihre Schändlichkeiten zu verüben. So hat auch die nationale Gesinnung bei uns hier und dort einen nationalen Fanatismus erzeugt, der wild und verstockt glaubt, die Gesetze der Menschlichkeit mit Füßen treten zu dürfen, und dem nationalen Gedanken, dem er zu dienen vermeint, unverwindlichen Schaden zufügt." Zitiert nach Rassow, a. O. (Anm. 2), 143.

[16] „Es ist eine ... durchaus ehrenwerte Gesellschaft, aber sie ist in ihrem Wesen subaltern." (1907). Vgl. Vor und nach dem Weltkrieg. 1926, 173.

ner sieht, die weiten, außerhalb des Ressorts liegenden moralischen und sonstigen Schäden aber nicht in Betracht zieht."[17]

Delbrück, der für eine „Politik der Reserve, der Geduld und der Geschmeidigkeit"[18] eintrat, mußte sich mehr und mehr von den hypertrophen Forderungen und von der Anmaßung der Alldeutschen abgestoßen fühlen. Hellsichtiger als viele seiner Kollegen erkannte er die Gefahren eines maßlos übersteigerten nationalen Fanatismus gerade deswegen so früh, weil er ein Nationalist im besten Sinne des Wortes war. Es blieb seine Überzeugung, daß das Deutsche Reich an der „patriotischen Demagogie"[19] zugrunde gegangen sei, und er war bereit, daraus die Konsequenzen zu ziehen: „Die Welt verlangt und hat ein Recht zu verlangen, daß das deutsche Volk ihr eine Bürgschaft gebe, daß der alldeutsche Geist, der Geist der Überhebung, der Gewalt, der Bildungsfeindlichkeit, des Heidentums, nicht der deutsche Geist sei."[20]

Delbrücks wissenschaftliche Leistung gehört zu gleichen Teilen der Kriegsgeschichte und der Universalgeschichte an. Für seine ›Geschichte der Kriegskunst‹, in der seine kriegswissenschaftlichen Studien schließlich gipfelten, ist es charakteristisch, daß er sie nicht isoliert und verengt verstanden wissen wollte, sondern daß er sie von Anfang an gerade in ihrer Verflechtung mit der allgemeinen Geschichte sah: „Das Kriegswesen ist nicht losgelöst von dem sonstigen allgemeinen Leben der Völker, sondern im Gegenteil eine seiner allercharakteristischsten Äußerungen. Aus dem Kriegswesen kann man zurückschließen nicht bloß auf den Volkscharakter,

[17] Pr.Jb. 116, 1904, 360. Vgl. auch die Äußerung an der in Anm. 16 zitierten Stelle: „Die Reichsbotenschaft ist eben das echte und rechte Gegenstück zu unserm Beamtentum, in dem ja auch bis zu den höchsten Spitzen herauf ein ebenso ehrenwerter, aber auch beschränkter, kleinlicher Sinn herrscht: Pedanterie, Assessorismus, Kastengeist, sind alles nur Zweige von demselben Baum."

[18] Pr.Jb. 103, 1901, 191.

[19] Vor und nach dem Weltkrieg. 1926, 148.

[20] Zitiert nach v. Harnack, a. O. (Anm. 2), 424. Gerade deshalb war Delbrück aber auch legitimiert, sowohl gegen die eindeutige Fixierung deutscher Kriegsschuld am Ersten Weltkrieg als auch gegen die Idealisierung des Generals Ludendorff in die Schranken zu treten.

sondern auch auf den sozialen Aufbau, den wirtschaftlichen Zustand und die Staatsverfassung und von der Staatsverfassung wieder auf das Kriegswesen. Ritterliche Kriegsweise bedingt auf sozialem Gebiet eine feudale Ordnung mit allen ihren unendlichen Folgen für Denkweise und Wirtschaftsleben eines Volkes. Das leuchtet auf den ersten Blick ein, aber auch weiter sind zwischen Taktik und Kriegsverfassung ganz enge und vielfältige Wechselwirkungen, und die Kriegsverfassung ist wiederum ein so wesentlicher Teil der gesamten Staatsverfassung eines Volkes, daß eine allgemeine Geschichte der Kriegskunst bis auf einen gewissen Grad zur allgemeinen Verfassungsgeschichte werden mußte."[21]

Den Problemen der antiken Kriegskunst und des antiken Heerwesens hat Delbrück in den ersten beiden Bänden seines Werkes einen verhältnismäßig breiten Raum zugestanden, und gerade hier lösten seine Thesen sogleich eine lebhafte und lange anhaltende Diskussion aus. Man wird sagen müssen, daß sein Name aus den modernen Forschungen zur antiken Kriegsgeschichte nicht wegzudenken ist, daß er selbst dort, wo er überwiegend nur Widerspruch provozierte, die Mitforschenden durch seine *Methode* beeindruckt und stimuliert hat.

Es war selbstverständlich auch für Delbrück unumgänglich, bei seiner Rekonstruktion der antiken Schlachten und Entwicklungen von einer intensiven Interpretation der schriftlichen Überlieferung auszugehen.[22]

Das Neue an seinen Arbeiten war indessen, daß er sich in erster Linie mit dem Studium der „sachlichen Bedingungen" und der „technischen Möglichkeiten der Ereignisse"[23] befaßte, kurz, daß er jene „Sachkritik" betrieb, die seither zu einem festen Begriff der allgemeinen wissenschaftlichen Terminologie geworden ist. Es bedeutete für die Zeitgenossen eine Revolution, daß Delbrück zur

[21] Vor und nach dem Weltkrieg. 1926, 470. Vgl. auch Delbrücks Vorwort zum IV. Band der Geschichte der Kriegskunst.

[22] Im folgenden werden einige Gedanken und Formulierungen meiner Einleitung zum Nachdruck der 3. Auflage des ersten Teils der Geschichte der Kriegskunst im Rahmen der politischen Geschichte. Berlin 1964, IV aufgenommen.

[23] Geschichte der Kriegskunst. I^3, VII.

Lösung der Probleme der antiken Kriegsgeschichte Analogien der Burgunder- und der Freiheitskriege heranzog, daß er die Länge der Marschkolonnen eines modernen Armeekorps, Bestimmungen des preußischen Reglements „Vorschriften über das Turnen der Infanterie" oder Ergebnisse eines „Sarissen-Exerzierens" der Berliner Akademischen Turnvereine zu Beweismitteln für die Kriegsgeschichte des Altertums erhob.

Delbrücks unerbittliche Kritik, die stark von Julius Beloch[24] beeinflußt wurde, eine Kritik, welche vor keiner Angabe eines antiken Autors haltmachte, schlug sich zunächst im Ergebnis der „kleinen Heereszahlen" nieder. Das heißt, Delbrück konnte mehrfach, speziell für die Perserkriege, die Zeit des Peloponnesischen Krieges, das Heer Alexanders d. Gr. und für die Epoche Caesars, den Nachweis führen, daß die in den antiken Quellen überlieferten großen Heereszahlen und die Angaben über die Größe der Bevölkerung aus sachlichen Gründen gar nicht zutreffen können. Er hielt selbst „die Richtigstellung des Zahlen-Verhältnisses in Cäsars gallischem Krieg" geradezu für „das wichtigste Ergebnis des ganzen Buches"[25].

„Das Heer, das Xerxes nach Griechenland führte, wird von Herodot ganz genau auf 4 200 000 Mann mit dem Troß angegeben. Ein Armeekorps, das sind 30 000 Mann, nimmt nach der deutschen Marschordnung etwa drei Meilen ein (ohne den Fuhrpark). Die Marschkolonne der Perser wäre also 420 Meilen lang gewesen, und als die Ersten vor Thermopylä ankamen, hätten die Letzten gerade aus Susa jenseits des Tigris ausmarschieren können."[26] Mit Überlegungen und Argumentationen dieser Art konnte Delbrück die antiken Zahlenangaben ad absurdum führen. Doch zeigten sich dann bei ihm wie bei denjenigen Gelehrten, die seine Methode nach ihm anwandten, sehr früh die Grenzen dieser sachkritischen Methode.[27] Diese war wohl geeignet, die Widersprüche oder die innere Unwahrscheinlichkeit der antiken schriftlichen Überlieferung ans

[24] Geschichte der Kriegskunst. I³, X. – Vgl. unten S. 256 ff.

[25] Geschichte der Kriegskunst. I³, X.

[26] Geschichte der Kriegskunst. I³, 10.

[27] K. Christ, Einleitung zum Nachdruck Geschichte der Kriegskunst. I³. 1964, VII f.

Licht zu ziehen, primär blieb sie jedoch stets negierend, und bei allen Versuchen, an die Stelle der offensichtlich falschen überlieferten Zahlen verläßliche neue zu setzen, war sie meist auf subjektive Schlüsse und Beurteilungen angewiesen. Allerdings wird man hier einräumen müssen, daß die neuere Forschung auch auf anderen Wegen in der Frage des persischen Invasionsheeres von 480 v. Chr. keine Übereinstimmung erzielen konnte.[28]

Im Falle der Bevölkerungszahlen und der Heeresstärken zu Beginn des Peloponnesischen Krieges lag die Quellensituation für Delbrück gerade umgekehrt wie im Falle der herodoteischen Überlieferung über die Perserkriege. Hier mußte Delbrück versuchen, die von Thukydides gegebenen „kleinen Zahlen" zu sichern und zu erklären. In einer sehr eingehenden Interpretation der bei Thukydides II, 13 vorliegenden Angaben und durch die Kombination dieser Zahlen mit dem Bericht über das Jahr 428 v. Chr. in III, 17 ist Delbrück zu dem Ergebnis gekommen, daß Athen im Jahre 431 v. Chr. „im ganzen 37 500—50 000 Bürger und Metöken" aufwies, „wovon wir 30—40 000 Bürger ansetzen dürfen, davon 22 500 bis 30 000 Waffenfähige"[29]. Die Ermittlung der richtigen Zahlen war für Delbrück keine statistische Spielerei, sondern geradezu die „Grundfrage bei der Beurteilung des Peloponnesischen Krieges". Denn, wenn „es wahr wäre, daß Athen damals 60 000 Bürger hatte, während es bestehen bleibt, daß Lacedaemon nicht mehr als 2—3000 Spartiaten und 9000 Periöken-Bürger zählte, so hätte Athen wohl eine Politik und Kriegsführung nach der Weise Roms wagen können". Delbrück zögerte nicht, die Beurteilung des Perikles und des Thukydides von „der richtigen Feststellung dieser trockenen Zahlen" abhängig zu machen, und er verkündete schließlich mit voller Emphase: „Die Autorität des größten aller Historiker ist unrettbar zerstört, eine Säule der griechischen Literatur ist umgestürzt — wenn jemand nachweist, daß Athen im Jahre 431 60 000 Bürger gehabt hat."[30]

[28] K. Christ, a. O., VIII. Die Ansätze schwanken zwischen mehreren Hunderttausend und 80 000 Mann.

[29] Geschichte der Kriegskunst. I³, 19 f.

[30] a. O., 128.

In einer ganzen Reihe von neueren Untersuchungen sind seither die athenischen Bevölkerungszahlen zu Beginn des Peloponnesischen Krieges erörtert worden, wie auch das zweite Problem, das die Angaben des Thukydides in II, 13 aufwerfen, der scheinbare Widerspruch zwischen den 13 000 „Feldhopliten" und den 16 000 Mann Garnisontruppen innerhalb der damaligen Festung Athen.[31] Zu einer Übereinstimmung ist es in beiden Fragen nicht gekommen. Immerhin bewegen sich die modernen Schätzungen der athenischen Bevölkerung nicht allzuweit von Delbrücks Werten entfernt.[32] Doch, um auf den Kern von Delbrücks Fragestellung zurückzukommen, darin fand Delbrück jedenfalls Zustimmung, daß die relativen Zahlenverhältnisse im Jahre 431 v. Chr. die von Perikles im Peloponnesischen Krieg gewählte Strategie begründeten und rechtfertigten – wie immer es um die Höhe der absoluten Zahlen bestellt sein mag.

In ähnlicher Schärfe wie bei den herodoteischen Zahlen der Perserkriege, so hat Delbrück auch die in der antiken Überlieferung für den Zug Alexanders d. Gr. berichteten Zahlen in Frage gestellt. Er zerschlug die traditionelle Vorstellung, daß Alexander mit einem zahlenmäßig hoffnungslos unterlegenen Heer nach Asien übergesetzt wäre und es stets mit einem numerisch weit überlegenen Gegner zu tun gehabt hätte: Seiner Ansicht nach war das Heer Alexanders d. Gr. „wohl etwa doppelt so groß als dasjenige, mit dem einst Xerxes zur Eroberung Griechenlands ausgezogen war"[33]. Von den in der Überlieferung für die persischen Heere am Granikus, bei Issos und bei Gaugamela angegebenen Zahlen sei „gänzlich abzusehen". Für die Schlacht am Granikus nahm Delbrück kräftemäßig

[31] a. O., 20 ff.

[32] A. W. Gomme, The Population of Athens in the Fifth and Fourth Centuries B. C. 1933, 26 nimmt damals eine Bevölkerung von 43 000 Bürgern, 9 500 Metoiken und 115 000 Sklaven an. V. Ehrenberg, Der Staat der Griechen. I. 1960, 24 f. rechnet mit 35—45 000 Bürgern, 10—15 000 Metoiken und 80—110 000 Sklaven. – Zu der Feldhoplitenzahl A. H. M. Jones, Athenian Democracy. 1957, 161—180, andererseits A. W. Gomme, A historical Commentary on Thucydides. II. 1956, 34 ff. und The Population of Athens again, JHS 79, 1959, 61—68.

[33] Geschichte der Kriegskunst. I^3, 178.

eine Überlegenheit der Makedonen an[34], für Issos zumindest in der Infanterie. Im Falle von Gaugamela erklärte er apodiktisch, daß Dareios gewiß nicht mehr als 12 000 Reiter zur Verfügung standen[35] und „eine relativ geringe Zahl Fußsoldaten", „gewiß nicht mehr, eher weniger als die Mazedonier" [36].

Als letztes Beispiel von Delbrücks Kritik der „großen Zahlen" sei diejenige an Caesars Angaben über den Helvetierzug und die Kämpfe um Alesia hervorgehoben, da sie, wie schon erwähnt, Delbrück besonders am Herzen lag. Die von Caesar für den Helvetierzug angeführte Gesamtzahl von 368 000 Teilnehmern hat Delbrück kategorisch verworfen.[37] Er selbst gelangte nach dem Durchdenken aller Bewegungen zu der Überzeugung, daß der Zug nicht einmal annähernd 110 000 Köpfe zählte, sondern im ganzen vielleicht 20 000.[38] Ähnlich radikal war sein Eingriff im Falle von Alesia. Statt der 80 000 Personen, die Caesar in Alesia eingeschlossen sein ließ, schätzte Delbrück deren Zahl auf rund 20 000. Statt eines Entsatzheeres von 250 000 Galliern rechnete Delbrück mit lediglich etwa 50 000 Mann.[39] Diese Kritik und diese Gegenvorstellungen haben sich freilich nicht durchsetzen können.[40] Delbrücks Fragen gingen in der neueren Forschung auf in der größeren nach Caesars Glaubwürdigkeit.[41]

Auf diese Weise protestierte Delbrück gegen die Buchstaben- und Zahlengläubigkeit der konventionellen philologischen Interpretation. Der in seiner Gegenwart dominierenden rein philologischen

[34] a. O., 181.

[35] a. O., 209.

[36] a. O., 210. — Vgl. zum Forschungsstand meine Einleitung, XI.

[37] a. O., 498 f.

[38] a. O., 515.

[39] a. O., 540 ff.

[40] Siehe z. B. F. Staehelin, Die Schweiz in römischer Zeit. ^{3}1948, 73 und E. Kirsten, Raum und Bevölkerung in der Weltgeschichte. I. 1956, 229. Eine Sonderstellung nimmt E. Meyer, Die Zahl der Helvetier bei Caesar, Zeitschrift für Schweiz. Gesch. 29, 1949, 65—70 ein.

[41] Siehe dazu insbesondere M. Rambaud, L'art de la déformation historique dans les Commentaires de César. ^{2}1966 mit der Zusammenstellung der wichtigsten Literatur S. 375 ff.

Kritik setzte er seine Sachkritik entgegen. Im Banne einer konkreten Anschauungs- und Vorstellungskraft, einer plastischen Vergegenwärtigung des Geschehens, wie sie mit ähnlicher Energie nur von wenigen nachvollzogen wurde, suchte er die sachlichen und technischen Voraussetzungen der Ereignisse zu klären, die Eigenart der Heere und ihrer Kampfweise zu definieren. Immer wieder, in allen Epochen und bei allen Feldzügen, kreisten seine Gedanken dabei um die richtigen Zahlen, sowohl für Napoleon als auch für Friedrich d. Gr. konstatierte er hier falsche Angaben. Immer wieder hämmerte er die Bedeutung der Zahlen ein: „Die Zahlen, nicht nur die Heeres-, sondern auch die Volkszahlen, sind von der höchsten Bedeutung für alles geschichtliche Leben und Werden – wenn wir von den Zahlen bekennen müssen, daß wir sie nicht wissen, was können wir dann überhaupt von den geschichtlichen Erscheinungen mit Sicherheit sagen?“ [42]

Doch Delbrück blieb nicht beim Agnostizismus stehen, für die Ermittlung der richtigen Zahlen berief er sich auf die Analogie: „Dasselbe Hilfsmittel, vermöge dessen wir den Glauben an die Zuverlässigkeit der in den Quellen überlieferten Zahlen erschüttert haben, wird uns zu besseren Zahlen verhelfen. Es ist der Vergleich der Zahlen untereinander. Alle Zahlen kontrollieren einander gegenseitig. Nicht bloß die Zahlen aus derselben Zeit und über dasselbe Ereignis, sondern auch Zahlen aus den allerentferntesten Zeiten.“ [43] So ergab sich für Delbrück zum Beispiel aus dem Vergleich mit den Truppenstärken und Versorgungsproblemen des Krieges von 1870/71, daß die Zahlenangaben der Überlieferung über die Heere Attilas, der Kimbern, überhaupt der Germanenheere der römisch-germanischen Auseinandersetzung falsch sein mußten. Der Weg, um zu den richtigen Zahlen zu gelangen aber wurde so skizziert: „Mit Hilfe solcher Analogieschlüsse, mit Hilfe einer sehr sorgsamen Prüfung aller in den Quellen überlieferten Zahlen, unter Festhaltung der wirklich ganz sicheren, mit Hilfe der Berechnung der Wege, der Marschtiefen, der Brückenübergänge, der Be-

[42] Geist und Masse in der Geschichte (1912), in: Vor und nach dem Weltkrieg. 1926, 604.

[43] a. O., 604.

wegungsmöglichkeit, mit Hilfe der Untersuchung der Schlachtfelder und des Raumes, den sie bieten, auf Grund der Verpflegungsmöglichkeit haben sich viele Zahlen, wenn auch nicht exakt, doch dem Bedürfnis entsprechend, zuverlässig genug berechnen lassen." [44]

In einem akademischen Festvortrag ›Geist und Masse in der Geschichte‹[45] hat Hans Delbrück die hiermit aufgeworfenen Probleme umfassend analysiert. Die Masse und die große Zahl wurden dabei nicht verachtet, Delbrück wies im Gegenteil auf die Aufgabe der Völker und Feldherren hin, möglichst stark zu sein. Er bejahte die Masse und sah im Einsatz der disziplinierten und organisierten Massen das Geheimnis des Erfolges der Römer: „Sie selbst waren es, die durch ihre Masse die Gegner, sei es ausdauerten, sei es erdrückten, und das ist ihr Ruhm. Denn nicht bloß Tapferkeit ist kriegerischer Ruhm, sondern auch die im Frieden und durch Gesetzgebung vorbereitete kriegsbereite Masse ist Ruhm. Die unbewegte Masse freilich ist tot, blöde und verächtlich und darum wirkungslos. Bewegte Masse aber ist organisierte Masse, ist Organismus, ist Kraft und Leben, ist menschliche Leistung. Sie ist das eigentliche Objekt des politischen und kriegerischen Genius." [46] Ja, diese organisierte Masse, wie sie in der Kriegsgeschichte auftritt, ist für Delbrück geradezu „Geist".[47]

Der Analogie hat sich Delbrück indessen auch noch auf andere Weise bedient. Schon die frühen wichtigen Einzelstudien ›Die Perserkriege und die Burgunderkriege‹ (1887) und ›Die Strategie des Perikles erläutert durch die Strategie Friedrichs d. Gr.‹ (1890) deuten an, daß Delbrück die Eigenart von Kriegführung und Strategie in speziellen Fällen mit Hilfe von Vergleichen präziser erfassen wollte. Ebenso wichtig wie die Reduzierung der großen Zahlen war für ihn die Berücksichtigung der Tatsache, daß in den Perser- wie in den Burgunderkriegen jeweils Heere von Bürgern und Bauern über Ritterheere gesiegt hatten, mit allen Folgen und Implikationen, die sich daraus ergaben.[48]

[44] a. O., 610.

[45] = Vor und nach dem Weltkrieg. 1926, 600—623.

[46] a. O., 614.

[47] a. O., 616.

[48] Geschichte der Kriegskunst. I^3, 50.

Aus solchen vergleichenden Studien erwuchsen dann die neuen Kategorien, in denen Delbrück dachte und die er allgemein durchzusetzen versuchte, wobei der sogenannte *Strategiestreit* am meisten Aufsehen erregte. Delbrück hatte sich über den Studien zur Gneisenaubiographie eingehend mit den Unterschieden der Kriegführung im 18. und 19. Jahrhundert und deren soziologischen Voraussetzungen befaßt. Die Verschiedenheit in der Struktur der Heere schien ihm eine grundsätzlich andersartige Strategie zu fordern: Die stehenden Söldnerheere des 18. Jahrhunderts die „Ermattungsstrategie“, die Volksheere des 19. Jahrhunderts dagegen die Niederwerfungs- oder „Vernichtungsstrategie“. Als Repräsentanten der Ermattungsstrategie galten ihm unter anderem Perikles, Wallenstein und Friedrich d. Gr., als solche der Vernichtungsstrategie Hannibal, Caesar, Napoleon, Gneisenau und Moltke. Es war nicht zuletzt die Einstufung Friedrich d. Gr., die hohe preußische Offiziere, wie den Freiherrn Colmar v. d. Goltz und Th. v. Bernhardi, in die Schranken rief und die wissenschaftliche Diskussion zugleich zu einer Angelegenheit von Tradition und Prestige werden ließ, was der sachlichen Klärung alles andere als dienlich war.[49] Doch die neue Perspektive führte auch im Bereich der Geschichte des Altertums zu lebhaften Kontroversen. Es ist dabei bemerkenswert, daß Delbrücks Gegner aus seinem Schatten nicht heraustreten konnten, sondern sich gezwungen sahen, in seinen Bahnen mitzudenken und seine Definitionen abzuwandeln. So setzte Delbrücks großer wissenschaftlicher Kontrahent, Johannes Kromayer[50], seinen Definitionen von Niederwerfungs- und Ermüdungsstrategie modifizierte, eigene entgegen, die es ihm zugleich erlaubten, an seiner alten Auffassung des Epameinondas als eines Niederwerfungsstrategen festzuhalten, wobei er ausdrücklich einräumte, daß er diesen Begriff in ganz anderer Weise verstehe als Delbrück[51].

[49] Vgl. O. Haintz, Einführung zum IV. Band des Neudrucks. 1962, IV ff.

[50] Siehe unten S. 176 ff.

[51] J. Kromayer, Waren Hannibal und Friedrich d. Gr. wirklich Ermüdungsstrategen? HZ 131, 1924, 393—408. Dazu H. Delbrück a. O., 132, 1925, 447—449, Kromayer a. O., 449 f. Siehe auch ders. in Kromayer-Veith, Heerwesen und Kriegführung der Griechen und Römer. 1928, 148.

Ungeachtet solcher eigenwilliger Kategorien und prinzipieller Wertungen wird man doch sagen müssen, daß Delbrück auch den Leistungen der einzelnen Feldherren und der Erfassung der einzelnen Schlachten gerecht zu werden vermochte.[52] Wie hier, so haben auch seine Untersuchungen zur Struktur, Kampfweise und Entwicklung der antiken Heere alsbald zu leidenschaftlichen Auseinandersetzungen unter den Spezialisten geführt. Ob es um die „Rottenbreite“, das heißt den Frontraum des einzelnen Mannes in Phalanx und Legion ging oder um die Funktion des römischen Rittertums in der frühen Republik, stets hatte er mit J. Kromayer, G. Veith, häufig auch mit E. Meyer die Klinge zu kreuzen und mußte dabei manche schweren Hiebe hinnehmen. Nicht zuletzt gilt das für die von Delbrück analysierten antiken Schlachten.

H. Berve hat beiläufig einmal von Delbrücks „weder durch eingehende Geländeforschung noch durch eindringliche Quelleninterpretation gestützten, rationalistisch willkürlichen Schlachtdarstellungen“ [53] gesprochen und damit zumindest den unüberbrückbaren Gegensatz herausgearbeitet, der zwischen den Methoden von H. Delbrück einerseits, J. Kromayer und G. Veith andererseits bestand. Dieser, vor allem in den Namen Delbrück und Kromayer personifizierte Methodenstreit wird seiner generellen Bedeutung wegen stets lehrreich bleiben.

Der annähernd zehn Jahre jüngere *Johannes Kromayer*[54], der in Weißenburg und Straßburg entscheidende Eindrücke erfahren hatte und bei Heinrich Gelzer und Heinrich Nissen in eine strenge und nüchterne Schule geraten war, hatte sich nach frühen Arbeiten zur Geschichte des Prinzipats[55] ebenfalls um ein richtiges Verständnis einzelner Schlachten bemüht. Die Schlacht von Actium begriff

[52] Siehe dazu die Hinweise in meiner Einleitung, XIII f.

[53] HZ 151, 1935, 222.

[54] Vgl. über ihn den Nekrolog von O. Th. Schulz, in Bursians Jahrb. über die Fortschritte der klassischen Altertumswissenschaft. 4. Abt. Biogr. Jahrb. für Altertumskunde. 254. Band, 62. Jahrgang. 1936, 49—79. Lediglich bibliographisch bekannt ist mir: R. Günther, J. Kromayer, in: Bedeutende Gelehrte in Leipzig. Hrsg. von M. Steinmetz. I. 1965.

[55] Hervorzuheben ist insbesondere die Dissertation ›Die rechtliche Begründung des Prinzipats‹, Straßburg 1883.

er etwa konsequent als Durchbruchsschlacht. Untersuchungen und Vorträge dieser Art beflügelten Kromayer zu einem intensiven Studium der antiken Schlachtfelder, dessen Grundlage neben einer rigorosen Quellenarbeit die topographische Forschung und die Autopsie der in Betracht kommenden Plätze bildete. Große Forschungsreisen, die er in Begleitung von preußischen, österreichischen, italienischen und französischen Offizieren durchführte, erlaubten es ihm, an Ort und Stelle den Ablauf der militärischen Bewegungen zu rekonstruieren. Es ist keine Frage, daß Kromayer in dieser systematisch betriebenen Geländearbeit Delbrück oft überlegen war. Aus ihr erwuchs nicht zuletzt das Zusammenwirken mit dem bewährten Mitforscher, dem k. u. k. Hauptmann, zuletzt Oberst, Georg Veith († 1925), welches das Forscherpaar Kromayer und Veith zu einem festen Begriff werden ließ. In drei großen Publikationen fand beider Arbeit ihren Niederschlag: Zuerst wurden die Forschungen über die antiken Schlachtfelder in vier großen Bänden veröffentlicht,[56] dann erschien der unübertroffene Schlachtenatlas zur antiken Kriegsgeschichte[57] und schließlich das Handbuch über ›Heerwesen und Kriegsführung der Griechen und Römer‹[58], das gleichfalls zu einem Standardwerk werden sollte.

Die weithin positivistisch orientierte Forschung hat die Resultate der auf Quellenstudium, Geländekenntnis, Kartenarbeit und kriegstechnischen Untersuchungen beruhenden Werke von Kromayer und Veith im allgemeinen viel bereitwilliger übernommen als im Falle des in seiner Sachkritik, den Analogien und der subjektiven Reflexion oft angreifbaren Hans Delbrück. Während Kromayer und Veith die Aussage einer relativ verläßlichen antiken Quelle in der Regel unbedingt zu halten versuchten und gegebenenfalls Unwahr-

[56] Antike Schlachtfelder. Bausteine zu einer antiken Kriegsgeschichte. I. Die griechischen Schlachtfelder von Mantinea bis Sellasia (362—222 v. Chr.). 1903. — II. Von Kynoskephalae bis Pharsalos (200—46 v. Chr.). 1907. — III. Italien und Afrika vom ersten Punischen Krieg bis Cäsar (264—46 v. Chr.). 1912. — IV. Schlachtfelder aus den Perserkriegen, aus der späteren griechischen Geschichte und den Feldzügen Alexanders aus der römischen Geschichte bis Augustus. 1924.

[57] Schlachtenatlas zur antiken Kriegsgeschichte. Leipzig 1922 ff.

[58] München 1928.

scheinlichkeiten zurückstellten, zögerte Delbrück nicht, sich über die Aussage eines antiken Autors hinwegzusetzen, wenn seine sachlich und logisch begründete Rekonstruktion eines Schlachtenablaufs mit dessen Einzelheiten nicht zu vereinbaren war. Delbrücks anspruchsvolle, eigenwillige, stark reflektierte Forschungen wirkten oft provozierend. Sie fanden nur selten allgemeine Billigung, bieten indessen aus dem Rückblick häufig mehr Anregungen als die engen Textinterpretationen.

Das Beispiel der großen Kontroverse um die Schlacht von Cannae mag das verdeutlichen. Die Lokalisierungsfrage ist hier auch nach Kromayers Kartenarbeit noch immer offen.[59] Allein für das Verständnis der Schlacht sind die entscheidenden Impulse von Delbrück ausgegangen. Auf ihn geht die konsequente Definition der „Vernichtungsschlacht“ zurück, auf ihm fußte die berühmte Cannae-Studie des Grafen Schlieffen[60], die das Modell dieser Schlacht als strategische Ideallösung aktualisierte, mit allen Folgen, die sich daraus für die Strategie und für das Verhältnis von Kriegführung und Politik im 20. Jahrhundert ergaben. Ihm wird schließlich auch der eindringliche und leidenschaftliche Hinweis auf den Platz des Feldherrn in der Schlacht verdankt, ohne dessen Berücksichtigung ihr Ablauf in der Tat nicht voll begreiflich ist:

„Es läßt sich in der Kriegskunst nicht alles berechnen, wägen und messen: der Glaube an den eigenen Stern muß in dem Unberechenbaren die Entscheidung geben. Hannibal, um nicht die Zukunft der Gegenwart zu opfern, wagt es, die gefährliche Stelle den Galliern anzuvertrauen, zu mehrerer Sicherheit mischt er sie mit seinen Iberern, setzt ihnen vorher in einer Ansprache auseinander, wie in der weiten Ebene die überlegene Kavallerie wirken werde, und drückt das Siegel auf ihre Zuverlässigkeit, indem er selber bei ihnen seine Stellung nimmt. Alexander hatte an der Spitze seiner Ritter selber eingehauen. Hannibal übergibt das Kommando der Kavallerie einem seiner bewährten Generale und stellt sich mit seinem Stabe, seinen jungen Bruder Mago zur Seite, im Zentrum

[59] Vgl. die kurzen Forschungsübersichten meiner Einleitung S. XIX und bei H. Bengtson, Grundriß der Römischen Geschichte mit Quellenkunde. I. 1967, 99 f.

[60] A. Graf v. Schlieffen, Cannae, in Ges. Schriften 1, 1913, 25—266.

auf, um von hier aus die Schlacht zu leiten und durch die Macht seiner Persönlichkeit das schwache Eisen des Widerstandes zu stählen. Der Blick auf den Feldherrn, der Zuruf seiner Stimme gibt den Galliern das unerschütterliche Vertrauen in den Sieg, und sie bestehen die schwerste aller Prüfungen: vor einem übermächtigen Feinde zurückzuweichen, ohne sich von ihm überwinden zu lassen, unter den schwersten Verlusten den Kampf zu halten, bis die versprochene Hilfe von der anderen Seite erscheint. In keiner Schilderung der Schlacht darf der Hinweis auf die Bedeutung der Postierung Hannibals fehlen. Nicht bloß geistig, auch persönlich ist Hannibal der Mittelpunkt der Schlacht, nicht mehr, indem er selber den Flamberg schwingt, wie Alexander, noch nicht so, daß die Schlacht sich zu verschiedenen Akten differenziert hat, die der Feldherr selber dirigieren muß (mit dem Aufmarsch und dem Befehl zum Antreten ist die Schlacht vollständig vorgezeichnet), nur die Persönlichkeit als solche ist es, die in ihrem bloßen Dasein an einer bestimmten Stelle passiv-aktiv die entscheidende Wirkung ausübt." [61]

Der zweite Band der ›Geschichte der Kriegskunst‹ enthält praktisch eine Geschichte der römisch-germanischen Auseinandersetzung mit breiten Einlagen über den germanischen Staat und die germanische Siedlung, die Entwicklung der römischen Armee in der Kaiserzeit, den Niedergang des römischen Heerwesens bis zum Ursprung des Lehnssystems. In seiner Vorrede zur dritten Auflage dieses Bandes hat Delbrück gerade ihn für den wichtigsten des ganzen Werkes gehalten: „Dieser greift am allertiefsten ein in die überlieferten weltgeschichtlichen Auffassungen, sowohl durch Hinwegräumung der legendären Vorstellungen vom Untergang der antiken Welt und von der Völkerwanderung, wie durch positiven Aufbau, namentlich die Begründung des Bündnisses zwischen Constantin und der christlichen Kirche als Postulat der veränderten Kriegsverfassung und die Feststellung des Wesens der Lehnsverfassung und des Rittertums. Zu Grunde liegt die Polarität zwischen Einzelkämpfer und taktischem Körper im Wesen des Kriegertums, deren Herausarbeitung dann die Substanz des dritten Bandes bildet."

[61] Geschichte der Kriegskunst. I^3, 334.

Dazu wird man heute im Anschluß an G. Veith sagen müssen, daß tatsächlich der erste und der vierte Band, der dann bis zu Napoleon und Clausewitz führte, mit ihren Thesen von den „kleinen Zahlen“ und der prinzipiellen Unterscheidung zwischen Ermattungs- und Niederwerfungsstrategie auf lange Sicht die größere Resonanz gefunden haben. Diese Resonanz ging weit über den Rahmen der Zunft hinaus. Nachdem schon Franz Mehring auf die Bedeutung des Werkes hingewiesen hatte,[62] wurde die ›Geschichte der Kriegskunst‹ samt ihren Fortsetzungen von Emil Daniels und damit bis in den Anfang unseres Jahrhunderts erweitert in den Jahren 1936–1939 im Auftrage des Volkskommissariates für Verteidigung der UdSSR in einer neugeschaffenen russischen Übersetzung herausgegeben. Der die Edition einleitende K. Bočarov beanstandete zwar, daß Delbrück auf die wechselseitigen Abhängigkeiten und Beeinflussungen von Produktionsweisen, wirtschaftlichen und sozialen Entwicklungen einerseits, Heerwesen und Kriegführung andererseits nicht in der erforderlichen Intensität und Klarheit eingegangen sei, aber im Prinzip war Delbrück damit doch über die politischen Fronten hinweg als Klassiker der Kriegskunst anerkannt.

Im Bereich der Altertumswissenschaft war der Zuschnitt von Delbrücks Gesamtkonzeption, mit ihrer Verflechtung von sachkritischer Analyse, Würdigung individueller Leistungen und allgemeiner historischer wie spezieller technischer Entwicklung so persönlich, daß diese keine direkte Nachfolge finden konnte. Sieht man aufs Ganze, so kamen ihr am ehesten noch die Monographien von Sir Frank Adcock über die griechisch-makedonische und die römisch-republikanische Kriegskunst und die knappen Kapitel in dem Werk von Johannes Ullrich nahe.[63] Das von Delbrücks Widersachern verfaßte Handbuch, das die historischen Fragen hinter den technischen und organisatorischen zurückgestellt hatte, machte eher

[62] Fr. Mehring, Eine Geschichte der Kriegskunst, in: Ergänzungsheft zur ›Neuen Zeit‹. Nr. 4. 1908/09.

[63] F. E. Adcock, The Greek and Macedonian Art of War. 1957. Ders., The Roman Art of War under the Republic. 1940. — J. Ullrich, Das Kriegswesen im Wandel der Zeiten. 1940.

Schule,[64] die Aufgabe einer Synthese zwischen Quellenforschung, Ortsstudien und kritischer Reflexion blieb somit ungelöst. Vor allem aber ist hier auch die Tatsache zu bedenken, daß das antike Kriegs- und Heereswesen in den letzten Jahrzehnten unter völlig anderen Fragestellungen erforscht wurde als zur Zeit Delbrücks und Kromayers. Die vornehmlich von prosopographischer Grundlage ausgehenden Untersuchungen der antiken Heere und ihrer Führungsschichten oder die Erforschung des Einflusses der Waffentechnik auf das soziale Leben der Antike sind hervorstechende Beispiele dieser modernen Sicht.[65]

Delbrücks zweites wissenschaftliches Hauptwerk, das hier in seiner Bedeutung für die Geschichte des Altertums näher gewürdigt werden soll, ist seine ›Weltgeschichte‹, die er erst als Emeritus herausgab. Sie enthält jenen viersemestrigen Vorlesungzyklus über die Weltgeschichte von den Anfängen bis zum Amtsantritt Bismarcks im Jahre 1862, den Delbrück zwischen 1896 bis 1921, auf ausdrücklichen Wunsch Althoffs, an der Universität Berlin vortrug. Ihre Behandlung in diesem Zusammenhang erfolgt einmal deswegen, weil die Antike in Delbrücks Darstellung verhältnismäßig breiten Raum einnimmt, nicht zuletzt aber deshalb, weil das ein wenig in Vergessenheit geratene Werk sowohl methodisch als auch inhaltlich noch immer Beachtung verdient.

Schon bald nach seinem Studium hat sich Delbrück immer mehr Ranke zugewandt. Insbesondere Rankes ›Weltgeschichte‹ hat auf ihn einen sehr tiefen Eindruck gemacht. Hier fand er über alle Fachgrenzen, Spezialbereiche und Binnenmarkierungen der historischen Disziplin hinweg jene großen Linien und Perspektiven, die auch er ziehen wollte, hier die weiten Horizonte eines großen universalgeschichtlichen Raumes, in dem auch er dachte, hier jene Kraft der

64 Vgl. M. Marin y Peña, Instituciones Militares Romanas. 1956.

65 J. Volkmann, Die Waffentechnik in ihrem Einfluß auf das soziale Leben der Antike, in: Die Entwicklung der Kriegswaffe und ihr Zusammenhang mit der Sozialordnung, hrsg. von L. v. Wiese. 1953, 62—117.— G. Forni, Il reclutamento delle legioni da Augusto a Diocleziano. 1953. — E. Birley, Roman Britain and the Roman Army. 1953. — K. Kraft, Zur Rekrutierung der Alen und Kohorten an Rhein und Donau. Diss. Bernenses I, 3. 1951.

Reflexion, die er selbst erstrebte. Delbrück hat seine ›Weltgeschichte‹ ganz im Banne Rankes gestaltet, er hat seinen Hörern Rankes Werk als wichtigste Ergänzungslektüre empfohlen und noch in der Buchausgabe der Vorlesungen ein beständiges Zwiegespräch mit Ranke geführt, auch dort, wo er ihn nicht eigens zitierte. Gegen die längst zur Mode gewordenen Angriffe[66] nahm er Rankes Werk konsequent in Schutz, er gestand wohl gewisse Fehler ein, doch „wie das bei den ganz großen Geistern ist: in ihren Irrtümern steckt oft mehr Weisheit als in den korrekten Forschungsergebnissen der Kleinen“ [67].

Ein zweiter starker Impuls für Delbrücks Verständnis der Weltgeschichte ging von Hegel aus, dessen Schüler sein Großvater mütterlicherseits, Leopold von Henning, gewesen war. Mit Delbrücks Hegelrezeption ist es freilich eine eigene Sache: Er hat versucht, ihn mit Ranke zu harmonisieren, und die Frage mag auf sich beruhen, ob er damit der Geschichtsphilosophie Hegels wirklich gerecht werden konnte.[68] Von der nachhegelianischen Geschichtsphilosophie, auch der Soziologie, bekannte Delbrück, daß sie außerhalb seiner Gedankenwelt liege.[69] Die materialistische Geschichtsauffassung hat er stets konsequent abgelehnt,[70] Karl Marx selbst mit ätzenden

[66] Vergleiche darüber G. Freitag, Leopold von Ranke und die Römische Geschichte. Diss. Marburg 1966, 8 ff. und G. Wirth, Die römische Geschichte in der Sicht Hans Delbrücks. Staatsexamensarbeit Marburg 1966, 34 ff.

[67] Weltgeschichte. I. ^{2}1924, 9.

[68] Zum Verhältnis Ranke-Hegel vgl. E. Simon, Ranke und Hegel. HZ, Beiheft 15, 1928 und E. Schulin, Die weltgeschichtliche Erfassung des Orients bei Hegel und Ranke. Veröffentl. Max-Planck-Institut für Geschichte. 2. 1958.

[69] Weltgeschichte. I, 10.

[70] Die Marx'sche Geschichtsphilosophie. Berlin 1921. Charakteristische Urteile: A. O., 12: „Marx und alle seine Jünger haben geglaubt, über Geschichte philosophieren zu können, ohne sie studiert zu haben.“ — „Der erste prinzipielle Fehler ist die Gleichsetzung von Klassen und Ständen“, a. O., 13. — „Marx hat seine weltgeschichtliche Bedeutung dadurch erlangt, daß er einer großen aufstrebenden Macht, der industriellen Arbeiterschaft, ihre Ideologie gab.“ A. a. O., 24. — „Man kann die

Dicta herabgesetzt: „Marx war als Demagoge ein Heros, als Denker ein Sophist, als Gelehrter ein Scharlatan".[71] Aber man wird festhalten müssen, daß Delbrück diese neue Geschichtsauffassung wenigstens in ihrer Tragweite anerkannte, sie nicht unterschätzte und sich innerhalb seiner Grenzen und mit seinen Möglichkeiten mit ihr auseinanderzusetzen versuchte.

Mit Nachdruck ist zu betonen, daß Delbrück von den Grundkonzeptionen der Einheit der Menschheit und der Einheit der Geschichte ausgegangen ist. Die Einheit der Menschheit umfaßte nach ihm sowohl alle heute lebenden Menschen als auch alle früheren Generationen. Ja mehr noch, sie „nimmt sogar die zukünftigen voraus, indem die gegenwärtige für sie sorgt und arbeitet. Daher ist die Geschichte, die Erkenntnis der Vergangenheit ein wesentliches Stück der Menschheit. Eine Menschheit, die kein Interesse an der Vergangenheit hätte, wäre keine Menschheit mehr. Nicht um irgendeines Nutzen willen forschen wir in der Vergangenheit, sondern der Geist bedarf dieser Erkenntnis, um zum Bewußtsein seiner selbst zu gelangen."[72] Doch so weitgespannt das Programm und die Perspektiven waren, so konventionell blieb weithin die Realisierung. Delbrück projizierte wohl seine Weltgeschichte vor den Hintergrund des Weltalls und der Erdgeschichte, er sah den Menschen „am Scheidepunkt zwischen der makroskopischen und mikroskopischen Endlosigkeit"[73], aber er blieb dann doch beim herkömmlichen europazentrischen Geschichtsbild stehen: „Die Völker vom Persischen Meerbusen bis zum Atlantischen Ozean sind die eigentlichen Träger der Kultur. Ihre Geschichte ist die wahre Weltgeschichte."[74]

Mit seiner ›Geschichte der Kriegskunst‹ hatte sich Delbrück für seine umfassende Aufgabe ausgewiesen. Es leuchtet ein, daß die Geschichte des Heerwesens, der Strategie und der Schlachten gleichsam den roten Faden des neuen Werkes darstellt, daß Delbrück immer wieder an seine eigenen Forschungen anknüpfte und ent-

geschichtliche Bedeutung von Marx mit derjenigen Rousseaus in Parallele stellen", a. O., 25.

[71] Weltgeschichte. I, 10.

[72] Weltgeschichte. I, 6.

[73] Weltgeschichte. I, 4.

[74] Weltgeschichte. I, 28.

sprechend ihren Schwerpunkten die Gewichte verteilte. Es war nun einmal seine Überzeugung, daß sich „die weltgeschichtlichen Abwandlungen in den Geschicken der Menschheit . . . in den Angeln der Schlachten“ [75] bewegen. Die Nachzeichnung der Schlacht von Cannae nimmt deshalb rund viermal soviel Raum ein wie die Skizze der Kultur des ciceronianischen Zeitalters, auch die Perserkriege und die Punischen Kriege sprengen die sonst gewählten Proportionen. Während die Schilderungen der ägyptischen und der mesopotamischen Kultur, der Geschichte Israels, Irans und des frühen Griechentums verhältnismäßig knapp, teilweise sogar dürftig ausgefallen sind, wird der Leser wohl erst von den Perserkriegen an bis in die Zeit Alexanders d. Gr. eine seine Erwartungen befriedigende Geschichtsdarstellung finden. Die hellenistische Geschichte ist dann wieder kaum angedeutet, die Geschichte der Römischen Republik dagegen sehr einläßlich besprochen. Aber in der frühen Kaiserzeit klingt auch hier der volle Akkord aus. Die politische Geschichte und die Kultur des 2. Jh. n. Chr. sind auf noch nicht einmal zwanzig Seiten zusammengedrängt.

Doch wichtiger als diese sehr persönlichen Ponderierungen sind die allgemeinen Kategorien und die spezifischen Aspekte, die Delbrück seinem Werk zugrunde gelegt hat. Hier ist zunächst an sein schon oben beschriebenes Verständnis des Staates zu erinnern, das Delbrück zum Teil in enger Anlehnung an Gedanken Eduard Meyers formuliert hat. Der Staat als Postulat einer sittlichen Ordnung hatte nach ihm auch „das sittliche Recht des Zwanges“ [76], war aber im Unterschied zu den universellen Ansprüchen der Religion in seinem Wirken begrenzt. Gerade die daraus resultierende Spannung zwischen Staat und Kirche war für Delbrück „eins der wesentlichsten und stärksten Elemente der Weltgeschichte“ [77]. Aber die menschliche Geschichte war nach ihm nicht nur durch eine Dominante determiniert, sie erhielt ihr Profil vielmehr durch Wechselwirkungen polarischer Gegensätze im Verein mit den Konstanten: „Die wichtigsten polarischen Gegensätze, in denen und durch die sich die Geschicke der

[75] Historische und Politische Aufsätze, 249.

[76] Weltgeschichte. I, 18.

[77] Weltgeschichte. I, 23.

Menschheit bewegen, sind also

das Individuum und die Gemeinschaft,
der Staat gegen den Staat,
der Staat und die Kirche,
der Staat und die Gesellschaft,
die Persönlichkeit und die Masse.

Diese Gegensätze in steter Wechselwirkung mit den konstanten Grundlagen, der Geographie wie der Rassenanlage, und vor allem mit der Nachwirkung, die jedes einzelne Ereignis ausübt, die neuen Kräfte, die durch Siege oder Niederlagen in den Völkern erweckt werden, alle diese unendliche Fülle von Elementen und Wirkungen, Kräften und Gegenwirkungen bestimmen den Gang der Geschichte." [78]

Delbrück hat sich wiederholt von einer Überbewertung der wirtschaftlichen Elemente in der Geschichte distanziert und auch gegenüber „dem hybriden Namen Gesellschaft" [79] sehr starke Reserven angemeldet. Das hinderte ihn indessen nicht, gerade wirtschaftlichen Aspekten und gesellschaftlichen Strukturen sein besonderes Augenmerk zu schenken, so daß er sich hier am weitesten von Ranke entfernt hat. In seiner konsequenten Auffassung Roms als einer „See- und Handelsstadt" [80], in seiner Berücksichtigung der Geldwirtschaft und des Kapitals sowohl für die Entwicklung der römischen Republik als auch für den Niedergang der antiken Kultur,[81] in seinen vergleichenden Analysen der gesellschaftlichen und wirtschaftlichen Aufgliederung der Bevölkerung während der einzelnen Epochen,[82] in seinen Ausführungen über das Verhältnis zwischen Christentum und Sozialismus [83] liegen sehr originelle Reflexionen und Erkenntnisse zur Geschichte des Altertums vor.[84]

78 Weltgeschichte. I, 26.
79 Weltgeschichte. I, 23.
80 Weltgeschichte. I, 346.
81 Weltgeschichte. I, 407 — I, 659.
82 Weltgeschichte. I, 458 ff., 571 ff.
83 Weltgeschichte. II, 10 ff.
84 Selbstverständlich mußten solche Beurteilungen gelegentlich zu Mißverständnissen führen: „Wegen dieser Herausarbeitung des Wirtschaftlichen haben mich merkwürdigerweise zuweilen die Sozialdemokraten,

Trotz solcher sehr nüchterner Komponenten und rationaler Grundlagen, die in der Behandlung von Zahlen, Größenverhältnissen und Bevölkerungsdichten ihren prägnantesten Ausdruck fanden, stand Delbrücks ›Weltgeschichte‹ letzten Endes doch unter ideen- und geistesgeschichtlichen Vorzeichen. Die Idee faßte er als „die Einheit der in einer Vielheit von Individuen sich vollziehenden Selbstoffenbarung des Geistes“[85], der Geist aber war ihm „der Mittelpunkt und das Wesen der Welt, das wahre Sein, und alle Weite der Sternenwelt, wie alles Geheimnis der Natur hat ihm zu dienen und dient ihm“[86].

Der allgemeinen Analyse sei im folgenden ein Überblick über einige für Delbrück charakteristische Wertungen und Aspekte an die Seite gestellt. Aus der Geschichte des Alten Orients ist dabei nur wenig hervorzuheben. Delbrück schöpfte hier ganz aus zweiter Hand, seine Darstellung reicht nicht entfernt an diejenige Eduard Meyers heran, nur der Geschichte Israels und der Jahwe-Religion gewann er ein stärkeres persönliches Interesse ab.[87] Bei seiner Behandlung von Alt-Hellas zögerte Delbrück, die homerischen Epen als Quelle für die politischen und sozialen Zustände der griechischen Frühzeit heranzuziehen. Gegen eine Identifizierung der „griechischen Häuptlinge“ mit Rittern wandte er ein: „sie sind Seefahrer und gehen als solche über in einen Kaufmanns- und Kapitalistenstand. Es ist in ihnen ein ökonomisches Moment, das der romanisch-germanischen Ritterschaft fehlt, ja ihr entgegengesetzt ist.“[88] Hier wie später hat er mit Emphase seinen Widerwillen gegen die griechische Religion zum Ausdruck gebracht; sie war für Delbrück „das Minderwertigste von allem Hellenischen“[89].

z. B. Franz Mehring, als eine Art von Gesinnungsgenossen reklamiert.“ — Weltgeschichte. I, 11.

[85] Weltgeschichte. I, 25.

[86] Weltgeschichte. I, 4.

[87] „Drei Völker des Altertums sind es, von deren geistigem Dasein wir noch heute zehren, so sehr zehren, daß wir sagen können, sie seien ein Teil unseres geistigen Selbst, die Juden, die Griechen und die Römer.“ Weltgeschichte. I, 133.

[88] Weltgeschichte. I, 165.

[89] Weltgeschichte. I, 248. Vgl. auch schon Weltgeschichte. I, 167.

Der Gegensatz zwischen Sparta und Athen hat auch ihn zu einem eindringlichen Vergleich herausgefordert, um so mehr, als ihm gerade die Behandlung der spartanischen Phalanx Gelegenheit gab, seine Lieblingskonzeption des „taktischen Körpers" näher zu entwickeln. Hier konnte er zurückkommen auf den Gegensatz in der Kampfweise zwischen dem Ritter und Einzelkämpfer einerseits und dem taktischen Körper, d. h. einer „Vielheit von Kriegern mit einem einheitlichen Willen"[90] andererseits. Die spartanische Phalanx als Figuration des taktischen Körpers aber erkläre Spartas Erfolge. Der Vergleich zwischen der spartanischen und athenischen Verfassung mündete dann in den Satz: „Die Stadt Sparta ist ein Kriegslager, die Stadt Athen ein großes Handels- und Gewerbezentrum, die mit ihrer Bauernschaft eine politische Einheit bildet."[91]

Mit dem Übergang zur Schilderung der Perserkriege kam Delbrück dann in sein Element. Fortan wurden die Ergebnisse der persönlichen Studien und der wissenschaftlichen Auseinandersetzungen um militärgeschichtliche Themen in erstaunlichem Umfang in die Darstellung integriert. Marathon war die erste, ausführlich geschilderte Schlacht. Die Gestalt des Miltiades steht nach Delbrück „riesenhaft ... am Eingange der Welt-Kriegsgeschichte; die vollendetste und seltenste Form der Schlachtenführung, die alle Kriegskunst bis auf den heutigen Tag hervorgebracht, die defensiv-offensive, tritt uns hier in den einfachen Linien des klassischen Kunstwerks mit dem ersten großen Kriegsereignis, das wir zu behandeln haben, entgegen"[92]. Über solchen Wertungen verfiel er mitunter in ein auffallendes Pathos: „Ich werde noch manches Ähnliche, nichts Größeres zu berichten haben."[93]

Das perikleische Athen und den attischen Seebund sah Delbrück weithin idealisiert.[94] Er versuchte zwar, die Leistungen der griechi-

[90] Weltgeschichte. I, 180. A. O., 181 merkte Delbrück an, daß es ihm schon 1887 um diesen Gegensatz gegangen war, der dann „der Grundgedanke" seiner ›Geschichte der Kriegskunst‹ geworden sei. Vgl. oben S. 174.

[91] Weltgeschichte. I, 203.

[92] Weltgeschichte. I, 219.

[93] Weltgeschichte. I, 220.

[94] In Athen bestand die „Demokratie eines Herrenstandes". Auch den

schen Kultur adäquat zu würdigen, übernahm Positionen von A. v. Salis, J. Burckhardt, I. Bruns, E. Schwartz, rieb sich gelegentlich an den Auffassungen seines Berliner Kollegen U. v. Wilamowitz-Moellendorff, stieß jedoch insgesamt betrachtet weder hier noch in späteren kulturhistorischen Abschnitten zur Höhe der persönlichen Urteile Rankes oder Burckhardts vor. Andererseits wurden im politischen Bereich die Analogien zur Gegenwart nicht verborgen[95], und gerade im politischen Bereich fehlt es auch nicht an eigenwilligen und entschiedenen Wertungen.[96]

„Das weltgeschichtliche Athen nach dem peloponnesischen Kriege ist nicht das politische, sondern das platonische."[97] Aus der griechischen Geistesgeschichte hat Delbrück deshalb insbesondere die Gestalten und Werke eines Euripides, Sokrates und Platon herausgehoben, um dann „die Macedonier" als neuen Schwerpunkt abzuhan-

Begriff der „Massenaristokratie" hat Delbrück übernommen. Weltgeschichte. I, 244. Seiner Ansicht nach befand sich auch im Hinblick auf den Seebund „Alles ... in wunderbarem Gleichgewicht". A. O., 252.

[95] Weltgeschichte. I, 263 f.: „Herr v. Bethmann Hollweg pflegte von der Erklärung des unbeschränkten Tauchbootkrieges zu sagen: ‚das ist unsere sicilische Expedition.'

[96] Weltgeschichte. I, 272 über Kleon: „Er ist eine starke, aber wurzelfaule Persönlichkeit. Seine Kraft ist bloße Brutalität. Ein großer Patriot, ein eifriger Demokrat, bürgerlich ehrbar, aber großmäulig, gewalttätig, gedankenlos ... Kleon ist das Urbild des patriotischen Demagogen, der keinen Verständigungsfrieden will, der nur vom vollständigen Siege spricht, aber in seiner Strategie einen solchen Sieg nicht einmal anstrebt, weil er sich sehr wohl bewußt ist, daß die Mittel dafür nicht ausreichen." Und a. O., 277 f. im Vergleich Alcibiades-Kleon: „So ist dieser durch und durch lasterhafte Mensch (Alcibiades) der Nachwelt doch nie so abstoßend erschienen wie etwa Kleon, dem man doch weder Unmoralität noch Untreue nachsagen kann. Aber Kleon ist der ungeistige Mensch, der bloße Fanatiker, sein Mut ist im Grunde bloße Frechheit und knickt in der wirklichen Gefahr zusammen; Alcibiades, auch wo er das Böseste tut, bleibt der Held, der die Lage beherrscht, wie sie auch sei. Kleon will scheinen, was er nicht ist, der starke Mann in der Politik wie im Felde; bei Alcibiades ist zwischen Sein und Schein kein Unterschied, er heuchelt nicht, er gibt sich nicht anders als er ist."

[97] Weltgeschichte. I, 283.

deln. Allen Einwänden Belochs zum Trotz hielt Delbrück an der überragenden Leistung und Bedeutung Alexanders d. Gr. fest[98], er insistierte wiederum auf der relativen Größe seines Heeres[99] und würdigte sehr stark auch die kulturellen Nachwirkungen des Alexanderzuges.

So wichtig viele der Einzelbeobachtungen und Wertungen Delbrücks zur griechischen Geschichte auch sind, den Höhepunkt erreicht seine Darstellung doch erst mit dem Übergang zu den Römern. In einer ganz anderen Grundhaltung als Ranke und Jacob Burckhardt widersprach er hier der Tradition zur frührömischen Geschichte,[100] um sich dann dennoch in der entscheidenden Fragestellung nicht Mommsen, sondern Ranke anzuschließen: „Ranke erklärt: Die Stadt Rom war die größte Werkstätte der Macht in der Weltgeschichte. Wie ist sie entstanden, wie hat sie gewirkt? Das ist der richtige und der entscheidende Gesichtspunkt. Auf ihn sind auch die positiven Ergebnisse der Mommsen'schen Forschungen einzustellen. Wo ich abweiche, werde ich das immer besonders hervorheben und begründen; diese Abweichungen, niedergelegt in meiner Geschichte der Kriegskunst, sind sehr erheblich; für die Ranke'sche Auffassung wirken sie vertiefend, für die Mommsen'sche korrigierend." [101]

Die Unabhängigkeit gegenüber Mommsen, dessen Auffassung von der römischen Geschichte durch Ranke überwunden worden sei,[102] ist für Delbrücks Position entscheidend und um so höher zu veranschlagen, als Delbrück den Rang der Forschungen Mommsens keineswegs verkannte. Diese Unabhängigkeit zeigt sich besonders in der Einfügung Roms in die Reihe der großen Seehandelsplätze, in seiner Auffassung der Patrizier und in seiner Ablehnung von Mommsens

[98] Weltgeschichte. I, 316.

[99] Weltgeschichte. I, 312 f.

[100] Weltgeschichte. I, 342. Die Erzählung von der Gründung Roms und den sieben Königen war für Delbrück „unmöglich wirkliche Geschichte". Vgl. demgegenüber zu den Einstellungen J. Burckhardts und Rankes: K. Christ, J. Burckhardt und die Römische Geschichte, Saeculum 14, 1963, 100 f. und G. Freitag, L. v. Ranke und die Römische Geschichte. Diss. Marburg 1966, 111 ff.

[101] Weltgeschichte. I, 344.

[102] Weltgeschichte. I, 344.

Bild des römischen Volkscharakters. Die schon besprochene[103], ganz eigenwillige Sicht des frühen Roms als einer „See- und Handelsstadt“ ist sicher überspitzt, nimmt sich jedoch nach den jüngsten Analysen der frühen archäologischen Funde Roms[104] ganz anders aus als zum Zeitpunkt der Publikation. In den Patriziern sah Delbrück nicht wie Mommen Roms „Ureinwohner“, sondern „alte Häuptlings-Familien, die ihren Wohnsitz aus ihrem Gau in die Stadt verlegt und einen plutokratischen Charakter angenommen haben“[105]. Sein komplexes Verständnis der Gruppe ist ausgesprochen modern und auch nach den neueren Studien A. Alföldis[106] durchaus diskutabel: „Die kriegerische Überlegenheit (als Reiter), verbunden mit der wirtschaftlichen setzt sich um in politische Herrschaft und steigert ihre Position durch die Verbindung mit der Religion.“[107]

Aus der Auseinandersetzung um den römischen Volkscharakter aber entwickelt sich Delbrücks Auffassung vom Werden und von der Funktion der römischen Verfassung: „Mommsen verweist die Gegensätze des Nationalcharakters in unbekannte Urzeiten und leitet das historische Tun und Geschehen wiederum aus dem Nationalcharakter ab. Ich stehe nicht auf diesem Standpunkt. Es handelt sich mir mit Ranke nicht um die Geschichte Italiens, auch nicht des latinischen Stammes, sondern des Gaues und der Stadt Rom mit ihrer aus den Ereignissen gebildeten Verfassung. Vermöge dieser Verfassung ist Rom die große Werkstätte der Macht, und der Volkscharakter, wenn er auch am Ausgangspunkt, für uns unerkennbar, vorhanden gewesen sein muß, steht im Licht der Geschichte am Endpunkt; er ist wohl Anlage, aber auch in hohem Maße Produkt der Verfassung und der Geschichte.“[108] Die Verfassung aber wird sowohl vom demokratischen als auch vom aristokratischen Prinzip her gestaltet; allgemeine Wehrpflicht wie allgemeines und gleiches

[103] Vgl. oben S. 185.

[104] E. Gjerstad, Early Rome. I—IV. Lund 1953—1966.

[105] Weltgeschichte. I, 348 f.

[106] Vgl. A. Alföldi, (Centuria) procum patricium, Historia 17, 1968, 444—460.

[107] Weltgeschichte. I, 351.

[108] Weltgeschichte. I, 363.

Stimmrecht bilden nach Delbrück schon in der Frühzeit ihre Basis. Sie ist stark genug, um selbst die Spannung gegenüber dem Volkstribunat auszuhalten,[109] und Roms finanzielle Macht gestattet dann auch die Unterwerfung Italiens: „Wir sind an der Stelle, wo wir die Frage aufwerfen können, weshalb weder Athen noch Sparta imstande waren, die übrigen Hellenen zu unterwerfen und zu beherrschen, Rom aber ganz Italien sich untertänig machen konnte. Rom ist sozusagen Athen und Sparta zugleich. Es hat die Kapitalkraft der Stadt und in der Stadt die großzügige politische Leitung, wie Athen, und es hat die große Masse der kriegstüchtigen Mannschaften wie Sparta mit dem peloponnesischen Bunde.“ [110]

Delbrücks langes Kapitel über die Punischen Kriege bildet dann einen weiteren Höhepunkt seiner Darstellung. Gemäß den schon erwähnten Perspektiven sieht er in dem Kampf zwischen Rom und Karthago nicht so sehr den Kampf zwischen Landmacht und Seemacht – war doch Rom nach ihm „schon lange ein Seehandelsplatz ersten Ranges“ [111] –, sondern: „Der Unterschied im Vergleich zu Rom ist, daß Karthago nur Stadt ist, Rom zugleich Stadtstaat und Bauernschaft.“ [112] Die Tradition über den Bau der ersten römischen Kriegsflotte paßte naturgemäß nicht in dieses Bild. So ist sie „nichts als eine patriotische römische Erfindung, an der das erstaunlichste ist, daß sie uns von einem so kritischen Kopf wie Polybius überliefert ist und nicht nur bei ihm, sondern noch bis in unsere Tage mehr oder weniger Glauben gefunden hat“ [113]. Das Versagen der römischen Führung im 1. Punischen Krieg hat Delbrück in aller Schärfe gebrandmarkt, imponiert aber hat auch ihm in der Anleihe am Ende

[109] Weltgeschichte. I, 368: „Die römische Verfassung hat nicht nur bestanden, sondern sich als wirksamste von allen Verfassungen der Welt erwiesen. Denn in aller ihrer Irrationalität und trotz nie aufhörender innerer Friktionen und Unruhen ist es in dieser Verfassung möglich geworden, die beiden Grundelemente allen staatlichen Daseins, Aristokratie und Demokratie, Autorität und Freiheit miteinander ins Gleichgewicht zu setzen und auszubalancieren.“

[110] Weltgeschichte. I, 384.

[111] Weltgeschichte. I, 404.

[112] Weltgeschichte. I, 410.

[113] Weltgeschichte. I, 405.

jenes Krieges die „Potenzierung der Kriegs-Anstrengung, insofern sie auch die Zukunft heranzieht“ [114].

Die militärische Entwicklung des 2. Punischen Krieges wird dann besonders einläßlich erörtert. Hier begegnen nicht nur im Großen, etwa in der Schilderung der Schlacht von Cannae,[115] sondern auch in vielen Detailfragen ganz persönliche Wertungen. So heißt es vom Verzicht Hannibals auf einen Angriff gegen Scipio an der Rhone und von seinem Entschluß zur Fortsetzung des Zuges durch die Alpen: „Nichts, selbst keiner seiner Siege zeigt die Genialität des jungen ehrgeizigen Feldherrn ... besser, als daß er hier, hier gerade am Eingang einer Laufbahn auf einen Sieg zu verzichten verstand ...“ [116] Vor allem gegenüber Eduard Meyer wird dabei in manchen Einzelheiten energisch polemisiert.[117]

Bei aller Bewunderung für Hannibal konnte Delbrück aber auch der Leistung Scipios voll gerecht werden und in seltener Eindringlichkeit hat er dann den Preis des römischen Sieges in Erinnerung gerufen: „Hannibal war besiegt. Aber um ihn besiegen zu können, hatte Rom sich selber aufgeben müssen. Die römische Demokratie

[114] Weltgeschichte. I, 407.

[115] Weltgeschichte. I, 419—427. Vgl. dazu S. 178. Delbrück erwähnt in diesem Zusammenhang (a. O., 424) auch Mommsens Reaktion auf seine Cannae-Vorstellung: „Als ich zuerst mit dieser Auffassung herauskam, lehnte Mommsen sie fast spöttisch ab, und auch heute ist sie noch keineswegs allgemein anerkannt.“

[116] Weltgeschichte. I, 416. Ähnliche subjektive Beurteilungen finden sich z. B. auch in Delbrücks Behauptung I. 433 f., daß die römischen Siege in Spanien nach Hannibals Abzug, namentlich Baecula, „reine Phantasie-Schlachten“ gewesen seien.

[117] Weltgeschichte. I, 427 f. Anm. 1: „Die schwache Seite in den Arbeiten Ed. Meyers ist neben allem, was Religion und Wirtschaft betrifft, besonders das Militärische ... Man verüble es mir nicht, daß ich einen angesehenen Gelehrten, dessen Werken ich selber manches entnommen habe, so sarkastisch behandle, aber ich sehe keinen anderen Weg, der wahren Erkenntnis zum Siege zu verhelfen, als durch schärfste Herausarbeitung unseres Gegensatzes, der sich nicht auf Einzelheiten bezieht, sondern seine Wurzel in der Verschiedenheit der Methode hat. Es ist meine Lebensarbeit, für die ich mit dieser Anmerkung kämpfe, und die Arbeit ist mir schwer genug gemacht worden.“

wagte seit Cannä ihr Haupt nicht mehr zu erheben; der Senat regierte, aber auch der Senat regierte bald nicht mehr. Neben ihm stand die durch alle Verfassungsreformen hindurchbrechende große Persönlichkeit, gestützt auf das vom Bürgertum losgelöste Heer von Berufsoffizieren und Berufssoldaten. Scipio ist der Vorläufer Cäsars. Die Fortbildung der Kriegskunst in der Treffen-Taktik bestimmt fortan das Leben der Völker nach außen wie nach innen.“ [118]

Vergleiche der Entwicklung der Phalanx bei Römern und Makedonen und der Abwehr der antiken Mächte gegen Rom mit derjenigen der modernen Staaten gegen Napoleon leiten die Schilderung der Errichtung der römischen Weltherrschaft ein. „Der Ausdruck ‚Weltherrschaft‘ ist vielleicht etwas zu weitreichend; es handelt sich zunächst um eine Welt-Hegemonie.“ [119] Roms scheinbare Zurückhaltung und Mäßigung in diesem Prozeß wird dabei weitgehend von innenpolitischen Kriterien her bestimmt. Die endgültige Vernichtung Karthagos wird entschieden verurteilt, „der krasse Handelsneid“ der römischen Kaufleute in erster Linie dafür verantwortlich gemacht.[120] Im Anschluß an Ranke und Eduard Schwartz zeichnet Delbrück dann die Aufnahme der hellenistischen Bildung durch Rom nach und in eben dieser so eingeleiteten geistigen Entwicklung sieht er die eigentliche Legitimation des römischen Imperiums: „Das ist ja schließlich die tiefere sittliche Rechtfertigung der Gewaltherrschaft der Römer, daß dieses Volk, das bis dahin nichts als Politik und Krieg gekannt hatte, eben in dem Augenblick, wo es der anderen Völker Herr wurde, sich für die hellenische Bildung aufnahmefähig erwies und dieses Bildungsstreben sogar wieder zu einem Moment der Politik wurde. Es vollzog sich die Verschmelzung des hellenischen Geistes mit dem römischen, nicht bloß in der Art, daß die Römer von den Griechen lernten, sondern auch indem das griechische Denken neue Anregungen von höchster Fruchtbarkeit aus dem römischen Wesen, der Eigentümlichkeit des römischen Staates, dem Eindruck seiner Geschichte und seiner Erfolge empfing.“ [121]

[118] Weltgeschichte. I, 439.
[119] Weltgeschichte. I, 448 f.
[120] Weltgeschichte. I, 452.
[121] Weltgeschichte. I, 453.

In den folgenden Partien überwiegt dann, wie schon angedeutet worden ist, die Analyse der gesellschaftlichen und wirtschaftlichen Entwicklungen. Delbrück geht es vor allem darum, zunächst die Unterschiede zwischen dem wirtschaftlich-sozialen Organismus der Antike und seiner Gegenwart klarzumachen.[122] Als das „soziale Grundübel der alten Welt" sieht er die Tatsache an, „daß der kleine Bauer nicht selbständig bestehen konnte, sondern notwendig früher oder später in kapitalistische Abhängigkeit geriet"[123]. Es wirft die Frage auf, ob der von Tiberius Gracchus „entfesselte römische Bürgergeist etwa als ein Klassenkampf zu bezeichnen" sei, und weist im Hinblick auf die römische Plebs darauf hin: „das Positive, was diese Masse zusammenhält, ist nicht sowohl ein sozialer als ein politischer Gedanke, nämlich die Demokratie. Im Sozialen und Wirtschaftlichen aber gingen die Interessen und Wünsche der Menge sehr auseinander."[124]

Auch im ersten Jahrhundert v. Chr. werden die sozialen Unruhen, z. T. in Anlehnung an R. v. Pöhlmann, mit besonderer Aufmerksamkeit verfolgt. Die Catilinarische Verschwörung sieht Delbrück sehr nüchtern als „Kampf um den Futtertrog"[125]. Nach einem Exkurs über die Komitien, in welchem erstmals versucht wird, „die Frage der Abstimmung des souveränen römischen Volkes ... unter dem Gesichtspunkt der möglichen Masse"[126] zu betrachten, wird verhältnismäßig breit die Begründung der Monarchie durch Caesar abgehandelt. In seiner grundsätzlichen Bewertung Caesars folgt Delbrück wiederum Ranke; auch für ihn ist Caesar „der größte aller Staatsmänner und Feldherren, die je gelebt haben"[127]. Doch in der Schilderung der Eroberung Galliens,[128] in der Beurteilung von

[122] Weltgeschichte. I, 460 f.
[123] Weltgeschichte. I, 470.
[124] Weltgeschichte. I, 473.
[125] Weltgeschichte. I, 501.
[126] Weltgeschichte. I, 504.
[127] Weltgeschichte. I, 551.
[128] So wird Weltgeschichte. I, 525 die „vielfache Überlegenheit" Caesars gegenüber Ariovist unterstrichen, a. O., I, 528 als das eigentliche Problem der Belagerung Alesias die Versorgungsfrage herausgearbeitet.

Caesars Politik[129] und in vielen Einzelfragen überwiegt die ganz persönliche Sicht. Für den doktrinären Formalismus der späten Republik aber hat Delbrück nur scharfe Ablehnung übrig, die auf dem eigenen Erleben einer verwandten Situation beruhen mag: „Es ist das Eigentümliche bei absterbenden Ideen, daß, weil sie kraftlos geworden sind, ihre Träger die Form über den Inhalt stellen, die Form heiligen, sich an sie anklammern, weil sie sonst allen Halt verlieren würden.“ [130]

›Die definitive Konstituierung der Monarchie durch Augustus‹ ist ein Kapitel, in dem Delbrück sowohl gegenüber Th. Mommsen als auch gegenüber E. Meyer eine eigene Konzeption vertrat. Gegenüber Mommsens Dyarchie-These wurde eingewandt, daß der römische Senat keine dem Kaiser vergleichbare Machtstellung hatte,[131] gegenüber E. Meyers Akzentverlagerung auf Pompeius[132] darauf hingewiesen, „... das Entscheidende ... ist, daß er (= Augustus) und er allein über die bewaffnete Macht des Staates verfügte. Von diesem Punkt aus muß alles andere eingeschätzt werden.“ [133] Daneben hat Delbrück auch hier eine knappe Gesellschaftsanalyse eingeflochten, die freilich zu dem Ergebnis führte, daß weder bei Caesar noch bei Augustus eine durchgreifende und systematische Sozialreform begegne, sondern einzig einige soziale Notstandsmaßnahmen[134] als Resultat einer prinzipiell konservativen Haltung. „Man wird also sagen müssen, daß sowohl die römische Republik wie das Kaisertum eine sozial-schöpferische Kraft nicht gezeigt haben.“ [135]

[129] Z. B. äußert Delbrück zum Ausbruch des Bürgerkrieges Weltgeschichte. I, 530: „Nicht aus einem weit vorausbedachten Plan, sondern aus dem Drange des Augenblicks, da weder Pompejus noch Cäsar auf andere Weise ihre Stellung wahren konnten, ist der Bürgerkrieg entsprungen, der der alten, morsch gewordenen römischen Verfassung das Ende bereitete.“

[130] Weltgeschichte. I, 541.

[131] Weltgeschichte. I, 566. — Zum Fehlen des 4. Bandes von Mommsens ›Römischer Geschichte‹ siehe a. O., I, 569.

[132] Vgl. unten 320 ff.

[133] Weltgeschichte. I, 565.

[134] Weltgeschichte. I, 570.

[135] Weltgeschichte. I, 577.

Die Schilderung der auswärtigen Politik des Augustus und insbesondere diejenige der römisch-germanischen Auseinandersetzung ist reich an eigenwilligen Wertungen. Die Schlacht im Teutoburger Wald, die Delbrück an der Dörenschlucht lokalisierte, und die er auch in einer mitreißenden Gedenkrede gefeiert hat,[136] war für ihn gleichwohl nur der Auftakt der germanischen Behauptung; „der eigentliche weltgeschichtliche Augenblick ist, als Tiberius das Schreiben unterzeichnete, das der Mission der Germanicus am Rhein ein Ende bereitete“[137]. So entschieden wie kaum ein anderer Erforscher jener Kämpfe hat Delbrück die Wechselwirkungen zwischen den genealogischen Beziehungen innerhalb des julisch-claudischen Hauses einerseits und dem militärischen Einsatz Roms in Germanien andererseits erhellt. Er war der Meinung, daß das mögliche Verwachsen des Germanicus mit der römischen Rheinarmee eine große Gefahr für Tiberius selbst wie für den inneren Frieden des Reiches dargestellt hätte.[138]

Die folgende Geschichte der Kaiserzeit wurde dann nur noch in knappen Umrissen angedeutet, sie hat Delbrück offensichtlich nicht gefesselt: „Die römische Geschichte, im Äußern wie im Innern in stille Wasser geraten, wird mehr und mehr zur dynastischen und Hofgeschichte.“[139] Die kurzen Kapitel enthalten zwar hier und dort noch einzelne sehr persönliche Urteile, so zum Beispiel über Agrippina[140], die Mutter Neros, Vespasian[141] und Domitian[142] oder über die Prinzipien der Nachfolgeregelung[143], aber den großen Atem findet die Darstellung erst wieder mit der Erörterung der Gründe des Untergangs der alten Welt. Den traditionellen Auffassungen, daß die antike Welt selbst greisenhaft geworden und an ihrer eigenen Schwäche gestorben sei, trat Delbrück mit dem Hin-

[136] Vgl. auch die eingehende Erörterung in ›Geschichte der Kriegskunst‹ II³, 62 ff.

[137] Weltgeschichte. I, 588.

[138] Weltgeschichte. I, 594.

[139] Weltgeschichte. I, 599.

[140] Weltgeschichte. I, 610 f.

[141] Weltgeschichte. I, 632 f.

[142] Weltgeschichte. I, 633.

[143] Weltgeschichte. I, 652.

weis auf ihre wirtschaftliche Blüte und ihre geistige Produktivität entgegen. Der Pessimismus sei entstanden, weil kein Ziel mehr vorhanden gewesen wäre: „Dieser römische Staat hatte kein Ziel, keine Aufgabe mehr, gerade weil er alles erreicht hatte.“ [144] Der Verfall der römischen Disziplin und die Auflösung der alten römischen Legionen einerseits[145], der Zusammenbruch der Geldwirtschaft andererseits[146] – dies waren für Delbrück die wichtigsten Ursachen des allgemeinen Niedergangs.

In einer sehr überlegten Komposition hat Delbrück dann in den ersten Kapiteln des zweiten Bandes seiner ›Weltgeschichte‹ die Entwicklung des Christentums, der Germanen, des spätrömischen wie des byzantinischen Reiches dargestellt und damit eine breite Brücke zum Mittelalter geschlagen. Hinter seinem sehr persönlichen Einsatz und einzelnen Formulierungen ahnt man die Absetzung von Ranke, der das Christentum in einer ganz anderen Weise in seine Weltgeschichte integriert hatte.[147] Delbrücks Schlüsselstellen lauten: „Ich habe mich in dieser geschichtlichen Darstellung nicht zu beschäftigen mit dem religiösen Geheimnis, möge man dies nun in vertiefter Spekulation über den Urgrund der Welt, das Absolute und die letzten Dinge zu ergründen oder es bloß mit der unmittelbaren Empfindung und dem Gemüt, sei es reflektierend, sei es als persönliches Erlebnis, zu erfassen suchen. Wir haben hier nur festzustellen den historischen Zusammenhang und die historischen Bedingungen, unter denen das Christentum in der Welt erschien und seine Wirksamkeit entfaltete ...“ [148] und: „Ich gehöre zu denen, die den historischen Jesus für unerkennbar, ein Leben Jesu für eine Unmöglichkeit halten, auf jeden Fall darf man in der Universalgeschichte von ihm absehen.“ [149]

Die Namen von Wellhausen, Harnack, Renan, Ferd. Jac. Schmidt, Kautsky und manchen anderen, die nun in der Darstellung begeg-

[144] Weltgeschichte. I, 654.
[145] Weltgeschichte. I, 658, 664. – II, 119.
[146] Weltgeschichte. I, 659.
[147] Siehe die Anm. 66 genannte Arbeit von G. Freitag, 226 ff.
[148] Weltgeschichte. II, 3.
[149] Weltgeschichte. II, 7.

nen, zeigen an, wie sehr Delbrück in diesem Bereich engagiert war. Vor allem die Fragestellung „Christentum und Sozialismus" hat ihn dabei besonders erregt: „Was für ein verschrobenes historisches Augenmaß, aus den christlichen Urgemeinden kleine Unterstützungs- und Konsumvereine zu machen und zu glauben, daß alle Qualen der Märtyrer erduldet worden seien um der wohltätigen Zwecke solcher Vereine willen!"[150] Was Delbrück zugab, war die Wendung des Christentums gegen den „Mammonismus": „Jesus stellte ihm entgegen die Verachtung der Güter dieser Welt. Er schaffte den Reichtum nicht ab und wollte ihn nicht abschaffen, aber er entwertete ihn und lieferte den Menschen höhere Güter. Das und nichts anderes ist die soziale Bedeutung des Christentums. Eine soziale Neuordnung verlangt nicht ein Evangelium, sondern Gesetze."[151]

Ihrem Ursprung nach war die christliche Religion etwas ganz anderes: „Die christliche Religion, so wie sie in die Weltgeschichte eintritt, stellt also nicht bloß ein persönliches Verhalten des Menschen zu Gott dar, sondern sie ist auch die Reaktion des edelsten Freiheitsbewußtseins der Persönlichkeit gegen die Tyrannei des Universalstaates, der zugleich der Vertreter eines bestimmten, intellektuell absurden und sittlich inferioren, geradezu widersittlichen Religionssystems ist."[152] Nur wurde sie dann im Laufe ihrer Geschichte zu einer complexio oppositorum: „Offenbarung und Philosophie, Glaube und Erkenntnis, Heilige Handlung (Sakramente) und Spekulation, Autorität und Geist, Vergangenheit und Zukunft, Weltflucht und Weltbeherrschung, des Aberglaubens und der Weisheit, des Monotheismus und des Heiligenkults, der geistig Armen und der Gelehrten, jüdischer Herkunft und griechischer Herkunft, alles umfassend und ganz exklusiv."[153] Und doch verzichtete diese complexio oppositorum nicht auf den Antrieb des Menschentums Jesu und seines Leidens, den ein spekulatives System allein nie gegeben hätte.[154]

[150] Weltgeschichte. II, 26.
[151] Weltgeschichte. II, 24 f.
[152] Weltgeschichte. II, 19.
[153] Weltgeschichte. II, 110.
[154] Weltgeschichte. II, 38.

Bei der Behandlung des konstantinischen Zeitalters und des Ausklangs der Spätantike liegt Delbrücks Hauptaugenmerk dann auf der Dogmengeschichte und auf der Geschichte der Germanen. Wieder und wieder hat Delbrück die Bedeutung der Dogmengeschichte eingeprägt,[155] bei der Beschreibung der sozialen und wirtschaftlichen Zustände der Germanen griff er weit aus und bestritt erneut und energisch die legendären germanischen Heeres- und Volkszahlen.[156] Manche seiner Konzeptionen sind hier von der neueren Forschung widerlegt worden,[157] insgesamt betrachtet birgt auch dieser Teil des Werkes noch immer reiche Anregungen und Belehrung.

In einer Gegenwart, für welche die Begriffe „Ermattungs"- und „Vernichtungsstrategie" verhängnisvolle neue Dimensionen angenommen haben, in einer Zeit, die von einer weltweiten Ablehnung alles Militärischen erfaßt ist, sind die Voraussetzungen für eine abgewogene und gerechte Würdigung des Lebenswerkes Hans Delbrücks nicht gerade günstig. Auch die Verbindung kriegsgeschichtlicher Forschung mit universalhistorischer Darstellung und die Verbindung akademischen Wirkens mit dem Einsatz in der Tagespolitik des Wilhelminischen Deutschland sind für seine Aufnahme nicht sehr förderlich. Was seinen Zeitgenossen zuviel war, die Tatsache nämlich, daß er als Politiker und Kritiker Schwächen sah und es wagte, seine Kritik mutig auszusprechen, erscheint einer in den Kategorien von Systemen denkenden Gegenwart zu wenig, die zumindest von Früheren gerne das kompromißlose Ziehen der letzten Konsequenzen fordert.

155 Weltgeschichte. II, 61: „Dogmen sind Theorien; Theorien sind Ideen, und es ist nicht nur hier wahr, daß es die Ideen sind, in denen sich die Weltgeschichte bewegt." A. O. II, 96: „Dogmengeschichte ist von allen Disziplinen der Geisteswissenschaften wohl die schwierigste ... Gerade die Richtung, die in der Weltgeschichte gern die Kulturgeschichte betont, muß, wenn sie in die Tiefe gehen, wenn sie nicht bloß an Äußerlichem haften will, der Dogmengeschichte volle Aufmerksamkeit schenken."

156 Weltgeschichte. II, 75.

157 So seine Vorstellung über die germanische Hundertschaft. Siehe dazu die Orientierung von H. Kuhn, Einleitung zum Neudruck des II. Bandes der ›Geschichte der Kriegskunst‹. 1966, V ff.

Aber auch die schärfsten Gegner Delbrücks werden eingestehen müssen, daß sein Werk politische und wissenschaftliche Ansätze bietet, die für Delbrücks Zeit geradezu revolutionär waren, für die Gegenwart in hohem Grade stimulierend und ausbaufähig sind. Seine Methoden sind so wenig überholt wie seine Perspektiven. Die Sachkritik, die Erfassung der Zahlenwerte, der entschiedene Gebrauch der Analogie, die Verflechtung von Krieg und Kultur, Staat und Gesellschaft, Wirtschaft und Politik sind aus der modernen Historiographie und der Erforschung des Altertums nicht fortzudenken.

Die Polarität aber, die Delbrück selbst als konstitutiv für die Geschichte ansah, hat auch sein eigenes wissenschaftliches Werk geprägt und dessen Ort bestimmt. Die Spannungen zwischen Geschichte und Politik, Reflexion und Handeln, Analyse und Synthese, klassischer Bildung und moderner Technik, die heute wie in der Zukunft die Existenz so vieler Historiker erfüllen, hat Hans Delbrück in eigenwilliger Weise fruchtbar gemacht.

9

ROBERT VON PÖHLMANN
(1852–1914)

Robert von Pöhlmann war unter den deutschen Althistorikern der auf Mommsen folgenden Generation eine markante Erscheinung. Sein beruflicher Werdegang war ebenso ungewöhnlich wie die Wahl seiner wissenschaftlichen Fragestellungen. Fast alle seine Arbeiten fügen sich Glied um Glied zu einer in sich geschlossenen Kette; sie bilden inmitten der sich rasch verändernden Forschungslinien und Interessen eine ganz persönliche Position. Die Originalität der Studien, ihre Zeitnähe und der Ernst, mit dem sie betrieben wurden, kurz ihre existentielle Dimension, sicherten Pöhlmann sofort eine starke Beachtung, riefen zugleich aber auch eine lebhafte Kritik und die unwillige Ablehnung seitens jener Vertreter der Altertumswissenschaften hervor, welche in den klassizistischen Perspektiven des 19. Jahrhunderts befangen blieben. Ebenso ungewöhnlich war Pöhlmanns Nachwirkung. Seine großen Werke, die zunächst eine so weite Resonanz gefunden hatten, wurden seit den dreißiger Jahren in den Hintergrund gedrängt, Pöhlmanns Fragestellungen stießen erst in der Gegenwart wieder auf lebhafte Aufmerksamkeit, als eine neue Generation bei ihm jene Probleme erörtert sieht, die sie selbst bewegen – obwohl sie Pöhlmanns Wertungen in der Regel nicht akzeptiert.

Pöhlmann wurde am 31. Oktober 1852 in Nürnberg geboren.[1] Er besuchte dort das „Alte Gymnasium“ und war schon früh entschlos-

[1] Über Pöhlmanns Entwicklung liegen bisher außer dem wissenschaftlichen Werk keine gedruckten Primärquellen vor. Die Angaben zur Person wurden folgenden Würdigungen entnommen: U. Wilcken, Nekrolog, in: Jahrb. d. Bayer. Akademie der Wiss. 1915, 146–150; J. Kaerst, R. v. Pöhlmann, Hist. Viertel-Jahrsschr. 18, 1918, 236–238; H. Berve, R. v. Pöhlmann und W. Otto, in: Geist und Gestalt. Biograph. Beitr. zur Geschichte der Bayer. Akad. d. Wiss. vornehmlich im zweiten Jahrhundert ihres Bestehens. I. Geisteswissenschaften. 1959, 186–190. Diese drei Würdigungen

sen, Geschichte zu studieren. Seine Studien hat er in München, Göttingen und Leipzig betrieben und so nacheinander die vielfältigsten Anregungen erfahren. In München übten Wilhelm Giesebrecht und Heinrich Brunn, in Göttingen Georg Waitz, in Leipzig aber der Nationalökonom Wilhelm Roscher stärkeren Einfluß auf ihn aus. Im Banne dieser Gelehrten vollzogen sich die entscheidenden Jahre von Pöhlmanns wissenschaftlicher Entwicklung und zugleich seine Hinwendung zu neuen Gegenständen und Perspektiven. Die Anfänge der historischen Schulung bei Giesebrecht und Waitz waren noch ziemlich konventionell; sie mündeten in die bei Waitz entstandene Dissertation ›Der Römerzug Kaiser Heinrichs VII. und die Politik der Curie, des Hauses Anjou und der Welfenliga‹ (1875), eine Arbeit, welche immerhin das Verdienst hatte, die Wechselbeziehungen zwischen den verschiedenenen Parteien anhand von zum Teil noch ungedrucktem Quellenmaterial zu analysieren. Wie immer man heute über den Ertrag jener Produkte der Göttinger Schule denken mag, bei Pöhlmanns Dissertation handelt es sich um eine solide und kritische Studie, die den Nachweis erbrachte, daß ihr Verfasser sein historisches Handwerk zu meistern verstand.[2]

Schon drei Jahre später legte Pöhlmann seine nächste größere Arbeit vor. Die Fürstlich Jablonowski'sche Gesellschaft zu Leipzig hatte damals die folgende Aufgabe gestellt: „Eine quellenmäßige Erörterung, wie weit in Ober- und Mittelitalien gegen Schluß des Mittelalters die modernen Grundsätze der agrarischen, industriellen und mercantilischen Verkehrsfreiheit durchgeführt waren". Als Inhaber eines „König Ludwig II. Stipendiums" hatte Pöhlmann die Gelegenheit, in Florenz, Pisa und Mailand die erforderlichen Archivstudien durchzuführen, und er hatte den Mut, das viel zu weit gespannte Thema geschickt und methodisch besonnen einzugrenzen,

sind deswegen so bedeutsam, weil hier drei Gelehrte, die selbst große Darstellungen im Bereich der Griechischen Geschichte publizierten und im übrigen Pöhlmanns Position und Wertungen nicht teilten, zu seinem Werk Stellung nahmen.

[2] Die kleine Schrift trägt die Widmung „Herrn Gen. Regierungsrath Prof. Georg Waitz bei der Jubelfeier der ‚historischen Übungen' zu Göttingen in dankbarer Verehrung zugeeignet".

so daß seine Arbeit ›Die Wirtschaftspolitik der Florentiner Renaissance und das Prinzip der Verkehrsfreiheit‹[3] mit gutem Grund den Preis erhielt. Die für Pöhlmann charakteristisch werdende Verbindung von intensiven Quellenstudien und ausgesprochen modernen Fragestellungen begegnet hier ein erstes Mal und beherrscht bereits alle angeschnittenen Themenkreise: die Freiheit der Bauern und des ländlichen Grundbesitzes, die Entwicklung des Verkehrs, der landwirtschaftlichen Erzeugnisse, die Analysen von Verkehrsfreiheit und Verkehrsrecht. Die Studie verrät darüber hinaus auf jeder Seite, daß sie von einem glühenden Verfechter der Freiheit im weitesten Sinne des Worts verfaßt wurde und von einem jungen Historiker, der entschlossen war, die Wechselbeziehungen zwischen Wirtschaftsgeschichte und politischer Geschichte zu erhellen. Bei dem diffizilen Thema war kaum ein wichtiges Beobachtungsfeld vernachlässigt worden, der Verfasser durfte darnach für eine wissenschaftliche Laufbahn im Felde der mittelalterlichen Geschichte als voll legitimiert erscheinen.[4]

Um so überraschender ist seine Hinwendung zur Alten Geschichte, die sich in der bereits 1879 erschienenen Erlanger Habilitationsschrift ›Hellenische Anschauungen über den Zusammenhang zwischen Natur und Geschichte‹ erstmals niederschlug. Welche Motive Pöhlman dazu im einzelnen veranlaßt haben mögen, läßt sich nicht ermitteln; die damals an den deutschen Universitäten personell und institutionell neu ausgebaute Disziplin hatte es jedenfalls nicht zu bereuen, daß sich ein Mann mit so originellen Auffassungen zu ihr schlug. Denn originell war zweifellos schon das Thema dieser ersten Schrift, die „Darlegung der griechischen Vorstellungen von dem Zusammenhang zwischen (den) . . . physischen Verhältnissen und der geschichtlichen Entwicklung der Völker" (6).

Die später immer wieder zu beobachtende Belesenheit Pöhlmanns in den verschiedensten Bereichen und die Fülle der Gesichtspunkte

[3] Publiziert in der Reihe der Preisschriften der Fürstl. Jablonowski'schen Gesellschaft zu Leipzig, Nr. 21. 1878.

[4] Es ist für Pöhlmann sehr bezeichnend, daß sich schon hier (S. 142) eine Huldigung an J. Burckhardt findet, der ihn auch später besonders tief beeindruckt hat.

zeichnen auch diese Schrift aus. Die geographische Literatur[5] ist ebenso einbezogen wie die philosophische, Pöhlmann setzt sich nicht allein mit den wichtigsten griechischen Autoren, sondern ebenso mit Buckle, Montesquieu und Bodin auseinander.[6] Besonders hervorgehoben hat er die Bedeutung der hippokratischen Schrift περὶ ἀέρων ὑδάτων τόπων, deren Ausführungen er im Hinblick auf sein Thema weit über Herodot stellte: „Erst bei Hippokrates erhebt sich die Behandlung dieser Fragen zu jener höheren Stufe des Verstehens, wo sich die Erkenntnis des Gesetzes als die Frucht eines wissenschaftlichen Beweises darstellt. Erst bei ihm begegnen wir einem wissenschaftlichen Versuche, das Wesen des Zusammenhanges zwischen Volksgeist und Landesnatur durch eine Analyse der psychologisch-physiologischen Wirkungen von Boden, Klima usw. kritisch festzustellen; einer methodischen Untersuchung, die, um einen Ausdruck Ritter's zu gebrauchen, ‚den Begriff zur Entwicklung und zur Klarheit zu bringen, der Erscheinung das Gesetz zu entlocken' bestrebt war, und zwar auf einem Wege welchen Herodot's Darstellung nirgends eingeschlagen hat."[7]

Ähnlich persönliche Akzentuierungen begegnen später bei Ephoros[8] und Strabo[9], aber im Hinblick auf Pöhlmanns Gesamtwerk darf vor allem die Tatsache nicht übersehen werden, daß er sich schon hier in einer völlig selbständigen Weise mit den Autoren beschäftigte, deren Interpretationen auch die Basis der folgenden

[5] Neben den Werken K. Ritters faszinierte ihn offensichtlich (vgl. S. 8) Peschels Geschichte der Erdkunde (1865).

[6] Vgl. S. 32.

[7] 44.

[8] 56 ff.

[9] 81 ff. Strabos Äußerung wird als „geographische Teleologie" verstanden: „So erscheint es nur als der natürliche Abschluß einer langen Entwicklung, wenn sich Strabo bei der Betrachtung der Erdoberfläche die Überzeugung aufdrängt, daß die Länderformen nicht ein Erzeugniß des Zufalls, sondern mit planmäßiger Vernunft geordnet seien, daß sie als ein Werk nicht blos der φύσις, sondern der πρόνοια zu denken sind." — Die bei Pöhlmann sehr häufigen Sperrungen bzw. Unterstreichungen werden hier und im folgenden nicht wiederholt.

Bücher bilden sollten, allen voran Plato[10], und daß sich ihm selbst in solchem Zusammenhang die Probleme des Staates aufgedrängt haben.

Die kleine Schrift enthält eine Fülle feinsinniger Bemerkungen und wichtiger Beobachtungen. Pöhlmann erörterte die Zusammenhänge zwischen Individualisierung und Zivilisation, er ging auf den Einfluß des Klimas ein, arbeitete im Anschluß an Ritter die Rolle der „lokalen Physik der Heimat“[11] bei den Griechen heraus. Sowohl die antiken Autoren als auch die naturwissenschaftlichen Klassiker regten ihn immer wieder zu weitreichenden Reflexionen an.[12] Schon hier aber war die Antike, speziell im Ausdruck der griechischen Stimmen, zu einem Modell menschlicher Erfahrungen und Möglichkeiten geworden, das vor den Erkenntnissen der Gegenwart standhielt: „Wenn man sich alle diese Ideen vergegenwärtigt, wie sie allein Plato und Aristoteles in der Frage nach den Einflüssen der Natur auf Sitte und Sittlichkeit, Intelligenz und staatliches Leben angedeutet oder ausgeführt haben, so ergibt sich immer deutlicher, wie wenig doch eigentlich durch die naturalistische Betrachtungsweise seit Bodin und Montesquieu ein neues Moment in die Auffassung der Geschichte eingeführt worden ist.“[13]

[10] 59 ff.

[11] 48.

[12] „Der Grieche, durch ein vielbewegtes öffentliches Leben von einem einseitigen Versenken in die Natur abgezogen, zeigte bekanntlich von jeher eine ausgeprägte Neigung, den Erscheinungen des Naturlebens eine Beziehung auf die Menschheit beizulegen; eine Neigung, die besonders charakteristisch in der großen Vorliebe hervortritt, mit welcher die Poesie ihre Naturschilderungen an menschliche Verhältnisse anzuknüpfen pflegte. Dazu kam ferner, daß sich die Zeit, angeregt durch des Anaxagoras physische Erklärung der Naturerscheinungen, der Beobachtung der Natur im Einzelnen zuzuwenden begann und durch die Bewunderung ihrer Gesetzmäßigkeit immer mehr zu einer teleologischen Naturauffassung geführt wurde. Es erscheint daher gewiß nicht zufällig, daß uns als erster Zeuge für die Einbürgerung der von Hippokrates entwickelten Ideen Euripides entgegentritt, der Dichter und Schüler der Naturphilosophie des Anaxagoras.“ (Medea, 824 ff.) — a. O. 48 f.

[13] 74.

War es Pöhlmann in seiner Habilitationsschrift in erster Linie um eine Analyse griechischer Theorien gegangen, so wandte er sich mit der nächsten größeren Untersuchung ›Die Anfänge Roms‹ (Erlangen 1881) den konkreten Problemen der politischen Erscheinungen, den Wechselbeziehungen zwischen Landesnatur und Siedlungs- wie Wirtschaftsstruktur zu. Die beiden Schriften stehen deshalb in einem engen inneren Zusammenhang. Bei seiner Behandlung des damals wie heute viel diskutierten Problems wollte Pöhlmann nicht nur die geographisch-topographischen Gesichtspunkte zur Geltung bringen, er wollte nicht nur die Resultate der neuesten Ausgrabungen berücksichtigen, sondern vor allem auch Kriterien und Ergebnisse der modernen Wirtschaftsgeschichte in die spezielle Diskussion einführen. Denn: „An den Ergebnissen vollends der wirtschaftsgeschichtlichen Studien der deutschen National-Oekonomie, welche die Anschauungen über die Anfänge seßhaften Lebens so bedeutsam umgestaltet haben, ist die Alterthumskunde unberührt vorübergegangen.“ [14]

In einer systematischen Ausschöpfung der antiken Quellen wie der historischen, geographischen und volkswirtschaftlichen Literatur, vor allem in einer durchgehenden Auseinandersetzung mit den Thesen Theodor Mommsens brachte Pöhlmann neue Aspekte ins Spiel. Er wies so auf die Bedeutung der malariafreien Höhen am Tiber für die ersten Ansätze menschlicher Siedlung hin, er schärfte die Rolle der Salzerzeugung und des Salzhandels für die Entwicklung von Wirtschaft und Siedlung in einer Weise ein, wie sie in anderem Zusammenhang jüngst erst wieder von Fernand Benoît ins Bewußtsein gerufen wurde.[15] Aber sosehr Pöhlmann die Auswirkung des Landschaftsreliefs und speziell die Stromlage Roms „an der Scheide dreier Völkergebiete“ mit ihren wirtschaftlichen Folgen herauskristallisierte, „als die eigentliche Triebkraft des äußeren Wachsthums Roms“ war nach ihm „doch die militärische Erziehung des Volkes zu betrachten, welche schon durch die natürlichen Bedingungen seiner Existenz gebieterisch gefordert war“ [16]. Konsequent wurde Momm-

[14] S. IV.

[15] F. Benoît, Recherches sur l'hellénisation du Midi de la Gaule. Annales de la Fac. des Lettres et Sciences humaines d'Aix. Séc. class. N. S. 43. 1965.

[16] 25.

sens Auffassung, daß die latinischen Gaugenossenschaften in den ältesten Zeiten die Ebene in offenen Weilern und Dörfern bewohnt hätten, ebenso verworfen, wie seine Vorstellung des „Geschlechtsdorfes". Später sollten andere Partien von Mommsens Bild der römischen Frühzeit in den Brennpunkt von Pöhlmanns Kritik rücken.[17]

Die Bedeutung der Bevölkerungskonzentration für die Ausbildung der sozialen und politischen Gefühle hatte Pöhlmann schon hier gesehen, in größerem Rahmen ging er sie in seiner nächsten Schrift an. Sie war wiederum aus der Beantwortung einer Preisaufgabe der Fürstlich Jablonowski'schen Gesellschaft hervorgegangen, die „eine möglichst vollständige Zusammenstellung der Thatsachen, welche sich auf die Übervölkerung, zumal die Wohnungsnoth der antiken Großstädte beziehen", gefordert hatte. Doch auch diesmal legte Pöhlmann keine dürre Quellenkompilation vor, auch diesmal problematisierte er den Stoff in einer ganz persönlichen Weise, indem er das Problem einerseits als eine generelle soziale Frage sah, es andererseits in seinen breiten historischen und wirtschaftlichen Kontext stellte. Das aus diesen Untersuchungen entstandene Buch ›Die Übervölkerung der antiken Großstädte im Zusammenhange mit der Gesamtentwicklung städtischer Civilisation‹[18] zeigt so die Eigenart von Pöhlmanns Werken bereits voll entwickelt und ausgereift. Die Übervölkerung wurde als eine „sociale Krankheitserscheinung"[19] verstanden, das Problem in einem universalen Rahmen allseitig abgehandelt. Da Pöhlmann ein scharf entwickeltes Bewußtsein für die soziale Not der eigenen Zeit besaß, war eine nüchterne und kritische Betrachtungsweise der antiken Zustände für ihn selbstverständlich: „Um die Bedeutung dieses Wachsthums der großen Städte für deren eigene Zustände, wie für die antike Civilisation überhaupt beurtheilen zu können, ist vor Allem eine Antwort auf die Frage erforderlich, ob die Zunahme der großstädtischen Bevölkerungen wesentlich als Symptom der Prosperität und gesteigerter Culturleistungen zu betrachten sei, oder ob dieses Wachstum bereits jene Grenze über-

[17] Vgl. S. 224.

[18] 1884. (Preisschr. d. Fürstl. Jablonowski'schen Gesellschaft. 24.)

[19] 1.

schritt, wo es eine Quelle des Elends für das Ganze oder für große Classen der Bevölkerung werden und dem gesamten gesellschaftlichen Organismus der Großstadt ein krankhaftes Gepräge geben mußte.

Da es nach der Natur der Dinge und bei der Beschaffenheit der Quellen in erster Linie Rom ist, dem die Diagnose gilt, ein Central- und Herzpunkt, von dem eine Welt ihre Impulse empfing, so hat das Problem eine gewisse universalhistorische Bedeutung. Wir haben es heutzutage unmittelbar vor Augen und empfinden es in banger Sorge, daß ‚Europa krankt an der Größe seiner großen Städte'. Wir die wir Altenglands gesunde Eigenart in London begraben und Paris zum ewig eiternden Geschwüre Frankreichs emporgewuchert sehen, die wir selbst in dem individualisierten Deutschland die enorme Steigerung der großstädtischen Volksmassen, besonders unserer nationalen Hauptstadt als einen für das ganze Volk fühlbaren socialen und politischen Druck empfinden, wir können uns auf das lebhafteste vergegenwärtigen, in welchem Umfange bei der ungeheuren Centralisation des römischen Staatswesens die aus einer Übervölkerung der Capitale und der großen Städte überhaupt entspringenden Krankheitserscheinungen auf das Allgemeine zurückgewirkt haben müssen."[20]

Während sich Pöhlmann gegenüber allen Schätzungen der stadtrömischen Bevölkerung zurückhaltend verhielt, ja „auf jede ziffernmäßige Ermittlung der Agglomeration der Bevölkerung"[21] verzichtete, stellte er die Untersuchung der Wechselbeziehungen zwischen Staat, Gesellschaft und Volkswirtschaft in ihrer Bedeutung für die großstädtische Bevölkerungsfrage in den Mittelpunkt seiner Studien. Er ging dabei aus von der These von Karl Marx, daß jede Produktionsordnung auch ihr eigenes Bevölkerungsgesetz aufweise, und stellte weiter fest, „daß in Rom die Summe des durch gewerbliche Thätigkeit neugeschaffenen und gesteigerten Einkommens der Population ganz unverhältnismäßig hinter der Bevölkerungszunahme zurückblieb".

[20] 20 f.

[21] 25.

Pöhlmanns Definition der Eigenart des römischen Kapitalismus und seine Analysen der hauptstädtischen Wirtschafts- und Gesellschaftsstruktur sind nach wie vor gültig. Er unterstrich, daß die römische Kapitalmacht „nicht erarbeitet, sondern erobert, auf mehr oder minder unproductivem Wege gewonnen (worden sei) durch Tribute, Zölle und Erpressungen, durch Monopolisierung des Geldverkehrs und sonstige Ausnützung der Provinzen, der praedia populi Romani"[22]. Die generelle Unproduktivität des römischen Wirtschaftslebens setzte er ab von der Produktivität Alexandrias, aber auch – in offenem Widerspruch zu Mommsen – von derjenigen der französischen Hauptstadt im 19. Jahrhundert. Die Arbeitswelt der in den römischen Betrieben werkenden Sklaven war für ihn „voll physischen und moralischen Schmutzes"[23], die Verteilung des Volkseinkommens extrem ungerecht: „Wenn es Marx in seiner Weise als ein allgemeines Gesetz formuliert hat, daß ‚die Accumulation von Reichtum auf dem einen Pol zugleich Accumulation von Elend, Arbeitsqual, Sklaverei, moralischer Degradation auf dem Gegenpol bedeutet' (Capital, 671), so bietet wenigstens Rom – und wohl die antike Großstadt überhaupt – einen drastischen Beleg für eine derartige verhängnisvolle Gleichzeitigkeit der Extreme."[24]

Die Analyse der stadtrömischen Berufsfrequenz belegte die Einseitigkeit der Wirtschaftsstruktur aus einem anderen Blickwinkel. Während die Luxusgewerbe und Tätigkeiten in Dienstleistungen aller Art rapide anwuchsen, hielt der Ausbau produktiver Werkstätten nicht Schritt. „Nicht durch gesteigerte Nachfrage nach Arbeit naturgemäß gewachsen, sondern im Gegenteil trotz der Unergiebigkeit der Arbeit künstlich großgezogen, war und blieb die Masse der freien Bürgerschaft Roms mit innerer Nothwendigkeit in die Sphäre des Pauperismus gebannt."[25] Im Unterschied zu R. von Ihering sah Pöhlmann in dem römischen Largitionensystem, in den Geld- und Getreidespenden der römischen Aristokratie und der römischen Kaiser nicht so sehr ein Element ausgleichender Gerechtigkeit, sondern

[22] 29.
[23] 34.
[24] 37.
[25] 49.

in erster Linie die entsittlichenden Wirkungen dieser „proletarisierende(n) Almosenwirtschaft"[26].

Pöhlmann lenkte die Aufmerksamkeit seiner Leser auf die Tatsache, daß gerade der Verfall der römischen Aristokratie in der Kaiserzeit für die „Soldfrohner" des Klientelgeschäfts einer Katastrophe gleichkam und erheblich zur raschen Vermehrung der Bettler und Vagabunden, der arbeitslosen und arbeitsscheuen Bevölkerung Roms beitrug. Er wandte sich dagegen, daß die Methoden des römischen Cäsarismus in der Armenpflege etwa gegenüber der attischen Gemeindearmenpflege als Fortschritt bezeichnet wurden, er zeigte sehr kritisch die Belastung der Großstädte und der Provinzen durch die bloße Subventionspolitik auf und äußerte sich nüchtern gegenüber den Auswirkungen der christlichen Wohltätigkeit und des Almosenwesens auf das Massenelend und die Übervölkerung der spätantiken Großstädte.

In einem weiteren Hauptteil wurde speziell die Ernährungs- und Wohnungsfrage untersucht. Pöhlmann stellte hier die Versorgungsschwierigkeiten Roms klar heraus, er wies auf die Bedeutung der Preisschwankungen und der Hungerrevolten hin und streifte damit Erscheinungen, welche erst in der Gegenwart wieder schärfer analysiert wurden.[27] Die Rolle von Wohnungsnot und Mietensteigerung für die politische Agitation in Antike und Gegenwart hat Pöhlmann leidenschaftlich diskutiert, er machte zum Beispiel auch die Auswirkungen der fehlenden systematischen verkehrsmäßigen Erschließung der antiken Großstädte verständlich. Sei es bei der Illustration des Baustellenwuchers und der baupolizeilichen Maßnahmen, sei es bei den Berechnungen von Häuserhöhen und Straßenbreiten, sei es bei der Fixierung der Belegung der Kellerwohnungen, stets zog Pöhlmann moderne Vergleichsmöglichkeiten heran, um ein plastisches Bild der antiken Verhältnisse zu gewinnen.

In einer ähnlich umfassenden Weise sind dann auch die sanitären Fragen und die Resultate der öffentlichen Gesundheitspflege in den großen Städten allgemein, in Rom im besonderen untersucht wor-

[26] 50.

[27] H. P. Kohns, Versorgungskrisen und Hungerrevolten im spätantiken Rom. 1961.

den. Pöhlmann zögerte nicht, die bedeutenden römischen Leistungen in Straßenbau und Straßenreinigung, Wasserversorgung und Kanalisation anzuerkennen, und wenn er die unbefriedigende Situation auf dem Gebiet der Bauhygiene herausstellte, so diente auch hier der Vergleich mit der Gegenwart dazu, um die Reichweite der antiken Gegenmaßnahmen abzugrenzen:

„Wenn selbst die entwickelte öffentliche Gesundheitspflege der Gegenwart trotz aller polizeilichen Vorkehrungen gegen gesundheitswidrige Beschaffenheit und Überfüllung der Wohnungen nicht zu verhindern vermag, daß die Noth der Massen immer und immer wieder zu den schlimmsten hygienischen Verstößen führt, wenn überhaupt nach den Erfahrungen der Neuzeit eine wahrhaft wirksame Abhülfe sich nur von einer positiven Ergänzung der polizeilichen Thätigkeit durch größere gemeinnützige Institutionen erhoffen läßt, welche den Bau billiger Wohnungen für die unteren Volksclassen, die Schaffung wohlfeiler Verkehrsmittel zur Verbindung mit den weniger kostspieligen Vorstädten usw. ermöglichen, wie muß es da in den überbevölkerten Centren des römischen Reiches, in West- und Ostrom ausgesehen haben, wo von alldem nicht entfernt die Rede war, und gleichzeitig der passivste und unbesieglichste Feind der öffentlichen Gesundheitspflege, der Pauperismus gewissermaßen die Signatur des socialen Lebens bestimmte?“ [28]

Die Bilanz der staatlichen Gegenmaßnahmen gegen die großstädtische Übervölkerung, mit der Pöhlmann seine Studie abschloß, war denn alles andere als befriedigend. Zwar verkannte er die Bedeutung der Kolonisation und der kaiserzeitlichen Veteranenversorgung als Mittel der „Purification“ der römischen Stadtbevölkerung nicht, aber bei der Einschätzung der sozialen Reformmaßnahmen unterschied er sich grundsätzlich von Mommsen, der „in einem wohlregulierten Colonisierungssystem“ [29] einst das Allheilmittel für die Krise gesehen hatte. Pöhlmann hingegen betonte, daß mit diesem Abstoßen der Armen nur die Symptome behandelt wurden und daß eine wirklich durchgreifende Änderung nur dann zu erreichen war, wenn die beschriebenen Mißstände wirklich an ihrer Wur-

[28] 140.

[29] Römische Geschichte. III^5, 499.

zel angegriffen wurden,[30] mit anderen Worten durch eine systematische Veränderung der gesamten wirtschaftlichen und sozialen Struktur.

Nach seiner Habilitation für das Fach der Alten Geschichte hat Pöhlmann die Disziplin an der Universität Erlangen vertreten, im Jahre 1884 wurde er schließlich auf den dort neu errichteten Lehrstuhl für Alte Geschichte berufen, den er bis zum Jahre 1901 innehatte. Während dieser Erlanger Jahre sind seine beiden Hauptwerke entstanden, die nebeneinander heranreiften und wiederum in direktem Zusammenhang stehen: Zuerst das zweibändige Werk ›Geschichte des antiken Kommunismus und Sozialismus‹ (in erster Auflage 1893 und 1901 erschienen, in zweiter Auflage 1912 dann unter dem etwas genaueren, aber immer noch anfechtbaren Titel ›Geschichte der sozialen Frage und des Sozialismus in der antiken Welt‹. Eine dritte Auflage, mit einem größeren Anhang von Friedrich Oertel, wurde 1925, rund ein Jahrzehnt nach Pöhlmanns Tod herausgegeben). Parallel hierzu schrieb Pöhlmann einen ›Grundriß der griechischen Geschichte‹, der erstmals 1889 im Rahmen des Handbuchs der klassischen Altertumswissenschaft erschien und in seiner fünften Auflage 1914 dann den neuen Titel ›Griechische Geschichte und Quellenkunde‹ erhielt.

Die ›Geschichte der sozialen Frage‹ ist ohne Zweifel Pöhlmanns wichtigstes und zugleich umstrittenstes Buch, das deshalb ein näheres Eingehen erfordert. In seiner Vorrede, in der bezeichnenderweise die Namen von Lassalle und Boeckh nebeneinanderstehen, geht Pöhlmann von der Prämisse aus, daß „die alte Welt von denselben Lebensfragen bis zum Grunde bewegt (war) . . ., welche noch heute zum Teil ungelöst jeden ehrlichen Mann beschäftigen. Die traditionelle Zunftbetrachtung, die die großen sozialen Kulturfragen mehr oder minder ignorieren zu können glaubt, weil dabei, wie ein Philologe von des Verfassers Buch über die antiken Großstädte gemeint hat, das ‚philologische Interesse zurücktrete‘(!), setzt selbst den Wert herab, welchen die Antike gerade für die Gegenwart gewinnen könnte. Denn wenn wir nicht imstande sind, unsere Wissenschaft von der Antike zugleich als eine Wissenschaft vom antiken

[30] 160.

Volkstum in all seinen Lebensäußerungen auszubauen, werden wir nimmermehr dazu gelangen, die antike Welt uns und anderen wirklich lebendig zu machen."[31]

Pöhlmanns Werk ist so angelegt, daß sein erstes, wesentlich umfangreicheres Buch Hellas, das zweite dagegen Rom und dem Römischen Reich gewidmet wurde. Der griechische Teil setzt mit breiten Analysen der älteren Gesellschaftsstufen und der sozialen Demokratie ein, im Mittelpunkt stehen jedoch die Abschnitte über die philosophische Staats- und Gesellschaftstheorie und die griechischen Staatsromane, die so ganz bewußt als Reaktion auf die jeweilige gesellschaftliche und politische Wirklichkeit verstanden werden. Schon auf Grund der Proportionen steht fest, daß diese Elemente des Werks den eigentlichen Kern von Pöhlmanns Arbeit darstellen. Bei seiner Erörterung des angeblichen Kommunismus älterer Gesellschaftsstufen zeigte Pöhlmann durchgehend eine außerordentlich skeptische und kritische Grundhaltung. Er wandte sich ebenso eindeutig gegen die Reprojektion von Idealen und Wünschen der Gegenwart in die Vergangenheit – eine Tendenz, welche er insbesondere bei Morgan und Engels ausgeprägt fand[32] – wie gegen Theodor Mommsens Annahme einer „Identität von Geschlechtsgenossenschaft und Gemeinde" und überprüfte systematisch die „Voraussetzungen dieses Glaubens an einen idyllischen Sippenkommunismus der Urzeit"[33]. Bei der Untersuchung der homerischen Welt erschien ihm der Hof des Priamos als Typus der „Hausgemeinschaft", einer Geschlechtsgenossenschaft, welche alles andere als demokratisch

[31] VI. – Für den allgemeinen wissenschaftsgeschichtlichen Hintergrund im Bereich der deutschen Historie vgl. G. Oestreich, Die Fachhistorie und die Anfänge der sozialgeschichtlichen Forschung in Deutschland. HZ 208, 1969, 320–363.

[32] Der für Pöhlmann bezeichnende Satz lautet: „Ein solches Geschichtsschema mag durch seine Einfachheit dem in der sozialistischen ‚Wissenschaft' so verbreiteten schablonenhaften Denken einleuchten oder einseitig spekulativ gerichtete Köpfe bestechen, für die nüchterne historische Forschung, die nicht gewohnt ist, den unendlichen Reichtum der Menschengeschichte in das Prokrustesbett schematischer Klassifikationen zu zwängen, ist die ganze Anschauungsweise unbrauchbar."

[33] 9.

strukturiert, vielmehr autokratisch geprägt war. Ein wesentliches Indiz für seine Auffassung, die eine Existenz kommunistischer Gesellschaftsformen in der griechischen Frühzeit bestritt, war die in der Odyssee bezeugte „individualistische Ausgestaltung des Eigentumsrechtes“[34], die nach ihm auch die relativ frühen Auflehnungen gegen die Mißstände und Fehlentwicklungen dieser Wirtschaftsstruktur, d. h. „die Entstehung einer sozialen Frage schon um die Wende des 7. und 6. Jahrhunderts“[35] erklären konnte.

Der sogenannte Kommunistenstaat auf Lipara wurde als eine atypische „Korsarenburg“[36] interpretiert, in Sparta im Anschluß an Herbert Spencer ein „Sozialismus des kriegerischen Gesellschaftstypus“[37] gesehen. Mit allem Nachdruck schärfte Pöhlmann ein, daß erst die Literatur des 4. Jahrhunderts v. Chr. zeitgenössische kommunistische und sozialistische Idealvorstellungen mit dem Sparta Lykurgs verbunden habe; das traditionelle Bild Altspartas zeigte nach ihm „wesentliche Züge des Staatsromans“, er klassifizierte es als eine „sentimentale Idylle“[38]. Sowohl das isokrateische Idealbild Altathens als auch die bei Ephoros faßbare Konzeption eines spartanischen Musterstaates waren nach Pöhlmann einzig als sozialpolitische Konstruktionen zu verstehen.

Pöhlmanns Analyse der sozialen Demokratie, in welcher die griechische Polis ganz ähnlich wie bei Jacob Burckhardt verstanden wurde, stand unter der These, daß der „Demokratismus“ des hellenischen Stadtstaates im Sozialismus „sein logisch notwendiges Komplement“[39] erzeugt habe. Dessen Entstehung war identisch mit der Kritik des Kapitals und mit der Kritik an der Klassenherrschaft des griechischen Adels. Nicht die Harmonie der archaischen Gesellschaft, sondern die schrillen Töne des Klassenkampfes waren nach Pöhlmann für das 7. und 6. Jahrhundert v. Chr. charakteristisch. Die Abschlachtung der Herden der Großgrundbesitzer in Megara (um 640 v. Chr.) leitete darnach „die Geschichte der proletarischen

[34] 29.
[35] 35.
[36] 39.
[37] 46.
[38] 100.
[39] 126.

Bewegung in der hellenischen Welt"[40] ein und war zugleich typisch für deren Ansatzpunkte und Verlauf.

Naturgemäß kam in diesem Zusammenhang den Reformen Solons eine besondere Bedeutung zu, aber für manchen von Pöhlmanns Lesern dürfte es einen starken Schock bedeutet haben, daß hier Solons Elegie mit Forderungen des sozialdemokratischen Parteitages von 1894 sowie mit jenen sizilischer Reformer zusammengestellt war. Auch zu Babeuf und St. Just wurden Parallelen gezogen; als Endziel all dieser Bewegungen aber keine sozialistische Organisation der Gemeinwirtschaft, sondern „die wirtschaftliche Gleichheit auf dem Boden des Privateigentums"[41] herausgestellt.

Pöhlmann hat dann in einer Eindringlichkeit, wie sie nie zuvor erreicht worden war, den seit dem 6. Jahrhundert v. Chr. einsetzenden ökonomischen Differenzierungsprozeß vor Augen geführt, jenen Prozeß, der schließlich zur „Universalherrschaft des Geldes"[42] und zur Auswucherung der Pleonexie als notwendiger „Begleiterscheinung der kapitalistischen Volkswirtschaft"[43] führen mußte. Er zeichnete dabei nicht allein die oft skizzierten moralischen Folgen des kapitalistischen Systems nach, sondern arbeitete vor allem den charakteristischen Antagonismus der damaligen wirtschaftlichen und politischen Entwicklungen heraus: „Während die wirtschaftliche und soziale Entwicklung auf eine Verschärfung des Gegensatzes von arm und reich, auf die Zunahme der Ungleichheit und Unfreiheit hindrängte, ist die politische Entwicklung beherrscht von den Ideen der Freiheit und Gleichheit."[44] Pöhlmann machte sich die Auffassung zu eigen, daß „die Geschichte des Sozialismus zugleich die Geschichte des menschlichen Selbstbewußtseins" ist und folgerte: „Wenn man daher die soziale Frage der Gegenwart definiert hat als den ‚zum Bewußtsein gekommenen Widerspruch der volkswirtschaftlichen Entwicklung mit dem als Ideal vorschwebenden und im politischen Leben sich verwirklichenden Entwicklungsprinzip der Frei-

[40] 156.
[41] 161.
[42] 189.
[43] 193.
[44] 213.

heit und Gleichheit‘ (Scheel), so hat man damit auch die soziale Frage gekennzeichnet, welche sich als das Ergebnis der inneren Entwicklung des hellenischen Volksstaates ebenso notwendig einstellen mußte wie im modernen Staat.“[45]

Für Pöhlmann war die soziale Frage weithin gleichzusetzen mit dem Kampf zweier Prinzipien, dem distanzierenden aristokratischen und dem nivellierenden demokratischen. Er zeigte im einzelnen auf, wie der hellenische Geist von der Kritik der politischen Probleme fortschritt zur Analyse der wirtschaftlichen und gesellschaftlichen Ordnungen. Er rief den Satz der Eudemischen Ethik in Erinnerung ὁ γὰρ ἄνθρωπος οὐ μόνον πολιτικὸν ἀλλὰ καὶ οἰκονομικὸν ζῷον (VII 10. 1242 a), er erfaßte die Politisierung der Justiz durch das Eindringen des Klassengegensatzes nicht weniger deutlich als die ökonomische Ergänzung des politischen Prinzips der Demokratie. Vor allem aber ist in diesen Abschnitten in leidenschaftlicher Form der gesellschaftliche und wirtschaftliche Preis aufgerechnet worden, mit dem die künstlerische Kultur der Griechen erkauft war.[46]

Pöhlmanns Verständnis des sozialrevolutionären Demokratismus ging davon aus, daß Hellas in „das Zeitalter der Diskussion“[47] ein-

[45] 234.

[46] 196 f.: „Wer in dem Studium der Antike noch etwas anderes sieht als den romantischen ‚Durchgang durch den stillen Tempel der großen alten Zeiten und Menschen zum Jahrmarkt des späteren Lebens‘ (Jean Paul), wer den Jahrmarkt des Lebens auf dem Boden des Altertums selbst aufsucht, der wird sich stets zugleich fragen: Wie hat das Kapital, das hier Länder und Meere mit den Wundern seiner Werke bedeckte, für die Gesamtwohlfahrt des Volkes gewirkt? Denn er wird über dem Glanz dieser einzigartigen Kultur ihre tiefen Schatten und schweren Gebrechen, neben den herrlichen Früchten das böse Unkraut nicht übersehen, das auf dem Boden derselben Kultur so reichlich gedieh. Er wird fortan betonen müssen, daß eine solche Entfaltung der künstlerischen Kultur eben nur möglich war auf der Grundlage einer höchst ungleichmäßigen Verteilung der Güter ... So reich die Genußsphäre der (Besitzenden) war, wir dürfen doch nie vergessen, daß dieses höhere Kulturleben erkauft ward durch die einen großen Bruchteil der Bevölkerung umfassende Sklaverei und die soziale und ökonomische Erniedrigung der arbeitenden Klasse.“

[47] 282.

getreten war, einer Diskussion, welche alles Gegebene in Frage stellte. Die Heimat dieses Geistes freier Erörterung erblickte Pöhlmann nicht zuletzt im Theater, die eingehende Besprechung vor allem der Komödien des Aristophanes war die Folge, denn die Ekklesiazusen etwa waren für ihn zur „Kommunistenkomödie“[48] schlechthin geworden. Hier und bei ähnlichen Texten schlägt nun Pöhlmanns Freude an solchen Quellen durch, der Leser muß es in Kauf nehmen, daß sich sein Autor von diesen Stücken kaum trennen kann. Im Anschluß an ein Euripidesfragment[49] warf Pöhlmann dann die entscheidende Frage nach den Folgen der Nivellierung von reich und arm auf, und bei ihrer Beantwortung zeigte es sich, daß er mit seinem Herzen trotz aller Anerkennung der Sozialkritik keineswegs hinter den Massenforderungen stand: „... die Kultur bedarf in der Tat des Edlen, das heißt solcher Individuen, deren innere Ausbildung von feinerer, verwickelterer, vornehmerer Art ist, als die der Masse, und die deshalb auch einen wohlbegründeten Anspruch auf eine andere Form der Lebenshaltung, auf eine andere Art des Genusses und der Arbeit haben, als es die ist, welche für einfachere, derbere, weniger differenzierte Naturen sich eignet und zugleich vollkommen ausreicht. Ohne diese Möglichkeit einer Erhebung über das Durchschnittsniveau der Lebenslage der Masse, ohne die Mittel für eine verfeinerte Lebenshaltung würde ja diese Vergeistigung, Bereicherung und Durcharbeitung der Individualitäten von vorneherein undenkbar sein und damit auch die von dem Interesse der Gesamtheit geforderte volle Entfaltung der Werte, die das Menschenwesen in sich birgt.“[50] — Im Anschluß an den thukydideischen Epitaphios wurden soziale und wirtschaftliche Ungleichheit, soweit sie das Resultat verschiedenartiger geistiger und moralischer Dispositionen waren, als „das notwendige Komplement der bürgerlichen Freiheit“ durchaus bejaht. Die Masse aber ist für Pöhlmanns bildungspolitische Konzeption geradezu zum Trauma geworden.[51]

[48] 290.

[49] Äolos fr. 21. Nauck², S. 369.

[50] 293.

[51] 294 f.: „Das Leben der Masse, welche die Demokratie auf die geschichtliche Bühne rief, ist ja auf nichts weniger als auf eine kraftvolle

Unter den allgemeinen Analysen der gesellschaftlichen Entwicklung finden sich dann in dem Abschnitt über die soziale Revolution wieder eine Fülle von bemerkenswerten Gedanken und Interpretationen. Pöhlmann macht hier die Polarisierung der extrem starken Spannungen an den beiden politischen Flügeln deutlich, er zeigt auf, daß auch die Besitzinteressen die Hinwendung zur Monarchie verständlich machen, er wertet so entlegene Autoren wie Äneas Taktikos und Aelian für seine Fragestellungen aus und schildert den Terrorismus als „die ständige Begleiterscheinung der sozialen Revolution“ [52].

Besonders intensiv erörtert wurde dann die soziale Revolution in Sparta. Pöhlmann war sich der Problematik der Quellenlage wohl bewußt, als er den Versuch unternahm, erstmals die Geschichte des Agis und Kleomenes unter sozialgeschichtlichen Aspekten zu würdigen. Die Gestalt des Agis lag Pöhlmann dabei besonders am Herzen, weil sich in seiner Person „die Wendung des Sozialismus der Utopien und Staatsromane, der Philosophen und Literaten zum Sozialismus der Tat“ [53] vollzog. Noch in seinem Scheitern gewann Agis exemplarische Bedeutung: „Er unterlag dem, was man heutzutage eine Suggestion durch Bücher nennen würde. Und da die

und originale Entfaltung und Behauptung der Einzelpersönlichkeit angelegt. Es ist wesentlich Kollektivleben, das seiner ganzen Tendenz nach darauf ausgeht, den einzelnen seinen sozialisierenden und nivellierenden Einflüssen zu unterwerfen, das Individuum möglichst zum Gattungsexemplar zu machen. ‚Das Individuum verschwindet, der Genosse entsteht‘, dieses Wort wird immer mehr zur Wahrheit da, wo die Masse sich häuft und durch die allgemeinen wirtschaftlichen und politischen Verhältnisse eine steigende Aktionsfähigkeit, die Möglichkeit zu engem Zusammenschluß und zu großen Massenbewegungen erhält. Welch ein unversöhnlicher Kontrast vollends zwischen der höchsten Steigerung individuellen Lebens auf der vergeistigten Höhe der Vollkultur und jenem gestalt- und charakterlosen Haufen, der mit der Ansammlung der Bevölkerung in den Industrie- und Handelsstädten stetig wuchs, dem Pöbel, der recht eigentlich ein ‚Magazin für Massenbewegung‘ darstellt.“ — Ähnlich dezidierte negative Urteile über die Masse II, 45 f.

52 343.

53 372.

geistige Macht, die ihn beherrschte, sich ihre Welt zum guten Teil mit Fiktionen erbaute, so verfiel auch er den Gefahren einer einseitig konstruierenden Betrachtung und einer Überspannung der Imagination, die ihn die Schwierigkeiten des neuen Gesellschaftsbaues und die gewaltige Widerstandskraft des realen Lebens in verhängnisvoller Weise unterschätzen ließ. Der Glaube, daß es nur eines ehrlichen Entschlusses bedürfe, um den Staat mit einem Ruck aus einer auf Gewalt beruhenden Zwangsanstalt in einen sittlichen Organismus umzuwandeln, stempelt ihn recht eigentlich zum Doktrinär."[54]

Die Skizzen der Erhebungen des Kleomenes und des Aristonikos mündeten schließlich in eine ziemlich pessimistische Diagnose der gesamten revolutionären Bewegung: „Von den gewaltigen im Sinne der Gleichheit und Brüderlichkeit wirkenden Kräften, die aus ihr hervorgehen sollten, von energischer und einmütiger Arbeit zum Aufbau einer neuen besseren Wirtschafts- und Gesellschaftsordnung, zur Beseitigung oder auch nur Einschränkung des Kampfcharakters der Volkswirtschaft durch das Prinzip der Solidarität ist nirgends eine Spur zu erkennen."[55] Pöhlmann wies darauf hin, daß eine systematische Sozialisierung in den griechischen Poleis auch nach den Siegen über die Reichen nicht betrieben wurde; so war für ihn der Bettelphilosoph im Stile eines Diogenes von Sinope „die letzte Charakterfigur, welche das bürgerliche Leben der Griechen erzeugt hat"[56].

Schon in seine Beschreibungen der gesellschaftlichen, wirtschaftlichen und politischen Entwicklungen hatte Pöhlmann einen Abschnitt eingegliedert, in dem er „das Wunderland in Fabel und Komödie"[57] beschrieb. Vom Mythus des goldenen Zeitalters in Hesiods Werken und Tagen bis zu den Komödien des Aristophanes wurden dort gesellschaftliche Vorstellungen und Wünsche ans Licht gebracht; „die Schlaraffia der Komödie" etwa war für Pöhlmann „nur die groteske Ausgestaltung einer volkstümlichen Sozialphilosophie und zugleich die geistvollste Satire, die ihr zuteil werden konnte"[58].

[54] 376.
[55] 412.
[56] 418.
[57] 300 ff.
[58] 310.

Aber eine der unbestrittenen Leistungen gelang ihm in jenen Partien seines Werkes, in denen er die Staatskonstruktionen eines Phaleas von Chalkedon, Plato, Aristoteles und Zeno sowie die verschiedenen griechischen Staatsromane als Reflexe auf die gesellschaftlichen und wirtschaftlichen Spannungen ihrer Zeit zu verstehen suchte.

Die Prinzipien der griechischen Sozialphilosophie in ihrem Kampf sowohl gegen den extremen Individualismus als auch gegen überspannte sozialethische Postulate, vor allem aber gegen die materialistische und atomistische Auffassung des sozialen und politischen Lebens werden deutlich gemacht. In dem Prinzipienstreit zwischen Individualismus und Sozialismus hat das 4. Jahrhundert v. Chr. nach Pöhlmanns Meinung „uns den Kampf vorgekämpft, in welchem wir selbst mitteninnestehen“ [59]. Er würdigte es als ein Verdienst jener Sozialtheorie, daß sie erstmals das Institut des Privateigentums, die Verteilungsprobleme in Wirtschaft und Gesellschaft wie die Funktion des Geldes systematisch erörterte und sah in der klaren Erfassung der gesellschaftlichen Gegensätze einen bleibenden Fortschritt der politischen Wissenschaften.

Auf die knappe Beschreibung des antidemokratischen[60] Staatsideals des Phaleas von Chalkedon folgte die ausführlichere Analyse der ›Politeia‹ Platos. Als Platos Gesellschaftsideal bezeichnete Pöhlmann das Ziel „der gegenseitigen sozialen Verpflichtung, welche Regierende und Regierte in harmonischer Eintracht verbindet“; er sah in diesem platonischen Staat “einen Versuch ..., das Kulturziel und das ‚Wohl der wenigsten‘ in Einklang zu bringen mit dem Glücksziel und dem ‚Wohl der meisten‘“ [61]. Die Stellung des Individuums im Staate aber war grundsätzlich naturrechtlich begründet. Über seinen vielfältigen Einzelanalysen kam Pöhlmann so zu einer ganz neuen Gesamtbilanz, in der ihm selbst die Koinzidenz von Freiheit und Zwang mit Hilfe moralischer und intellektueller Bildung am wichtigsten erschien.[62]

Insgesamt gesehen war Pöhlmanns Interpretation der platonischen ›Politeia‹, die er nicht als Roman, sondern als Aktionspro-

[59] 448.
[60] II, 6.
[61] II, 83.
[62] II, 111.

gramm verstanden hat,[63] durchaus nicht unkritisch. Er rühmte es zwar, daß Plato „für alle Zeiten das Wahnideal des schrankenlosen Individualismus zerstört“[64] habe, daß er „die Wissenschaft als Führerin des Lebens“ proklamierte, daß er wohl eine stärkere Demokratisierung der Volkswirtschaft, nicht dagegen „einen einseitigen Demokratismus auf dem Gebiete der Verfassungspolitik“ anstrebte[65]. Aber er stemmte sich ebenso entschieden gegen Platos doktrinäre Emanzipation der Frau, hielt die ideale Geistesaristokratie ebenso für ein Phantom wie die Idee der allgemeinen Verbrüderung.[66]

Platos Staat der ›Gesetze‹, den „zweitbesten Staat“[67], sah Pöhlmann dann insbesondere durch zwei Grundstimmungen geprägt, nämlich nach wie vor durch den Enthusiasmus der Weltverbesserung, daneben aber durch Altersweisheit, durch Einsicht in die Schwäche des Menschen und durch die stärkere Berücksichtigung aller zu erwartenden Reibungen.[68] So war es zu erklären, daß hier enger an Bestehendes angeknüpft wurde, daß konkrete Voraussetzungen und Realität in Anschlag gebracht waren. Allein ungeachtet einzelner Teile, die Pöhlmanns Beifall fanden – wie zum Beispiel die Entwürfe für ein Agrarrecht, die Anerkennung der Bedeutung von Grund und Boden, die Forderung nach Öffentlichkeit des Geschäftslebens[69] – lehnte Pöhlmann den an diesem Staatsmodell zu beobachtenden „Geist der Schablone und der Schematisierung“[70] entschieden ab.

Daß der Sozialismus im Staat der ›Gesetze‹ zur Religion und zur Kirche wurde, daß die einmal konstruierte demokratische Staatsordnung durch Mittel aller Art zementiert werden sollte, rief Pöhlmanns leidenschaftlichen Protest hervor. Wie er mit Emphase schrieb,

[63] II, 119, Anm. 1.
[64] II, 126.
[65] II, 128 f.
[66] II, 131, 139, 155.
[67] II, 160 ff.
[68] II, 230.
[69] II, 243 f.
[70] II, 241.

stand für ihn „... der platonische Gesetzesstaat am Anfang einer Bewegung, die das zeitlich bedingte verewigen und zu einer zwingenden Norm für alle kommenden Geschlechter machen wollte, die die Menschheit am Ende in das Joch einer Macht zwang, die wie mit tausend Polypenarmen in alles irdische Leben und Streben hineingriff und eine Gewalt ‚nicht nur über den Willen, sondern auch über den Verstand' der Menschen beanspruchte; eine Macht, die das platonische Bild von den ‚göttlichen Hirten' durch die Herabdrückung des denkenden Menschen auf das Niveau eines Herdendaseins zur traurigen Wirklichkeit gemacht hätte, wenn sich nicht der europäische Geist trotz alledem wieder zur Fähigkeit freien Denkens erhoben und gegen alle Versuche, sein Denken inhaltlich zu bestimmen und in e i n e Richtung zu zwingen, den Anspruch der individuellen Vernunft und des individuellen Gewissens auf volle Autonomie und damit wissenschaftliche Wahrhaftigkeit und Ehrlichkeit wenigstens in den geistig höherstehenden Schichten siegreich zur Geltung gebracht hätte.

Damit ist ein Haupt- und Grundgedanke des platonischen Gesetzesstaates, die kulturwidrige Idee der ‚gesetzesmäßigen' Glaubenseinheit aller Volksgenossen, durch die Geschichte für immer gerichtet." [71]

Bei seiner folgenden Besprechung des Fragmentes des aristotelischen Staatsideals hob Pöhlmann erneut die erstrebte „Koinzidenz des Individual- und des Sozialinteresses" hervor; Einzelheiten dieses Modells, wie die Maßnahmen zur Beschränkung der Kinderzahl oder die Reglementierung der Lebensweise der Schwangeren, stießen auch hier auf seinen heftigen Protest.[72] Beim „sozialen Weltstaat des Stifters der Stoa" [73] unterstrich Pöhlmann insbesondere die Ausweitung der älteren Staatsideale „zu einer allseitigen Gemeinschaft des ganzen Menschengeschlechtes ..., der e i n e Menschheitsstaat (soll) zugleich der Sozialstaat der Zukunft sein" [74].

War schon die durchgehende Überprüfung der Theorien der anti-

[71] II, 236.
[72] II, 260.
[73] II, 268 ff.
[74] II, 272 f.

ken Staatsphilosophie unter dem Blickwinkel des Sozialismus originell und fruchtbar, so gilt dies mindestens in gleicher Weise für die Analysen der „Staatsromane“, der ›Atlantis‹ Platos, des meropischen Landes Theopomps, der kimmerischen Stadt des Hekataios, der „heiligen Chronik“ des Euhemeros und schließlich des ›Sonnenstaates‹ Jambuls. Alle diese Modelle wurden von Pöhlmann deswegen so ernst genommen, weil er im Utopismus eine immer wiederkehrende, ganz spezielle geschichtliche Erscheinung sah, die er innerhalb eines universalhistorischen Rahmens begriff: „Angesichts der frappanten Analogie, die auch hier das 19. Jahrhundert mit dem 4. Jahrhundert v. Chr. darbietet, drängt sich ja ganz von selbst die Erkenntnis auf, daß wir es in dem Utopismus mit einer Erscheinung zu tun haben, die unter analogen geschichtlichen Voraussetzungen mit psychologischer Notwendigkeit sich immer wieder von neuem einstellt, auch wo man sie längst als ‚überwunden‘ ansah. Wie John Stuart Mill mit Recht bemerkt hat, ist der Utopismus das naturgemäße Ergebnis aller Epochen, in denen, wie eben in der Gegenwart und im Zeitalter Platos, eine allgemeine neue Prüfung der Grundprinzipien des Staates und der Gesellschaft als unvermeidlich erkannt ist.“ [75] Der „Höhepunkt des dichterischen Utopismus der Griechen“ [76] aber ist für Pöhlmann Jambuls ›Sonnenstaat‹ gewesen, dessen Verfasser er als „ein sozialökonomischer Jules Verne“ [77] apostrophierte. Weitausgreifende Vergleiche mit dem ›Sonnenstaat‹ Campanellas und der ›Geschichte der Sevarambier‹ von Vairasse oder dem ›Gothaer Programm‹ dienten dazu, die Eigenart dieses Staatsmodells der „Vereinigung kommunistischer Genossenschaften“ [78] zu erhellen. Es war Pöhlmanns Überzeugung, daß der moderne Utopismus nicht in der Utopie des Thomas Morus, sondern in der sozialen Dichtung der Griechen wurzelte und die Proklamation eines streng autoritären Kollektivismus im ›Sonnenstaat‹ Jambuls war für ihn zugleich ein Beweis dafür, „daß die Schranken, in welche die mechanische Geschichtsauffassung des ökonomischen Materialismus

[75] II, 119.
[76] II, 305.
[77] II, 305.
[78] II, 308.

den Menschengeist bannen will, in dieser Weise überhaupt nicht existieren"[79].

So differenziert und subtil Pöhlmanns Hellas gewidmetes Buch ausfiel, so unbefriedigend erscheint das zweite, in dem er Rom und das Römische Reich[80] behandelte. Matthias Gelzer hatte es deshalb sehr leicht, in einer allerdings einseitigen Besprechung[81] gerade diese Partien von Pöhlmanns Werk zu kritisieren. Der negative Gesamteindruck ist gewiß, wie Pöhlmann schon selbst betont hat,[82] auch mit eine Folge der Tatsache, daß die Quellenlage es einfach verbietet, eine Geschichte der sozialen Bewegung in Rom zu schreiben. Dennoch läßt sich nicht leugnen, daß hier ein größerer Maßstab gewählt wurde und daß sich die Ansätze der Einzelstudien hier nicht zu einem überzeugenden Gesamtbild fügen.

Trotz solcher Vorbehalte enthalten jedoch auch diese Abschnitte nicht wenige wertvolle Erkenntnisse und Bemerkungen. Auch hier stoßen wir auf eine Auseinandersetzung mit der These Theodor Mommsens, daß die italische Dorfgemeinde anfangs nach dem System der Feldgemeinschaft arbeitete und in den Anfängen kommunistischen Charakter hatte, wobei Pöhlmann gerade im Eigentumsrecht und in der Volkswirtschaft die individualistische Tendenz besonders ausgeprägt fand. Die Gegenüberstellung des agrarischen Kapitalismus in Italien und des römischen Großstadtelends, „eines der schwärzesten Nachtstücke des sozialen Jammers, der hinter dem Glanz der Weltstadt sich verbarg"[83], stellt einen ersten Höhepunkt in der Schilderung der Verhältnisse der römischen Republik dar.

„Tiberius Gracchus als Sozialreformer" hat Pöhlmann später eine gesonderte Abhandlung gewidmet.[84] Er wurde dazu herausgefordert durch die Appian-Beurteilung von Eduard Schwartz, speziell durch dessen Einschätzung des Tiberius-Gracchus-Bildes Appians. Pöhl-

79 II, 322.

80 II, 325 ff.

81 HZ 113, 1914, 102—106.

82 II, 350.

83 II, 342 ff.

84 In verbesserter Form erschienen in: Aus Altertum und Gegenwart. Ges. Abh. Neue Folge. 1911, 118—183.

mann wandte sich entschieden gegen die Vorstellung, Tiberius Gracchus wäre ein Revolutionär gewesen. Für ihn selbst war er ein „Reformator großen Stiles“[85], der jedoch an die Grundlagen des wirtschaftlichen und gesellschaftlichen Systems überhaupt nicht gerührt habe und eine „ausgesprochen konservative Mittelstandspolitik“[86] betrieben hätte.

Ausführlicher ging Pöhlmann dann auf die Catilinarische Verschwörung ein. Damit kamen Sallust und Cicero ins Spiel, wobei er von ersterem die Briefe an Caesar wiederum in einer separaten Arbeit näher untersucht hat.[87] Analysen der Struktur des römischen Proletariates, der Schlagworte des Klassenkampfes und der Stellungnahmen der Besitzenden zu Ackergesetzen und Reformvorschlägen folgten, die beherrschende Position in diesem Buch nahm jedoch die Untersuchung des Christentums ein. Pöhlmann ging hier davon aus, daß die zeitgenössische Wirtschafts- und Gesellschaftsordnung durch das Evangelium Christi zutiefst erschüttert werden mußte, er betonte die antikapitalistische Einstellung Jesu und stellte die Kritik des Kapitals bei den christlichen Autoren bis zur Spätantike zusammen.

Es ist richtig, daß darüber notwendig eine ganz einseitige Beleuchtung des Christentums entstand, die weite, wesentliche Komponenten im Dunkel beließ. Nur wird man zugestehen müssen, daß Pöhlmanns Darlegungen im Rahmen seiner Gesamtkonzeption durchaus konsequent waren und der inneren Logik nicht entbehrten. Der Schluß des Werkes war dann ebenso pathetisch wie provozierend: „‚Schafft eine neue Ordnung und ihr werdet Wunder erleben‘, dieser Glaube ist das Erbe, das der antike Sozialismus allem späteren hinterlassen hat. Es ist derselbe Glaube, der die chiliastischen Schwärmer des Mittelalters und später die münsterschen Wiedertäufer beherrscht hat, durch die das kommunistische Gottesreich auf Erden zu grauenvoller Wirklichkeit geworden ist. Derselbe Glaube, der noch heute in zahllosen Menschenherzen kaum weniger lebendig ist, als einst in der römischen Kaiserzeit die Hoffnung der Christen

85 129.

86 137.

87 „An Caesar!“ „Über den Staat“, a. O., 184—276.

auf das ‚Königtum Gottes' – die größte Massenillusion der Weltgeschichte."[88]

Obwohl Pöhlmanns zweites Hauptwerk, die ›Griechische Geschichte und Quellenkunde‹[89] zum Genos der Handbücher gehört, ist es doch nicht weniger persönlich gestaltet als die ›Geschichte der sozialen Frage‹. Das geht schon daraus hervor, daß Pöhlmann sein Handbuch auch als ein „politisches Lesebuch" verstanden wissen wollte, mit Beiträgen „zur Erkenntnis der Formen, in denen sich das politische und soziale Geschehen vollzieht, zur Förderung politischer Bildung, wie sie für die Gegenwart mit der fortschreitenden Demokratisierung des öffentlichen Lebens ein Bedürfnis ersten Ranges geworden ist"[90]. So ist auch dieses Handbuch ganz bewußt mit dem Blick auf die gesellschaftliche und politische Entwicklung in Gegenwart und Zukunft geschrieben und seine lebendigsten Seiten weist es eben dort auf, wo es von den Problemen und Fragestellungen der Gegenwart Impulse erhielt.

Pöhlmann hat nicht nur die dialektische Spannung zwischen Altertum und Gegenwart stärker empfunden als die meisten seiner Fachgenossen, er hat auch seine eigene Position im Gesamtrahmen der Darstellungen und Forschungen zur griechischen Geschichte sehr gründlich reflektiert.[91] Nicht zuletzt aus seiner Beurteilung der großen Vorgänger wird der Ort deutlich, den er selbst bezog. Vor allem von zwei Betrachtungsweisen hat sich Pöhlmann scharf distanziert, einmal von der politisch einseitigen Wertung eines Georg Grote, zum andern von dem ästhetischen Humanismus eines Ernst Curtius. Grotes Idealisierung des hellenischen Staates in seiner demokratischen Form war für Pöhlmann nichts anderes als die Widerspiegelung „jener staatlichen und gesellschaftlichen Harmonien, wie sie der doktrinäre Liberalismus der damaligen bürgerlichen Demokratie und der herrschenden political economy von der Verwirklichung

[88] II, 508.

[89] Im folgenden nach der 5. Auflage (1914) zitiert.

[90] V.

[91] Neben der Einleitung des Handbuches (2 ff.) ist hierzu insbesondere der Münchner Akademievortrag heranzuziehen ›Die Geschichte der Griechen und das neunzehnte Jahrhundert‹, verbesserter Abdruck in: Aus Altertum und Gegenwart, Ges. Abh. N. F. 1911, 277 ff.

seines politischen und wirtschaftlichen Programms erträumte"[92]. Die Geschichte wurde bei Grote damit „zum Werkzeug der prototypischen oder vorbildlichen Legendendichtung, nach der bereits in der Vergangenheit eben das – gewissermaßen im Vorbild – Ereignis gewesen sein soll, was die Gegenwart erstrebte"[93]. Die „Einseitigkeit eines rein formalen Freiheitsbegriffes" aber habe es Grote „unmöglich gemacht, das philologische Material mit sozialpolitischen Gesichtspunkten zu durchdringen, die Geschichte des Staats- und Rechtslebens auf der Geschichte der Gesellschaft aufzubauen, wozu noch in seiner Zeit Karl Marx, Lorenz von Stein und Gneist die Wege gewiesen haben"[94].

Curtius aber war für ihn das Musterbeispiel einer unpolitischen Geschichtsschreibung, einer Mystifikation, die Pöhlmann mit einem gewissen Recht mit dem Idealtypus der historischen Landschaft des Südens in den Bildern von Rottmann verglich.[95] Für Pöhlmann, für den „jeder Versuch, die sogenannte klassische Kultur zum Rang eines maßgebenden Vorbildes zu erheben, ein Anachronismus"[96] war, stand fest, daß gerade Curtius' ›Griechische Geschichte‹ besonders viel zur Überschätzung des Kulturwertes der griechischen Demokratie beigetragen hatte.[97] Als notwendige Reaktion gegen die schon durch Schiller, Hölderlin und Novalis repräsentierte Verklärung der griechischen Geschichte[98] faßte Pöhlmann die von ihm selbst mitgetragene sozialgeschichtliche Interpretation der Antike auf.

Er knüpfte bewußt – und nach den Verdikten von Wilamowitz und Eduard Meyer war dies ein sehr mutiger Schritt – an Jacob Burckhardt an.[99] Allerdings wies dessen Realismus in der ›Griechischen Kulturgeschichte‹ nach Pöhlmanns Meinung noch Lücken auf.

[92] Aus Altertum ..., 286. – Zu G. Grote ist nun die gleichnamige Monographie von M. L. Clarke, 1962 heranzuziehen.

[93] 287.

[94] Griechische Geschichte, 5.

[95] Aus Altertum ..., 280.

[96] 283.

[97] Griechische Geschichte, 7.

[98] Aus Altertum ..., 309.

[99] Aus Altertum ..., 297 f.; Griechische Geschichte, 10 f.

Sah Burckhardt den Griechen noch primär vom Staate aus, als ζῷον πολιτικόν, so forderte Pöhlmann eine Betrachtungsweise, „welche den Griechen zugleich als wirtschaftliches (ζῷον οἰκονομικόν) und soziales Wesen verstehen lehrt, welche in die innere Geschichte der Gesellschaft hineinführt und so die geschichtliche Entwicklung des hellenischen Staates in ihren Wechselbeziehungen mit dem sozialen Dasein des Volkes, mit den das Volksleben beherrschenden sozialpsychischen Triebfedern klarzulegen sucht: kurz eine griechische Geschichte unter dem Gesichtspunkt der sozialen Bewegung und des Klassenkampfes“ [100].

Für Pöhlmann kam es deshalb darauf an, besonders enge Kontakte zur modernen Staats- und Sozialwissenschaft wie zur Nationalökonomie zu pflegen und auf Grund solcher Berührungen ergab sich für ihn auch eine neue Rangordnung der wissenschaftlichen Probleme: „Ungleich wichtiger als die Selbstverwaltung der Gemeinde ist heute die Frage ihrer fortschreitenden Demokratisierung, die Frage, ob und inwieweit die Ausübung der Gemeindegewalt, wie der politischen Gewalt überhaupt von der Kopfzahlmehrheit abhängen soll oder von der höheren Bildung und höheren sozialen Leistungsfähigkeit der Minderheiten. Ein Problem, in dem – nach einem Worte Treitschkes – der politische Genius der Griechen sich erschöpft hat: – das Zentralproblem der griechischen Geschichte, auf dem ihr aktueller Wert für die Kultur der Gegenwart beruht.“ [101]

Pöhlmanns Handbuchdarstellung wirkt in ihren ersten Teilen gewiß am unbefriedigendsten, vor allem, wenn man sie mit den ungefähr gleichzeitig erschienenen Bänden von Eduard Meyers ›Geschichte des Altertums‹ vergleicht. Dies gilt insbesondere für die Schilderung der griechischen Frühzeit und für die Erörterung der Anfänge der Staatenwelt am ägäischen Meer. Einzig im Falle Spartas gewinnt das Werk eigenes Relief,[102] darnach arbeitet Pöhlmann die Entwicklung der Verfassungszustände im 7. und 6. Jahrhundert v. Chr. prägnant heraus, wobei die Klassenherrschaft der Aristokratie und die sozialpolitische Leistung der Tyrannis besonders akzentuiert

[100] Griechische Geschichte, 12.
[101] 13.
[102] 37 ff.

sind. Ganz in seinem Element ist Pöhlmann dann jedoch in dem Kapitel über „die hellenische Polis und die Freiheit des geistigen Lebens“, denn dort schlagen nun überall die liberalen und antiklerikalen Töne durch. Pöhlmann rühmt es als bleibende Leistung der hellenischen Polis, daß sie „die Idee der staatsbürgerlichen Freiheit und der Gleichheit aller vor dem Gesetz in das Kulturleben Europas eingeführt“ [103] hat, er kommt immer wieder auf die Tatsache zurück, daß sich das „geistvollste aller Völker“ keiner priesterlichen Klassenherrschaft beugte, daß Griechenland weder einen Gegensatz zwischen Staat und Kirche kannte noch die „kulturwidrige Idee einer mechanischen ‚Glaubenseinheit‘“ [104].

Auch bei der Darstellung der griechischen Geschichte des 5. Jahrhunderts v. Chr. fehlen einzelne ganz persönliche Gesichtspunkte, Wertungen und Vergleiche nicht. Dazu zählen insbesondere die Einschätzung der Politik des Themistokles,[105] die Kritik am „Versagen“ des delphischen Heiligtums während der Perserkriege,[106] die Würdigung der „Befreiung des Menschen durch das Griechentum“ [107], die

[103] 98.

[104] 101.

[105] 123 f.: „Jetzt galt es nur die Machtmittel zur Erhaltung des Staates zu schaffen. Man denkt dabei unwillkürlich an Bismarck, auf den ja Sybel ohne weiteres die thukydideische Charakteristik des Themistokles angewandt hat. Als Bismarck dem Proletariat das gleiche Stimmrecht zugestand, hatte er die lebhafte Empfindung, damit einen geradezu revolutionären Schritt zu tun; und er hat ja später selbst die Verderblichkeit dieser mechanischen Gleichmacherei scharf betont. Aber er tat den verhängnisvollen Schritt, weil man in einem Kampf, der auf Tod und Leben geht, die Waffen, zu denen man greift, und die Werte, die man durch ihre Benützung zerstört, nicht ansehe. Der einzige Ratgeber sei zunächst der Erfolg des Kampfes. Die Liquidation und Ausbesserung der dadurch angerichteten Schäden habe nach dem Frieden stattzufinden. Ähnlich mochte auch Themistokles denken.“

[106] 126: „Eine Analogie bilden ... jene deutschen Priester, die gegenüber den das Deutschtum bedrängenden Slaven versagen.“

[107] 135: Im Zusammenhang mit den Schlachten der Perserkriege zitiert Pöhlmann das berühmte Wort von J. St. Mill (Ges. Werke XI, 148): „Die Schlacht von Marathon ist selbst als ein Ereignis der englischen Geschichte wichtiger als die Schlacht von Hastings.“ (S. 135, Anm. 5) — Der pathe-

Beurteilung der politischen Basis des Perikles und seiner Stellung im Rahmen der athenischen Demokratie[108]; die Charakterisierung des Diopeithes und seiner Machenschaften[109], die Brandmarkung des „ökonomischen Imperialismus" Athens[110] und die Analyse von Gesellschaft und Politik zu Anfang des 4. Jahrhunderts v. Chr.[111].

Doch sein Eigenstes gab Pöhlmann dort, wo er seine Reflexionen über die innere Zersetzung der hellenischen Staatenwelt und das Emporkommen der jüngeren Tyrannis ausbreitete. Die Entwicklung in Griechenland zu Ende des 5. und zu Beginn des 4. Jahrhunderts v. Chr. war für ihn ein Menetekel für das, was von der verwirklichten Demokratie zu erwarten war.[112] Der „durchgeführte Demokratismus" hat seiner Meinung nach keine „wahrhafte politische Kultur" schaffen können. Nach Pöhlmann war es eine „Illusion, daß Demokratie identisch sei mit Freiheit und demokratischer Staat mit einem ‚freien Staat', wie er den Prinzipien des Liberalismus entspricht."[113] Die Exzesse speziell der athenischen Demokratie waren für Pöhlmann ein Beweis dafür, daß sich in einer solchen Staats-

tische Schlußsatz des Kapitels lautet: „Was auch echt asiatischer Priestergeist erfinden mag, um die Geister zu knebeln und zur kritiklosen Hinnahme zwingender Entscheidungen in Sachen des Glaubens und Wissens zu bestimmen: Europas Geisteskultur wird sich auf die Dauer doch stärker erweisen als alles, was auch heute noch an Magier- und Chaldäertum erinnert." 136.

108 154. Dazu wird aus H. Oncken, Lassalle. 1904, 411 der Satz zitiert: „Das Prinzip der Demokratie fordert eben logisch und praktisch die Ergänzung durch einen einzig autoritativen Willen."

109 167 wird Diopeithes als „pfäffischer Fanatiker" bezeichnet. Dann heißt es weiter: „In den Maschen dieses Gesetzes konnte sich jeder wissenschaftlich Denkende ebenso leicht verfangen, wie in denen jener ‚Modernistenenzyklika' (von 1907), welche die Absetzung jedes Professors fordert, der ‚in der historischen, archäologischen und biblischen Wissenschaft nova studet'. Wie hier, so sollte der Modernismus auch damals als solcher getroffen werden."

110 170.

111 209 ff.

112 An diese Tendenz knüpfte später H. Bogner mit seinem Buch ›Die verwirklichte Demokratie‹. 1930. an.

113 223.

form auf die Dauer Gewaltenteilung und Volkssouveränität gegenseitig ausschlossen, da es in der entwickelten Demokratie letzten Endes nur eine Gewalt gebe.[114] Die „autokratische Volksherrschaft" ersetzte somit die Gewaltenteilung durch die Gewaltenvereinigung: „Die Gewalt: das ist trotz aller Phrasen von Freiheit, Gleichheit und Brüderlichkeit (ἐλευθερία, ἰσότης, κοινωνία!) die ultima ratio auch der demokratischen Logik!"[115] Pöhlmanns Kritik am politischen Stil der griechischen wie der modernen Demokratie und an den speziellen Formen des demokratischen Athens mündeten in das Urteil, daß die Demokratie die „Staatsform des Dilettantismus"[116] sei, daß ihr Aufwand unrationell, die ökonomische Ergänzung des politischen Prinzips der Demokratie aber unvermeidlich wäre und daß sich dann auf dem Boden der entarteten Demokratie folgerichtig die Tyrannis erheben müsse.

In zwei speziellen Abhandlungen hat Pöhlmann die in Rede stehenden Probleme weiter ausgeführt. In der ersten, ›Sokrates und sein Volk‹[117], war es ihm vor allem um das Problem der Lehrfreiheit gegangen. Die von Pöhlmann in aller Schärfe erfaßte Spannung zwischen „Individualität und Massengeist in der Epoche der Vollkultur"[118] und die Herausforderung durch die Sokratesbilder von Hegel[119], Köchly und Gomperz trafen zusammen, um ihn zu dieser

[114] 224.

[115] 228.

[116] 233.

[117] R. Pöhlmann, Sokrates und sein Volk. Ein Beitrag zur Geschichte der Lehrfreiheit. 1899. (Histor. Bibliothek, 8.) — Das Sokratesthema hat Pöhlmann daneben auch noch in einer weiteren Studie behandelt: Das Sokratesproblem, verbesserte Fassung in: Aus Altertum und Gegenwart. Ges. Abh. N. F. 1911, 1—117.

[118] So lautet die Überschrift des 1. Kapitels.

[119] Gegenüber Hegel bezog Pöhlmann grundsätzlich Stellung: 8: „Wie kann die spekulative Begriffsdichtung Hegels einem Problem gerecht werden, das nur vom Standpunkt einer historisch-psychologischen Betrachtung des menschlichen Geisteslebens gewürdigt werden kann, ... Auch die moderne Geschichtswissenschaft verzichtet ja keineswegs darauf, die Fülle der Einzelerscheinungen nach allgemeinen Gesichtspunkten zu gruppieren, allein seitdem sie sich von der Herrschaft der Spekulation emanzipiert hat, weiß sie auch, daß es keine so einfache Sache ist, das

weitgespannten Studie zu veranlassen. Pöhlmann skizzierte dabei den langen Weg, den die Aufklärung in Griechenland seit dem 6. Jahrhundert v. Chr. zurückzulegen hatte, und er bekannte sich durchaus zu jener Rationalisierung, die nach ihm „Erhöhung der Bewußtheit und insoferne Vergeistigung des seelischen Lebens“ [120] nach sich zog. Aber die geistige Profilierung und Vertiefung des Individuums führte erst recht zur Entfaltung der Individualität.

Pöhlmann sah im Griechenland des 5. Jahrhunderts wie in der modernen westeuropäischen Völkerwelt ausgesprochene Höhepunkte der Kultur. Zum Charakteristikum der „Vollkultur“ aber gehörte nach ihm, daß sie „auf rein geistigem Gebiete gerade nicht Harmonie, sondern recht eigentlich Zwiespältigkeit und Widerspruch“ [121] aufwies. Dem wurde nun in eindrucksvollen Analysen die Phänomenologie der Masse entgegengestellt, die politische Passivität des Sokrates und seiner Schüler aber als konsequente Reaktion auf die Realität des politischen Lebens in der athenischen Demokratie verstanden. Zur ganz in der Tradition Jacob Burckhardts und Herbert Spencers gesehenen „Apolitie der Besten“ wurde indessen im Hinblick auf Sokrates betont, daß er „seinem Volke nicht kaltsinnig den Rücken gekehrt, sondern die Discussion über die Probleme des geistigen und sittlichen Lebens hinausgetragen hat in die freieste Öffentlichkeit“ [122].

Die Position des Sokrates in ihrem Gegensatz zu Form, Willen und Macht der athenischen Demokratie, der Anspruch des einzelnen

geistige Gesamtbild einer Zeit zu erfassen; und so geht für sie die kausale oder analytische Betrachtungsweise, das Eindringen in die Einzelerscheinung (Penetration!) überall der Synthese voraus; und eben dieser zergliedernden Betrachtungsweise verdankt sie jene tiefere und zugleich umfassendere Erkenntnis geschichtlichen Lebens, der gegenüber die meisten Konstruktionen der Systematiker zerstieben wie Seifenblasen. Sehr treffend sagt Below (Die neue historische Methode, HZ 1898 [Bd. 45], S. 243): ‚Der Beruf des Historikers wird es voraussichtlich immer bleiben, gegen die Konstruktionen der Systematiker Einspruch zu erheben. Denn ›im Historiker steckt zweifellos ein Stück Skeptiker‹.‘“

[120] 15.

[121] 19.

[122] 74.

Individuums in seinem Gegensatz zur Anmaßung der Masse, dies bildete somit den tieferen Zusammenhang des Sokratesprozesses, den Pöhlmann daneben aber auch noch historisch, das heißt in direkter Wechselbeziehung mit der Niederwerfung der oligarchischen Kräfte sah.[123] Vor allem aber ging es in diesem Prozeß nach ihm um die Austragung eines großen Interessenkonfliktes zwischen dem Interesse der herrschenden politischen Partei an der Bewahrung ihrer Macht und dem Interesse „des Kulturmenschen an der möglichst freien Bethätigung seiner Persönlichkeit“[124]. Damit aber war die Bedeutung des Sokratesprozesses ins Allgemeine erhoben und zugleich mit immer wieder aktuellen Konstellationen verknüpft: „Weil die Vernunft- und Begriffsforschung eine ‚auflösende Tendenz' gegenüber den traditionellen politischen und religiösen Mächten enthielt, sollte von ihr eine Erschütterung des Staates in seinen Grundfesten, eine Gefahr für den Bestand des gesamten nationalen Wesens zu befürchten sein! Mit einem solchen quid pro quo kann man aller Geistesfreiheit ein Ende machen. Und in der That hat ja diese Begründung nur zu oft den durch die Lehrfreiheit bedrohten Interessen als Kampfmittel dienen müssen, indem man eben einfach die ‚unkorrekt' Denkenden als bewußte oder unbewußte Vorkämpfer der extremsten Richtung hinstellt und dem Umsichgreifen des ‚Giftes der falschen Lehre' im ‚öffentlichen Interesse' Einhalt thut.“[125]

Die Bemühung um ein angemessenes Sokratesbild und die Einordnung des historischen Sokratesprozesses waren so zu einem passionierten Plädoyer für die generelle Denk- und Lehrfreiheit geworden. Pöhlmann sah diese vor allem dann bedroht, wenn „der Massen- und Gruppengeist und die Leidenschaft der Parteien sich durchzusetzen vermocht hat ... Solange diese Menschennatur dieselbe bleibt, werden die Parteien, – ob christlich oder nicht christlich, – im Besitze der Macht immer wieder der Versuchung erliegen, die alte Frage der Menschheit ‚Was ist Wahrheit' dahin zu beantworten: ‚Wahr ist, was uns gefällt; wer anders lehrt, verdirbt die Jugend.“[126]

[123] 97.
[124] 115.
[125] 116.
[126] 133.

Für Pöhlmann war, wie wir sahen, das Sokratesproblem nicht nur identisch mit dem Problem der Denk- und Lehrfreiheit, sondern auch mit demjenigen der Demokratie. Noch intensiver wurde deren Problematik jedoch in der zweiten einschlägigen Studie über ›Isokrates und das Problem der Demokratie‹[127] erörtert, die mit der Sokratesarbeit und den entsprechenden Partien der ›Griechischen Geschichte‹ zusammen gesehen werden muß. Die Untersuchung über Isokrates schlägt eine breite Brücke zur Gegenwart und läßt zugleich sehr deutlich die politischen und gesellschaftlichen Wertungen ihres Verfassers erkennen. Auch sie wird beherrscht von dem Gegensatz zwischen Persönlichkeit und Masse, und auch sie verbindet die Kritik der griechischen Publizistik des 4. Jahrhunderts v. Chr. an der Demokratie mit modernen Urteilen über die Massenherrschaft, wobei die Namen von Raymond Poincaré, Ferdinand Lassalle, Gustave Le Bon und Friedrich Naumann das weite Spektrum der berücksichtigten Gewährsmänner wenigstens ahnen lassen.

An Hand der antiken wie der modernen Quellen wollte Pöhlmann zunächst den Nachweis führen, daß in jeder verwirklichten Demokratie die Masse selbst nur selten direkt und frei entscheide, als Regel dagegen die Ausbildung oligarchischer Tendenzen zu beobachten sei. Ausgehend von einem Zitat Friedrich Naumanns (Demokratie und Kaisertum. 1904, 81 ff.: ‚Es gibt eben keine Art von gesammelter Massenwirkung ohne eine Art von Aristokratie und überall in der Welt wächst ein Mandarinentum, selbst da wo man es grundsätzlich bekämpft.‘) holte Pöhlmann weiter aus: „Die Beobachtung dieser ewigen Selbstvernichtung der Demokratie zeigt recht deutlich das Illusorische einer extrem kollektivistischen, d. h. demokratisierenden und nivellierenden Geschichtsauffassung, die sogar ‚die Halle der Wissenschaft zum Tempel der Demokratie machen‘ will und die treibende Kraft der historischen Entwicklung nur in den Volksmassen sieht; einer Anschauungsweise, die durch eine ganz einseitige Betonung der sozialpsychischen Kräfte als der eigentlich bestimmenden Faktoren der geschichtlichen Entwicklung die Massenerscheinungen zur Hauptsache und die Individuen durchaus zur Nebensache macht ... Wer an der Hand der antiken, wie der

[127] Sitz. Ber. Kgl. Bayer. Akad. d. Wiss.; Phil-hist. Kl. 1913, 1.

modernen Publizistik einen tieferen Einblick in das Wesen demokratischer Organisationen und Massenbewegungen gewonnen hat, wird daher recht erhebliche Reduktionen an einer Geschichtstheorie vornehmen müssen, die den Einzelnen nur als Werkzeug in der Hand sozialer Gruppen, als Organ des Gesamtgeistes gelten läßt, einer Theorie, für welche die Individuen hinter der Gesamtheit verschwinden, ja völlig in der Gesamtheit aufgehen." [128]

Sowohl die Analyse der demokratischen Verfassungswirklichkeit Athens im 4. Jahrhundert v. Chr. als auch diejenige der modernen Demokratie ergab, daß die Masse jeweils nur „als Substrat für die Techniker der Massenführung" diente; Pöhlmann wandte sich deshalb der Kritik antiker wie moderner Demagogen zu, die er in erster Linie für die Verwilderung des jeweiligen politischen Stils verantwortlich machte. Die Anpassung der Politiker und Redner an die Masseninstinkte wurde bezeichnenderweise sowohl mit Äußerungen Platos und Isokrates' als auch mit modernen Lehrmitteln der Demagogik, wie mit der allerdings ziemlich problematischen ›Vertraulichen Anweisung für sozialdemokratische Redner‹ aus dem Jahre 1911 belegt. Gerade im Hinblick darauf bekannte sich Pöhlmann zu dem Satz, „daß nur das, was wir selbst erleben, uns die Vergangenheit deutet" [129].

In ebenso eindrucksvoller wie geschickter Weise hat Pöhlmann so die Pathologie der Masse und ihrer Verführer beschrieben, die Beschränkung der geistigen Bewegungsfreiheit in der Demokratie herausgestellt und den „Kultus der Inkompetenz" [130] gebrandmarkt. Gleichzeitig wurde aber auch betont, daß gerade bei Isokrates „der Widerwille gegen Massenherrschaft und Massenwirtschaft, gegen das, was man ganz in seinem Sinn den ‚Fasching des öffentlichen Marktes' nennen könnte, einen ungleich größeren Anteil an der ganzen Tendenz seiner Schriftstellerei gehabt hat, als man bisher an-

[128] 19.

[129] 51. — Zustimmend zitierte Pöhlmann hierzu die Äußerung von A. v. Harnack (Gedanken über Wissenschaft und Leben, Internat. Wochenschrift 1907, 13): „Das Leben der Menschheit ist nur durch ein Studium zu erfassen, welches die Gegenwart ebenso scharf im Auge behält, wie die Vergangenheit."

[130] 63. Pöhlmann folgte hier E. Faguet.

nahm"[131]. Komplementär zu dieser Verurteilung der radikalen Demokratie wurden die Möglichkeiten und die Anziehungskraft des Königtums gesehen. Aus der Kritik an der im Areopagitikos faßbaren „staatssozialistischen" Wendung des Isokrates aber erwuchsen Pöhlmanns generelle Forderungen nach dem „Schutz von Freiheit und Persönlichkeit gegen die Gewaltherrschaft der Massen und ihrer Führer", nach dem „Schutz des Rechtes der Minderheit gegen die brutale Übermacht der Mehrzahl"[132], nach der grundsätzlichen „Emanzipation von dem Götzen der reinen Zahl"[133].

In der ›Griechischen Geschichte‹ sind diese Grundlinien dann weitergeführt worden, die Gestalt Alexanders d. Gr. war freilich sehr viel kritischer beurteilt als in anderen gleichzeitigen Darstellungen: „... der Gedanke der Universalmonarchie selbst, als eines die bedeutendsten Kulturvölker zusammenfassenden, auf der Grundlage einer möglichst kosmopolitischen Kultur ihre Sonderart nivellierenden Reiches entsprach durchaus dem Wesen dieses genialischen Gewaltmenschen, der den cäsaristischen Zug der Zeit am glänzendsten und großartigsten zum Ausdruck gebracht und den Allmachtsschwindel bis zur Vergötterung des Herrschers selbst getrieben hat."[134] Die Apotheose des Herrschers und die damit verbundene politische Entmündigung des Individuums aber führten nach Pöhlmann unvermeidlich auch zur Aufhebung der geistig-religiösen Freiheit, die Folge war schließlich die „priesterliche Universalmonarchie des Mittelalters" und das „Herabdrücken des europäischen Menschen auf das Niveau eines Herdendaseins"[135].

Pöhlmann hat in seiner ›Griechischen Geschichte‹ wohl auch noch die Epoche des Hellenismus skizziert, aber gefesselt hat ihn diese Zeit nicht mehr: „Es ist ein trauriger, hoffnungsloser Kreislauf, in dem sich so die Geschichte des europäischen Hellenentums unter den Einwirkungen der neuen Monarchien bewegt."[136] Ausgeprägt subjektive Wertungen, wie sie vor allem in seinen Stellungnahmen zur

[131] 86.
[132] 133.
[133] 163.
[134] Griechische Geschichte, 299. Vgl. auch 303.
[135] 310.
[136] 323.

griechischen Geschichte des 6. bis 4. Jahrhunderts v. Chr. so häufig begegnen, tauchen hier nur noch selten auf. Bezeichnend für ihn ist lediglich, daß er gegenüber den Idealen des hellenistischen Königtums eine ausgesprochen kritische Auffassung vertrat, obwohl doch seine Hinneigung zu einer sozialen Monarchie unverkennbar ist.[137]

Schon aus den bisher besprochenen Schriften gehen eindeutig die Schwerpunkte von Pöhlmanns Untersuchungen und Darstellungen in den archaischen und klassischen Epochen des Griechentums hervor. Immerhin bleibt daneben festzuhalten, daß Pöhlmann auch die Geschichte der römischen Kaiserzeit und der Spätantike in gedrängter Form für ein breiteres Publikum dargestellt hat.[138] Sie setzt ein mit einer sehr kritischen Erörterung der augusteischen Herrschaft und Staatsstruktur, die erkennen läßt, daß Pöhlmann einen geschärften Blick für das Grundproblem des Prinzipats gehabt hat: „Es lag im Wesen dieser Monarchie, daß sie eben in Wirklichkeit nicht das war, was sie scheinen wollte, ein republikanisches Mandat, sondern eine Macht, die ihre Beglaubigung und Begründung in sich selbst fand. Für eine solche auf eigenem Recht ruhende, durch sich selbst zur Weltherrschaft befähigte und berufene Macht war aber nach der ganzen Anschauungsweise der Zeit die nächstliegende und zugleich wirksamste Art der Legitimierung die Idee der Göttlichkeit."[139]

Im Gegensatz zur üblichen Verklärung der augusteischen Reformen machte Pöhlmann darauf aufmerksam, daß man „jeden eingreifenden Versuch zu einer sozialökonomischen Hebung der breiten Masse des Volkes"[140] bei Augustus vermißt. Auch in der im System begründeten „unvermeidlichen kriegerischen Schwäche" trat „die Kompromißnatur des Cäsarismus und des Augusteischen Lebenswerkes"[141] zutage. In weithin konventioneller Form gab Pöhl-

[137] Vergleiche dazu aus Altertum und Gegenwart. Ges. Abhandlungen. ^{2}1911, 5 ff.

[138] Römische Kaiserzeit und Untergang der antiken Welt, in Ullsteins Weltgeschichte. Hrsg. von J. v. Pflugk-Harttung. I. 1909, 507—631.

[139] 513.

[140] 515.

[141] 516.

mann dann den Abriß einer Kaisergeschichte, wobei freilich immer wieder eigenwillige Wertungen aufleuchten: Seine Beurteilung des Tiberius[142] ist sehr ausgeglichen, die Verzerrungen des antiken Caligula-Bildes werden plausibel erläutert,[143] Nero als „das gekrönte Scheusal", „der gekrönte Dilettant und Sportsmensch"[144] charakterisiert.

Eingelagert in diese um die einzelnen Herrscher gruppierte Behandlung der politischen Geschichte ist dann eine verhältnismäßig ausführliche Schilderung der „materiellen und geistigen Kultur" wie „des religiösen Lebens" der Kaiserzeit[145]. Hier kommen nun Pöhlmanns persönliche Perspektiven weit stärker zur Geltung. Die Kaiserzeit wird konsequent als „eine Epoche des Welthandels und einer Weltindustrie"[146] begriffen, die Spezialisierung der Gewerbe, die Nachblüte des künstlerischen und kunstgewerblichen Schaffens mit wenigen sicheren Strichen umrissen. In der konzentrierten Schilderung der Urbanisierung und Romanisierung der römischen Provinzen wie in der Betonung der Rolle der großen Städte konnte Pöhlmann an seine älteren Forschungen anknüpfen, anders war es im Bereich der Literatur bestellt, in dem er generell eine „zunehmende Verflachung und Veräußerlichung"[147] konstatierte.

Nur von einem Problemkreis wurde Pöhlmann hier so fasziniert, daß er ihm eine ergänzende, größere Spezialuntersuchung widmete, der „Weltanschauung des Tacitus"[148]. Pöhlmann bekannte sich eingangs zu dem Programm Niebuhrs, „den Standpunkt zu fassen von wo, und die Media zu erkennen, wodurch der Schriftsteller sah"[149]; auch ihm ging es auf dem Gebiete der antiken Historiographie in erster Linie darum, „das Bild der Persönlichkeit der Autoren schärfer herauszuarbeiten, ihren Interessenkreis, ihre Stellung zur Um-

[142] 520.
[143] 522 ff.
[144] 527.
[145] 549—598.
[146] 551.
[147] 561.
[148] Sitz. Ber. Kgl. Bayer. Akad. d. Wiss., Phil.-hist. Kl. 1910, 1.
[149] Kleine Schriften, I, 132.

welt, ihre theoretischen An- und Absichten, ihre ganze Weltanschauung klarer zu erfassen“ [150].

Den Einstieg bildete für ihn dazu Tacitus' Verständnis von fors und fortuna,[151] speziell das Verhältnis zwischen Zufall und Charakterbildung wurde als wichtiges Problem gesehen, die taciteische Anschauung von Kausalität und Zufall mit Polybios und den hellenistischen Vorstellungen verbunden.[152] In seiner Existenz ist Tacitus als „einer der starrsten Vertreter des traditionellen römischen Aristokratismus“ begriffen worden, „für den die äußerliche Anbequemung an das Staatskirchentum, das Prinzip des patrios ritus servare ein Stück Standessitte war, auch wenn man ihm innerlich noch so ferne stand“ [153]. Dies war für Pöhlmann deshalb so provozierend, weil Tacitus „die furchtbare Irrationalität des Daseins“ [154] empfinden mußte, weil er das Göttliche zum Teil auch aus der Geschichte ausschaltete, aber dennoch in seinen „Konzessionen an einen supranaturalistischen Pragmatismus“ [155] ernsteren religiösen Überzeugungen fern stand.

So kam Pöhlmann zu folgendem Ergebnis: „Was man so gewöhnlich die ‚Weltanschauung‘ des Tacitus nennt, ist ein Chaos von unabgeklärten und unausgereiften Meinungen, ein Sammelsurium von Widersprüchen, zwischen denen eine Ausgleichung unmöglich ist ... Die Möglichkeiten eines rein natürlichen Pragmatismus sind mindestens ebenso ernstlich, wenn nicht ernstlicher erwogen, als die eines mystisch-religiösen. Mit großartiger Offenherzigkeit hat er den ganzen Zwiespalt, der seine Seele erfüllte, die innere Zerrissenheit seines Denkens in die Darstellung selbst hineingetragen und vor den Augen des Lesers enthüllt!“ [156]

[150] 5.

[151] Das Begriffsfeld hat inzwischen eine intensive Würdigung gefunden durch J. Kroymann, Fatum, Fors, Fortuna und Verwandtes im Geschichtsdenken des Tacitus, in: Satura. Festschrift O. Weinreich. 1952, 71 ff.

[152] 15.

[153] 33.

[154] 18.

[155] 31.

[156] 63 f.

Mit der Kritik daran verband sich die Bloßstellung des sacrificium intellectus, welches Tacitus gegenüber dem Glauben der Masse beging: „Dazu welch eine Verkennung des Zeugniswertes einer ‚verbreiteten' Überlieferung! ... Es ist, – so darf man wohl sagen, – die Bankerotterklärung des Geistesaristokraten Tacitus, der hier in diametralem Gegensatz zu seiner allgemeinen Ansicht über die Inferiorität der Masse die Wahrheit auf seiten der größten Zahl zu finden glaubt, als ob alle die gleiche Einsicht besäßen! Es ist die Bankerotterklärung des Kritikers und Psychologen Tacitus, der auf der einen Seite an der Hand treffender individual- und massenpsychologischer Beobachtungen nachweist, wie der consensus hominum auf dem Gebiete der Wundergläubigkeit lediglich der Reflex gleicher Instinkte und Vorstellungen ist, – und der sich dann trotzdem der Suggestivkraft eines solchen consensus hominum nicht völlig zu entziehen vermag!"[157]

Gemessen an dem „Höhenklima der Illusionslosigkeit"[158] der griechischen Historie lag hier für Pöhlmann „ein Sieg des Massentums und des gerade damals übermächtig vorwärtsdrängenden Massenwahnes (vor), der nur mit der Unterwerfung der Intelligenz unter die Zahl und der Unterdrückung der freien wissenschaftlichen Persönlichkeit durch das Schwergewicht unwissender Massen endigen konnte"[159]. Der Verfall des kritischen Sinnes der Antike wurde durch die Namen Thukydides und Augustin markiert, Tacitus mitten in diese Entwicklung gestellt und gleichzeitig im Anschluß an Ranke selbst als historische Erscheinung gewürdigt. Diese Sicht ist auch in Pöhlmanns Abriß der römischen Kaiserzeit aufgenommen, der freilich in seinen übrigen geistesgeschichtlichen Partien ähnlich dichte und neuartige Profile nur selten bietet. Im Sektor des religiösen Lebens hat Pöhlmann vor allem die Rolle der Mysterienreligionen herausgearbeitet und in diesem Zusammenhang die „Orientalisierung ... eine der wichtigsten massenpsychologischen Erscheinungen der Kaiserzeit"[160] genannt. Das Christentum wurde auch hier nicht

[157] 69. Vgl. auch 39.

[158] 39.

[159] 71.

[160] 579.

nur als eine, durchaus positiv gewürdigte, Heilsbotschaft, sondern zugleich als eine „soziale Botschaft" interpretiert. Im Schlußabschnitt des Werks, der Darstellung der absoluten Monarchie der Spätantike und der Auflösung des Reiches hat Pöhlmann die ihm weniger vertraute Materie doch mit sicherem Griff erfaßt. Erneut sind die Ausbildung des Christentums und seine Auseinandersetzung mit dem spätrömischen Staat ebenso in allen wesentlichen Aspekten gewürdigt wie die Struktur von Gesellschaft und Wirtschaft. Dennoch wird der Leser ein wenig enttäuscht darüber sein, daß Analyse und Kritik nicht geschlossen ausgeführt wurden; es hat den Anschein, als hätte auch Pöhlmann dem literarischen Genos seinen Tribut gezollt.

Der Überblick über Pöhlmanns Werk wäre nicht vollständig, wenn abschließend nicht jener kleineren Arbeiten gedacht würde, welche er in den Sammelbänden ›Aus Altertum und Gegenwart‹ publizierte. Sieht man von jenen Einzelbeiträgen ab, die später – und sei es auch in wesentlich veränderter oder gestraffter Form – in die Hauptwerke eingingen, so kreisen die kleineren Abhandlungen vornehmlich um die Fragenkomplexe der zeitgenössischen Bildung und um Methode und Kritik der Geschichte des Altertums. Der Aufsatz ›Das klassische Altertum in seiner Bedeutung für die politische Erziehung des modernen Staatsbürgers‹ zum Beispiel ging aus von der impertinenten[161] Kritik Kaiser Wilhelms II. am humanistischen Gymnasium. Gegenüber jener Kritik am Bildungswert der Antike wies Pöhlmann darauf hin, daß gerade die führenden Vertreter der Nationalökonomie und der Gesellschaftswissenschaften, wie Knies, Rodbertus, L. v. Stein, Roscher, die Bedeutung der Antike durchaus anerkannt hätten. „Wenn ferner nach der Kabinettsordre vom 1. Mai 1891 und dem entsprechenden Erlaß des preußischen Staatsministeriums", so hieß es in geschickter Aufnahme der kaiserlichen Auslassungen, „die Jugend belehrt werden soll über die sozialpoli-

[161] Aus Altertum und Gegenwart. ²1911, 1: „Wenn die Schule, sagte damals der Kaiser, das getan hätte, was von ihr zu verlangen ist, so hätte sie die heranwachsende Jugend so belehren müssen, daß die dem Kaiser gleichalterige Generation von selbst bereits das Material bilden würde, mit dem er im Staate arbeiten, insbesondere den Kampf mit der sozialistischen Bewegung erfolgreich durchführen könne."

tische Bedeutung der Monarchie als der Verkörperung der ausgleichenden Gerechtigkeit und als einer festen Schutzwehr für Freiheit, Recht und Wohlstand aller Bürger, so möge es uns doch allezeit bewußt bleiben, daß die Idee dieses sozialen Königtums zuerst den Hellenen aufgegangen ist."[162] Ja, Pöhlmann ging noch einen Schritt weiter und stellte die Frage: „Kann es für eine Erziehung, welche die Geister für die großen sozialen Bewegungen und Kämpfe des Jahrhunderts vorbereiten und ausrüsten will, ein wertvolleres Bildungsmittel geben, als diese Geschichte von Hellas und Rom, wo wir auf beschränktem Raume in den einfachsten, durchsichtigsten Formen, in plastischer Anschaulichkeit und Klarheit, weil in voller Freiheit und Öffentlichkeit, die Faktoren und Kräfte sich entwickeln und am Werke sehen, deren Kenntnis und richtige Beurteilung die Grundbedingung des Verständnisses von Staat und Gesellschaft, die Voraussetzung aller politischen Bildung ist?"[163]

Eine energische Kritik an den panegyrischen Darstellungen der preußischen Könige im Unterricht verband sich mit der Ablehnung der nach der Schulreform von 1892 erschienenen Lehrbücher. Aber auch in diesem Zusammenhang wurden die Lehren aus der Verwirklichung der antiken Demokratie abstrahiert und unter Berufung auf die Autorität der „antiken Denker" die alte Feststellung wiederholt, „daß die Kultur vielmehr der Ungleichheit, als der Gleichheit verdankt wird"[164]. Pöhlmann äußerte offen die Forderung, daß auch von den Kandidaten des philologischen Lehramtes „eine durch wissenschaftliches Geschichtsstudium begründete Einsicht in das Wesen und die Entwicklung des Staates und der Gesellschaft" verlangt werden müsse, — eine Forderung, die noch heute offensteht.

In den Aufsätzen zur Methode und Kritik der zeitgenössischen Geschichtswissenschaft des Altertums wagte es Pöhlmann, auch Mommsen ins Visier zu nehmen.[165] Gegenüber dem allseits gerühmten fünften Band der ›Römischen Geschichte‹ warf Pöhlmann die

[162] 5.
[163] 10 f.
[164] 25.
[165] Zur Kritik von Mommsens Darstellung der römischen Kaiserzeit, Aus Altertum und Gegenwart. ²1911, 262—277.

Frage auf, ob in der Form einer solchen Geschichte der römischen Provinzen die entscheidenden Strukturen, Leistungen und Erscheinungen der Reichsgeschichte überhaupt zu veranschaulichen wären. Er selbst forderte statt dessen „eine allseitige Darlegung der sämtlichen Grundbedingungen" der römischen Kaiserzeit, die Berücksichtigung der Bedeutung des Weltmarktes für Produktion und Wirtschaft, die Darlegung der Verkehrs- und Zollpolitik der Regierung, ein „zusammenhängendes Bild ... des Kommunikationswesens in der Kaiserzeit"[166], eine Schilderung der wirtschaftlichen Funktion der Städte, der Kulturbedürfnisse, der gewerblichen Technik, der Geldwirtschaft und des Wirtschaftsrechts, kurzum, er warf alle jene Fragen auf, die dann erst von M. Rostovtzeff beantwortet worden sind. Gegenüber Mommsens prinzipieller Reserve vor denjenigen, die „von den realen römischen Verhältnissen zu wenig und von nationalökonomischen Theorien zu viel wissen"[167], hielt Pöhlmann fest: „Die Arbeiten von Nitzsch, Hildebrand, Rodbertus, Bücher, Weber und anderen dürften zur Genüge bewiesen haben, welch ergiebigen Born wirklichen Lebens wir doch daneben auch in den Erfahrungen und Ergebnissen der neueren Sozialökonomie und Wirtschaftsgeschichte besitzen."[168]

Ähnlich selbständige Stellungnahmen legte Pöhlmann zu Georg Grote[169], Rankes Weltgeschichte[170], Helmolts Weltgeschichte[171] und Extremen bürgerlicher und sozialistischer Geschichtsschreibung vor, die in eine sarkastische Polemik gegen Kautsky mündeten.[172] Vielleicht am aufschlußreichsten für Pöhlmanns eigene Sicht ist jedoch die grundsätzliche Auseinandersetzung mit der Anlage der großen Realencyclopädie der klassischen Altertumswissenschaft von Pauly und Wissowa. Pöhlmann vermißte in der alphabetisch angeordneten Encyclopädie bereits eine „sozialgeschichtliche Behandlung des

[166] 267.

[167] Ein Dekret des Commodus für den Saltus Burunitanus, Hermes 15, 1880, 408.

[168] 271.

[169] 228 ff.

[170] 278 ff.

[171] 321 ff.

[172] 346 ff., bes. 384.

Agrarwesens" und er trug dann den langen, konkreten Katalog seiner Wünsche vor:

„Wir verlangen Artikel über Arbeiter (freie und unfreie Arbeiterklasse, Arbeitseinstellung, Aufstände der unfreien Arbeiter), Arbeitslöhne, Arbeitsteilung, Arbeitsvertrag, Armenwesen und Armenpolitik, Ausfuhrverbote, Bankwesen ..., Bauwesen (Theorie und Praxis des Städtebaues), Baupolizei, Bestattungswesen, Bauernstand, Bergbau (allgemein rechtliche und polizeiliche Verhältnisse, Bergwerksarbeiter, Statistik des Bergbaues), Bevölkerungswesen und Bevölkerungspolitik ..., Bildungswesen, Bodenrente (Grundrente), Buchhandel, Bürgertum und Bürgerrecht, Communismus, die Frau in Familie und Gesellschaft und in der sozialen Theorie, Fremdenpolizei, Freizügigkeit, Fremdenrecht, Geld, Getreidehandel und Teuerungspolitik usw. Alle diese Probleme müssen möglichst im Geiste der modernen staats- und sozialwissenschaftlichen Forschung, der modernen Kultur- und Wirtschaftsgeschichte behandelt werden, nicht nach der konventionellen Schablone, welche in der Lehre von den Antiquitäten üblich ist. Nur so kann es einer Encyclopädie gelingen, den wirklichen Reichtum des antiken Lebens dem modernen Bewußtsein zu vermitteln."[173] Nun, die RE, die sich heute ihrem Abschluß nähert, ist die meisten dieser Wünsche schuldig geblieben, eine Lücke, die zwei Generationen nach Pöhlmanns Tode vielleicht noch schmerzlicher empfunden wird als zu seinen Lebzeiten.

Blicken wir zurück, so zeigt sich aus der Distanz, daß Pöhlmann innerhalb der althistorischen Disziplin den Gegenpol einer engen, philologischen Altertumsforschung und einer rein antiquarischen Betrachtung bildete. Er hat als erster den Versuch unternommen, zu einer Sozialgeschichte des Altertums vorzustoßen, und dabei die gesellschaftlichen Grundlagen dieser Geschichte wenigstens skizziert. Er unternahm diesen Vorstoß, weil er einen offenen Blick für die sozialen Krisenherde der antiken wie der modernen Gesellschaft besaß und weil er die Bedeutung der sozialen Frage erkannt hatte. Es zeichnete Pöhlmann aus, daß er seit seiner Berührung mit Wilhelm Roscher[174] die Verbindung von Nationalökonomie und Wirtschafts-

[173] 76.

[174] Pöhlmann hat nach Roschers Tod zunächst die 22.—24. Auflage von dessen ›Grundlagen der Nationalökonomie‹ herausgegeben (1896—1906).

geschichte zur Alten Geschichte schlug; aber in seinen Methoden blieb Pöhlmann an die Geistesgeschichte gebunden. Sein Werk erbrachte auch den Nachweis, daß eine Sozialgeschichte mit den Methoden und im Rahmen der Geistesgeschichte allein nicht geschrieben werden kann.

Pöhlmann konzentrierte sich immer wieder auf die „Lebensfragen" in der Geschichte. Er hat ganz bewußt Vorzüge wie Nachteile der Modernisierung des antiken Stoffes auf sich genommen, nicht zuletzt deswegen, weil er davon überzeugt war, daß der griechischen „Vollkultur" eine exemplarische Bedeutung für ein vertieftes Verständnis der gesellschaftlichen, wirtschaftlichen und politischen Entwicklungen der eigenen Zeit zukomme und weil er die politischen Lehren der Antike direkt vermitteln wollte.

Eine weitere Hauptleistung Pöhlmanns bildet die systematische historische Würdigung des griechischen Utopismus. Erst er hat Verfassungsmodelle, Staatskonstruktionen und Utopien schlechthin als eine Reaktion auf die jeweilige Verfassungswirklichkeit verstanden und das griechische Staatsdenken an zuvor kaum beachteten Quellen erläutert. Vielleicht am radikalsten und einseitigsten aber gestaltete sich Pöhlmanns Kritik an der verwirklichten, direkten griechischen Demokratie. Obwohl auch er einen Ausgleich zwischen Sozial- und Individualinteressen suchte, schlug er sich im Konfliktfall auf die Seite des Individuums gegen das „Massentum". Freiheit, vor allem geistige Freiheit, ist einer seiner höchsten Werte gewesen, Klerikalismus, Nivellierung, Glaubenseinheit dagegen wahre Schreckgespenster für den temperamentvollen, kampfesfrohen Mann.

Ein Marxist und Revolutionär war Pöhlmann nicht, wenn er auch die Fragestellungen von Marx, Engels, Bebel und anderen sozialistischen Autoren seiner Zeit kannte und zum Teil aufnahm. So konnte er inmitten der bürgerlichen Gesellschaft seinen Weg vollenden. 1901 wurde Pöhlmann auf den Lehrstuhl für Alte Geschichte

In der Einleitung zur 23. Auflage (1900, XIII) schreibt er: „Roscher hat meiner ganzen Lebensarbeit Richtung und Ziele gewiesen, er hat meine ersten socialgeschichtlichen Studien unmittelbar angeregt und sie, wie alle späteren mit lebhafter Sympathie aufgenommen."

in München berufen, schon früh wurde er Mitglied der Bayerischen Akademie der Wissenschaften, die ihn 1907 zum Sekretär der historischen Klasse wählte; 1909 erhielt er sogar den persönlichen Adel. Am 27. September 1914 ist Robert von Pöhlmann gestorben.

Pöhlmanns Werk war so sehr persönlich gebunden, daß er trotz seiner weiten Resonanz keine direkte Nachfolge finden konnte. Vielmehr ist festzuhalten, daß die verschiedensten Forschungsrichtungen und Aufgaben, die Pöhlmann berührt hatte, nach Pöhlmanns Tode jeweils in andersartiger Weise aufgegriffen worden sind. Die Übertragung der zeitgenössischen Begriffswelt, speziell der Termini Demokratie, Diktatur und Proletariat auf den antiken Stoff und die Betrachtung der Alten Geschichte unter dem Blickwinkel des Klassenkampfes hat in Deutschland am konsequentesten Arthur Rosenberg[175] verwirklicht, der seine Ansätze jedoch nur in der Form von Skizzen[176] darbot und sich bald ganz der Zeitgeschichte zuwenden sollte. Der nonkonformistische Marxist Rosenberg sprang mit den Grundbegriffen des Historischen Materialismus indessen noch wesentlich undogmatischer um als Pöhlmann und unterschied sich in vielen Wertungen diametral von dem großen Vorgänger,[177] da auch bei ihm die Darstellung Ausfluß eines ebenso starken politischen Engagements gewesen ist.

[175] Vgl. über ihn H. Schachenmayer, Arthur Rosenberg als Vertreter des Historischen Materialismus. (Veröffentl. des Osteuropa-Institutes München, XX). 1964, 135 ff.

[176] A. Rosenberg, Demokratie und Klassenkampf im Altertum. 1921. Ders., Geschichte der römischen Republik. 1921. — Nur in diesen beiden, für ein größeres Publikum bestimmten Schriften sind die Grundkategorien des Historischen Materialismus konsequent angewandt worden, in Rosenbergs Dissertation Untersuchungen zur römischen Zenturienverfassung. 1911 spielt zwar das Kriterium des Klassenkampfes eine wichtige Rolle, doch die beiden althistorischen Hauptwerke Rosenbergs, die Habilitationsschrift ›Der Staat der alten Italiker. Verfassung der Latiner, Osker, Etrusker‹. 1914 und die Einleitung und Quellenkunde zur Römischen Geschichte. 1921 sind in eher konventionellem Stile verfaßt und nahezu frei von allen Modernisierungen.

[177] So zum Beispiel in der Verklärung des athenischen Proletariats, in seiner Einschätzung des Jahres 287 v. Chr. für die Entwicklung der römischen Republik, in seiner Bewertung der Gracchen und Catilinas.

Schon der Anhang zur dritten Auflage der ›Geschichte der sozialen Frage und des Sozialismus in der antiken Welt‹ von Friedrich Oertel[178] läßt erkennen, daß die Analytiker der antiken Gesellschaft und Wirtschaft in den zwanziger Jahren um klarere Definitionen der Kernbegriffe rangen und sich dabei immer stärker an der Wirtschaftsgeschichte orientierten. Eine große Darstellung in solchen Fluchtlinien zu schreiben, ist Friedrich Oertel versagt geblieben,[179] mit den Namen von M. Rostovtzeff[180], Fr. Heichelheim[181], T. Frank[182] sind die neuen Dominanten der Forschung skizziert, die seither das Feld beherrschten.

Auch in der Erforschung des antiken Utopismus blieb es lange still. Hier wurde den von Pöhlmann erörterten Problemen erst in den letzten Jahren wieder stärkere Aufmerksamkeit gewidmet,[183] wobei in Deutschland vor allem Horst Braunert[184] Pöhlmanns Fragen aufgriff und in mehreren gediegenen Beiträgen förderte. Er hat vor allem das Verdienst, Pöhlmanns Perspektiven der Vergessenheit entrissen zu haben.

[178] II, 509 ff.

[179] Vgl. jedoch seinen Kriegsvortrag Klassenkampf, Sozialismus und organischer Staat im alten Griechenland. 1944. (Kriegsvorträge der Rhein. Friedr. Wilh. Univ. Bonn).

[180] Siehe S. 334 ff.

[181] Vgl. den Nachruf von H. G. Gundel, Fr. M. Heichelheim, Gnomon 41, 1969, 221—224.

[182] T. Frank, Economic history of Rome. ^{2}1927. Ders. (Hrsg.), An economic survey of ancient Rome. 5 Bde. 1933—1940. — Zur generellen Problematik der antiken Wirtschaftsgeschichte vgl. A. H. M. Jones, Ancient Economic History. 1948.

[183] H. C. Baldry, Ancient Utopias. 1956. — Vergleiche dazu auch Utopie. Hrsg. von A. Neusüss. (Soziologische Texte, 44). 1968 und E. Bloch, Freiheit und Ordnung. Abriß der Sozialutopien. 1969.

[184] H. Braunert, Utopia. Antworten griechischen Denkens auf die Herausforderung durch soziale Verhältnisse. Veröff. der Schlesw.-Holstein. Univ. Ges., N. F. 51, 1969. Ders., Theorie, Ideologie und Utopie im griechisch-hellenistischen Staatsdenken, GWU 14, 1963, 145 ff., Ders., Staatstheorie und Staatsrecht im Hellenismus, Saeculum 19, 1968, 47 ff.

10

KARL JULIUS BELOCH
(1854–1929)

Unter den Althistorikern deutscher Sprache, welche in der Forschung den Übergang vom 19. zum 20. Jahrhundert maßgebend bestimmten, ist Karl Julius Beloch eine der eigenwilligsten Gestalten. Während seine Persönlichkeit zu Lebzeiten bei den Fernerstehenden wenig Sympathie erwecken konnte, gewann sein Werk in den Disziplinen der Griechischen und Römischen Geschichte, der antiken Geographie und der Bevölkerungslehre aus der Distanz eine immer größere Beachtung. Ja man wird sagen können, daß seine Saat noch immer nicht ganz aufgegangen ist und an vielen Stellen noch der Reife und Ernte harrt. Darüber hinaus war es Beloch bestimmt, durch sein jahrzehntelanges Wirken als ordentlicher Professor für Alte Geschichte an der Universität Rom in die beglückenden wie in die schmerzlichen Phasen einer deutsch-italienischen Zusammenarbeit auf dem Gebiet der Kultur und der Wissenschaft verstrickt zu werden. Belochs ungewöhnliche Resonanz als Hochschullehrer in Italien und seine Enttäuschungen als deutscher Patriot sind mit der römischen Wirkungsstätte verbunden.

I

Der am 21. Januar 1854 geborene Karl Julius Beloch stammte von beiden Elternteilen her von schlesischen Rittergutsbesitzern ab. Sein Lebensweg schien durch diese Tradition vorgezeichnet, denn als einzigem Kind sollte dem Knaben später das Gut Nieder-Petschkendorf zufallen.[1] Beloch gedachte wohl bis zur Übernahme des

[1] In seiner 1926 erschienenen Selbstdarstellung (in: Die Geschichtswissenschaft der Gegenwart in Selbstdarstellungen. Hrsg. v. S. Steinberg. 2. 1926, 1–27) hat Beloch selbst in ausführlicher, unkonventioneller und

Gutes Offizier oder Landrat zu werden – aber solche Pläne wurden durch den frühen Tod des Vaters vereitelt. Wenn Beloch später im Rückblick schrieb, daß Rittergutsbesitzer und Universitätsprofessor „die beiden einzigen Berufe (seien), bei denen man sein freier Herr ist“ [2], so wird die Alternative für seinen Werdegang vielleicht allzu rasch eingeengt, jedoch ist soviel sicher, daß Ausbildung und Studien künftig einem anderen Ziele galten.[3]

Schon früh zogen den Knaben die Bereiche der Geschichte, der historischen und politischen Geographie und der Statistik besonders an. Die Abneigung gegen Heroenverehrung und Biographien soll schon in seiner Jugend zutage getreten sein. „Curtius konnte ich schon damals nicht ausstehen“ [4], schreibt er über seine Lektüre; am meisten beeindruckte ihn neben der Ilias und der Statistik von Kolb, das heißt einer bevölkerungs-, finanz- und wirtschaftsgeschichtlichen Darstellung des 19. Jahrhunderts, die weite Ausblicke enthielt, Theodor Mommsens ›Römische Geschichte‹.

Während Beloch sehr gerne Griechisch lernte, war ihm das Lateinische „zuwider“. „Griechisch zu können ist ja ein κτῆμα ἐς ἀεί, aber was sollen wir denn mit dem Lateinischen?“ [5] meinte er in provozierender Weise. Seiner Ansicht nach wurden auf der Schule überhaupt „viel zu viel Sprachen“ erlernt, das sei bloßer „Gedächtnis-

erfrischender Weise über sein Leben und Werk reflektiert. Jene Seiten liegen auch dem Folgenden zu Grunde, daneben die ausgezeichnete Kurzbiographie von A. Momigliano, Karl Julius Beloch, in: Dizionario Biografico degli Italiani. 8. 1966, 3–16, die gerade für die italienischen Zusammenhänge ein reiches Material bietet.

[2] Selbstdarstellung, 1.

[3] Daß sich Beloch auch später zur Schicht der Herren zugehörig fühlte, ist evident. So schreibt er in der Selbstdarstellung, S. 4: „Zur Handarbeit dagegen, wie sie von unseren Pädagogen empfohlen wird, und auch mir zugemutet wurde, hatte ich weder Lust noch Geschick. Das mag ja für Jungen aus dem Volke ganz gut sein, die sich damit später ihr Brot verdienen sollen, aber ich habe nie begriffen, was das uns nützen soll, die wir zur führenden Klasse gehören. Ludwig XVI. war ein guter Schlosser, er hätte lieber ein tüchtiger König sein sollen.“

[4] Selbstdarstellung, 3.

[5] a. O., 2.

kram“: „Die Griechen haben, solange sie selbständig waren, nie fremde Sprachen gelernt, und waren doch ganze Kerle. Es ist, als ob wir es darauf anlegten, Papageien zu bilden, und die gibt es wahrhaftig auch so schon genug.“[6]

Ein schweres Bronchialleiden erzwang Belochs Übersiedlung in den Süden. In Sorrent lernte er Bartolomeo Capasso kennen, der dem Jungen dann auch die Anregung zu seiner ersten wissenschaftlichen Arbeit gab, einer Untersuchung über die Topographie der Stadt im Altertum. Nach dem 1872 abgelegten Abitur nahm Beloch dann im Herbst desselben Jahres an der Universität Palermo seine Studien auf. Von dem berühmten Numismatiker A. Salinas profitierte er dabei wohl nicht so viel, wie er es später gerne gewünscht hätte, statt dessen beschäftigte er sich besonders mit sizilischer Geschichte und las viel in Diodor und Homer. ›Das Eisen bei Homer‹ war die erste kleinere Untersuchung, die er noch als Student publizieren konnte.[7]

Nach einem kurzen Zwischenspiel in Heidelberg setzte Beloch seine Studien dann im Herbst 1873 an der Universität Rom fort. Die wichtigste Beziehung, die er damals anknüpfen konnte, war die zu dem Althistoriker R. Bonghi, der kurz darauf Erziehungsminister wurde. In wissenschaftlicher Hinsicht bedeutsamer wurde der Einfluß des Sprachwissenschaftlers G. Lignana, des Epigraphikers E. De Ruggiero sowie die Teilnahme an den Veranstaltungen des von Henzen und Helbig geleiteten Deutschen Archäologischen Instituts.

Beloch, der zeit seines Lebens besonders empfindlich reagierte, wenn ihm die Anerkennung versagt wurde, litt darunter, daß die „Ragazzi capitolini am Institut“ auf ihn herabsahen. „Um also in diesen Kreisen anständig leben zu können, war die Promotion notwendig.“[8] Dazu wechselte er kurz entschlossen wieder nach Heidelberg über, er besuchte Übungen bei Köchly, Stark und Ribbeck und

[6] a. O., 2.

[7] Bronzo e ferro nei carmi omerici, Rivista di filologia e d'istruzione classica 2, 1873/74, 49—62. Überarbeitete Version in Griechische Geschichte. I, 2^2, 109 ff.

[8] Selbstdarstellung, 7.

hörte Kuno Fischers Vorlesung über Geschichte der griechischen Philosophie. Schon im August 1875 wurde er dann mit einer Arbeit ›De Graecorum in Campania colonis‹ promoviert.[9]

Nach der Rückkehr nach Rom fand Beloch nun zwar auch im Institut die ersehnte Anerkennung, doch schon bald verdarb er es mit Henzen und nahm fortan an den Veranstaltungen nicht mehr teil. Wahrscheinlich dürfte die Schuld an diesem Bruch jedoch nicht nur auf Henzens Seite zu suchen sein.[10] Bereits im März 1877 konnte sich Beloch indessen an der Universität Rom habilitieren; auf Grund des Manuskriptes seines Campanienbuches wurde er schon am 21. Januar 1879, an seinem 25. Geburtstage, zum außerordentlichen Professor für Alte Geschichte an der Universität Rom ernannt.

Ungefähr zur gleichen Zeit heiratete Beloch die Amerikanerin Bella Bailey, deren Vater mit Lincoln befreundet gewesen sein soll. Dem Paar wurden zwei Töchter geschenkt, von denen die eine, Margherita Piazzola-Beloch zuletzt als Ordinaria für analytische Geometrie an der Universität Ferrara wirkte, während sich die 1952 verstorbene Dorotea, eine Schülerin Pietro Mascagnis, als Komponistin einen Namen machte.

Rein äußerlich gesehen verlief Belochs Wirken nach seinen frühen Erfolgen zunächst ziemlich stetig. Im Jahre 1886 nahm er an einer Konkurrenz um das Ordinariat für Alte Geschichte in Catania teil, siegte, blieb jedoch in Rom und wurde dort dann Anfang 1891 zum Ordinarius ernannt. Seine Tätigkeit umspannte bald immer weitere Kreise. Im Jahre 1900 erhielt er den zusätzlichen Lehrauftrag für antike Geographie, jahrelang wirkte er als Kommissar für das Abiturientenexamen, während zweier Jahre fungierte er auch als Präsident der Inspektion der höheren Schulen Sardiniens.

Beloch hatte das Glück, während der Zeit seines Wirkens in Rom eine lange Reihe hervorragender Schüler anzuziehen und auszubilden. Dazu gehören in erster Linie die Althistoriker Gaetano De Sanctis, Luigi Pareti, Vincenzo Costanzi, die Archäologen Federigo Halbherr, Evaristo Breccia, Giuseppe Cardinali, Roberto Paribeni und Luigi Pernier, der Philologe Giorgio Pasquali, so daß Julius

[9] Siehe hierzu die Ermittelungen von A. Momigliano, a. O., 4.

[10] Vgl. unten Anm. 102.

Beloch und seine Schüler zu Beginn unseres Jahrhunderts in der Altertumswissenschaft Italiens einen beherrschenden Einfluß ausgeübt haben.[11] In zwei wichtigen Reihen, den ›Studi di Storia antica‹ und der ›Biblioteca di Geografia Storica‹ ließ Beloch ihre Arbeiten veröffentlichen.

Aber neben dieser ausgedehnten und fruchtbaren Lehrtätigkeit stand die eigene wissenschaftliche Forschung, die sich in einer ganzen Reihe von vielbeachteten Werken niederschlug. Schon ein Jahr nach dem Campanienbuch wurde die Monographie ›Der italische Bund unter Roms Hegemonie‹ veröffentlicht (1880), vier Jahre später erschien Belochs erste größere Arbeit zur griechischen Geschichte, die ›Attische Politik seit Perikles‹, und wiederum zwei Jahre später die kühne und aufsehenerregende Untersuchung ›Die Bevölkerung der griechisch-römischen Welt‹ (1886). In diesen vier Büchern hatte Beloch seinen charakteristischen Stil gefunden, hatten sich sein Interesse an den Fragen der historischen und politischen Geographie, der Bevölkerungsstatistik, seine rigorose Quellenkritik und sein nüchterner und realistischer Sinn immer schärfer ausgeprägt.

II

Das rasch hingeworfene Campanienbuch (1879), dessen Unvollkommenheit, Schwächen und Fehler Beloch selbst bewußt waren,[12] erschien bereits als eine Arbeit sui generis. Denn sie bot nicht nur Materialien zur historischen Topographie der Landschaft in dem

[11] U. Kahrstedt schloß seinen Nachruf auf Julius Beloch in den Geschäftl. Nachrichten der Göttinger Akademie der Wissenschaften 1928/29, 82 mit folgenden Worten ab: „Und wenn einmal ein Geisteswissenschaftler der Zukunft die Geschichte des Aufstiegs der italienischen Altertumswissenschaft und leider auch die des Niederganges der deutschen Historiographie und ihres Versinkens in ein Jonglieren mit Ideen und Weltanschauungen schildern sollte, wird der eckige Block Beloch und werden seine römischen Schüler die Höhenlage bezeichnen können, von der man in Deutschland herabgeglitten und auf die man in Italien hinaufgestiegen ist."

[12] Selbstdarstellung, 9.

spröden und trockenen Stil von Heinrich Nissens ›Italischer Landeskunde‹, von der sich Beloch später geradezu abgestoßen fühlte,[13] sondern sie zeigte in jedem Abschnitt das historische Problembewußtsein des Verfassers, ob es sich nun um die Fragen der Chronologie der griechischen Kolonien oder um die Erfassung der etruskischen oder oskischen Einflüsse in der Landschaft handeln mochte. Angreifbar, wie der Erstling war,[14] hat Beloch ihn doch nie verleugnet. Er dachte nicht gering von seiner Leistung und äußerte noch im Alter darüber: „Alles, was seitdem darüber geschrieben worden ist, steht denn auch auf dem Boden meiner Forschung, und hat nichts wesentliches hinzugefügt."[15]

Die staatsrechtlichen und statistischen Forschungen, die Beloch schon ein Jahr später unter dem Titel ›Der italische Bund unter Roms Hegemonie‹ publizierte, bilden in mancherlei Hinsicht eine organische Fortsetzung der mit dem Campanienbuch begonnenen Untersuchungen. Da im Anfang dieses Werkes Erörterungen über das römische Munizipalrecht standen, war hier der staatsrechtliche Einschlag von vornherein stärker. Wohl bildeten die Untersuchungen über die Territorialverhältnisse des vorsullanischen Italiens den eigentlichen Schwerpunkt, aber Beloch wollte zugleich Listen der triumviralen und augusteischen Kolonien geben, die verschiedenen Formen römischer Bürgergemeinden und der politischen Organisation Italiens besprechen sowie die Entwicklung des ganzen, abgestuften Gefüges der italischen Bundesgenossenschaft erhellen. Das kleine Buch enthält denn auch — als Niederschlag von Belochs Drängen zu Übersichten, Tabellen und statistischen Aufstellungen— Verzeichnisse der italischen Stadtgemeinden wie der römischen Kolonien, eine Übersicht der Italia tributim descripta, einen statistischen Überblick über die Entwicklung des ager Romanus, Übersichten der Census-Summen, kurz Verzeichnisse über Verzeichnisse. Schon auf den ersten Blick werden die Zusammenhänge mit Belochs bevölkerungsgeschichtlichen Studien deutlich sowie mit der über vierzig Jahre später verfaßten ›Römischen Geschichte bis zu den Punischen

[13] „halb Corpus, halb Baedeker". Römische Geschichte. 1926, 215.

[14] Siehe die Kritik von A. Holm, Burs. Jahrb. 28, 3. 1881, 148—155.

[15] Selbstdarstellung, 9.

Kriegen‹ (1926), welche die im Campanienbuch angesponnenen, im ›Italischen Bund‹ weitergeführten Fäden dann ein letztes Mal verflocht.

Seiner Anlage nach war der ›Italische Bund‹ ein besonders originelles Buch. Aber diese Anlage erwies sich als nicht unproblematisch. Denn die eine Kernfrage war, ob sich statistische und bevölkerungsgeschichtliche Untersuchungen dieser Art mit staatsrechtlichen Studien koppeln ließen, die andere, ob Belochs ausgesprochen subjektive Kritik der Quellen und der Forschung dafür angemessene Voraussetzungen bot. Bestimmt und selbstsicher trat Beloch schon hier als Autorität auf, munter polemisierte er gegen Theodor Mommsen – und der Denkzettel ließ nicht lange auf sich warten. Mit sarkastischen Sätzen hat Mommsen kurze Zeit später Belochs Auffassungen disqualifiziert: „Kaum ist je eine Monographie mit gleicher Vernachlässigung der Spezialuntersuchung geschrieben und eine Fahrt ins Blaue der Wissenschaft mit gleich leichtem Gepäck angetreten worden.“ [16] Damit war eine Fehde eröffnet, die Beloch über Mommsens Tod [17] hinaus führte, eine Fehde, die ihm zweifellos sehr geschadet hat und die noch in manchen Sätzen der ›Römischen Geschichte‹ Belochs nachklingt.

Diese ›Römische Geschichte bis zum Beginn der Punischen Kriege‹ von 1926 stellte somit eine retractatio der alten Untersuchungen dar, daneben eine Ausweitung von Forschungen, die Beloch während des Ersten Weltkrieges in Angriff genommen hatte, insgesamt gesehen ein geschlossenes Bündel von Spezialstudien – eine Darstellung bot sie hingegen nicht. Aber Beloch schrieb dieses Buch ausdrücklich nicht nur für die Spezialisten, sondern vor allem für „die

[16] Th. Mommsen, Die italischen Bürgercolonien von Sulla bis Vespasian, Hermes 18, 1883, 208 = Histor. Schriften. 2, 1908, 249. Eine weitere Auseinandersetzung mit Belochs Thesen gab Mommsen in dem Aufsatz Die römische Tribuseinteilung nach dem marsischen Krieg, Hermes 22, 1887, 101 ff. = Histor. Schriften. 2, 1908, 262 ff.

[17] O. Th. Schulz teilt in seinem Nachruf auf Johannes Kromayer, Bursians Jb., 4. Abt. Biograph. Jahrb. 1936, 63 das folgende Epigramm auf Mommsen mit:

„Großes hast Du geleistet, gewiß! Das Größte mißlang Dir:
Männer zu bilden! Du zeugtest ein Papageiengeschlecht.“

studierende Jugend, die nirgends besser historische Methode lernen kann als an der älteren römischen Geschichte, wie ja die Wissenschaft eben hier diese Methode gelernt hat." (VI) Rund ein Jahrhundert nach Niebuhr wurden hier wiederum Quellen und Hauptprobleme der frührömischen Geschichte analysiert, aber in viel schärferer Kritik und nicht zuletzt mit Hilfe modernster bevölkerungsstatistischer Methoden. Die Quellenuntersuchungen und die Erforschung der Entwicklung der politischen Struktur Italiens, das waren die beiden wichtigsten Perspektiven dieses Bandes.

Der erste, quellenkundliche, Hauptteil wurde mit einer ausführlichen Erörterung der Consularfasten eröffnet. In die Fastenkritik bezog Beloch auch eine Auswertung der römischen Cognomina mit ein, seine Freude an Listen und an der Gegenüberstellung von Verzeichnissen schuf reiche und anschauliche Tabellen. In der Zusammenstellung von Stammtafeln der wichtigsten patricischen Geschlechter für die beiden ersten Jahrhunderte der Republik und auch später wurden die prosopographischen Forschungen von Fr. Münzer berührt, dem Beloch einen geradezu blinden und peinlichen Haß entgegenbrachte.[18] Beloch gelangte zu dem Ergebnis, daß die römische Eponymenliste schon im dritten Jahrhundert v. Chr. feststand, daß sie „in der Hauptsache auf echter Überlieferung" beruhe, freilich in ihren ältesten Teilen, d. h. bis 268 d. St., 486 v. Chr. „sehr stark interpoliert" sei, in den folgenden jedoch in zunehmendem Maße als zuverlässig gelten könne.[19] Im Anschluß an diese Fastenkritik wurden Diktaturen und Censuren erörtert, das Verhältnis zwischen den Triumphalfasten und der Chronik der Pontifices besprochen. In wesentlich knapperer Form ging Beloch dann auf die römischen Annalisten ein. Einer seiner Lieblingsautoren war Diodor, dessen römischer Quelle ein starkes Kapitel gewidmet war.

Mit einem Abschnitt über Latium setzten dann die an ›Campanien‹ und den ›Italischen Bund‹ anknüpfenden Untersuchungen zur historischen Geographie Italiens ein, in denen die Grenzen, Rechtsstellung und Entwicklung der Stadtgebiete, Areal und Bevölkerungsdichte der verschiedenen Landschaftsräume erörtert wurden.

[18] Siehe unten S. 265.

[19] S. 61.

Hier bot Beloch die reichen Früchte seiner Reisen, Kartenstudien und bevölkerungsgeschichtlichen Forschungen.

In den folgenden Teilen kamen dann die wichtigsten Elemente und Etappen der inneren Entwicklung der römischen Republik und die Unterwerfung Italiens zur Sprache. Schließlich wurde die politische Einteilung der Halbinsel erörtert, die italischen Stadtgebiete besprochen, Ausmaß und Ausdehnung des ager Romanus klar und anschaulich dargestellt. Das Buch konnte so nicht gerade zur populären Lektüre werden, aber es konnte anregen, es stellte in Frage und es provozierte. Es ist in vielen Punkten auf Ablehnung und Widerstand gestoßen,[20] durch neuere, ausführlichere Einzelstudien in den Hintergrund gedrängt worden,[21] und doch haben seine Methoden und Denkansätze starke Impulse ausgelöst,[22] obschon Beloch in der für ihn eigentümlichen Kombination verschiedenster Spezialforschungen keine Nachfolge finden konnte. In der in den letzten Jahrzehnten so lebhaft entfachten Diskussion um die Geschichte der frühen römischen Republik[23] steht es gleich einem fremdartigen, erratischen Block.

III

Auf dem Gebiet der bevölkerungsgeschichtlichen Studien war Beloch schon seit dem Ende der siebziger Jahre durch eine ganze Kette von Einzeluntersuchungen hervorgetreten,[24] die dann später in den Hauptwerken aufgingen. Die 1886 erschienene Monographie ›Die Bevölkerung der griechisch-römischen Welt‹ stellte den ersten Versuch dar, „die Bevölkerungsbewegung auf einem ausgedehnten Gebiete und während eines längeren Zeitraumes auf Grund systema-

[20] Siehe zum Beispiel die sehr ausgewogene Rezension von Fr. Münzer, Gnomon 3, 1927, 595—599.

[21] R. Werner, Der Beginn der Römischen Republik. 1963.

[22] Insbesondere in den Werken von K. Hanell und Pl. Fraccaro.

[23] Über die Problemlage orientiert am besten A. Momigliano, An Interim Report on the Origins of Rome, JRS 53, 1963, 95—121.

[24] Vergleiche die Zusammenstellung bei A. Momigliano, Karl Julius Beloch, Dizionario Biografico degli Italiani, 8, 1966, 5.

tischer Sammlung und kritischer Sichtung des gesamten vorhandenen Materials zur Darstellung zu bringen". (V) Ausgangspunkt dieser Untersuchungen war Belochs Feststellung, daß die „historische Bevölkerungslehre", die er als vielleicht wichtigsten Zweig der Wirtschaftsgeschichte bezeichnete, noch keine adäquate wissenschaftliche Behandlung gefunden hatte.

Bei seinen Studien konzentrierte sich Beloch, gemäß der Quellenlage, auf die Entwicklung der griechisch-römischen Welt in der Zeit zwischen den Perserkriegen und dem ersten Jahrhundert n. Chr. Er räumte selbst ein, daß diese Untersuchungen von vornherein nur „Annäherungswerte"[25] liefern konnten, daß bei den Berechnungen der freien Bevölkerung eine Fehlergrenze bis zu 25 % sowohl nach oben als auch nach unten, bei den Sklaven gar bis zu jeweils 50 % nicht ausgeschlossen werden könne. Dennoch war Beloch zuversichtlich, daß die Übersichten, in denen sein Werk schließlich gipfelte,[26] Übersichten der Werte Griechenlands um 432 v. Chr. und des Römischen Reiches beim Tode des Augustus, welche für die verschiedenen Landschaften beziehungsweise Reichsteile Areal, Bevölkerung und Bevölkerungsdichte zusammenstellten, „ein wenigstens in den Hauptzügen treues Bild der Bevölkerungsverhältnisse der antiken Welt geben dürften"[27].

Die Monographie war, wie bei Beloch die Regel, klar und systematisch aufgebaut. Schon im ersten Teil des Werkes, in dem hauptsächlich die Quellen und Hilfsmittel[28] behandelt wurden, widmete Beloch seine besondere Aufmerksamkeit den Kriterien der militärischen Dienstpflicht sowie der Bedeutung der Getreideproduktion und des Konsums und den Problemen des Bevölkerungsaufbaus nach Alter und Geschlecht. Nach dieser Klärung der Prämissen wurden dann im Hauptteil des Buches die einzelnen Landschaften Griechenlands, des hellenistischen Ostens und des römischen Machtbereichs Zug um Zug durchgegangen, jeweils das Areal bemessen

[25] a. O., VI.

[26] a. O., S. 506 f.

[27] a. O., VI.

[28] Es ist dabei für Beloch charakteristisch, daß die Spezialisten auf diesem Felde weit günstiger davonkamen als die Vorgänger im Bereich der Griechischen Geschichte.

sowie Umfang und Verteilung der Bevölkerung ermittelt. Seine Bilanz zog Beloch dann in den beiden Schlußkapiteln, einmal in einer Übersicht über die Entwicklung des Städtewesens, zum anderen in einer Skizze der Bevölkerungsgeschichte von der homerischen bis in die augusteische Zeit.

Obwohl die ›Bevölkerungsgeschichte‹ für Belochs Maßstäbe mit großer Zurückhaltung geschrieben worden war, löste sie alsbald eine heftige Kontroverse aus. Otto Seeck, der bedeutende Schüler Th. Mommsens, trat gegen Belochs „Konjekturalstatistik" in die Schranken[29] und setzte sich vor allem mit Belochs Methoden der Quellenkritik und Interpretationen auseinander: „Beloch hat die Fragen, die sich der Statistiker vorlegen muß, mit redlichem Bemühen zu lösen versucht, hat dazu das Material im weitestem Umfange gesammelt und nicht ohne Scharfsinn ausgenutzt. Aber leider fehlen ihm der sichere Takt in der Schätzung der Quellen und namentlich der Respekt vor dem Überlieferten. Immer ist er bereit, das Bezeugte für ‚unmöglich' zu erklären, und übersieht dabei ganz, daß in verschiedenen Epochen auch das Mögliche sehr verschieden sein kann. So schwebt er im freien Aether über dem festen Boden der Überlieferung ‚und mit ihm spielen Wolken und Winde'."[30]

Hier klangen Vorbehalte auf, die auch später immer wieder gegen Beloch erhoben wurden[31] und die in der Tat an den wunden Punkt seines souveränen Eklektizismus rührten. Doch fürs erste war Beloch

[29] O. Seeck, Die Statistik in der alten Geschichte, Conrads Jahrbücher für Nationalökonomie, 13, 1897, 161—176.

[30] a. O., 168 f.

[31] So hat Friedrich Münzer Belochs Verfahrensweise in der ›Römischen Geschichte‹ besonders eindringlich und zutreffend erhellt: „Es sind überwiegend Spezialuntersuchungen, in denen der Verfasser seinen durchdringenden Scharfsinn und seine glänzende Kombinationsgabe offenbart und bald mehr mit Kühnheit, bald mehr mit Folgerichtigkeit zu Schlüssen gelangt, die nicht selten überraschend neu und blendend sind ... Die antiken Autoren erscheinen ihm günstigenfalls ‚naiv', meistens aber bis zum Beweis des Gegenteils unglaubwürdig von vornherein ... Interpolationen und Fälschungen, Mißverständnisse und Verdopplungen werden immer wieder angenommen; besonders Vordatierungen von späteren Begebenheiten und Wiederholungen von einmal vorgekommenen erfüllen

empfindlich gereizt. Alte Ressentiments brachen nun durch. Seinen Gegnern antwortete er in kürzester Frist „auf eine Weise, daß ihnen die Lust zu einer Replik verging.“[32] Seeck, dessen Argumente gerupft und zerpflückt wurden, hatte es ihm allerdings nicht gerade schwer gemacht, und Beloch stürzte sich deshalb mit ganzer Kraft auf die schwachen und unhaltbaren Stellen der Einzelkritik. Er schloß: „Mit dem Negieren allein ist es nicht getan; mit bloßen Worten lockt man keinen Hund von dem Ofen, in der Bevölkerungsgeschichte noch weniger als sonst in der Wissenschaft.“[33] Was er mit Recht von seinen Kritikern forderte, war eine konkurrierende Gesamtuntersuchung; Irrtümer in einzelnen Punkten gab er freimütig zu, ja er ging sogar noch einen Schritt weiter und schrieb: „Überhaupt ist mir ja nie der Sinn gekommen, die Zahlen in meiner Bevölkerung als absolut richtig hinzustellen. Was ich zunächst beabsichtigte, war, der Forschung eine sichere Grundlage zu geben durch Aufstellung w a h r s c h e i n l i c h e r M i n i m a l z a h l e n. Ich mag ja das eine oder andere Mal zu hoch gegriffen haben, ... Aber im großen und ganzen wird man die Bevölkerung der antiken Welt nicht wesentlich niedriger ansetzen dürfen, als ich es getan habe.“[34]

Wie sehr diese Studien Beloch am Herzen lagen, zeigt zunächst die Tatsache, daß er im Jahre 1912, als er einen Ruf nach Leipzig angenommen hatte, seine Antrittsvorlesung über das Thema ›Die Volkszahl als Faktor und Gradmesser der historischen Entwicklung‹[35] hielt. Beloch ging in dieser programmatischen Rede davon aus, daß die absolute Höhe der Bevölkerung eines Staates „einen Grad-

die ganze Annalistik.“ Gnomon 3, 1927, 596 f. — Münzer weist darauf hin, daß Beloch in seiner ›Römischen Geschichte‹ eine runde Zahl auf S. 149 als unwahrscheinlich erklärt, während er S. 270 meint, eine andere runde Zahl könne nicht durch Zufall erwachsen sein. „Es geht rechtsherum, aber es geht auch linksherum! Bisweilen erwehrt man sich kaum des Eindrucks, daß durchaus etwas Neues vorgebracht werden sollte, selbst wenn das Alte auf den Kopf gestellt werden mußte.“ a. O., 598.

32 Selbstdarstellung, 12.

33 J. Beloch, Zur Bevölkerungsgeschichte des Altertums, Conrads Jahrbücher für Nationalökonomie, 13, 1897, 343.

34 a. O., 342 f.

35 HZ 111, 1913, 321—337.

messer für die politische Macht" bilde, „die relative Höhe der Bevölkerung einen Gradmesser für die Stufe der wirtschaftlichen Entwicklung, die ein Land erreicht hat" [36]. Fünfundzwanzig Jahre nach dem Erscheinen seiner Monographie mußte er noch immer die unbefriedigende Situation der Forschung auf diesem Felde konstatieren, einzig Hans Delbrücks Untersuchungen über die Stärke der Heere im Altertum wurden rühmend hervorgehoben. Den weithin zu beobachtenden Agnostizismus bezeichnete er als „eine wissenschaftliche Feigheit" [37], er forderte auch hier mit Hilfe des Planimeters zu gewinnende wissenschaftliche Arealstatistiken. Hinsichtlich der Realisierbarkeit solcher Untersuchungen wurde konstatiert: „... die Höhe der Bevölkerung eines Landes zu einer gegebenen Zeit ist ja nichts weiter als das Produkt historischer und wirtschaftlicher Faktoren; und wo die Faktoren bekannt sind, läßt das Produkt sich berechnen." [38]

In dem historischen Teil, der diesen methodischen Betrachtungen folgte, wies Beloch darauf hin, daß die Römer in ihren Kämpfen sowohl in Latium und Samnium als auch gegen Pyrrhos und Hannibal jeweils die „überlegene Zahl" einsetzen konnten.[39] Auch für die griechische Geschichte wurde die Bedeutung der Bevölkerungszahl eingeschärft: „Die Griechen mochten zur Zeit der höchsten Blüte ihrer Kultur, vor der Eroberung Asiens, ein Volk von etwa 8 Millionen sein ... aber es gab kein zweites Volk am Mittelmeer, das ebenso zahlreich oder zahlreicher gewesen wäre." [40]

Belochs Überblick über die Bevölkerungsentwicklung machte dann an der historischen Epochengrenze nicht halt, er bezog vielmehr die Abläufe bei Romanen, Germanen und Slawen auch im Mittelalter und in der Neuzeit mit ein, selbst diejenigen in den europäischen Kolonien.

Was sich hier abzeichnete, war nichts anderes als der Ansatz zu einer Bevölkerungsgeschichte Europas, für die Beloch nicht müde wurde, das Material in jahrzehntelangen Archivstudien bei jeder

[36] a. O., 322.
[37] a. O., 324.
[38] a. O., 325.
[39] a. O., 327 f.
[40] a. O., 331.

sich bietenden Gelegenheit zu sammeln.[41] Was daraus erwuchs, blieb zwar ein Fragment dieser weitgespannten Pläne und doch als Leistung eines Einzelnen imponierend. Erschienen ist Belochs ›Bevölkerungsgeschichte Italiens‹ freilich erst postum,[42] und erscheinen konnte sie auch nur dank des mühevollen Einsatzes von Belochs großem Schüler Gaetano De Sanctis. Auch hier setzte sich Beloch zunächst mit der Klärung der Grundlagen auseinander, besprach die vorhandenen Quellen – wie Aushebungslisten, Schwurlisten, Zählungen der Feuerstellen, Steuerlisten, die Aufnahmen der Gesamtbevölkerung – und die allgemeinen Probleme – wie die Relationen der Geschlechter, den Altersaufbau der Bevölkerung, den Verlauf der Bevölkerungsbewegung unter Auswertung von Geburts- und Sterbelisten, Ausmaß und Einfluß der Epidemien, schließlich die soziale Gliederung der Bevölkerung –, ehe er sich den regionalen Untersuchungen zuwandte. In diesen wurden die Entwicklungen in Sizilien und im Königreich Neapel, im Kirchenstaat, der Toscana, den Herzogtümern am Po, der Republik Venedig, dem Herzogtum Mailand, in Piemont, Genua und auf Corsica und Sardinien mit einer überwältigenden Fülle von Aufstellungen, Listen und Tabellen analysiert. Die Schlußkapitel boten dann als Bilanz einen Überblick über die Entwicklung der Gesamtbevölkerung Italiens vom XIII. bis zum XVIII. Jahrhundert, eine Untersuchung über die Entwicklung der italischen Städte und der Bevölkerungsdichte in den einzelnen Landschaften. Der Leser wurde überschüttet mit Zahlen, Fakten und Werten und auf Schritt und Tritt mit den von Beloch eruierten Quellen konfrontiert. Dieses letzte Werk ist so sein nüchternstes Buch geworden und auch weithin von jener Polemik frei, welche die ›Griechische Geschichte‹ belastet.

IV

Beloch selbst hielt nach allem, was oben dargelegt worden ist, seine bevölkerungsgeschichtlichen Forschungen für mindestens eben-

[41] Vgl. das Vorwort von G. De Sanctis zu Band I. 1937, III f.

[42] I. 1937. II. 1939. III. 1961.

so wichtig wie die ›Griechische Geschichte‹, die seinen Namen schon früh bekannt gemacht hat. Was die Wirkung anbelangt, ist sie gleichwohl sein Hauptwerk geblieben, von dem er seit 1886 nicht mehr losgekommen ist. Von ersten Vorarbeiten und frühen Einzelstudien auf dem Gebiet der Griechischen Geschichte abgesehen,[43] zeigte schon die ›Attische Politik seit Perikles‹ (1884) zur Genüge die kühle, rationale und unkonventionelle Betrachtungsweise an, die für Beloch immer bestimmend bleiben sollte. Ein Versuch, Belochs ›Griechische Geschichte‹ in italienischer Sprache zu drucken, blieb bald stecken,[44] 1893 erschien der erste Band in deutscher Sprache, 1897 der zweite, 1904 der dritte in zwei Abteilungen. Die zuletzt gewählte Aufgliederung in zwei parallele Reihen, von welchen die erste die eigentliche Darstellung, die zweite die anhängenden Spezialuntersuchungen und Erörterungen enthielt, wurde dann für die zweite Auflage prinzipiell übernommen. Deren insgesamt acht Halbbände[45] (1912—1927), die eine durchgehende Neubearbeitung boten, stellen die Ausgabe letzter Hand dar. Zwischen der ersten und zweiten Auflage hatte Beloch darüber hinaus noch Gelegenheit, seine Auffassung der gesamten griechischen Geschichte in konzentrierter Form im Rahmen von Ullsteins ›Weltgeschichte‹[46] sowie diejenige der hellenistischen und frührömischen Geschichte im Rahmen der Einleitung in die Altertumswissenschaft von Gercke und Norden[47] zu publizieren. Im Folgenden soll die Erörterung der zweiten Auflage der ›Griechischen Geschichte‹ im Mittelpunkt der Betrachtung stehen.

Wie Eduard Meyer, mit dem er sich in so vielfacher Hinsicht berührte, so hat auch Beloch die methodologischen Fragen und die Voraussetzungen der Geschichtsschreibung und der Geschichtswissenschaft immer wieder reflektiert und die Eigenart seiner *Ge-*

[43] Siehe A. Momigliano, Karl Julius Beloch, Dizionario Biografico degli Italiani, 8, 1966, 3 ff.

[44] Es erschien lediglich ein erster Teil: Storia greca. Parte prima: La Grecia antichissima. Rom 1891.

[45] I, 1². 1912. I, 2². 1913. II, 1². 1914. II, 2². 1916. III, 1². 1922. III, 2². 1923. IV, 1². 1925. IV, 2². 1927.

[46] Hrsg. v. J. Pflugk-Harttung. I. 1909, 139—395. Wiederabgedruckt zum Teil in Propyläen Weltgeschichte. Hrsg. v. W. Goetz. II. 1931, 3—240.

[47] I. 1914.

schichtsauffassung klar herausgestellt. Eine Geschichtsbetrachtung, die nichts anderes bot als ein „Bündel Heldenbiographien", hielt er für „naiv"[48] gegen eine einseitige Überbewertung der „großen Männer" machte er ganz entschieden Front und führte die Tatsache ins Feld, daß die Einwirkung der Einzelpersönlichkeit gerade im Wirtschaftsleben besonders gering sei. Beloch gab daher den pädagogischen Rat, daß derjenige, der „den historischen Werdeprozeß verstehen will, mit dem Studium der Wirtschaftsgeschichte beginnen"[49] sollte. Die Bedeutung der Persönlichkeit in der Geschichte hielt Beloch selbst auf dem Gebiet der Erfindungen und Entdeckungen für unwesentlich: „Wenn einmal die Bedingungen für eine wissenschaftliche Entdeckung, oder eine technische Erfindung gegeben sind, so wird sie gemacht werden, ob von Hinz oder Kunz, ist ganz gleichgültig."[50] Lediglich im Hinblick auf die künstlerisch-schöpferischen Begabungen räumte Beloch den Ausnahmefall ein.

Hingegen trat er am schärfsten allen Vorstellungen vom dominierenden Einfluß der Einzelpersönlichkeiten im politischen Sektor entgegen: „Man könnte eine Geschichte der Kaiserzeit schreiben, die von der Persönlichkeit der einzelnen Herrscher vollständig absähe, und es würde kein einziger wesentlicher Zug in dem Bilde fehlen."[51] Mag man schon an der Richtigkeit dieses Satzes zweifeln, so noch mehr an Belochs spezieller These: „Es ist eben nicht Caesar, der die Senatsherrschaft gestürzt hat, sondern die Gewalt der Verhältnisse. . . ."[52] Diese „kollektivistische Geschichtsauffassung", die in stärkstem Kontrast zu Jacob Burckhardts Äußerungen über das Individuum und das Allgemeine in den ›Weltgeschichtlichen Betrachtungen‹ steht,[53] traf naturgemäß sofort auf lebhaften Widerspruch,[54] und sie ist in jedem Falle gerade bei Beloch überraschend genug.

Die praktische Negierung des Ranges der Persönlichkeit in der

[48] HZ 111, 1913, 337.

[49] I, 1^2. 1912, 1 f.

[50] I, 1^2. 1912, 3.

[51] I, 1^2. 1912, 4.

[52] I, 1^2. 1912, 5.

[53] ed. R. Stadelmann. 1949, 253 ff.

[54] W. Otto, Aus der Gesellschaftsgeschichte des Altertums, Zeitschrift für Sozialwissenschaft 8, 1905, 701. M. P. Nilsson, GGA. 1914, 514 f.

Geschichte hängt indessen eng mit Belochs anthropologischen Vorstellungen zusammen. Als Motiv aller Handlungen und alles Wollens des Menschen ließ Beloch nur den Nutzen gelten,[55] das klassische Beispiel dafür war Perikles' Verhalten am Vorabend des Peloponnesischen Krieges[56]. „Der letzte und einzige Richter in historischen Dingen" aber war für Beloch der Erfolg.[57] Er hat es indessen aufs schärfste zurückgewiesen, als er als Anhänger der materialistischen Geschichtsauffassung bezeichnet wurde[58] und demgegenüber am Schluß seines Werkes ausdrücklich erklärt: „Das Wesentliche ist die geistige Entwicklung. Aber allerdings habe ich daneben den wirtschaftlichen Faktor nach seiner vollen Bedeutung eingeschätzt."[59]

Wer nun Belochs Programm mit dem Inhalt seiner Darstellung und mit seinem Gesamtwerk vergleicht, stößt freilich fort und fort auf Widersprüche. Der Mann, der die Volkszahl als Faktor der historischen Entwicklung hervorhob, und der die Bedeutung der Masse auf Kosten der Persönlichkeit so stark unterstrich, war ein Verächter der Masse[60] und selbst ein ausgesprochener Individualist. Der Gelehrte, der das Recht der eigenen Persönlichkeit bis zur Einseitigkeit für sich in Anspruch nahm, war an der Bewertung der Persönlichkeiten in der Geschichte außerordentlich stark interessiert, obwohl er ihren Einfluß auf das Geschehen bestritt. Es gibt kaum einen bekannteren Namen in der griechischen Geschichte, über den Beloch nicht sehr dezidiert gesprochen hätte,[61] kaum einen Mann von Rang, den er nicht höher oder niedriger einstufte als die communis opinio. Der Forscher, der immer wieder die gebührende Berücksichtigung der wirtschaftlichen Umwälzungen in der Geschichte forderte, hielt dennoch am Primat des Geistes fest. Der Vertreter eines krassen Utilitarismus und Determinismus, der Apologet der Zahlen und Tabellen ließ gleichwohl in seiner Wertung der Rassen irrationale Momente zu.

[55] I, 1^2. 1912, 10.
[56] Siehe unten S. 276.
[57] I, 1^2. 1912, 12.
[58] IV, 2^2. 1927, VII.
[59] a. O., VII.
[60] Siehe oben S. 249.
[61] Siehe unten S. 275 ff.

In seiner Besprechung der Küstenländer des Ägäischen Meeres ging Beloch davon aus, daß der Verlauf der Geschichte „im letzten Grunde bedingt (sei) durch Bodengestalt und Klima ... Nur im gemäßigten Klima, so scheint es, kann die Zivilisation zur vollen Entfaltung gelangen.“ [62] Nach einer ausführlichen Schilderung der geologischen und geographischen Strukturen, der klimatischen Verhältnisse, der Flora und Fauna des Mittelmeerraumes wies Beloch jedoch plötzlich in eine ganz andere Richtung: „Aber wir sollen nicht vergessen, daß die geographischen Verhältnisse nur der eine Faktor im historischen Werdeprozeß sind. Die Götter verschwenden ihre Gaben vergebens an den, der sie nicht zu brauchen versteht; und wenn von allen Lebewesen allein der Mensch über die Beschränktheit des tierischen Zustandes sich zu erheben vermocht hat, so ist von allen Völkergruppen nur eine imstande gewesen, eine Vollkultur hervorzubringen: wir Arier ... Es mußte sich beides vereinigen, die Gunst der Lage und die Begabung der Bewohner, damit Hellas zu dem werden konnte, was ihm seine geschichtliche Bedeutung gibt, der Wiege aller höheren Gesittung des Menschengeschlechtes.“ [63]

Das „Arier-Bewußtsein“ und der damit verbundene Antisemitismus markieren zwei Prämissen, die Belochs Wertungen im Positiven wie im Negativen bestimmen sollten. Auf der einen Seite resultierte hieraus seine Vorliebe für die Makedonen, die sich ihm als „der rassenreinste griechische Stamm“ [64] empfahlen, in denen er die Vollstrecker der griechischen Einheit sah und deren König Philipp II. er noch weit über Alexander d. Gr. stellte. Auf der andern Seite scheute Beloch nicht vor den widerlichsten Seitenhieben auf Juden und Judentum zurück, die in ihrer Verkettung mit persönlichen Anwürfen doppelt peinlich wirken mußten.[65]

[62] I, 1^2. 1912, 48.

[63] I, 1^2. 1912. 66 f.

[64] I, 1^2. 1912, 93.

[65] Selbstdarstellung, 13 f.: „der tunesische Jude Jakob Lumbroso, den die Berliner Akademie zum korrespondierenden Mitglied ernannt hatte, der Himmel mag wissen, warum ...“. Römische Geschichte. 1926, 240: „Credat Iudaeus Apella, d. h. in diesem Fall Münzer.“ Spottgedicht über den Mommsenschüler O. Hirschfeld aus der Leipziger Zeit: „Jude, was treibst Du? — Je nun, ich handle — mit Mommsens abgelegten Kleidern“.

Sein Gesamturteil über die Griechen aber war dadurch gekennzeichnet, daß sie „mit den übrigen indogermanischen Völkern ... die hohe intellektuelle Begabung und die hervorragende kriegerische Tüchtigkeit“[66] gemeinsam hatten; auf die vorgriechische Bevölkerung beziehungsweise auf die Vermischung mit ihr „gehen andererseits die schlimmsten sittlichen Nationalfehler der Griechen zurück, ihr Mangel an Ehrlichkeit und an Achtung vor dem gegebenen Worte“[67].

„Die griechischen Historiker sprechen von wirtschaftlichen Dingen nur gelegentlich, und darum haben es auch die neueren nicht getan; Böckhs Staatshaushaltung war für sie vergebens geschrieben. Das vorliegende Werk macht wohl den ersten Versuch, diese Lücke auszufüllen.“[68] Mit diesen Sätzen hat Beloch im Rückblick eine der wichtigsten Perspektiven seiner Darstellung bezeichnet, jene Partien über die *wirtschaftsgeschichtliche Entwicklung* Griechenlands im weitesten Sinne, die sogleich Anerkennung fanden. Schon für das 7. und 6. Jahrhundert v. Chr. gab Beloch in beständiger Auseinandersetzung mit K. Bücher ein differenziertes und klares Bild der Umwälzung im Wirtschaftsleben. Auch er hat dabei den Beginn der Geldwirtschaft in seinen Folgen gewürdigt, aber weit stärker als Eduard Meyer die Höhe und die Auswirkungen des damaligen Zinsfußes exakt zu erfassen gesucht.[69] Ob es sich um das Volumen des Handels, um Verkehrswege, Nautik, handwerkliche Produktion, Währung, Zins oder Verteilung des Grundbesitzes handelt, überall ist Belochs Bild sehr viel konkreter und differenzierter als dasjenige des befreundeten Vorgängers.

Vgl. O. Th. Schulz, Bursians Jb. 254. 1936, 62 ff. A. Momigliano, a. O. (Anm. 43), 14. Griechische Geschichte IV, 2². 1927, 304: „An eine Gleichstellung der Semiten aber hat selbst Alexander nicht gedacht; das war erst unserer Zeit vorbehalten.“

[66] I, 1². 1912, 94.

[67] a. O., 95.

[68] IV, 1². 1925, VII.

[69] I, 1². 1912, 299 ff. — Einen ausgezeichneten Überblick über die Problematik der griechischen Wirtschaftsgeschichte gibt nun S. C. Humphreys, Economy and Society in Classical Athens, Annali della Scuola Normale Superiore di Pisa, Ser. II, 39, 1970, 1—26.

Das Streben nach Klarheit, genauen Zahlen und Verhältniswerten in der Feststellung der Bevölkerungsdichte, der Preise, Zinsfüße, Löhne und des Volksvermögens beherrscht dann auch die Kapitel über den wirtschaftlichen Aufschwung nach den Perserkriegen.[70] Es kehrt wieder in den Abschnitten über Bevölkerungs-[71] und Wirtschaftsentwicklung[72] seit dem Peloponnesischen Kriege, die in ihren genauen Analysen des Bevölkerungswachstums, der Kriegsverluste, des Heeresaufbaus, der Altersschichtung, des Verhältnisses zwischen Vollbürgern, Metoeken und Sklaven in den einzelnen Städten, in den Untersuchungen über das Verhältnis zwischen Areal und Bürgerzahl in den verschiedenen Landschaften sowie in den Analysen aller Bereiche der antiken Wirtschaft Belochs eigenste bevölkerungsgeschichtliche Studien mit denen der Gesellschafts- und Wirtschaftsgeschichte zu einem weitflächigen Netz verbanden. Einen ähnlich wichtigen Baustein des Gesamtwerkes stellte dann auch der Abschnitt über die wirtschaftliche Umwälzung nach der Eroberung Asiens durch Alexander d. Gr. dar.[73]

Mit all dem war es Beloch gelungen, die vorher vernachlässigten Sparten der Bevölkerungs- und Wirtschaftsgeschichte in seine Gesamtdarstellung zu integrieren. Diese Leistung war sein ganz persönliches Verdienst, ja, über Belochs Rückblick hinaus muß gesagt werden, daß in keiner der späteren Darstellungen der griechischen Geschichte jene Bereiche wieder in gleicher Klarheit und Vollständigkeit behandelt worden sind.

Doch über dieser starken Akzentuierung der Wirtschaftsgeschichte wurde Beloch nicht einseitig. „Wirtschaftlicher und geistiger Fortschritt bedingen sich gegenseitig.“[74] So stellte er an die Seite der wirtschafts- und bevölkerungsgeschichtlichen Abschnitte andere, in denen in ähnlicher Systematik die Umwälzungen im Geistesleben dargestellt wurden,[75] Abschnitte, die nun gespickt waren mit dezidierten Urteilen über nahezu alle Persönlichkeiten und Erscheinun-

[70] II, 1². 1914, 74 ff.

[71] III, 1². 1922, 263 ff.

[72] a. O., 313 ff.

[73] IV, 1². 1925, 270 ff.

[74] I, 1². 1912, 308.

[75] I, 1². 1912, 308 ff.

gen des griechischen Kulturlebens, wie sie in solcher Frische und Direktheit wohl nur noch bei Jacob Burckhardt begegnen. So war die Akropolis für Beloch „bei weitem das Schönste, was man auf Erden sehen kann“ [76]. Aber er ließ sich nicht zu verklärenden Auffassungen hinreißen, sein Urteil blieb auch in diesem Bereich unbefangen und kühl. Nach der Schilderung der Spitzenleistungen von Kunst und Dichtung des 5. Jahrhunderts v. Chr. folgt ein ernüchterndes Resumé über die ethische Wirkung dieser Kunst, das manchem zeitgenössischen Neuhumanisten nur wenig behagen mochte: „Wir dürfen uns nach dem allen von der Wirkung der hohen Kunstblüte dieser Zeit auf die Masse des Volkes keine übertriebenen Vorstellungen machen. Die weit überwiegende Mehrzahl, alle, die nicht in größeren Städten lebten oder die Mittel hatten, dorthin zu reisen, bekam davon überhaupt kaum etwas zu sehen oder zu hören; den höchsten Kunstgenuß, die Tragödie, bot fast allein Athen. Hier mag allerdings auch der gemeine Mann einen gewissen Firnis ästhetischer Bildung gewonnen haben, aber eine ethische Wirkung konnten Aufführungen kaum haben, die nur ein- oder zweimal im Jahre stattfanden und deren Eindruck zum Teil durch die Nuditäten des Satyrspiels oder die Gemeinheiten der Komödie neutralisiert wurde. Lauter als alles spricht die Roheit, mit der sich das Publikum im Theater benahm; da wurde gebrüllt und getobt und zum Zeichen des Mißfallens mit allem Möglichen nach der Bühne geworfen. Der Pöbel blieb eben Pöbel, trotz aller schönen Verse, die er zu hören bekam.“ [77]

Waren Belochs Urteile in jenem Bereich zum Teil subjektiv und provozierend,[78] so forderten sie doch höchstens zur Auseinandersetzung und Kritik heraus. Auf grundsätzliche und heftigste Ablehnung stieß dagegen die Partie über Mythos und Religion.[79] Beloch nahm als beider gemeinsame Wurzel den Seelenglauben an. Die Ausbildung der „Zauberwelt des Mythos“ betrachtete er – neben derjenigen der Sprache – als „die erste große Geistestat des griechi-

[76] II, 1². 1914, 207. Vgl. auch Selbstdarstellung, 15.

[77] II, 1². 1914, 228 f.

[78] Vgl. unten S. 275 ff.

[79] I, 1². 1912, 144 ff.

[80] I, 1². 1912, 149.

schen Volkes“[80]. Für die frühgriechische Religion wurde „jeder ethische Inhalt“[81] abgelehnt. Belochs Sicht des Mythos beeinflußte auch seine Auffassung des Heldengesangs: Dem Stoff der Ilias „liegt zunächst ein uralter Mythos von dem Kampf der Geister des Lichts (Lykier) mit den Wolkengeistern, den Danaern“[82] zugrunde, der Odyssee „ein uralter Sonnenmythos von der Hadesfahrt“[83]. Es läßt sich nicht leugnen, daß dieser Teil des Werkes der am wenigsten befriedigende der ganzen Darstellung ist. Religion und Religionsgeschichte lagen Beloch immer fern; es ist kein Zufall, daß ihm hier der große schwedische Religionshistoriker Martin P. Nilsson mit Entschiedenheit entgegentrat und Beloch sich hier Dinge sagen lassen mußte, die er sonst gerne anderen vorhielt.[84]

Das Versagen auf diesem Sektor und der Mangel an Selbstkritik sind um so überraschender, als Belochs kritischer Sinn sonst gerade seine Stärke war. Das zeigt sich deutlich sowohl in seiner durchgehenden *Kritik der Überlieferung* als auch in seiner Bewertung der neueren Forschung. Schon im Eingangsteil der ›Griechischen Geschichte‹[85] wurden Voraussetzungen und Arten der historischen Überlieferung zum Gesamtbereich der griechischen Geschichte von den genealogischen Traditionen und vom Heldenlied an bis zu den Monumenten und Münzen einer ersten Musterung unterzogen, und auch die zweite Abteilung des ersten Bandes enthält schon auf den ersten Seiten grundsätzliche Äußerungen über Belochs quellenkritische Einstellung sowie über die Eigenart und die Ziele seiner historischen Kritik.

[81] a. O., 175.

[82] a. O., 184.

[83] a. O., 194.

[84] GGA. 1914, 537 f.: „Aber was seit den siebziger Jahren geschrieben und gekämpft worden ist, existiert kaum für Beloch. Im Anfang war der Animismus, darauf ist die Naturmythologie aufgebaut; und damit ist die Sache ausgetragen ... Da die längst auf ihr richtiges, recht bescheidenes Maß reduzierte Naturmythologie hier in ausschweifender Form auftritt und als kritisches Mittelchen gebraucht wird, so muß dagegen Einspruch erhoben werden. Diese kritischen Künste sind ebenso wohlfeil wie gebrechlich.“

[85] I, 1^2. 1912, 17 ff.

Selbst gegenüber den besten Quellen rief Beloch dabei zur Wachsamkeit auf; von „Thukydides-Theologen" distanzierte er sich und forderte: „Es muß eben jede Überlieferung kritisch gesichtet werden, und gerade die beste Überlieferung am schärfsten, denn wir geben uns nur zu leicht der Autorität gefangen."[86] Diese kritische Grundeinstellung spitzte er in seiner Gegenüberstellung von philologischer und historischer Betrachtungsweise der Geschichte zu: „Der Unterschied der philologischen von der historischen Behandlung der Geschichte kann etwa so definiert werden: Der Philologe glaubt, was in den Quellen steht, bis ihm bewiesen wird, daß es falsch ist; der Historiker glaubt es nur, wenn ihm bewiesen wird, daß es richtig ist. Der Philologe erzählt nur, was in den Quellen steht, und in möglichst engem Anschluß an diese; der Historiker steht über seinem Material, er ergänzt die Lücken der Überlieferung durch Rückschlüsse, er sucht ferner stets von den Ereignissen zu deren Ursachen emporzusteigen, wozu der Philologe, als solcher, ganz außerstande ist."[87]

Gegenüber Rankes Ziel festzustellen, „wie es eigentlich gewesen", ging Beloch ganz bewußt noch einen Schritt weiter: „Das Ziel ist ein höheres: wir sollen erkennen, nicht nur wie es gewesen ist, sondern warum es so gekommen ist und so hat kommen müssen."[88] Damit kam nun freilich gerade bei einer so profilierten Persönlichkeit wie Beloch ein sehr starkes subjektives Moment ins Spiel der geschichtlichen Darstellung, doch Beloch bejahte dies: „So verhält sich die historiographische Darstellung zu den Ereignissen der historischen Forschung etwa wie ein Porträt von Künstlerhand zu einer Photographie; und ein solches Porträt gibt oft ein richtigeres Bild einer Persönlichkeit als die photographische Platte. Freilich nur, wenn es ein Meister gemalt hat. Denn neben der objektiven steht die künstlerische Wahrheit; und das gilt auch für die Geschichtsschreibung."[89]

Mit solcher Energie zu selbständiger, kritischer Wertung hat Beloch so die gesamte Überlieferung betrachtet und die verschiedenartigsten Erscheinungen aller Bereiche des geistigen und künstleri-

[86] I, 2^2. 1913, 6.
[87] I, 2^2. 1913, 15.
[88] I, 2^2. 1913, 7.
[89] a. O., 9.

schen Lebens frei beurteilt. Archilochos ist „der erste Grieche, der in seiner vollen Individualität, als Mensch von Fleisch und Bein, vor uns steht"[90], Sappho „die größte, ja die einzige wahrhaft große Dichterin aller Zeiten"[91]; Pythagoras hat „für die Erkenntnis des wahren Weltbildes mehr geleistet als irgend einer seiner Vorläufer und Zeitgenossen"[92].

Im Vergleich zwischen Aischylos und Sophokles wird gesagt: „An die Stelle wahrer Frömmigkeit tritt scheinheilige Jesuitenmoral."[93] Doch viel stärker als echte Religiosität und echter Glaube fesselten Beloch die rationalen Leistungen und Fortschritte: „... aller Kulturfortschritt ist in letzter Linie Forschritt im Wissen."[94] So rühmte er Empedokles: „Es ist etwas Großes, was Empedokles geleistet hat; sein System ist der erste rationelle Versuch einer mechanischen Naturerklärung."[95] Besonders faszinierte ihn jedoch Demokrit, „der größte Naturforscher, den das Altertum gehabt hat"[96]. „Er war ein Universalgenie wie im folgenden Jahrhundert Aristoteles; wie dieser war er zugleich Naturforscher und Philosoph oder, wie man damals sagte, Sophist; und er hat auf beiden Gebieten Großes geleistet, das Höchste darin, daß er die Ergebnisse der Naturforschung und des Denkens zu einer einheitlichen Weltanschauung verschmolzen hat, was Aristoteles nie vollständig gelungen ist."[97] Weitaus nüchterner stand Beloch dagegen – in pointiertem Gegensatz zu den vorherrschenden Strömungen seiner Zeit – Sokrates und Platon gegenüber.[98]

[90] I, 1^2. 1912, 314.
[91] I, 1^2. 1912, 409.
[92] a. O., 440.
[93] II, 1^2. 1914, 221.
[94] a. O., 231.
[95] a. O., 240.
[96] III, 1^2. 1922, 385.
[97] II, 1^2. 1914, 256.
[98] II, 1^2. 1914, 271, A. 2 heißt es zu Sokrates: „Für die sehr ausgedehnte moderne Literatur muß ich auf die Handbücher der Geschichte der Philosophie verweisen; sie ist übrigens meist wertlos, da jeder sich seinen Sokrates nach dem eigenen Bilde zurechtmacht. In der Regel pflegt er weit überschätzt zu werden; weltgeschichtliche Wirkung hat erst der

Besonders ausgeprägt war Belochs persönliches Urteil dann aber bei den Gestalten des 4. Jahrhunderts v. Chr. Hier hatte er schon in der ›Attischen Politik seit Perikles‹ den Nimbus um Demosthenes zerstreut. Er selbst würdigte mit Nachdruck einen Isokrates, Aischines und Demades,[99] in der Geschichtsschreibung besonders Theopomp und Kallisthenes[100].

Ähnlich dezidiert und freimütig nahm Beloch auch zu den Leistungen der älteren wie der zeitgenössischen *Forschung und Geschichtsschreibung* Stellung. Wer immer seinen Weg kreuzte, sich Belochs Anschauungen verschloß oder ihn zu kritisieren wagte,[101] bekam bei jeder passenden und unpassenden Gelegenheit seine Seitenhiebe oder Herabsetzungen ab. Beloch ließ in seinen Polemiken alles drucken, was andere höchstens zu denken wagten. Der Epigraphiker Henzen[102], Lumbroso[103], Belochs Kollege Holm[104] wurden

Sokrates der platonischen Dialoge geübt." — III, 1². 1922, 397 über Platon: „So unermeßlichen Einfluß aber Platons Lehre auf die spätere Entwickelung des menschlichen Denkens geübt hat, sie war zu weltfremd, als daß sie auf die Zeitgenossen eine tiefere Wirkung hätte hervorbringen können. Das Geistesleben dieses Jahrhunderts steht überhaupt nicht unter dem Zeichen der Sokratik, sondern der Sophistik."

99 III, 1². 1922, 356 ff.

100 Über Theopomp a. O., 404: „Noch wir ahnen aus den Trümmern, daß uns hier eines der hervorragendsten Werke, vielleicht das Hauptwerk der hellenischen Historiographie verloren ist." — a. O., 405 über Kallisthenes: „Jedenfalls bleibt er, bei allen seinen Mängeln, einer der bedeutendsten griechischen Historiker."

101 Selbstdarstellung, 12: „Seit Pythagoras nach der Entdeckung seines Lehrsatzes den Göttern eine Hekatombe darbrachte, brüllen bekanntlich alle Ochsen, sobald eine neue Wahrheit gefunden wird. Das taten sie denn auch diesmal (sc. nach dem Erscheinen der „Bevölkerung);" A. O., 16: „Natürlich brüllten wieder die Ochsen, womöglich noch lauter als bei der Bevölkerung". (Nach dem Erscheinen der ›Griechischen Geschichte.‹)

102 „Ich sehe das eisgraue Männchen noch heute vor mir, mit der rasierten Oberlippe und dem Orangutanbart um Backen und Kinn; ich kann mir nicht vorstellen, daß der Mann einmal jung gewesen ist. Jedenfalls ging er ganz im epigraphischen Kleinkram auf."

103 Siehe o. Anm. 65.

104 Die ›Griechische Geschichte‹ A. Holms galt Beloch als „ein be-

so Opfer eines ungezügelten Hasses. Aber auch Belochs Vorgänger auf dem Felde der Darstellung griechischer Geschichte wurden in nicht immer adäquater, häufig abstoßender Weise traktiert. So bemühte sich Karl Otfried Müller angeblich, „die Mythen in Geschichte umzusetzen ... Da er ein sehr gelehrter und auch scharfsinniger Mann war, da ferner sein Lehrer Böckh für die nötige Reklame sorgte, ist er zur Autorität geworden, an der noch der heutige Philologe nicht ohne eine Verbeugung vorübergeht; und so hat er den Karren der griechischen Geschichte noch tiefer in den Sumpf gefahren, in dem er schon steckte, so tief, daß wir ihn noch immer nicht ganz haben herausziehen können." [105]

Ernst Curtius kam dagegen fast noch glimpflich weg. Ihm wurde eine „warme Begeisterung für die ästhetische Seite des Griechentums" attestiert, dann aber doch angekreidet: „politisches Verständnis fehlte ihm ganz, und an der wirtschaftlichen Entwicklung ging er achtlos vorüber[106]. Weder Droysen[107] noch Duncker[108] noch Niese[109] wurden voll akzeptiert, den wichtigsten Gegenpol zu Karl

sonders abschreckendes Beispiel" der rein philologischen Geschichtsschreibung, „die Forschung, wenn man hier überhaupt von so etwas reden darf, bleibt an der Oberfläche, die Darstellung ist, nach Auffassung wie nach Form, gleich trivial". I, 2². 1913, 15.

[105] I, 2². 1913, 10.

[106] I, 2². 1913, 11.

[107] „Das Werk gibt in seinem ersten Teile einen Panegyrikus auf Alexander, in seinem zweiten Teil eine Paraphrase der Quellen zur Diadochengeschichte, in seinem dritten Teil eine Reihe willkürlicher Konstruktionen, oft mit souveräner Verachtung der Überlieferung; das ganze in blühender, hin und wieder bis zum phrasenhaften Bombast geschraubten Sprache." IV, 2². 1927, 13 f. (Das Urteil ist hier sehr viel schärfer und kritischer als noch I, 2². 1913, 11 f.).

[108] I, 2². 1913, 12.

[109] Über Benedictus Nieses ›Geschichte der griechischen und makedonischen Staaten seit der Schlacht bei Chaeroneia‹ I. 1893. II. 1899. III. 1903 urteilt Beloch IV, 2². 1927, 14: „Dies Buch bildet in vieler Beziehung den geraden Gegensatz zu der Darstellung Droysens; ein platter, mitunter geradezu trivialer Stil, eine nach äußerlichen Gesichtspunkten zerhackte Disposition, Mangel jeden Strebens nach wirklich historischem Verständnis."

Otfried Müller sah Beloch in George Grote: „... er war ein Mann, der im praktischen Leben stand, einer der Geldfürsten der City, der auch im Parlamente gesessen hat."[110] „Doch sind die Griechen für Grote im Grunde nichts weiter, als verkleidete Engländer aus der Mitte des XIX. Jahrhunderts; die Demokraten sind die Liberalen, die Oligarchen die Konservativen, und da der Verfasser zu den Liberalen gehörte, haben die griechischen Demokraten immer Recht, und die Oligarchen immer Unrecht; Grotes Geschichte wird so zu einer Verherrlichung der athenischen Demokratie."[111]

Es versteht sich von selbst, daß derselbe Ton, daß Sarkasmus und Impertinenz auch die Kritik in Einzelfragen bestimmten, in der Beloch die Autoritäten vom Range eines Wilamowitz[112], Eduard Schwartz[113] und Fr. Hultsch[114] ebensowenig schonte wie die Verfasser von Dissertationen und diejenigen, die es versäumt hatten, Beloch ihre Arbeit zuzusenden[115].

110 I, 2². 1913, 12.

111 a. O., 13.

112 „Er steht noch heut, siebzig Jahre nach Otfried Müllers Tode, auf demselben Standpunkt wie dieser; aus den Mythen soll Geschichte gemacht werden." I, 2². 1913, 16. — Die Abneigung war gegenseitig. Am 14. 1. 1894 schreibt Wilamowitz an Mommsen: „In Italien scheint Beloch die Köpfe zu verwirren; der ist gewiß gescheit und findig, aber gewissenlos und rerum novarum studiosus. Ich mag mit ihm nichts zu tun haben." Mommsen-Wilamowitz. Briefwechsel 1872—1903. 1935, 487.

113 „... er wittert eben überall Fälschungen, wo ihm etwas nicht in den Kram paßt, und wir alle haben ja noch im Gedächtnis, wie er die Gesänge des Tyrtaeos als Fälschung erklärt hat, bloß auf Grund seiner eigenen ungenügenden Geschichtskenntnis ... die Zeiten sind nicht mehr, wo Philologen über historische Fragen absprechen durften. Da gilt das alte Wort: sutor, ne supra crepidam." III, 2². 1923, 5.

114 „Wer einen Blick auf seine letzte Arbeit Die Gewichte des Altertums nach ihrem Zusammenhange dargestellt (Leipzig 1898) wirft, möchte glauben, das Zeug käme direkt aus der Hexenküche." I, 2². 1913, 334.

115 IV, 2². 1927, 426: „Auf Walek, Die Delphische Amphiktionie in der Zeit der aetolischen Hegemonie. Dissert. Berlin 1912, einzugehen, wird man mir nicht zumuten. Die Arbeit des ebenso unwissenden wie

V

Ähnlich wie in der Beurteilung der Quellen und der Forschung zeigte sich Beloch auch in der *Bewertung der historischen Ereignisse und Persönlichkeiten* in höchstem Maße originell, nonkonformistisch und kritisch bis zum Exzeß. Die dorische Wanderung war nach ihm „eine Erfindung der Neueren“ [116]. Der kylonische Frevel wurde in die Zeit zwischen der ersten und zweiten Regierung des Peisistratos gelegt, dessen zweites Exil geleugnet. Gegenüber Solons Verhalten blieb Beloch sehr reserviert,[117] um so höher stufte er – wie Eduard Meyer – Themistokles ein: „er ist vielleicht das größte politische Genie, das Athen überhaupt hervorgebracht hat“ [118]. Ein rotes Tuch war für ihn die Leonidas-Legende. Vom „Glanz besonderen Heldentums, der Leonidas’ Namen umstrahlt“ [119], blieb nach Belochs ätzenden Analysen des Hergangs der Kämpfe um die Thermopylen nichts mehr übrig. Die beigefügte Spezialuntersuchung gipfelte in dem Satz: „Nur einen Vorteil hat die Katastrophe an den Thermopylen der griechischen Sache gebracht; sie hat das Bundesheer von einem unfähigen Oberfeldherrn befreit und die Bahn freigemacht für den Mann, der es im folgenden Jahre bei Plataeae zum Siege führen sollte.“ [120]

Was Beloch jedoch durch rationale Legendenkritik, durch die kritische Durchleuchtung verklärender Auffassungen der communis

anmaßenden Krakusen verdient kein Wort der Widerlegung, und es ist schwer zu verstehen, wie eine deutsche Fakultät so etwas durchgehen lassen konnte.“ A. O., 432 Anm.: „die Sudelei des Polen Walek“. – W. Dittberner, Autor einer Berliner Dissertation über Issos. 1908, muß sich sagen lassen: „Der Verf. hat es nicht der Mühe wert gehalten, mir seine Arbeit zu schicken, also eine Berücksichtigung in dieser neuen Auflage nicht gewünscht.“ III, 2². 1923, 356.

116 I, 2². 1913, 76.

117 „Athen wäre ein Menschenalter der Revolution erspart geblieben, wenn Solon an der Spitze des Staates geblieben wäre.“ I, 1². 1912, 367.

118 II, 1². 1914, 31.

119 II, 1². 1914, 45.

120 II, 2². 1916, 105.

opinio seiner Zeit beseitigte, war für ihn gleichsam nur der Bauschutt der griechischen Geschichte, deren einzigartige Struktur dadurch nur noch klarer und imponierender vor Augen treten sollte: „Es ist gesagt worden, die ganze Kulturentwicklung würde einen anderen Verlauf genommen haben, wenn die Perser bei Salamis Sieger geblieben wären; so daß wir in letzter Linie die Güter unserer heutigen Zivilisation Themistokles und seinem Flottengesetz zu verdanken hätten. Das ist recht oberflächlich geurteilt; von solchen Zufälligkeiten hängt das Geschick großer Völker nicht ab. Wäre es anders, so gebührte das Verdienst Hellas aus der Persernot gerettet zu haben mindestens ebensosehr als Themistokles jenem Seesturm, der einen Teil der Flotte des Xerxes an der Küste von Magnesia zerschmetterte. Vielmehr sind die Griechen in dem Kampf gegen das Perserreich Sieger geblieben, weil sie ihren Feinden sittlich und intellektuell überlegen waren."[121]

Gegenüber den konventionellen Rangordnungen häuften sich Belochs Umwertungen wieder bei den Erscheinungen der zweiten Hälfte des fünften und des vierten Jahrhunderts v. Chr. Der „Perikles-Kultus" stieß ihn nicht weniger ab als die Apotheose des Leonidas. Es war für Beloch ausgemacht, daß der große athenische Staatsmann den Peloponnesischen Krieg „aus persönlichen Gründen zum Ausbruch gebracht hat"[122], und daß er „sich damit des größten Verbrechens schuldig gemacht hatte, das die ganze griechische Geschichte kennt."[123] Auch Beloch billigte Perikles im übrigen lediglich die Qualitäten eines großen Parlamentariers zu.[124] Dagegen galten seine vollen Sympathien Theramenes, und hier zögerte er nicht, ein persönliches und gegenwartsbezogenes Bekenntnis auszusprechen: „Wir aber, die wir heute in demselben Kampfe stehen, gegen ein begehrliches Proletariat und ein ebenso begehrliches Junkertum, werden dem antiken Vorkämpfer unserer Sache unsere Sympathie nicht versagen."[125]

[121] II, 1^2. 1914, 74.
[122] II, 1^2. 1914, 298, Anm. 2.
[123] II, 1^2. 1914, 310.
[124] II, 1^2. 1914, 155.
[125] a. O., 392.

Während Agesilaos[126] und Epameinondas[127] kritisch ins rechte Licht gerückt wurden, wurde Dionysios I. als Vorkämpfer griechischer Einheit[128] gerühmt und damit in eine Reihe mit Isokrates[129] und Philipp II. von Makedonien gestellt, den Beloch mit Emphase feierte: „Ein zeitgenössischer Historiker nennt ihn den größten Mann, den Europa bis dahin hervorgebracht habe; und jedenfalls hat nie ein größerer Staatsmann auf einem Throne gesessen."[130]

Der Gipfel von Belochs Neubewertungen aber war seine Einschätzung Alexanders d. Gr.: „Die Nachwelt hat ihn den Großen genannt, und der Name ist wohlverdient, wenn wir die erreichten Erfolge zum Maßstabe nehmen; haben doch seine Taten eine neue Geschichtsperiode heraufgeführt. Und es ist nicht die Größe der Erfolge allein, was die Gestalt Alexanders auch heute noch in hel-

[126] „... in seiner Lebensweise wie in seinem äußeren Auftreten war er ein echter Spartaner. Wirkliche Genialität freilich besaß er weder als Staatsmann, noch als Feldherr; die Fortschritte der Taktik und Strategie, wie sie eben damals Iphikrates, Chabrias und Epameinondas verdankt wurden, blieben ihm ganz fremd, und er hat so wenig wie die meisten seiner engeren Landsleute begriffen, daß die Staatskunst auch mit moralischen Faktoren zu rechnen hat. Eben jene brutale Ausübung der Rechte des Stärkeren, wie sie in Agesilaos' Politik zum Ausdruck kommt, ist es zum großen Teile gewesen, die den Zusammenbruch der Machtstellung Spartas herbeigeführt hat." III, 1^2. 1922, 109.

[127] a. O., 209.

[128] a. O., 110ff. — Dionysios I. hatte schon die Jugendarbeit gegolten: L'Impero siciliano di Dionisio, Mem. della R. Accademia d. Lincei, Clas. di scienze morali, stor. e filol., s. 3., 7, 1880/81, 211—235.

[129] „Wohl war es äußerlich eine bescheidene Rolle, die der einfache athenische Professor neben dem mächtigen König gespielt hat; aber wir werden darum nicht geringer denken von seinem Anteil an der Vollendung des gemeinsamen Werkes ... Die Stimme eines solchen Mannes fand einen Widerhall, wie kaum die eines zweiten; und wenn Philipp es vermocht hat, Hellas zu einigen, wenn Alexander das weite Asien der griechischen Bildung und dem griechischen Unternehmungsgeiste erschließen konnte, so ist es zum großen Teil Isokrates, der ihnen den Weg geebnet hat, ganz so, wie die Männer von 1848 es gewesen sind, die der deutschen Einheit den Boden bereitet haben." III, 1^2. 1922, 525.

[130] a. O., 474.

lerem Glanze erstrahlen läßt, als vielleicht irgendeine zweite auf dem ganzen Gebiete der Geschichte; es ist ebenso sehr seine ritterliche Tapferkeit, es ist der geheimnisvolle Reiz des Morgenlandes, das seinen Taten zum Hintergrund dient, es ist endlich der Zauber der Jugend, der seine Gestalt verklärt; das alles läßt uns Alexander inmitten seiner prosaischen Zeit wie den Helden eines Epos erscheinen. Aber eben darum war Alexander weder ein großer Staatsmann, noch ein großer Feldherr. Er hat seine entscheidenden Siege mit 21–25 Jahren errungen; es ist klar, daß man in diesem Alter noch kein bedeutender Stratege und Taktiker sein kann, ebenso, daß man eine Schlacht nicht leiten kann, wenn man, wie Alexander das stets getan, an der Spitze seiner Reiter mit einhaut. Sein kühner Mut hat ihn zu einer Reihe von Wagstücken fortgerissen, die dadurch noch nicht gerechtfertigt werden, daß sie gelangen. Sein romantischer Sinn verleitete ihn zu politisch unnötigen, und daher schädlichen Unternehmungen, wie dem Zuge nach Indien, oder zu Maßregeln, die zwar in der Theorie sich sehr schön ausmachen, praktisch aber nicht durchführbar waren, wie die Gleichstellung der persischen Aristokratie mit den Hellenen. Wenn Alexander trotzdem so großes erreicht hat, so dankte er das in erster Linie dem Heere, das sein Vater Philippos herangebildet hatte, er dankte es den Staatsmännern und Generalen, die schon seinem Vater zur Seite gestanden hatten, vor allem Antipatros und Parmenion; er dankte es endlich den verrotteten Zuständen im Perserreiche und der daraus sich ergebenden Schwäche des Gegners, mit dem er zu tun hatte. Er konnte da ernten, wo sein Vater gesät hatte.“ [131]

Belochs Versuch, „diesen Fetisch vom Altare zu stoßen“, löste geradezu Empörung aus. Es ist bezeichnend, daß er sich von Droysens „literarischer Proskynese“ abgestoßen fühlte.[132] Er konstatierte: „Große Männer sind selten, auch unter denen, die im Purpur geboren werden, ja hier vielleicht noch seltener als sonst“, eine These, die er mit zahlreichen Beispielen belegte. Dann ging es weiter: „Bekanntlich haben große Männer fast nie große Söhne . . . es wäre also schon von vornherein wenig wahrscheinlich, daß ein Mann wie

[131] IV, 1². 1925, 62 f.

[132] IV, 2². 1927, 290.

Philipp einen ihm geistig ebenbürtigen Sohn gehabt haben sollte."[133] Beloch nahm die Leistungen Philipps und Alexanders zum Maßstab der Beurteilung und kam zu dem Resultat, daß „Philipp bei weitem der größere"[134] war. Die militärischen Erfolge im Krieg gegen das Persische Reich wies Beloch Parmenion[135] zu, von „wirklich originalen Gedanken" blieben demnach bei Alexander nur zwei übrig: „der Versuch der Gleichstellung der Perser mit den Hellenen, und das Gottkönigtum"[136]. Als Fazit der Spezialuntersuchung über den Rang Alexanders d. Gr. galt der Satz: „Er war ein genialer Mann, etwa wie Demetrios der Belagerer oder der letzte Philippos, aber so wenig wie diese ein großer Mann."[137]

Weder über solchen Neuansätzen und anderen kritischen Korrekturen des klassizistischen Bildes der ›Griechischen Geschichte‹ noch über den vielen chronologischen Einzeluntersuchungen, der Aufstellung von Beamtenlisten und Stammbäumen, den Berechnungen von Regierungszeiten aller maßgebenden Herrscher und der Gründungsjahre der griechischen Kolonien, noch über der Erhellung metrologischer, bevölkerungsgeschichtlicher oder wirtschaftlicher Spezialfragen oder der Erarbeitung genauer Zeittafeln und Karten, die gleichfalls mit zur Gesamtleistung dieser ›Griechischen Geschichte‹ zählen, hat Beloch aber jemals die großen Linien der griechischen Geschichte aus dem Auge verloren: „... die griechische Geschichte bleibt nun einmal das wichtigste Blatt in der Geschichte der Menschheit. Alle die Kämpfe, die wir heute noch kämpfen um Wahrheit, um Freiheit, um Recht, sie sind schon von den Griechen gekämpft worden. Die ganze Entwicklung, in deren Mitte wir stehen und wirken, sie liegt hier fertig und abgeschlossen vor unsern Augen; wir sehen die griechische Kultur entstehen, sich zur Blüte entfalten und Frucht tragen, um endlich in der Nacht geistigen und politischen Despotismus zu verlöschen; und die Ursachen von alle dem liegen jedem, der in dem Buch der Geschichte zu lesen versteht, klar vor Augen. Und die

[133] a. O., 292.

[134] a. O., 293.

[135] a. O., 300, Anm.: „der größte Feldherr seiner Zeit, und einer der größten Feldherren aller Zeiten ..."

[136] a. O., 303.

[137] a. O., 306.

Griechen haben nicht vergebens gekämpft. Unsere ganze moderne Gesittung ruht auf dem Boden der hellenischen; die Griechen sind es, denen wir die Güter verdanken, die uns das Leben erst lebenswert machen, unsere Wissenschaft, unsere Kunst, die Ideale der geistigen und politischen Freiheit. Und diese Errungenschaften werden bleiben, auch wenn es eine klassische Bildung im heutigen Sinne einst nicht mehr geben wird. Die Geschichte eines solchen Volkes zu erforschen, müßte eine unserer wichtigsten Aufgaben sein, selbst wenn die Quellen dafür noch viel spärlicher flössen. Sache des Historikers ist es vorzudringen, soweit es die ihm zu Gebote stehenden Mittel gestatten; wo ihn diese verlassen, soll er Entsagung üben und sich der Grenzen bewußt bleiben, die unserer Erkenntnis gesteckt sind."[138]

Eigenart, Leistung und Wirkung von Belochs ›Griechischer Geschichte‹ kann man kaum besser beschreiben, als es der Verfasser selbst in seiner autobiographischen Skizze getan hat: „Das Buch schlug das konventionelle Bild der griechischen Geschichte in Stücke, wie es uns auf der Schule eingeprägt worden war. Aus der Vorgeschichte wurde alles herausgeworfen, was nicht durch das Zeugnis der Denkmäler oder des Epos, oder durch Rückschlüsse zu erweisen war. Die Geschichte der Zeit vor den Perserkriegen wurde zur Einheit zusammengefaßt, was mir freilich erst in der zweiten Auflage ganz gelungen ist. Nicht so viel war im V. Jahrhundert zu tun; wohl aber wurde die Geschichte des IV. Jahrhunderts vollständig neugestaltet; die Schlacht bei Chaironeia wurde, statt des Endes der griechischen Geschichte, deren Höhepunkt. Die Wirtschaftsgeschichte, die noch nie behandelt worden war, erhielt den ihr gebührenden Platz. In der Geschichte des Geisteslebens trat neben der Literatur und Kunst die Wissenschaft in den Vordergrund, denn sie ist doch von allem, was die Griechen geschaffen haben, das höchste. Mit meinem Urteile über Perikles, Sokrates, Platon, Demosthenes habe ich viele in ihren heiligsten Gefühlen verletzt. Dabei war die Darstellung so knapp wie möglich gehalten, in dem ganzen Buch steht kein überflüssiges Wort."[139]

[138] I, 1^2. 1912, 47.

[139] Selbstdarstellung, 16. — Vergleiche dazu auch H. Berve, Gnomon 4, 1928, 469 ff. und A. E. Breccia, Uomini e Libri. 1959, 231 ff.

VI

Das starke *politische Engagement* des Historikers spricht schon aus den vielen allgemeinen Wertungen seines Hauptwerkes und seiner übrigen wissenschaftlichen Schriften. Da wird kein Hehl gemacht über seine Antipathie gegen die Erbmonarchie[140] und die Masse[141], von seinem Eintreten für eine fortschrittliche, freie Position gegenüber Proletariat und Junkertum[142]. Noch aufschlußreicher ist hier jedoch die Selbstdarstellung, die durchwoben wird mit ganz entschiedenen Stellungnahmen. „Von jeher", heißt es da, „schon als Junge, hatte ich ein sehr lebhaftes politisches Interesse gehabt. Meine ersten Erinnerungen gehen auf den Italienischen Krieg von 1859 und den Zug Garibaldis zurück; ich war damals 5–6 Jahre alt. Dann war ich für Schleswig-Holstein begeistert und habe die Eiderdänen gründlich gehaßt. Die Misere des Bundestages erfüllte mich mit tiefer Erbitterung. In dem preußischen Verfassungskonflikt stand ich natürlich mit ganzer Seele auf Seite des Abgeordnetenhauses, wenn ich auch nicht recht begriff, worum es sich eigentlich handelte; aber ich sah, wie Bismarck die Rechte des Volkes mit Füßen trat, und ich habe es ihm bis auf diesen Tag nicht vergessen. Ich habe stets die Freiheit für das höchste Gut gehalten und bin mein ganzes Leben lang Republikaner geblieben; freilich eine Republik wie unter Ebert, in der Sozialisten und Juden das große Wort führten, hatte ich nicht gewollt, aber auch die war noch besser, als der Junkerstaat und die zwei Dutzend Monarchen, die dann in so schmählicher Weise von ihren Thronen und Thrönchen geflohen sind, nachdem sie das Land ins Unglück geführt hatten."[143]

Vom Boden seiner zweiten Heimat aus war es für Beloch einigermaßen schwierig, aktiv in die politischen Entwicklungen des Reiches einzugreifen. Doch davon ließ er sich nicht abhalten. Im Jahre 1893 bewarb sich Beloch bei den sogenannten Capriviwahlen im Wahlkreis Stralsund-Rügen um ein Mandat; als Kandidat der Fort-

[140] II, 1². 1914, 3; IV, 2². 1927, 292.

[141] IV, 2². 1927, VI, 76.

[142] Siehe oben S. 276.

[143] Selbstdarstellung, 16 f.

schrittspartei suchte er sich gegen R. v. Keudell, den Vertreter der Reichspartei, gegen den Sozialdemokraten Rathmann und den Exponenten der Antisemitischen Volkspartei, von Langen, durchzusetzen. Allein der letztere errang einen knappen Sieg.[144] An einen Erfolg konnte Beloch von vornherein kaum denken, im übrigen gab er zum Teil der falschen Politik seiner Partei, die er aus Parteidisziplin dennoch verteidigen mußte, die Schuld an seinem Scheitern. Er tröstete sich mit den hier in der Praxis gesammelten Erfahrungen[145] und gönnte sich zur Erholung eine Nordkapreise.

War dieser Versuch zu einer aktiven politischen Tätigkeit mißglückt, so sollte Beloch bald das Opfer eines wachsenden Nationalismus und schließlich der deutschen Politik werden. Schon im Jahre 1912 begannen unter dem Deckmantel des Nationalismus jene häßlichen Attacken von Pais gegen Beloch, Initiativen, die sich selbst richten.[146] Nachdem Beloch noch im gleichen Jahre einen Ruf nach Leipzig angenommen hatte, kehrte er jedoch mit Rücksicht auf den Gesundheitszustand seiner Frau schon ein Jahr später wieder nach Rom zurück.[147] Dort wurde er vom Ausbruch des Ersten Weltkrieges überrascht. Vor die Alternative gestellt, sich zwischen der ersten und der zweiten Heimat zu entscheiden, zögerte Beloch keinen Augenblick, allen ihm drohenden Gefahren als Deutscher die Stirn zu bieten. Das Angebot des italienischen Bürgerrechts lehnte er in diesem Augenblick konsequent ab.

Beloch hat ausführlich und dankbar beschrieben,[148] daß ihm selbst auch nach dem Kriegseintritt Italiens zunächst eine sehr ehrenvolle Behandlung zuteil wurde. Die Brandrede eines sozialistischen Abgeordneten gegen ihn in der italienischen Kammer verpuffte, erst nach dem „Tag von Karfreit“ bekam er schärfere Maßnahmen zu fühlen und die Not der Internierung zu spüren. Er erhielt in Siena einen Zwangsaufenthalt zugewiesen, verlor seinen Lehrstuhl; sein

[144] A. Momigliano, Karl Julius Beloch, Dizionario Biografico degli Italiani 8, 1966, 7.

[145] Selbstdarstellung, 17.

[146] Momigliano, a. O., 13.

[147] Über die Vorgänge in Leipzig informiert O. Th. Schulz, Johannes Kromayer, Bursians Jahresber., Biograph. Jahrb. 1936, 62 ff.

[148] Selbstdarstellung, 23 ff.

Haus und seine Bibliothek wurden unter Sequester gestellt. Im Frühjahr 1918 starb Belochs Frau. Der Zusammenbruch des Reiches traf so einen auch persönlich gebrochenen Mann.

Aber aus diesen Monaten der Depression riß er sich empor und langsam begann sich seine Lage wieder zu bessern. Im Frühjahr 1919 konnte Beloch nach Florenz übersiedeln, seine Internierung wurde schließlich aufgehoben, der Mittsechziger nahm den Kampf um seine Stelle, sein Gehalt und um die Rückgabe seines Hauses und seiner Bücher auf. Er genoß das neugeschenkte Glück, „wieder arbeiten und am eigenen Tische essen“ [149] zu können.

Über diesem Geschehen der ersten Nachkriegszeit war es ihm wieder versagt worden, mitgestaltend an den Anfängen der Weimarer Republik mitzuwirken. Wie Ulrich Kahrstedt berichtet, sehnte sich Beloch darnach, in die Weimarer Nationalversammlung zu kommen, wollte er „mit einem Programm des Hasses gegen Franzosen, Juden und Sozialisten Minister“ ... werden. „Denn daß ich dann Minister geworden wäre, daran habe ich nie gezweifelt“, sagte er mir noch auf dem Philologentage 1927 — [150] zwei Jahre vor seinem Tode.

Man wird die Frage stellen müssen, ob Belochs Wirken als Politiker oder Minister erfolgreich gewesen wäre, und die Zweifel daran wohl nicht unterdrücken können. Aber sehr erfolgreich wurde auch seine Tätigkeit als Hochschullehrer nach dem Ersten Weltkrieg nicht mehr. Eine neue Generation von Schülern verehrte ihn zwar als einen der berühmtesten Fachvertreter seiner Zeit, doch sie wandte sich nun in erster Linie jüngeren Männern zu, nicht zuletzt den Gelehrten, die Beloch selbst herangezogen hatte. So blieb ihm die wissenschaftliche Arbeit als letzte Bastion des Lebens: „Παιδεία εὐτυχέουσι κόσμος, δυστυχέουσι δε καταφύγιον hat schon Demokrit gesagt.“ [151]

Blicken wir abschließend auf Belochs Gesamtwerk, so errichtete er seine Konstruktionen über den Grenzen verschiedener Disziplinen, der Altertumswissenschaft, Geschichte, Geographie, Bevölkerungslehre und Statistik. Was ihn faszinierte, waren weniger die Bilder

[149] a. O., 26.
[150] GAdW., Geschäftl. Nachr. 1928/29, 81.
[151] Selbstdarstellung, 26.

der Persönlichkeiten, obwohl er gerade hier als Bilderstürmer vorging und an die Stelle der idealisierten und ausgeschmückten Verzeichnungen seine realistischeren Porträts hing. Es waren auch nicht bloße Abstraktionen „ins Blaue hinein", sondern eindeutige Zahlen und Fakten, Tabellen, Statistiken und exakte Karten. Beloch wollte eine geradezu mathematische Klarheit in die Grundlagen der alten Welt bringen; man hat seine Methode mit Recht als naturwissenschaftlich bezeichnet.[152]

Diese Grundlagen der geschichtlichen Vorgänge aber waren für ihn in erster Linie die Bevölkerungszahlen und die genauen Werte des jeweils zur Verfügung stehenden Areals, somit die Bevölkerungsdichte. Sie analysierte er in der umfassendsten Weise, zog aus ihr Rückschlüsse auf militärische und politische Macht, Wirtschaftsentwicklung, Handel und Ernährung und gewann von hier aus sein nüchternes Bild des Geschichtsprozesses der alten Welt. Ja, die Zahlen und die Eigengesetzlichkeit der bevölkerungsgeschichtlichen Forschungen zogen ihn so sehr in ihren Bann, daß er schon von früh an in den Archiven halb Europas nach Unterlagen für eine Bevölkerungsgeschichte auch des Mittelalters und der Neuzeit forschte.

Aber diese Entwicklungslinie umschließt Beloch noch nicht ganz. Man könnte sich denken, daß eine so nüchterne Aufgabenstellung und die Alltagsarbeit mit Ziffern, historisch-geographischen und statistischen Problemen auch allgemein zu nüchternen, sachlichen, um nicht zu sagen trockenen Betrachtungsweisen und Ausdrucksweisen geführt hätte. Wie wir sahen, war das Gegenteil der Fall. Ja, es hat fast den Anschein, als wären Belochs Darstellungen und nicht zuletzt seine Kritik und Polemik gewissermaßen eine Kompensation für die entsagungsvolle Arbeit mit Zahlen und Tabellen. Eben das scheinbar Unvereinbare, hier das eigenwillige, subjektive, selbstsichere, oft herrische Urteil, dort imponierende Zahlenreihen und übersichtliche Karten mit einem Höchstmaß an Genauigkeit, prägte Belochs Persönlichkeit.

Dazu tritt noch ein anderes Moment. Beloch war von Jugend an von höchstem Freiheitssinn[153] und einem ungebändigten Tempera-

[152] H. Berve, Gnomon 4, 1928, 471.

[153] Selbstdarstellung, 1. — Fr. Oertel, Gnomon 5, 1929, 461 ff.

ment durchglüht, er war erfüllt von der Lust zu Widerspruch und Kampf. Diese, nie voll beglückenden Eigenschaften aber brauchte er auch, um sich ohne jede Protektion, und noch dazu in einer fremden Umwelt, durchzusetzen und zu behaupten. Unter dem Mangel an Anerkennung, vor allem in seiner Heimat, hat er bitter gelitten, seine Enttäuschung darüber in Haß verwandelt, der noch den glücklicheren Schülern Mommsens galt.[154] Als Belochs wissenschaftliche Stellung dann aber gefestigt, als er selbst Autorität geworden war, trafen den schon Alternden noch einmal Rückschläge und Not. Und wieder mußte er sich seine Existenz zurückgewinnen, das erneut erkämpfen, was er sich erarbeitet hatte. Daß es darüber zu Gereiztheit, Aggressivität, zu wissenschaftlichem Umsichschlagen kam, steht außer Frage. Beloch selbst führte Mißgriffe darauf zurück, daß er gerade auf seinen Hauptinteressengebieten „nie einen Lehrer" gehabt habe.[155] Es mag sein, daß das disziplinierende Vorbild und der Rat eines Älteren manches von dem Wildwuchs beschnitten hätten, der sein Werk durchzieht, – aber dieses Werk hat lichte Seiten genug, um mit seinen Schatten zu bestehen.

[154] Siehe oben, Anm. 65.
[155] Selbstdarstellung, 27.

11

EDUARD MEYER
(1855–1930)

Am 25. Januar 1855 in Hamburg geboren, wurde Eduard Meyer in seiner Jugend ganz vom Geist des berühmten Gymnasium Johanneum geprägt, jener 1529 gegründeten Gelehrtenschule, welche damals eine ausgesprochene Blütezeit erlebte. An ihr unterrichtete auch Eduard Meyers Vater, dessen historisches Interesse sich in mehreren Veröffentlichungen zur hamburgischen und zur Alten Geschichte niederschlug,[1] an ihr lehrte in den 60er Jahren unter anderen der Thukydideer Fr. W. Ullrich, an ihr wirkte der Schüler Niebuhrs, Johannes Classen, als Direktor. Unter solchen Männern konnte sich der junge Eduard Meyer rasch eine humanistische Bildung erwerben, die in ihrer Gediegenheit wie in ihren Dimensionen das übliche Maß bei weitem übertraf. In der Prima wurden Stellen aus Tacitus ins Griechische übersetzt und bei dem Horazspezialisten Kiessling in lateinischer Sprache über dessen Lieblingsautor diskutiert.[2]

Der Unterricht auf der Oberstufe erreichte so wissenschaftliches Niveau. Ein „Wissenschaftlicher Verein von 1817", dessen Geschichte Eduard Meyer selbst in treuer Anhänglichkeit verfaßt hat, bot den fortgeschrittenen Schülern Gelegenheit zu wissenschaftlichen Probearbeiten beachtlichen Gehalts, zu Kritik und Disputation. Hier hat sich Meyer ein erstes Mal mit der Geschichte des antiken Kleinasiens befaßt. Von solchen wissenschaftlichen primitiae konnte er noch lange zehren, selbst die spätere Habilitationsschrift über die Ge-

[1] Geschichte des hamburgischen Schul- und Unterrichtswesens im Mittelalter. 1843. Das Einbecksche Haus in Hamburg. 1868. — Der Freiheitskrieg der Bataver unter Civilis. Progr. Gymn. Joh. 1856. — Daneben hat E. Meyer 1847 auch einen Faust-Kommentar veröffentlicht.

[2] E. Meyer, Geschichte des wissenschaftlichen Vereins von 1817 an der Gelehrtenschule des Johanneums zu Hamburg. Festschrift zur Feier seines hundertjährigen Bestehens. Halle 1923, 12 ff.

schichte des Königsreiches Pontos geht zum Teil auf die kleinasiatischen Studien in der Prima zurück.[3]

Die Hinwendung zur Alten Geschichte war somit schon früh erfolgt, Konsequenz und innere Geschlossenheit von Eduard Meyers Bildungsgang und Lebensweg sind für ihn ohnehin charakteristisch. Wie Meyer später schrieb, empfand er in sich schon damals „stark den Trieb, auf Grund der Geschichte zu einer umfassenden und einheitlichen Weltanschauung zu gelangen und daher die Geschichte möglichst universell gerade auch nach der Seite des geistigen Lebens

[3] In der Anm. 2 genannten Schrift äußert sich Meyer darüber S. 48 f.: „Von meinen eigenen Arbeiten darf ich vielleicht erwähnen, daß ich, von dem Versuch ausgehend, wirklich geschichtliche (nicht etwa in der Weise des Kiepertschen Atlas antiquus topographisch exakte) Karten zu zeichnen und dadurch auf Strabo und dann immer weiter in die historische Literatur des Altertums und speziell in die zahlreichen Probleme der persischen und der damals noch so gut wie ganz vernachlässigten hellenistischen Zeit geführt, als Probearbeit eine umfassende Darstellung der Geschichte Kleinasiens bis auf die Unterwerfung durch Rom lieferte, für die ich das Quellenmaterial so ziemlich vollständig beherrschte, die aber mit innerem Leben zu erfüllen ich noch nicht fähig war. Dann habe ich Alexander und Tiberius behandelt, jenen ganz unter dem Einfluß von Grote und vor allem von Niebuhr im schroffsten Gegensatz gegen Droysen das Verständnis für die Grundbedingungen des geschichtlichen Lebens und die großen Probleme der Zeit, die Droysen, in seiner universalhistorischen Auffassung wohl zweifellos der bedeutendste und tiefgreifendste unter den neueren Bearbeitern der alten Geschichte, so lebendig erfaßt hat, war mir damals noch nicht aufgegangen, da ich noch ganz von dem enthusiastischen, durch die Lektüre des Demosthenes noch gesteigerten Glauben an die Herrlichkeit der griechischen Freiheitsidee beherrscht war —; den Tiberius im Anschluß an Sievers und Stahr ganz apologetisch, trotz aller Bewunderung für Tacitus, und mit warmer Hingabe an meinen Helden. Die letzte Arbeit behandelte dann das größte der weltgeschichtlichen Probleme, den Untergang des Altertums, und zwar ganz vom kulturellen und speziell vom ethischen Standpunkt aus, mit entschiedener Ablehnung der christlichen Dogmatik aber unbedingter Anerkennung der christlichen Ethik und des durch sie der Menschheit gebrachten Fortschritts, der durch den Niedergang der alten Kultur nicht zu teuer erkauft sei."

hin zu erfassen"[4]. Neben Art und Ziel des Studiums war aber auch schon dessen spezielle Richtung von der Schule her vorgezeichnet. Die Brücke bildeten hier das Hebräische und das Arabische, Sprachen, die Eduard Meyer noch in Hamburg zu erlernen begann.

Nach dem im Frühjahr 1872 abgelegten Abitur konzentrierte der ebenso anspruchsvolle wie zielstrebige Schüler seine Universitätsstudien deshalb ganz auf die Erlernung möglichst vieler Sprachen aus dem Bereiche des Alten Orients, doch dies von vornherein mit dem erklärten Ziel, sie für seine historischen Studien fruchtbar zu machen.[5] Sieht man von der für Eduard Meyer wenig befriedigenden Begegnung mit Arnold Schäfer ab, so finden sich unter seinen Lehrern auf der Universität überwiegend Orientalisten. In dem hierfür unerquicklichen Bonner Betrieb hielt es Meyer nur ein Semester aus, schon zum Winter 1872/73 siedelte er nach Leipzig über, das sich in jenen Jahren zu einem ausgesprochenen Zentrum der deutschen Orientalistik entwickelte. Der Leipziger Lehrer Fleischer und Loth, Kuhn und Ebers hat er stets dankbar gedacht, dem Ägyptologen Ebers später auch einen ebenso verständnisvollen wie warmherzigen persönlichen Nachruf gewidmet.[6]

Mit dem Studium des Arabischen, Persischen, Türkischen, Ägyptischen und Sanskrit, mit dem Interesse für indogermanische und semitische Sprachwissenschaft verband sich früh das an der antiken Religionsgeschichte. Die Aufgabe der Dissertation, einer religionsgeschichtlichen Untersuchung über die altägyptische Gottheit Set-Typhon, mit der Meyer schon im Frühjahr 1875 promoviert wurde, ist diesem Felde entnommen. Meyer selbst bezeichnete es später als Zufall, daß er darnach eine Stelle als Erzieher im Hause des englischen Generalkonsuls in Konstantinopel, Sir Philip Francis[7], annahm, doch die Aufgabe, gerade in jener Familie zu wirken, mochte

[4] Autobiographische Skizze bei H. Marohl, Eduard Meyer. Bibliographie. 1941, 9.

[5] a. O., 10.

[6] Kleine Schriften. I[1]. 1910, 504—524.

[7] In seinem England-Buch [2-5]1915, 28 hat Meyer Sir Philip Francis als einen „hochgebildeten Mann", „Anhänger der radikalen Reformpartei" bezeichnet.

ihn ebenso locken wie die sonst kaum gegebene Möglichkeit, einen ersten unmittelbaren Eindruck des Nahen Ostens zu gewinnen. Allein schon ein Jahr später starb Sir Philip, Meyer stand der Familie zwar noch einige Monate zur Seite, er geleitete sie nach England zurück, gewann dabei auch einen ersten Einblick in das Britische Museum, seine Tätigkeit als Hauslehrer war indessen damit abgeschlossen. Nach der Absolvierung seiner militärischen Dienstzeit in Hamburg kehrte Eduard Meyer 1878 wieder nach Leipzig heim, wo er sich bereits im Frühjahr 1879 für Alte Geschichte habilitieren konnte.

An die folgenden Jahre als Privatdozent in Leipzig hat Meyer im Alter gerne zurückgedacht. Die Kontakte mit gleichaltrigen Kollegen der verschiedensten Disziplinen boten ihm fort und fort neue Anregungen, die Aufgabe, das Gesamtgebiet der Alten Geschichte im akademischen Unterricht zu betreuen, hat er als heilsamen Zwang empfunden, gleichzeitig sich selbst ein Ziel gesteckt, dessen Ausführung ihn sein ganzes Leben lang in Atem halten sollte, denn der Plan „einer Gesamtgeschichte des Altertums“[8] geht schon in diese Leipziger Privatdozentenzeit zurück. 1884 ist ihr erster Band erschienen.

Ein Jahr später nahm Eduard Meyer einen Ruf als Althistoriker nach Breslau an, 1889 ging er nach Halle. Vor allem über dem Fortgang seines Hauptwerkes, aber auch über einer ganzen Reihe von größeren wissenschaftlichen Veröffentlichungen wuchs sein Ansehen rasch an. Die großen Lehrstühle des Faches wurden ihm nun angetragen, 1900 der in München, wo er den Ruf ablehnte, 1902 derjenige in Berlin, wo er annahm und das Ordinariat bis 1923 innehatte.

Die gleiche Zielstrebigkeit und Stetigkeit, Konzentration und Ausdauer, die den Beginn der Studien Eduard Meyers bestimmt hatten, prägten nun auch die Reifezeit der wissenschaftlichen Werke. Da Meyer die vorlesungsfreie Zeit für die Ausarbeitung seiner Untersuchungen und Bücher benötigte, und da er durch seine Familie gebunden war, konnte er nur zwei längere Reisen in den Mittelmeerraum unternehmen, eine dritte stifteten die Schüler dem sieb-

[8] Autobiographische Skizze, a. O., 10.

zigjährigen Emeritus. Eduard Meyer war so kein leidenschaftlicher Reisender – wie Rostovtzeff –, aber doch auch von hanseatischem Geiste geprägt, ein Mann weiten Blicks, aufgeschlossen für Geschichte und Politik in großen Dimensionen. Größere Unterbrechungen des akademischen Alltags brachten ihm daneben Einladungen in die Vereinigten Staaten, wo er im Frühjahr 1904 als Gast in Chicago, im Winter 1909/10 in Harvard las. Die Eindrücke, die er dort gewann, waren sehr stark. Ähnlich wie im Falle Englands sollte sich auch aus dieser Beziehung ein ausgesprochenes Haß-Liebe-Verhältnis entwickeln.

In dieses Gleichmaß einer kontinuierlichen, disziplinierten und erstaunlich fruchtbaren wissenschaftlichen Arbeit brach der Erste Weltkrieg ein. Aus der Zeit vor 1914 liegen von Eduard Meyer kaum gedruckte Äußerungen zu Tagesfragen vor. Der Kriegsausbruch aber hat aus ihm einen der am stärksten engagierten, leidenschaftlichen Streiter im nationalen Sinne gemacht. Der Gelehrte, der die Welt kannte und der weltbekannt war, sah es in dieser Stunde als seine Pflicht an, alle wissenschaftlichen Arbeiten zurückzustellen und seinem Land mit der Feder zu dienen. Neben rasch niedergeschriebenen und weitverbreiteten kleineren Kriegsschriften[9] erschienen bald die einseitigen, der Kriegspsychose verhafteten Monographien über England und Nordamerika, Schriften über den Staat, die Heimstättenfrage und andere Probleme der inneren und äußeren Politik.[10]

Eduard Meyers Versuche, zusammen mit D. Schäfer Einfluß auf die Gestaltung der deutschen Politik zu gewinnen, „die Entschlossenheit und das klare Zielbewußtsein im Volk und in der Regierung zu

[9] Vgl. die Bibliographie von H. Marohl, S. 42 ff.

[10] England. Seine staatliche und politische Entwicklung und der Krieg gegen Deutschland. 1915. (Erschien auch in einer Volksausgabe, welche 1916 das 15. Tausend erreicht hatte, sowie in einer englischen Übersetzung Boston 1916). Vgl. dazu S. 327 f.

Nordamerika und Deutschland. 1915. Der amerikanische Kongreß und der Weltkrieg. 1917.

Die wichtigsten Aufsätze und Vorträge wurden in dem Sammelband ›Weltgeschichte und Weltkrieg‹, 1916, zusammengefaßt.

stärken", scheiterten; mit Bitterkeit und Resignation stellte er noch Jahre nach dem Kriegsende fest: „in die Unfähigkeit der Regierung habe ich einen sehr lebendigen Einblick gewonnen."[11] Der Höhepunkt der hochschulpolitischen Tätigkeit, die Berührung mit den Fragen der Bildungs- und Wissenschaftspolitik an exponierter Stelle, sollte freilich erst noch kommen. Im Herbst 1919 wurde Eduard Meyer zum Rektor der Universität Berlin gewählt.

Darauf bedacht, die Integrität der Hochschule zu wahren und die Möglichkeit zu echter wissenschaftlicher Arbeit zu sichern, entfaltete er eine rege Tätigkeit, unter anderem auch bei der Organisation der „Studentenhilfe Berlin". Vielleicht noch imponierender aber war die Festigkeit und Würde, die er in jenen kritischen Monaten zeigte: „Als die schamlose Auslieferungsforderung kam, habe ich die mir von den englischen und amerikanischen Universitäten gegebenen Doktordiplome (Oxford, Liverpool, St. Andrews, Chikago, Harvard) zerrissen und das öffentlich bekanntgegeben"[12] – schreibt er in seinem Lebenslauf aus dem Jahre 1923. Zahlreiche Berichte aus dem letzten Lebensjahrzehnt dokumentieren dann Eduard Meyers Einsatz in den wissenschaftlichen Kommissionen der Preußischen Akademie und der Notgemeinschaft der deutschen Wissenschaft, das ungebrochene Bestreben des Siebzigjährigen, für das Ansehen und die Zukunft der deutschen Wissenschaft zu sorgen. In politischer Hinsicht legte er sich nun eine strikte Zurückhaltung auf. Bis zuletzt arbeitete er an einer neuen Auflage des Hauptwerkes, das freilich noch immer unvollendet war, als er am 31. August 1930 starb.

Sieht man von den acht stattlichen Bänden und Halbbänden der ›Geschichte des Altertums‹ zunächst ab, so umfaßt Eduard Meyers Bibliographie weit über fünfhundert Titel. Aber dieses auf den ersten Blick kaum überschaubare *Gesamtwerk* ist organisch gewachsen. Räumlich gesehen bilden sich schon früh die drei Brennpunkte Kleinasien, Ägypten und Palästina aus. Von diesen Zentren her hat sich Eduard Meyer in eigener wissenschaftlicher Arbeit die Welt des Alten Orients ebenso erschlossen wie diejenige des klassischen Grie-

[11] Autobiographische Skizze, a. O., 11.
[12] a. O., 11.

chenlands und Roms; auf diesen Pfeilern hat er die weiten Bogen seiner universalhistorischen Konstruktion verankert.

Dem Raume Kleinasiens hatte, wie bereits erwähnt, schon die „Probearbeit", eine ›Umfassende Darstellung der Geschichte Kleinasiens bis auf die Unterwerfung durch Rom‹ im wissenschaftlichen Verein seines Hamburger Gymnasiums gegolten, die Arbeit für das Bonner historische Seminar, eine Geschichte von Troas (1877) wie die Habilitationsschrift, später dann auch die Monographie über Reich und Kultur der Chetiter (1914).

In die ägyptische Kultur war Meyer durch seine Dissertation eingeführt worden. 1887 legte er dann in seiner ›Geschichte des alten Ägyptens‹ die erste wissenschaftlich voll befriedigende moderne Einzeldarstellung der ägyptischen Geschichte vor, 1904 die große Untersuchung über die ägyptische Chronologie, der eine ganze Reihe von weiteren Spezialstudien zur ägyptischen Zeitrechnung und Religionsgeschichte, aber auch das wichtige Buch über den Papyrusfund von Elephantine folgten (1908).

Die Verklammerung der ägyptischen Geschichte mit derjenigen Israels hatte bereits Meyers Lehrer Georg Ebers beschäftigt. Meyer selbst war schon 1877 mit einem ersten wissenschaftlichen Aufsatz über semitische Götter hervorgetreten, in einer späteren Arbeit untersuchte er die Geschichte des Stammes Jakob und die Frage nach der Entstehung der israelitischen Stämme. Während sich Eduard Meyers Horizont ausweitete, bald auch die Geschichte des Zweistromlandes, Sumerer und Assyrer, den Hellenismus in Mesopotamien wie im fernen Osten der Alten Welt umfaßte, riß sein Interesse an der jüdischen Geschichte und Religion nie ab. 1896 erschien seine große Monographie über die Entstehung des Judentums, die eine scharfe Kontroverse mit J. Wellhausen nach sich zog,[13] zehn Jahre später folgten die alttestamentlichen Untersuchungen ›Die Israeliten und ihre Nachbarstämme‹. Wie kaum ein anderer Historiker vor ihm hat Eduard Meyer aber auch die Erscheinung Christi und die des Christentums vor den Hintergrund der jüdischen Traditionen und der jüdischen Geschichte gestellt. So kann man sagen,

[13] Julius Wellhausen und meine Schrift Die Entstehung des Judentums. Eine Erwiderung. Halle 1897.

daß auch das dreibändige Alterswerk über den Ursprung und die Anfänge des Christentums (1921/23) aus dieser Wurzel erwachsen ist.

Aber nicht minder erstaunlich als dieser ungewöhnlich weite Rahmen von Eduard Meyers Forschungen ist die Vielfalt der Perspektiven und Fragen, die ihn beschäftigt haben. Problemen der Bevölkerungsstatistik hat er schon früh ebenso seine Aufmerksamkeit gewidmet wie der Wirtschaftsgeschichte des Altertums. Sein breit angelegter Vortrag über die wirtschaftliche Entwicklung des Altertums (1895) gewann ebenso rasch den Rang einer verbindlichen Synthese wie derjenige über die Sklaverei im Altertum (1898) oder die großen Handbuchartikel über Griechische Finanzen (1897) und Orientalisches und griechisches Münzwesen (1900).

In Dutzenden von größeren und kleineren Spezialuntersuchungen hat Eduard Meyer daneben Probleme aus dem gesamten Bereich der Alten Geschichte erörtert, über den Diskus von Phaistos ebenso gearbeitet wie über die Odyssee, über die lykurgische Verfassung wie über Isokrates, über die Schlacht an der Allia wie über die Gracchen oder Augustus. Lediglich der Bereich der Spätantike wurde kaum berührt. Die von Heinrich Marohl erarbeitete Gesamtbibliographie der Schriften Eduard Meyers verzeichnet dazuhin noch rund eineinhalbhundert Spezialartikel über geographische Begriffe, Gottheiten, Herrscher und führende Persönlichkeiten des ganzen alten Orients und der hellenischen Welt, Artikel, die in allen großen Handbüchern der Zeit erschienen, in der Real-Encyklopädie wie in der Jewish Encyclopedia, in Ersch und Grubers Allgemeiner Enzyklopaedie der Wissenschaften und der Künste wie in Roschers ausführlichem Lexikon der griechischen und römischen Mythologie, in der Encyclopaedia Biblica wie im Handwörterbuch der Staatswissenschaft und in der Encyclopaedia Britannica.

Verhältnismäßig spät tauchen in Eduard Meyers Œuvre Themen der römischen Geschichte auf, immerhin schon 1894 die wichtigen Untersuchungen zur Geschichte der Gracchen, häufiger indessen erst nach der Jahrhundertwende, bis dann auch hier in der großen Monographie über Caesars Monarchie und das Principat des Pompeius (1918) ein aufsehenerregendes, sehr persönliches Buch vorgelegt wurde. Anders als bei Niebuhr hatte so bei Eduard Meyer der

Weg nicht von der Römischen Geschichte zur Universalgeschichte geführt; Ausgangspunkt war hier vielmehr die historische Erschließung und Durchdringung der Kulturen des Alten Orients wie deren Verklammerung mit der herkömmlichen Geschichte des Altertums auf der Grundlage eigener Forschung an den Primärquellen.

Sehen wir nun nach dieser ersten Orientierung über Umfang und Eigenart des Gesamtwerkes näher zu, so wurde Eduard Meyers Aufgabe durch die wissenschaftsgeschichtliche Situation ebenso stimuliert wie erschwert. Wohl war Eduard Meyer Zeitgenosse der Ausbildung neuer Disziplinen, wie der Assyriologie, wohl konnte er an der reichen Ernte von Sprach- und Religionswissenschaft, Archäologie und Ethnologie des 19. und des frühen 20. Jahrhunderts teilnehmen, aber jede neue Ausgrabung, jeder neue Papyrusfund konnte seinen Synthesen gleichsam den Boden unter den Füßen wegziehen. Die von dem jungen Gelehrten gewagte Zusammenschau war Jahr für Jahr den Prüfungen neuer Entdeckungen und Erkenntnisse ausgesetzt, der wissenschaftliche Fortschritt, an dem der Autor selbst führenden Anteil hatte, mußte sich immer wieder gerade gegen diesen Großbau richten. Als der Verfasser die beiden ersten Bände seiner ›Geschichte des Altertums‹ rund ein Vierteljahrhundert nach der Erstpublikation in einer zweiten Auflage neu bearbeitete, da konnte von seinen älteren Abschnitten „kaum ein Satz in die neue Bearbeitung übernommen“ [14] werden.

Es ist für Eduard Meyers Arbeitsweise charakteristisch, daß er seine große Darstellung der Geschichte des Altertums in allen von ihm behandelten Epochen auf eigenen vorbereitenden Einzeluntersuchungen aufgebaut hat, auf Untersuchungen, welche oft genug zu größeren Spezialarbeiten und Einzelschriften auswuchsen und von Meyer selbst immer wieder in Sammelbänden — den ›Forschungen zur Alten Geschichte‹ (1892) und den ›Kleinen Schriften zur Ge-

[14] I, 1², VII. — Eduard Meyer hat die Auswirkungen neuer Quellen auf die Wertungen und auf die Gesamtauffassung seiner Geschichte des Altertums in einer eigenen Abhandlung besprochen: Die Bedeutung der Erschließung des alten Orients für die geschichtliche Methode und für die Anfänge der menschlichen Geschichte überhaupt, Sitz. Ber. Preuss. Akad. d. Wiss., 1908, 648—663.

schichtstheorie und zur wirtschaftlichen und politischen Geschichte des Altertums‹ (1910.–²1924) – zusammengefaßt wurden. Von diesem Arbeitsprinzip ging Meyer auch nicht ab, als er gegen Ende seines Lebens in Zeitnot kam, und als es allmählich immer fraglicher wurde, ob er seine ›Geschichte des Altertums‹ in diesem Rahmen noch würde zum Abschluß führen können. So hat er in den Untersuchungen zur Geschichte der römischen Republik, in den Studien über das Volkstribunat, über die Quellen der Punischen Kriege, über die Entwicklung der römischen Heeresverfassung, über die Gracchen, Pompeius, Caesar und Augustus wohl auch für die römische Geschichte das Feld bereitet und gesät, in die große Gesamtdarstellung seine Ernte aber dann doch nicht mehr einbringen können.

Es ist weiter für Eduard Meyer bezeichnend, daß er sich stärker als die meisten anderen Althistoriker seiner Zeit mit den Fragen der *Theorie und Methodik der Geschichte* auseinandergesetzt hat. In einer eigenen, weit verbreiteten kleinen Schrift von 1902[15] ging Meyer näher auf den Problemkreis ein, der schon im ersten Band seiner ›Geschichte des Altertums‹ gestreift worden war. In ihr besitzen wir den Schlüssel zu Eduard Meyers Verständnis der Geschichte, zu seiner Definition des Faches wie der Aufgaben dieser Wissenschaft. Die Erörterung setzt mit einer bemerkenswert nüchternen Definition ein: „Die Geschichte ist keine systematische Wissenschaft. Ihre Aufgabe ist die Erforschung und darstellende Erzählung von Vorgängen, die einmal der realen Welt angehört haben; und darum kann sie, wie auch der einzelne Historiker seine spezielle Aufgabe sich stellen möge, niemals loskommen von der unendlichen Mannigfaltigkeit des Einzelnen, welche in allem Wirklichen, in allem, was wir eine Tatsache nennen, beschlossen liegt.“[16] Es wird sich herausstellen, daß schon mit diesen ersten beiden Sätzen eine

[15] Zur Theorie und Methodik der Geschichte. Halle 1902 (= Kleine Schriften I¹. 1910, 1–78 und I, 1², 1–78). Die Arbeit erschien auch in russischer (1904) und japanischer (1924) Übersetzung. Mit dieser Arbeit hat sich Max Weber auseinandergesetzt in seinen Kritischen Studien auf dem Gebiet der kulturwissenschaftlichen Logik, Archiv für Sozialwissenschaft und Sozialpolitik 22, 1906, 143 ff.

[16] Kleine Schriften. I¹. 1910, 3.

grundsätzliche Position bezogen ist. Ganz in der Tradition von Th. Mommsen[17] wird die Bedeutung von Regeln und Handgriffen, „das Äußerliche der Technik" der Geschichtswissenschaft, das methodisch eingeübt werden kann, nicht allzu hoch veranschlagt, „die Hauptsache, die innere Erfassung des Stoffs, die Erkenntnis des historischen Problems, die Entdeckung seiner Lösung kann nur aus dem Innern des Forschers heraus geboren werden"[18].

Provoziert von zeitgenössischen Tendenzen, die Geschichtswissenschaft wie die Geisteswissenschaft überhaupt zu einer von der Idee der Gesetzmäßigkeit beherrschten Wissenschaft umzuformen, als ihren Gegenstand die menschlichen Gesellschaften und ihre Veränderungen oder die wirtschaftlichen Klassen zu betrachten, als die eigentlichen historischen Formationen die Nationen zu verstehen, trat Eduard Meyer in die Schranken. Er stemmte sich ebenso gegen Karl Lamprechts Verständnis der Geschichte als sozialpsychologischer Wissenschaft wie gegen Kurt Breysigs kühn konstruierten „Stufen-Bau". Wieder und wieder hämmerte Eduard Meyer statt dessen ein: „Das Objekt der Geschichte ist überall die Erforschung und Darstellung des Einzelvorgangs, dessen, was wir am besten unter dem Namen des Individuellen zusammenfassen können."[19]

Mit sarkastischen Sätzen geißelte er den Trieb zu Schlagworten ohne substantielles Wissen, stellte er das damals modisch werdende Spiel mit leeren Formeln und künstlichen Begriffspyramiden bloß.[20]

[17] Vgl. oben S. 117f.

[18] a. O., 4.

[19] a. O., 36.

[20] a. O., 12: „In solche Formeln wird von der modernen Richtung der unendliche Reichtum der Geschichte hineingezwängt! Die lebendigen Gestalten werden erschlagen, und an ihre Stelle treten blasse Phantome und vage Allgemeinheiten." — „Natürlich finden sie alle großen Zulauf; wird doch dadurch das Erlernen der geschichtlichen Tatsachen unendlich erleichtert, ja fast unnötig gemacht, und zugleich dem, der diese Formeln beherrscht, das Gefühl einer unendlichen Überlegenheit über alle anderen verschafft: von der Höhe der „modernen Weltanschauung" herab kann er mit voller Geringschätzung auf die rückständigen Geister herabsehen, die noch in den alten Bahnen wandeln und vom Tatsächlichen nicht loskommen können." — Es verdient in diesem Zusammenhang hervorgehoben

Meyer drang dagegen darauf, das Einzelne, Individuelle, aber auch den Zufall, den freien Willen und die Macht der Ideen zu berücksichtigen. Vor allem verlor er nie den für ihn einzig denkbaren Rahmen der Geschichte aus den Augen: „Eine selbständige nationale Geschichte gibt es überhaupt nicht; vielmehr bilden alle die Völker, welche politisch und kulturell in dauernde Verbindung getreten sind, für die Geschichte so lange eine unauflösliche Einheit, bis etwa diese Verbindung durch den Verlauf der historischen Entwicklung wieder gelöst wird. Und von dieser einen allgemeinen Geschichte sind die Geschichten der einzelnen Völker, Staaten, Nationen nur Teile, die man wohl zum Objekt einer Sonderdarstellung machen, aber niemals isoliert für sich ohne ununterbrochene Berücksichtigung des universellen Zusammenhangs betrachten kann. Grundlage und Ziel aller Geschichtsforschung und aller historischen Arbeit auch im begrenztesten Detail kann immer nur die Universalgeschichte sein."[21]

Angesichts solch weiter Dimensionen mußte sich die Frage nach dem Inhalt der Geschichte aufdrängen. „Historisch" war für Eduard Meyer, „was wirksam ist oder gewesen ist"[22]. Dabei betonte er die Bedeutung des historischen Interesses wie diejenige der jeweiligen Gegenwart für den Selektionsprozeß des einzelnen Historikers. Als eines seiner Lieblingsworte zitierte Meyer eine Äußerung Roons an Perthes vom 27. Juli 1864, die ihm als Motto für seine eigene Aufgabe gelten mochte: „Das Parallelogramm der Kräfte richtig zu konstruieren, und zwar aus der Diagonale, d. h. aus dem Gewordenen, was man allein deutlich erkennt, Natur und Maß der wirkenden Kräfte und Personen zu abstrahieren, auch wo man diese Kräfte nicht genau kennt: das ist die Arbeit des historischen Genius, der sich im Kombinieren allein, nicht im Kompilieren dokumentiert."[23]

zu werden, daß Eduard Meyer einer der wenigen Fachhistoriker war, die Spenglers Werk anerkannten. Vgl. allgemein seine Schrift ›Spenglers Untergang des Abendlandes‹. Berlin 1925 oder in einer Detailfrage (die Bedeutung der Richtung oder des Weges für die aegyptische Baukunst) GdA. II, 1^2, 315 A. 1.

[21] a. O., 41.

[22] a. O., 43.

[23] a. O., 64. — Vorher, S. 54, hatte Meyer geschrieben: „Die Gegenwart des Historikers ist ein Moment, das aus keiner Geschichtsdarstellung

Abschließend ging Meyer noch auf die besondere Lage der Alten Geschichte ein. Hier sprach er sich ganz entschieden gegen eine Verquickung von Klassischer Philologie und Alter Geschichte unter dem Begriff der „Altertumswissenschaft" aus. Das Berliner Institut war ihm in dieser Hinsicht, ungeachtet aller Vorteile, die es bot, und die Eduard Meyer keineswegs verkannte, ein Dorn im Auge, denn: „Die Geschichte des Altertums ist nie etwas anderes und darf nie etwas anderes sein, als ein Teil der einen, allgemeinen Geschichte, und das dürfen beide Teile, die alte und die moderne Geschichtsforschung, niemals vergessen."[24]

Für den so an den Folgen der Methodik und Theorie Interessierten verstand es sich von selbst, daß er den ersten Halbband der Neubearbeitung[25] seiner ›Geschichte des Altertums‹ (1907) einer weitausgreifenden Einleitung widmete, in welcher vor allem die Elemente der Anthropologie behandelt wurden. Meyer begriff darunter „die Lehre von den allgemeinen Formen menschlichen Lebens und menschlicher Entwicklung (oft auch mißbräuchlich Geschichtsphilosophie genannt)"[26]. In dem Überblick über die staatliche, soziale und geistige Entwicklung des Menschen, über Geschichte und Geschichtswissenschaft war es eine der wichtigsten Prämissen Eduard Meyers, daß „der Mensch nicht als Einzelwesen existieren"[27] könne. Der staatliche Verband entsprach nach ihm als „die primäre Form der menschlichen Gemeinschaft" – „der tierischen Herde"[28]. Meyer zögerte auch nicht, das scheinbare Paradoxon auszusprechen, daß

ausgeschieden werden kann, und zwar ebensowohl seine Individualität wie die Gedankenwelt der Zeit, in der er lebt. Zu allen Zeiten ist es nur unsere Erkenntnis der Geschichte, zu der wir gelangen können, niemals eine absolute und unbedingt gültige ... das Primäre ist überall das erkennende Individuum."

[24] a. O., 65.

[25] Auf das Verhältnis zwischen erster und zweiter Auflage kann hier nicht im einzelnen eingegangen werden. Vgl. dazu die in Anm. 14 genannte Arbeit E. Meyers und die Einleitungen zu den einzelnen Bänden der Neuauflage von H. E. Stier.

[26] GdA. I, 1^2, S. 3.

[27] a. O., 6.

[28] a. O., 11.

der Staat älter sei als der Mensch und die Voraussetzung aller menschlichen Entwicklung überhaupt wäre.[29]

Der zweite Halbband schloß hier an, denn ausgehend von der Einheit des „Kulturkreises der Mittelmeervölker“[30] schilderte Meyer nun im Speziellen die Entwicklung der Anfänge menschlicher Kultur und geschichtlichen Lebens bis ins 16. Jahrhundert v. Chr. herab. Der an die 900 Seiten starke Halbband war dazu in drei Bücher zerlegt, von denen das erste die Geschichte Ägyptens bis zum Ende der Hyksoszeit enthielt, während das zweite „Babylonien und die Semiten bis auf die Kossaeerzeit“ behandelte, das dritte „die Völker des Nordens und Westens“. In dieser Gliederung des Stoffes war die mittlere Formation Ausdruck einer ganz entschiedenen persönlichen Wertung. Die Geschichte des Zweistromlandes wurde hier überwiegend als semitische Geschichte verstanden, unter dieses Vorzeichen nicht nur die Reiche von Sumer und Akkad, sondern auch die späteren Kulturentwicklungen von Mesopotamien und dessen Nachbarregionen gestellt. Es wurde somit unter universalhistorischem Vorzeichen eine Einheit konstruiert, die in solcher Geschlossenheit zum Widerspruch herausfordern mußte und sich angesichts der fortschreitenden Spezialisierung und der reichen Resultate der Orientalistik im 20. Jahrhundert dann auch nicht zu behaupten vermochte.[31]

In der äußeren, zunächst fast handbuchartigen Form seines Werkes hat sich Eduard Meyer an Heeren angelehnt, dessen Darstellung er von allen älteren Büchern zur Geschichte des Altertums am meisten schätzte[32]. Seine ›Geschichte des Altertums‹ verleugnete so nie

[29] a. O., 34. — Über das gleiche Thema handelte Eduard Meyer sowohl vorher als auch später in Vorträgen: Über die Anfänge des Staats und sein Verhältnis zu den Geschlechtsverbänden und zum Volkstum, Sitz. Ber. Preuß. Akad. d. Wiss. 1907, 508—538. — Der Staat, sein Wesen und seine Organisation. Vortrag, gehalten am 9. 2. 1916 in Berlin für die Ortsgruppe des Deutsch-Evangelischen Frauenbundes und die kirchlich-soziale Frauengruppe, Kriegshefte der Süddeutschen Monatshefte, März 1916, 999—1016 = Weltgeschichte und Weltkrieg. 1916, 132—168.

[30] GdA. I, 2². 1909, VII.

[31] W. Otto, Eduard Meyer und sein Werk, ZDMG. 85, 1932, 15.

[32] GdA. I, 1². 1907, 248. III³. 1954, 224.

die sachlichen, pädagogischen Intentionen. Jedes Buch wurde durch einen breiten Abschnitt über die Quellenkunde zu den einzelnen Epochen eröffnet, der sowohl in der Bilanz der Überlieferung als auch in der Beurteilung der Forschung den Standort, die Perspektiven und die Wertungen des Autors deutlich hervortreten ließ.

In keiner neueren Gesamtdarstellung der Geschichte des Altertums sind Quellenkunde und Forschungsstand wieder ähnlich intensiv erörtert worden wie bei E. Meyer. Wurde in den der Ägyptischen Geschichte gewidmeten Partien der Anschluß an A. Erman und G. Maspero nicht weniger deutlich als die Berücksichtigung der reichen Spezialforschungen, insbesondere von K. Sethe, H. Schaefer und G. Steindorff, so schlug andererseits immer wieder der Widerwille gegen „Assyriologische Phantasten unserer Zeit“ [33] durch. Der nüchterne Grundzug von Eduard Meyers Wesen bestimmte fort und fort seine Wertung. Er lehnte so hinsichtlich der Rassenlehre „ins Absurde überspannte Theorien“ [34] ab und blieb auch gegenüber G. Kossinnas Studien äußerst skeptisch [35].

Was den Umfang der Quellenbenutzung anbelangt, so verdient es hervorgehoben zu werden, daß Eduard Meyer gerade bei seiner Schilderung der orientalischen und der frühgriechischen Geschichte in erstaunlich weitem Umfange Denkmäler und Kunstwerke heranzog. Es gehört zu den Überraschungen des Werks, daß die streckenweise spröde Darstellung von eindrucksvollen Gegenüberstellungen beispielsweise ägyptischer und kretischer Kunst [36] oder ägyptischer

[33] GdA. I, 2², 352.

[34] GdA. I, 1², 76. — Der Spruch Epicharms „Bleibe nüchtern und vergiß nie zu mißtrauen (laß Dich durch nichts blenden und betören), das sind die Sehnen der Seele“. — Vgl. GdA. IV, 1⁵. 1954, 619 — war ein Lieblingswort Eduard Meyers.

[35] GdA. I, 2², 789.

[36] GdA. II, 1². 1928, 178 f. „Die ägyptische Kunst ist stets streng gebunden; sie wurzelt in einer mehr als ein Jahrtausend alten Tradition und einer Technik, deren Regeln und Formen sie festhält, auch wenn sie sie mit neuem Inhalt füllt und neue Ideen oder fremde Anregungen behutsam aufnimmt. Die kretische Kunst dagegen ist jugendfrisch und keck; sie wagt sich an die kühnsten Aufgaben, sucht das Unmögliche möglich zu machen, sie hat wohl ein lebendiges Stilgefühl, aber kein

und griechischer Tempel[37] unterbrochen wird, die in ihrer klar durchdachten Interpretation bis heute nichts von ihrem Gehalt verloren haben.

Den weitesten Raum nahmen die quellenkundlichen Erörterungen später indessen nicht in den schon gestreiften Studien zur griechischen und römischen Geschichte ein, sondern in den Abschnitten über Israel, Judentum und Christentum. In seiner Übersicht über die Entwicklung der Kritik am Alten Testament ordnete Eduard Meyer seine Sicht der „freien geschichtlichen Auffassung“ zu, wie sie von

Gefühl für die Grenzen der Kunst. Daß sie durchaus auf die Wiedergabe des Moments gestellt ist, bestimmt auch ihren Charakter; so bedeutend und wirkungsvoll manche ihrer Schöpfungen sind, es fehlt ihr die strenge Zucht, die den großen Werken sowohl der ägyptischen wie denen der griechischen Kunst ihren Ewigkeitswert verleiht. Eben darauf beruht freilich zugleich der hochmoderne Charakter der kretischen Kunst, durch den sie eine einzigartige Stellung in der Kunstgeschichte einnimmt.“

[37] GdA. II, 1^2. 1928, 314 ff.: „Aber innerlich steht der ägyptische Tempel in diametralem Gegensatz zum griechischen. Dieser, aus dem Megaron des Palastes erwachsen und womöglich auf beherrschender Anhöhe gelegen, ist das stattliche Wohnhaus des Gottes, aus dem er die Landschaft überschaut; von weit her zieht er alle Blicke auf sich, er wirkt durch die harmonische Schönheit des durch den Säulenumgang zu einem einheitlichen Körper zusammengeschlossenen Gebäudes; aber eine mystisch-religiöse Stimmung erzeugt er nicht. Beim ägyptischen Tempel dagegen ist alles auf die Erweckung dieser Stimmung angelegt ... die Stätte, in der der Gott wohnt, (ist) von der profanen Welt scharf geschieden; wer durch das schmale Tor eintritt, ist entrückt in die Welt der überirdischen Mächte ... Dominierend bleibt immer, ebenso wie in den Grabbauten, das Streben, im bewußten Gegensatz zu den ephemeren Wohnungen der Sterblichen einschließlich der Königspaläste, für die überirdischen Mächte, zu denen ja auch die Geister der Verstorbenen gehören, ein Haus zu schaffen, das ihrer Allmacht entspricht und ewig besteht wie sie selbst. Daher die Säulenwälder und die wahrhaft gigantischen Dimensionen der Säulen, die Kolossalstatuen der Könige und Götter, die riesigen Monolithe der am Eingang aufgerichteten Obelisken. Das alles ist dem griechischen Empfinden durchaus fremd und wird von ihm abgelehnt. Dagegen ist der ägyptische Tempel aus demselben religiösen Gefühl entstanden, das die großen romanischen und gotischen Dome geschaffen hat.“

De Wette, Vatke, Graf und Wellhausen begründet worden war. Aber er sah hier auch bereits die Gefahr einer „Überspannung der kritischen Analyse“ gegeben.[38]

Mit dezidierten Wertungen stand Meyer dabei nicht zurück. So trat für ihn in Amos „die schöpferische Individualität in die Geschichte des geistigen und religiösen Lebens ein“[39]. Jesaja dagegen wurde ganz anders eingestuft. Seine „Schilderung ist weltgeschichtlich von gewaltigster Wirkung geworden; der Glaube an den ‚Gesalbten Jahwes‘, den Messias, der die weltlichen Reiche stürzen und an ihrer Stelle das Gottesreich und die Weltherrschaft Israels aufrichten wird, beherrscht das gesamte Judentum und ist die Wurzel des Christentums. Dadurch ist Jesaja zu der populärsten Gestalt unter den Propheten geworden. In Wirklichkeit jedoch ragt er an einen Amos und Hosea nicht heran; er übernimmt ihre Gedanken vielfach sogar wörtlich . . ., ohne sie eigentlich weiterzubilden.“[40]

Ein starkes persönliches Engagement kennzeichnet später auch die Charakterisierungen Ezechiels und Deuterojesajas.[41] Doch den

[38] GdA. II, 2². 1931, 189 f.

[39] GdA. II, 2², 356.

[40] GdA. III³, 52.

[41] GdA. IV, 1⁵. 1954, 170 f.: „Ezechiel ist keine erfreuliche Erscheinung in der hebräischen Literatur: engherzig, borniert, ohne Schwung und Kraft, ohne jegliche Phantasie und daher von unerträglicher Pedanterie und Monotonie in den Strafreden wie in den Zukunftsschilderungen und nun gar in seinen Gleichnissen und in der breiten Ausmalung seiner Visionen. Daß er es wagt, sich als Prophet auszustaffieren und dadurch den Vergleich mit einem Jesaja oder Jeremia herauszufordern, läßt die Dürftigkeit seines Geistes um so stärker empfinden. Aber seine geschichtliche Bedeutung kann kaum hoch genug angeschlagen werden. Seine Ideen haben die gesamte weitere Entwicklung beherrscht: er ist der Vater des Judentums und sein typisches Vorbild; bis auf den heutigen Tag trägt es seine Züge. Er leitet hinüber von dem stürmisch erregten, aber tief empfundenen religiösen Leben der alten Zeit zu der Geist und Gemüt und Religion ertötenden Enge starrer Gesetzlichkeit.“ –

a. O., 174 über Deuterojesaja: „Aber er ist vielleicht die genialste Gestalt der hebräischen Literatur: im schärfsten Gegensatz zu dem Formalismus Ezechiels kommt bei ihm so gewaltig wie wohl nirgend sonst in der Weltliteratur die Tiefe der religiösen Empfindung, die Kraft

Höhepunkt markiert in dieser Beziehung Eduard Meyers letztes großes Werk über Ursprung und Anfänge des Christentums. Hier sind nun Quellenkritik und Darstellung durchgehend miteinander verflochten und in der persönlichsten Weise gestaltet. Die systematische und philologisch-kritische Untersuchung der Evangelien im ersten Band legt zugleich das Fundament von E. Meyers Beurteilung der Entwicklung des Christentums frei. Lukas ist für ihn „der denkende Historiker“ [42], bei Marcus wird die Verbindung zu Petrus betont,[43] Matthaeus gibt „das Evangelium des Judenchristentums“ [44], das Johannesevangelium endlich ist „eine freie Schöpfung seines Verfassers, bei der das überlieferte Material nur den Rohstoff bildet, den er ganz umgestaltet“ [45]. Während der zweite Band dann die Geschichte des Judentums schildert und diese bis zu Jesus führt, wird im dritten zunächst die Apostelgeschichte analysiert, die Eduard Meyer in den Bahnen von A. v. Harnack wiederum Lukas zuschreibt. Als dessen „Grundgedanken“ in der Apostelgeschichte sieht Meyer an, darzustellen, „wie das zunächst nur den Juden gebrachte Heil unter göttlicher Weisung zu den Heiden gekommen ist“ [46] Alles Interesse ist deshalb „ausschließlich auf Paulus konzentriert“ [47].

Neben dieser Rechenschaft über Denkmäler, Autoren und Forschungsstand ist Eduard Meyers Bemühen um ein Höchstmaß an chronologischer Genauigkeit und Zuverlässigkeit besonders hervorzuheben. Es gibt nur wenige neuere, universalhistorisch angelegte Werke, in welchen den Problemen der *Chronologie* soviel Raum zugemessen wird wie bei ihm. Auch verwickelten chronologischen Streitfragen ist Eduard Meyer nicht ausgewichen, er hat sie vielmehr zu lösen versucht, gelegentlich bis zur Lieblingsidee ausreifen lassen, wie zum Beispiel in seinem Pochen auf „das älteste sichere Datum der Weltgeschichte“, den 19. Juli 4241 v. Chr., den Tag, an

der Überzeugung und die großartige weltumfassende Anschauung zum Ausdruck, zu der die Jahwereligion sich durchgerungen hat.“

[42] Ursprung und Anfänge des Christentums. I. 1921, 34.

[43] a. O., 152.

[44] a. O., 263.

[45] a. O., 310 f.

[46] III. 1923, 14.

[47] a. O., 16.

welchem in Unterägypten der 365tägige Kalender eingeführt worden ist.[48] Doch wichtiger als jene oft belächelte Marotte ist die Tatsache, daß er in Dutzenden von Herrscherlisten und Zeittafeln[49] das klare chronologische Gerüst entwarf, ohne welches exakte historische Darstellung nun einmal nicht möglich ist, wie viele vorläufige, später verbesserte Zahlen es auch immer enthielt.

Im Rückblick auf den „Gang aller menschlichen Entwicklung"[50] hatte Eduard Meyer drei große Gruppen von Gegensätzen aufgewiesen, die seiner Ansicht nach immer wiederkehrten und damit die Geschichte bestimmten, den Gegensatz zwischen äußeren Einwirkungen und inneren Bedingungen, den Gegensatz zwischen Tradition und Fortschritt und endlich jenen zwischen universellen und individuellen Tendenzen. Der zuletzt genannte stellt zugleich einen Grundakkord seines Gesamtwerkes dar. In knapper Weise hatte Eduard Meyer Entwicklung und Bedeutung der Individualität innerhalb der Geschichte des Altertums in einem 1904 in Chikago gehaltenen Vortrag skizziert.[51] Ihre ersten großen Repräsentanten sah er in den Propheten Israels und auf griechischem Boden in Hesiod[52] und Archilochos. Die volle Entwicklung des Individualismus in jeder Hinsicht und in absolutem Einklang mit der wahren Freiheit des Menschen aber war zuerst und nur in Griechenland erfolgt.

Die Ausbildung der Individualität und der Prozeß einer immer weiter um sich greifenden Individualisierung sind somit eines der beherrschenden Strukturelemente der ›Geschichte des Altertums‹. Deswegen wurden Propheten und Dichter, Politiker wie Solon und Themistokles so stark belichtet, deswegen „die Individualität und die Frage nach ihrem Recht"[53] als das beherrschende Zentrum der Kultur des Perikleischen Zeitalters erachtet. Deswegen gipfelt die griechische Geistesgeschichte nach Eduard Meyer in Sokrates: „Er ist

[48] GdA. I, 2², 102.

[49] a. O., 131, 136, 161, 168, 189, 218 u. a. m.

[50] GdA. I, 1², 171.

[51] The development of Individuality in Ancient History, Kleine Schriften. I¹. 1910, 213—230.

[52] Hesiods Erga und das Gedicht von den fünf Menschengeschlechtern, Kleine Schriften 2, 1924, 15—66. GdA. III³, 374.

[53] GdA. IV, 1⁵. 1954, 763.

der energischste Vertreter des Intellektes, den die Geschichte des menschlichen Denkens kennt; ... In ihm erreicht der Individualismus der neuen Zeit den Gipfel; die intellektuelle Erziehung jedes einzelnen Menschen ist die höchste Aufgabe, die er kennt und die unerläßliche Vorbedingung jeder gedeihlichen Entwicklung." [54]

Auf der Seite der universellen Kräfte und Formen aber sind es vornehmlich die Weltreiche und das Phänomen der Universalmonarchie, die Eduard Meyer fesselten, und die er besonders eindrucksvoll zur Darstellung brachte. Einen sehr starken persönlichen Akzent enthält schon seine Erörterung des Reiches von Akkad, speziell bei Naramsin. Ausgehend von der Tatsache, daß sich dieser Herrscher den Titel „König der vier Weltteile" zulegte, urteilte Meyer: „Die Idee der Universalmonarchie tritt uns hier zum ersten Male in vollem Bewußtsein in der Geschichte entgegen ... Die Universalmonarchie tritt sofort in derjenigen Form auf, die bei ihr später so oft wiederkehrt: Der Erhebung des Herrschers zum Gott ... Es ist scharf zu betonen, daß diese Vorstellung dem älteren babylonischen Königtum völlig fremd und am wenigsten sumerisch ist. Sie ist von den Semiten geschaffen worden, aber nicht als Attribut des auf das eigene Volkstum beschränkten Fürstentums – dadurch unterscheidet sie sich aufs stärkste von der angeborenen Göttlichkeit der Pharaonen –, sondern als Ausdruck der die verschiedensten Völker beherrschenden und ihnen allen das Gesetz auflegenden Universalmonarchie." [55]

Die Idee der Universalität, der Weltherrschaft [56] ist dann geradezu kennzeichnend für das ägyptische Neue Reich: „Das Reich, das Amon von Theben seinem Sohn Thutmosis III. und dessen Nachfolgern verliehen hat, ist das erste, das wirklich auf den Namen eines Weltreichs Anspruch erheben kann. Es hat, trotz mancher Wechselfälle, ein Vierteljahrtausend lang bestanden und die verschiedenartigsten Gebiete und Kulturen zusammengefaßt. Dadurch, daß diese Kulturen wirklich in Wechselwirkung zueinander treten, unterscheidet es sich ebensosehr von den älteren Reichen Ägyptens und

[54] GdA. IV, 2^4. 1956, 168.
[55] GdA. I, 2^2, 478.
[56] GdA. II, 1^2, 72.

Babyloniens, die den gleichen Anspruch erhoben haben, wie durch den Umfang seines Gebiets und durch die straffe und in den Grundzügen noch wohlerkennbare Organisation, die seinen dauernden Bestand ermöglicht hat. Es ist, im Gegensatz zu jenen, die Schöpfung einer modernen Kultur, die über reiche Mittel verfügt und die eben dadurch, daß sie sich in dem Großreich auswirken kann, auf den Höhepunkt ihrer Entwicklung gelangt." [57] Das assyrische Großreich wird dagegen deklassiert, weil es kein Kulturstaat ist. Universeller Charakter kommt andererseits wieder der Religion Zoroasters zu.[58] Hier beginnt freilich ein neuer Wirkungsstrang, auf den später noch einmal zurückzukommen sein wird.[59]

Mit der Errichtung des Persischen Weltreiches wird dann nach Eduard Meyer die erste große Epoche des Alten Orients abgeschlossen.[60] Meyer betonte, daß dessen Geschichte nicht nur aus einer monotonen Abfolge verschiedener Weltreiche bestand, sondern daß im Gegenteil gerade er selbst „Zeiten selbständigen nationalen Lebens" erfassen konnte. Die Polarität zwischen Nation und Weltreich bestimmte nach ihm weithin die Konturen der Entwicklung. Dies galt sowohl für das Persische als auch für das Römische Reich: „... darin stimmen beide überein, daß sie auf den Trümmern eines abgestorbenen nationalen Lebens sich erheben." [61] Mit Emphase wird jedenfalls auch vom Perserreich gesagt: „Das Reich der Achämeniden erhebt zuerst von allen Staaten, welche die Geschichte kennt, den Anspruch auf Universalität." [62]

Das Bindeglied zwischen Weltreich und moderner absoluter Monarchie stellte in Eduard Meyers Sicht freilich erst Alexander d. Gr. dar, dem er auf der Hamburger Philologenversammlung von 1905 einen wichtigen Vortrag widmete.[63] Meyer ging dabei von der Frage nach den Zielen Alexanders d. Gr. aus und skizzierte daran an-

[57] GdA. II, 1^2, 143 f.

[58] GdA. III^3, 111.

[59] Vgl. unten S. 325.

[60] GdA. III^3, 199.

[61] GdA. III^3, 200.

[62] GdA. IV, 1^5, 21.

[63] Alexander der Große und die absolute Monarchie, Kleine Schriften. I^1. 1910, 283—332.

knüpfend in großen Linien Voraussetzung, Funktion und Geschichte der „modernen absoluten Monarchie", die nach ihm erstmals im Reiche Alexanders d. Gr. in Erscheinung trat: „In der Tat ist die Erhebung des absoluten Monarchen zum Gott nichts andres, als die Verleihung der gesetzgebenden Gewalt an den Herrscher in einer Form, die sich mit den bestehenden rechtlichen Anschauungen verträgt. Eben darum kehrt diese Gestaltung überall wieder, wo eine moderne Kultur entsteht und die älteren Staatsformen ihre Aufgaben nicht mehr erfüllen können: wie in den hellenistischen Reichen so in Rom am Abschluß der Revolutionszeit, zuerst die Zukunft anticipierend, bei Cäsar, und dann in der aus dem Principat erwachsenden absoluten Monarchie ... Das Christentum hat daran kaum etwas geändert; wenn der christliche Kaiser nicht mehr direkt Gott sein kann, so ist er doch heilig, göttlich, ewig, und die Form der dem Gott gebührenden fußfälligen Verehrung bleibt bestehen. Als dann die ständische Monarchie des dualistischen Staats des Mittelalters unhaltbar wird, tritt an ihre Stelle die moderne absolute Monarchie von Gottes Gnaden, in der, ganz wie bei Alexander und Cäsar und Diocletian, der Herrscher durch eine weite Kluft von allen übrigen Menschen getrennt ist und unmittelbar unter der Leitung und Inspiration der Gottheit steht: das ist die Einkleidung und die die Untertanen bindende Motivierung dafür, daß sein Wille Gesetz ist."[64]

Ein letzter Glanz dieser modernen absoluten Monarchie aber lag für Eduard Meyer selbst noch auf dem preußischen Königtum seiner eigenen Zeit. Bis zum Jahre 1918 hielt er „eine kräftige, selbständig über den Parteien stehende Monarchie" für notwendig, sah er in ihr eine „segensreiche schöpferische Macht, die alle Kräfte der Nation zu einer lebendigen Einheit zusammenfaßt"[65]. Noch im Herbst 1919 glaubte er, daß „eine starke Monarchie" die Funktion des festen Tragsteins an der Spitze des eben zerborstenen Staatsbaus gehabt hätte. Jetzt aber war ihm klargeworden, daß sich die Monarchie in Deutschland nicht mehr wiederherstellen ließ, daß nach menschlichem Ermessen und in seinem Urteil Kaiser Wilhelm I. „der letzte

[64] a. O., 312 f.

[65] England. 1915, 213.

wahre König“ war, „den die Erde gesehen hat“[66]. So bedingten sich historisches Urteil und politische Überzeugung Eduard Meyers gegenseitig. Indessen wird erst aus dem Rückblick auf das Gesamtwerk deutlich, wie geschlossen und konsequent dessen Linien und Wertungen waren.

Das Koordinatensystem von Eduard Meyers Geschichtsbild wäre indessen unvollständig, ließe man über diesen politischen und geistesgeschichtlichen Kategorien diejenigen der Wirtschaft außer acht. Provoziert von den von Wirtschaftstheoretikern und Nationalökonomen verbreiteten Auffassungen — wie von denen von Rodbertus[67], der die antike Wirtschaft als Oikenwirtschaft, das heißt als autonome Wirtschaft des seine Bedürfnisse selbst befriedigenden Einzelhaushaltes verstehen wollte, oder von denen von Bücher[68], der in seiner Konstruktion eines Stufensystems wirtschaftlicher Entwicklung von der geschlossenen Hauswirtschaft über die Stadtwirtschaft zur Volkswirtschaft die antiken Verhältnisse überwiegend der untersten Entwicklungsstufe zugeordnet hatte — gab Eduard Meyer auf dem Frankfurter Historikertag von 1895 „ein Bild des wirklichen Verlaufs der wirtschaftlichen Entwicklung des Altertums“[69].

Er konstatierte dabei, daß „die Büchersche Auffassung“ gerade im Hinblick auf die Verhältnisse des Alten Orients „absolut versagt“[70]; er wies darauf hin, daß wir im Alten Orient „beim Beginn unserer Kunde eine hochentwickelte Industrie, einen allgemeinen Handelsverkehr und als Träger des Austausches die Edelmetalle“[71] antreffen. Wohl räumte Eduard Meyer ein, daß in jener Welt, welche die homerischen Gedichte widerspiegeln, der Einzelhaushalt im Sinne Büchers dominiert, doch die hervorragende Funktion von Seefahrt und Handel sah er bereits bei Hesiod belegt, eine radikale

[66] Kleine Schriften. II. 1924, 557.

[67] Rodbertus, Zur Geschichte der römischen Tributsteuern seit Augustus, Jb. für Nationalökonomie und Statistik 4, 1865, 339 ff.

[68] K. Bücher, Die Entstehung der Volkswirtschaft. 1893.

[69] Die wirtschaftliche Entwicklung des Altertums, Kleine Schriften. I¹. 1910, 79—168. Die Stelle S. 89.

[70] a. O., 98.

[71] a. O., 90.

Umgestaltung aller ökonomischen und sozialen Verhältnisse dann insbesondere durch den Übergang zur Geldwirtschaft herbeigeführt. Gerade auf die Bedeutung dieses Schrittes hat Meyer stets mit besonderem Nachdruck hingewiesen.[72]

In dem so stark differenzierten Bild wurden dann vornehmlich die Auswirkungen des Handels unterstrichen. Handelsinteressen beherrschten seit Themistokles die Politik Athens; die Erfordernisse des Handels und des Exportes waren nach Meyer die Voraussetzungen für die Entstehung der Großstädte.[73] „Man sieht, wie unhaltbar das Bild ist, welches Bücher von der wirtschaftlichen Entwicklung des Altertums entworfen hat: Das siebente und sechste Jahrhundert in der griechischen Geschichte entspricht in der Entwicklung der Neuzeit dem vierzehnten und fünfzehnten Jahrhundert n. Chr.; das fünfte dem sechzehnten." [74]

Auch bei der knappen Erörterung der wirtschaftlichen Entwicklung in der hellenistischen und römischen Welt war die Tendenz vorherrschend, die „modernen" Züge der Wirtschaftsentwicklung des Altertums zu betonen. Dies gilt für die schon hier gestreifte Frage nach den Ursachen des Untergangs des Römischen Reiches[75] nicht weniger als für die Bewertung der Sklaverei im Altertum, der ein wenig später gehaltener Vortrag[76] diente. Eduard Meyer ging auch dieses Problem im weiteren Rahmen und nicht isoliert an, er ordnete es ein in eine Studie der Arbeitsverhältnisse des Altertums. In seinem knappen Überblick über den Gang der Entwicklung in Israel, Griechenland und Rom scheute Meyer vor den Konsequenzen seiner Parallelisierung der Verhältnisse im Altertum auf der einen Seite und in Mittelalter und Neuzeit auf der anderen nicht zurück: „Die erste Epoche des Altertums, die homerische Zeit und ihre Parallelen, steht mit der ersten Epoche der christlich-germanischen Völker auf derselben Linie und verdient wie diese als M i t t e l a l t e r bezeich-

[72] a. O., 109 — GdA. III[3], 504 ff.

[73] a. O., 115 f.

[74] a. O., 119.

[75] a. O., 145 ff. äußerte er Gedanken, die später von M. Rostovtzeff wiederaufgegriffen wurden.

[76] Die Sklaverei im Altertum, Kleine Schriften. I[1]. 1910, 169—212.

net zu werden; die Blütezeit des Altertums entspricht der Neuzeit, sie ist wie diese nach jeder Richtung eine moderne Zeit, in der die Anschauungen herrschen, die wir als m o d e r n bezeichnen müssen. Dann aber drängt sich eine Konsequenz mit zwingender Gewalt auf: wenn die Hörigkeit der aristokratischen Epoche des Altertums, der homerischen Zeit, den Wirtschaftsverhältnissen des christlichen Mittelalters entspricht, s o s t e h t d i e S k l a v e r e i d e r f o l g e n d e n E p o c h e m i t d e r f r e i e n A r b e i t d e r N e u z e i t a u f g l e i c h e r L i n i e, sie ist aus denselben Momenten erwachsen, wie diese."[77]

Charakteristisch für Meyer ist auch in dieser speziellen Frage eine Betrachtungsweise, welche die politische und die wirtschaftliche Entwicklung gleichzeitig und in ihren Wechselbeziehungen umspannt. Ausgangspunkt für die Entstehung der Sklaverei war für Meyer einmal die juristische Tatsache, „daß es zwischen verschiedenen Stämmen ein ursprüngliches rechtliches Verhältnis nicht gibt noch geben kann"[78]; zum anderen die Frage des Bedarfs an billigen Arbeitskräften, welche ganz in der Hand der Industrie sind: „Das ist die Wurzel, aus der in Griechenland die Sklaverei zu ökonomischer Bedeutung erwachsen ist."[79] Er unterstrich, daß der reine Sklavenbetrieb in der Landwirtschaft die Ausnahme bildete, „der eigentliche Hauptsitz der Sklaverei war nach wie vor die Industrie, die Fabrik"[80].

An bedeutsamen Gesichtspunkten für die Beurteilung der Institution und ihrer Folgen war gerade dieser Vortrag ungewöhnlich reich. Die Rolle der Konkurrenz zwischen Sklavenarbeit und freier Arbeit in Griechenland hat Meyer ebenso herausgearbeitet wie die Zusammenhänge zwischen der Latifundienwirtschaft der römischen Republik und dem Anwachsen der Sklavenzahlen im zweiten Jahrhundert v. Chr. Seine nüchterne Bewertung der Sklavenerhebungen des zweiten und ersten Jahrhunderts v. Chr. hat auch heute noch nichts von ihrer Tragweite verloren: „Sie sind die natürliche Reaktion

[77] a. O., 188.
[78] a. O., 177.
[79] a. O., 197.
[80] a. O., 199.

gewesen nicht gegen das Institut der Sklaverei an sich – denn dies anzutasten ist keinem der Aufständischen in den Sinn gekommen –, sondern dagegen, daß gewaltige Massen ehemals freier Männer unter das Sklavenjoch gezwungen waren, teils Bürger griechischer und orientalischer Staaten, teils kriegsgewohnte Barbaren, denen die Knechtschaft unerträglich war."[81]

Obwohl Eduard Meyers ›Geschichte des Altertums‹ mit dem Ausgang der griechischen Geschichte im engeren Sinne, d. h. im Jahre 350 v. Chr. abbricht, liegen von ihm doch in der Gestalt von Monographien und Einzelstudien so viele Äußerungen auch zu den späteren Epochen des Altertums vor, daß sich sein Gesamtbild der Antike wenigstens in den entscheidenden Linien ermitteln läßt. Schon allein damit zählt er zu den Ausnahmeerscheinungen der Disziplin. Wichtige Wertungen und charakteristische Perspektiven wurden bereits genannt. Da es ausgeschlossen ist, hier alle bedeutsamen persönlichen Urteile Eduard Meyers zum Gesamtbereich der Geschichte des Altertums zusammenzustellen, seien wenigstens einige bemerkenswerte Beispiele seiner ununterbrochenen und selbständigen Auseinandersetzung mit Quellen und Forschung gegeben.

Innerhalb der *ägyptischen Geschichte* galt Eduard Meyers besondere Aufmerksamkeit dem Reiche der Hyksos. Er verstand dieses als ein „ephemeres Großreich" von der Art „der Hunnen und Mongolen, und es ist sehr wohl möglich, daß es unter Chian zeitweilig bis nach Babylonien gereicht hat"[82]. Schon allein aus der Lage der von den Hyksos gegründeten Hauptstadt Auaris jenseits des östlichen Nilarms glaubte Meyer folgern zu können, „daß ihre Macht sich weit nach Asien hineinerstreckt hat." Der sonst keineswegs Hypothesenfreudige kannte keine Bedenken, die Streuweite von Objekten, welche den Namen des Hyksosherrschers Chian trugen, mit dem Radius seines Machtbereichs gleichzusetzen: „So hat sich seine Oberhoheit wahrscheinlich ebensowohl über die Könige von Kardunias wie über Kreta erstreckt; und die Vermutung liegt nahe, daß die Zerstörung der älteren, aus der Kamareszeit stammenden Paläste von Knossos und Phaestos, die ins 17. Jahrhundert fällt, eben

[81] a. O., 206.
[82] GdA. I, 2^2, 296.

durch Chian und die Hyksos herbeigeführt worden ist."[83] In der Gegenwart herrscht in dieser Frage eine starke Zurückhaltung.

Dem Eindringen indogermanischer Stämme in die vorderasiatisch-ägyptische Kulturwelt, der Revolution des Kriegswesens durch die Einführung des Pferdes und der Verlagerung des militärischen und politischen Schwergewichts auf „diejenigen Schichten, die Rosse und Wagen nebst den zugehörigen Knechten halten und benutzen können"[84] und speziell den Wanderungen der „Seevölker" hat Eduard Meyer ebenso sein besonderes Interesse gewidmet wie später O. Spengler[85].

Ungeachtet der Aufgeschlossenheit gegenüber allen Kulturen des Alten Orients, wie zum Beispiel auch gegenüber derjenigen der Hethiter[86], dominierte bei Eduard Meyer durchgehend die Geschichte der *Semiten*. Der „Semitismus" ist derjenige Faktor innerhalb der Geschichte des Altertums, den er stets intensiv erörterte, dessen Bedeutung er immer wieder unterstrich. Den allgemeinen Charakter der Semiten hat Eduard Meyer nüchtern, aber gleichwohl nicht einseitig beschrieben[87] „das kleine Volk der Israeliten . . . und

[83] GdA. II, 1^2, 43.

[84] a. O., 46.

[85] O. Spengler, Frühzeit der Weltgeschichte. Fragmente aus dem Nachlaß. 1966, 303 ff.

[86] Vgl. insbesondere die Monographie Reich und Kultur der Chetiter. 1914.

[87] GdA. I, 2^2, 384 f.: „Als bezeichnendster Zug des semitischen Charakters tritt uns die Nüchternheit ihres Denkens entgegen: scharfe Beobachtung der einzelnen Tatsachen, wie sie wandernden Stämmen in Steppe und Wüste natürlich ist, und ein berechnender, auf das Praktische gerichteter Verstand, der auch die Religion und die Anschauungen von der Gottheit beherrscht, und hier, wo er seine Notwendigkeit zu erkennen glaubt, vor keiner Konsequenz zurückschreckt, sondern sie rücksichtslos und oft genug mit brutaler Grausamkeit durchführt. Dem entspricht es, daß die Semiten sich überall als geschickte Händler erwiesen haben. Dabei fehlt es keineswegs an Ehrgefühl und einer daraus erwachsenen idealen Gesinnung, die sich namentlich in der Aufopferungsfähigkeit des Einzelnen für den Verband äußert, zunächst den geschlechtlichen und politischen, später auch speziell den religiösen, in dem er steht oder dem er sich anschließt. Hier haben die Semiten gewaltige Idealisten hervorgebracht...

die gewaltige weltgeschichtliche Wirkung, die von hier ausgegangen ist"[88] aufs höchste bewundert.

Es gibt kaum eine andere neuere Universalgeschichte des Altertums, welche den Strang des Judentums so genau und durchgehend verfolgte wie diejenige Eduard Meyers. Besonders hoch veranschlagte er die Bedeutung der Einführung des Gesetzbuches in Juda: „Dem Akt vom Jahre 621 stehen an Bedeutung wenig andere Begebenheiten der Weltgeschichte gleich: auf ihm beruht das Judentum und damit auch das Christentum wie der Islam."[89] Innerhalb der Geschichte des Persischen Weltreiches wurden wiederum mit besonderer Einläßlichkeit die Anfänge des Judentums behandelt, aber trotz seiner genauen Kenntnisse und trotz der Anerkennung vieler Werte wahrte Meyer auch hier immer eine gewisse Distanz: „Denn das ist überhaupt das Wesen des Judentums: die höchsten und die abstoßendsten Gedanken, das Großartige und das Gemeine liegen unmittelbar nebeneinander, untrennbar verbunden, das eine immer die Kehrseite des anderen."[90]

Die Frühphase der *griechischen Geschichte* hatte Eduard Meyer erstmals in ihrer Verflechtung mit der ägyptischen behandelt, die systematische Erörterung der älteren griechischen Geschichte setzte dann erst im dritten Band der ›Geschichte des Altertums‹ ein. Meyer faßte dort die Epoche zwischen dem Ende der mykenischen Zeit und dem Ausbruch der Ständekämpfe als „das griechische Mittelalter" auf.[91] Dessen Staat beruhte nach ihm „in erster Linie auf der Umwandlung der alten Wehrgemeinde der Vollfreien unter der Einwirkung der Seßhaftigkeit"[92]. Unter diesen Vorzeichen wurden die Entstehung der Städte wie der Prozeß der griechischen Kolonisation

Aber daneben bricht auch bei ihnen immer wieder die nüchterne Auffassung durch, welche mit den gegebenen Realitäten, eingebildeten wie wirklich vorhandenen, verstandesgemäß operiert und dabei auch das eigene Interesse nicht vergißt; die Intuition wird überwuchert durch kühle Berechnung."

88 a. O., 387.

89 GdA. III³, 158.

90 GdA. IV, 1⁵, 205.

91 GdA. III³, 230 ff.

92 a. O., 269.

eingehend dargelegt. Denn erst mit der Kolonisation beginnt nach Eduard Meyer „die Teilnahme der griechischen Nation an der Entwicklung der Weltgeschichte“[93].

Obwohl Eduard Meyer die griechischen Tyrannen als „die ersten politischen Individualitäten in der griechischen Geschichte“[94] besonders anzogen, so verkannte er doch nicht, daß der griechischen Tyrannis „die Weihe der Legitimität (fehlte), welche zu allen Zeiten allein der Monarchie Bestand verleihen und ihr über die Gebrechen, die ihr anhaften, hinweghelfen kann. Eine Monarchie läßt sich sowenig künstlich schaffen wie ein Adel. Wie das römische Kaiserreich hat auch die griechische Tyrannis den Charakter der Usurpation nie abstreifen können, ein Treueverhältnis der Untertanen vermag sie nicht zu erzeugen.“[95] Sehr positiv wurde demgegenüber Solon gezeichnet, „eine der idealsten Gestalten, welche die Geschichte kennt“[96]. Generell fand Meyer als „das Größte und Unvergängliche, was die Zeit der sieben Weisen geschaffen hat: ihr sittliches Ideal. Eine derartige Verbindung heiterer Lebensfreude mit tiefem sittlichen Ernst, ein derartiges Gleichmaß, das sich von der Rigorosität des Sittenpredigers ebenso fern hält wie von roher Genußsucht, hat kein Volk und keine Zeit wieder geschaffen.“[97]

Durch eine ebenso klare wie konsequente Disposition hatte Meyer dann den Knoten markiert, den das Persische Reich im Osten und Karthago im Westen seit der Mitte des 6. Jh. v. Chr. um das Griechentum zusammengezogen hatten. Die Folgen der sich abzeichnenden Auseinandersetzung aber projizierte er auch in den geistigen Bereich, denn vom Ausgang dieses Kampfes „hängt die Entscheidung ab, ob in der griechischen Welt eine theologisch gefärbte Kultur entstehen soll wie im Orient oder ob sich hier eine neue ganz andersartige Kultur auf dem Grunde freiester geistiger Bewegung erheben wird, wie sie die Welt bisher noch nicht gesehen hat“[98].

[93] a. O., 492.
[94] a. O., 565.
[95] a. O., 564.
[96] a. O., 601.
[97] a. O., 667.
[98] a. O., 768.

Den großen Gegner der Griechen im Osten, die Perser, würdigte Eduard Meyer mit Wärme;[99] die Struktur der Reichsverwaltung, Heerwesen, Steuerordnung, die Vielfalt der Glieder hat er erstaunlich detailliert beschrieben, so daß hier gleichsam ein Pendant zu Mommsens Darstellung der römischen Provinzen im fünften Band seiner ›Römischen Geschichte‹ vorliegt. Da Eduard Meyer so dem Gegner durchaus gerecht geworden war, konnte er die „Wirkung der Perserkriege" mit voller Emphase feiern, in Sätzen allerdings, die auch zum Widerspruch herausfordern mußten: „Um die ganze zukünftige Gestaltung der Weltgeschicke hatte es sich gehandelt: ob im Bereich der Mittelmeervölker die orientalische Kultur und Sitte herrschen solle oder die griechische, darüber war, mochte auch keiner der Kämpfenden sich dessen bewußt sein, auf den Schlachtfeldern von Salamis, Himera und Platää die Entscheidung gefallen. Das ist das Wesen der großen weltgeschichtlichen Momente, daß ihre Tragweite weit hinausgreift über das, was die Gegenwart bewegt, daß, wie ihre Wirkungen den Verlauf von Jahrtausenden bestimmen, so auch ihre Bedeutung erst von der Nachwelt ganz ermessen werden kann. Durch den Sieg war die hellenische Nation die erste der Welt geworden; von den griechischen Waffen und der griechischen Politik hing fortan der Gang der Weltgeschichte ab."[100]

Gemäß dieser Perspektive fiel Themistokles der höchste Rang unter den griechischen Politikern zu: „Gewaltiger als Themistokles hat kein Grieche in den Lauf der Geschichte eingegriffen."[101] Perikles war dagegen nach Eduard Meyer „mehr einem der großen englischen Parlamentarier zu vergleichen"[102]. Seine organisatorischen Fähigkeiten wurden wohl gerühmt, andererseits aber hervorgehoben, daß ihm „ein großer Stab von Gehilfen"[103] zur Seite stand, „die staatsmännische Höhe eines Themistokles"[104] erreichte Perikles nicht. In einer breit angelegten Schilderung der Kultur des Perikleischen

[99] GdA. IV, 1^5, 34.
[100] a. O., 397.
[101] a. O., 493.
[102] a. O., 657.
[103] a. O., 696.
[104] a. O., 699.

Zeitalters[105] rühmte Eduard Meyer hochgestimmt die Leistung Athens: „Überhaupt hat niemals wieder in aller Geschichte ein Staat, der zugleich große politische Aufgaben erfüllen mußte, die Kunst so in den Mittelpunkt des gesamten Volkslebens gestellt und durch die Aufgaben, die er ihr setzte, auch nur annähernd so nach allen Seiten befruchtend gewirkt wie Athen; einzig die Pflege der Wissenschaft, welche der preußische Staat seit 1808 ununterbrochen geübt hat, läßt sich dem vergleichen."[106]

Wie bei Thukydides, so fiel auch bei Eduard Meyer aus der entscheidenden Krisis im Leben des Perikles am Vorabend des Peloponnesischen Krieges „ein helles Licht zurück auf seine ganze Laufbahn, das alle Gebrechen überstrahlt, die früher seiner Politik anhafteten"[107]. Der Peloponnesische Krieg selbst war für ihn „weniger eine Sache des Kampfes als der Geldmittel"[108]. Bezeichnend für die komplexe Betrachtungsweise Meyers ist die Tatsache, daß er in die Schilderung des Krieges ein Kapitel einfügte, in welchem die geistigen Kämpfe jener Zeit die ihnen gebührende Beachtung fanden und wobei in diesem „Kampf um die moderne Bildung" Sokrates zur beherrschenden Gestalt erhoben wurde: „So Großes die griechische Nation auf allen Gebieten menschlichen Schaffens geleistet hat, die einzigartige Stellung, die sie in der Geschichte der Menschheit einnimmt, beruht doch in letzter Linie auf ihm. Sokrates hat die Summe der ganzen bisherigen Entwicklung ihres Denkens gezogen und das Ergebnis so hingestellt, daß es der Menschheit nicht wieder verlorengehen konnte."[109]

Bei seiner Behandlung des Ausgangs der griechischen Geschichte, der Epoche zwischen 404 und 350 v. Chr., hat Meyer dann besonders die Gestalten des Lysander, Isokrates und Dionysios I. in den Vordergrund gerückt. Um 350 v. Chr. aber sah er in Ost wie West jede größere griechische Macht vernichtet: „In derselben Zeit, wo

[105] a. O., 733 ff.

[106] a. O., 745.

[107] GdA. IV, 2^4, 24. — Thukydides wurde ohnehin von Meyer besonders geschätzt: GdA. III^3. 1954, 212. IV, 2^4, 175 ff.

[108] a. O., 28.

[109] a. O., 174 f.

die griechische Kultur ihr Höchstes geleistet hat und reif geworden ist, zur Weltkultur zu werden, hat die Nation politisch alle Bedeutung verloren. Sie ist in Stücke zerschlagen, und die Trümmer liegen da, eine leichte Beute für jeden, der sich bücken will, sie aufzuheben. Das ist der Ausgang der griechischen Geschichte.“ [110]

Das „Zentrum“ der Geschichte des Altertums bildete für Eduard Meyer immer die Geschichte der griechischen Kultur.[111] Mit ihr aber war Alexander d. Gr. verknüpft, eine Persönlichkeit, in welcher sich „das Ergebnis einer Entwicklung von Jahrhunderten zusammengefaßt hatte“[112], jene Gestalt, die Meyer schon auf dem Hamburger Johanneum beeindruckte.[113] Meyers Alexanderbild war zuerst durch Grote bestimmt, später durch Droysen, doch dabei blieb Meyer nicht stehen. Für den Universalhistoriker war die Möglichkeit einer Zusammenfassung des ganzen Kulturkreises der Mittelmeerwelt bis zum Indischen Ocean ebenso faszinierend wie die schon besprochene Aufrichtung der modernen absoluten Monarchie.

Wie im Falle Alexanders, so hat Eduard Meyer auch hinsichtlich des Hellenismus wohl die großen Perspektiven seiner Sicht ausgezogen, die Schilderung im einzelnen dagegen nur zum kleineren Teil ausgeführt. In seiner späten Schrift ›Blüte und Niedergang des Hellenismus in Asien‹ (1925) hat er vor allem die griechische Stadt als Pfeiler des Hellenismus, als „Hauptmittel seiner Verbreitung“[114], zugleich als Trägerin des geistigen Lebens ihrer Zeit[115] gewürdigt. Nach Eduard Meyer ist der Hellenismus ganz „wesentlich daran verblutet, daß er nicht auf ein geschlossenes Gebiet beschränkt blieb“[116]. Kernland des Hellenismus aber war für Meyer das seleukidische Reich[117] und beträchtliche Partien der seleukidischen Geschichte hat er denn auch im zweiten Band seines Werkes über Ursprung und

[110] GdA. V^4, 514.

[111] Der Gang der alten Geschichte: Hellas und Rom, Kleine Schriften. I^1. 1910, 233.

[112] Kleine Schriften. I^1. 1910, 470.

[113] Vgl. Anm. 3.

[114] 15.

[115] 24.

[116] 14.

[117] 46.

Anfänge des Christentums dargestellt. Gerade bei der ineinandergreifenden Behandlung von Seleukidenherrschaft und Reformjudentum[118] wird deutlich, wie der Strom der geschichtlichen Entwicklung auch in diesem neuen Bett Teil des großen unversalhistorischen Systems bleibt.

Glänzende Porträts seleukidischer Herrscher sind hier eingelegt,[119] die Kriege des 2. Jahrhunderts v. Chr. und die Kämpfe gegen das Judentum bis ins Einzelne geschildert. In der Niederlage des Antiochos Sidetes von 129 v. Chr. erblickt Eduard Meyer „die Katastrophe des Hellenismus im kontinentalen Asien und zugleich die des Seleukidenreichs“[120]. Die Vernichtung der hellenistischen Kultur durch die Juden in den Städten Palästinas hat Meyer scharf gebrandmarkt, die Aufrichtung der römischen Herrschaft durch Pompeius stellte für ihn demgegenüber einen „Segen“ dar.[121]

Die Anfänge der *italischen Geschichte* sind bei Eduard Meyer ganz in die Darstellung des griechischen Mittelalters hineingenommen. Ihr Einsatz war für ihn identisch „mit der Entdeckung Italiens durch die Griechen“[122]. Meyer stellte diesen Beginn in konsequenter Auseinandersetzung mit Mommsen, Nissen, aber auch Niebuhr dar. Schon in diesem Eingangsteil findet sich dann aber auch im Rahmen einer allgemeinen Charakterisierung der Italiker impliziert seine

[118] II, 121 ff.

[119] II, 139 f.: „Antiochos Epiphanes war von andrem Schlage als sein indolenter Bruder, ein echter Seleukide, vielseitig begabt und voll Energie und Rührigkeit, eine der bedeutsamsten Gestalten der Dynastie, aber dabei auch, wie sie alle, krankend an dem Erbfehler einer gewissen Leichtfertigkeit und Zerfahrenheit, wie sie die Mischung der Kulturen und Bevölkerungen, die das innere Wesen des Reichs bestimmte, zu erzeugen pflegt; durch die prekäre Lage, in der er sich befand, in schroffem Gegensatz zu seinen Plänen, wurde dieser Hang noch gesteigert. In der Tat mußte dieses Gefühl, auf der einen Seite der mangelnden Legitimität, auf der andern der Ohnmacht gegenüber den Geboten Roms, latent immer im Hintergrund seines Bewußtseins liegen und auf ihn drücken; dadurch werden die bizarren Züge begreiflich, die sein Bild entstellen.“

[120] a. O., 272.

[121] a. O., 281.

[122] GdA. III^3, 453.

Bewertung der Römer.[123] Daneben war sehr früh auch Karthago, „der vorgeschobene Posten der asiatischen Welt“ [124], eingeführt und in seinem Kampf gegen die Griechen gleichsam in den gleichen Rang erhoben worden wie das Persische Reich im Osten.

Gemäß dieser Anlage war die Eröffnung des 1. Punischen Krieges „ein Schritt, der sich niemals wieder zurücknehmen ließ, ein Schritt von gleicher unabsehbarer Tragweite, wie die Besetzung Schlesiens für Preußen oder wie für Nordamerika der Krieg gegen Spanien und die Besetzung Cubas und der Philippinen“ [125]. Die Auseinandersetzung zwischen Rom und Karthago hat Eduard Meyer zeit seines Lebens immer besonders stark angezogen; sie hatte für ihn nicht nur historisches Interesse.[126] Schon im Jahre 1902 wies er darauf hin, daß die „Weltlage zur Zeit des hannibalischen Krieges ... auf das lebhafteste an die unserer Gegenwart (erinnert), und beide Situationen erläutern sich gegenseitig aufs beste“ [127]. Während des ersten Weltkrieges war er diesem Gedanken wiederholt nachgegangen,[128] im Januar 1918 hatte er dann in eindrucksvoller Weise den

[123] a. O., 488: „Auch in Italien ist die Religion typisch für die gesamte Geistesrichtung des Volkes. Der kühle Verstand, die formelle Rechtlichkeit, die Unterordnung unter die überkommene Ordnung, das genaue Abwägen dessen, was dem anderen zusteht und was der eigene Vorteil erheischt, das sind die maßgebenden Charaktereigentümlichkeiten der Italiker. Die Phantasie, die schöpferische Kraft und die warme Empfindung sind dadurch fast erdrückt. So war Italien wohl imstande, auf staatlichem und rechtlichem Gebiete Tüchtiges zu leisten und im politischen Leben die größten Erfolge zu erringen; aber ihm war die Fähigkeit versagt, sich eine eigene Kultur zu schaffen, auf den Gebieten der Kunst, der Dichtung, der Religion, der Wissenschaft selbständig und schöpferisch zu wirken.“

[124] a. O., 643.

[125] Kleine Schriften. I^{1}, 265 f.

[126] In Meyers Sicht war in seiner Gegenwart die große Landmacht des Deutschen Reiches in die historische Funktion der römischen Republik gerückt. Die Aufgabe, den Seekrieg vom Gegner zu erlernen, fiel nun den Deutschen zu.

[127] a. O., 274, Anm. 1.

[128] England. 1915, 200 ff. Weltgeschichte und Weltkrieg. 1916, 77.

zweiten Punischen Krieg als einen „Vorläufer des Weltkriegs im Altertum“[129] geschildert.

Persönlichkeit und Leistung Hannibals würdigte Eduard Meyer rückhaltlos, doch noch mehr imponierte ihm „die volle Größe und Wucht“ des römischen Staatsbaus,[130] dessen Unerschütterlichkeit erst in jenem Kampf auf Leben und Tod ganz zutage trat. Darüber hinaus bildete der Hannibalische Krieg für Eduard Meyer zugleich „den Wendepunkt der Geschichte des Altertums, fortan ist der Niedergang besiegelt. An Stelle des werdenden Staatensystems mit der anspornenden und schöpferischen Rivalität der einzelnen Gemeinwesen tritt das nivellierende Weltreich und die Ersetzung der Volksindividualitäten durch eine homogene, entnationalisierte Menschheit. Auch das herrschende Volk ist unabwendbar diesem Schicksal verfallen.“[131]

Im Jahrhundert der großen inneren Krise Roms haben Eduard Meyer dann vornehmlich die Zeit der Gracchen und die Jahre zwischen 66 und 44 v. Chr. interessiert. Den Gracchen widmete er das Musterbeispiel einer quellenkritischen Studie[132], in der Monographie über ›Caesars Monarchie und das Principat des Pompeius‹ (1918) gab er eine sehr persönliche Darstellung der Schlußphase der römischen Republik. Meyer sah dabei seine Aufgabe darin, den älteren „parteiischen“ Behandlungen eines Drumann und Mommsen eine „unparteiische Darstellung“ entgegenzusetzen.[133] Konsequent wird seine Monographie denn auch mit einer entschiedenen Kritik an Mommsens Pompeiusbild eröffnet.

Schon auf den ersten Seiten des Buches stellte Meyer dann jene Bezüge her, welche seine eigene Wertung implizierten. Er verstand den Kampf zwischen Caesar und Pompeius nicht als „Kampf zweier Prätendenten um das Königtum“, sondern er interpretierte ihn als ein Ringen der Staatsformen. Drei „Gestaltungen“ des Staates lagen

[129] Kleine Schriften. II. 1924, 533 ff.

[130] a. O., 536.

[131] a. O., 537.

[132] Untersuchungen zur Geschichte der Gracchen. 1894. = Kleine Schriften. I¹. 1910, 381—439.

[133] S. XI.

dabei nach Meyer miteinander im Kampf: „die alte Republik in der Form der Senatsherrschaft, ... die absolute Monarchie Caesars, und zwischen ihnen diejenige Gestaltung, die Pompeius erstrebte, die militärische und politische Leitung des Staats durch den amtlosen Vertrauensmann des Senats und der Aristokratie, den alle seine Rivalen an Einfluß weitaus überragenden ersten Bürger, den Princeps."[134]

Die faktisch zweifellos vorhandenen Querverbindungen zwischen Pompeius und Augustus wurden so zur Basis eines neuen Pompeiusbildes erhoben, dem gescheiterten Magnus dank dieser Fluchtlinien ein neuer Rang zuerkannt: „. . . . die Gestaltung, welche Augustus dauernd begründet hat, steht der von Pompeius erstrebten viel näher, als der des Mannes, dessen Namen er trug. Eben darin beruht die eminente weltgeschichtliche Bedeutung des Pompeius, die die Caesars fast noch übertrifft."[135]

Verhalten und Politik des Pompeius wurden demnach bis in einzelne Züge an den sich erst unter Augustus voll ausbildenden Normen des Prinzipats gemessen. Seine Zurückhaltung etwa bei der Regelung der Getreideversorgung wurde als „der charakteristische Grundzug des Principats im Gegensatz zur Monarchie"[136] erläutert. Nach dessen Formen durfte sich der „erste Bürger" nicht aufdrängen, «Le refus du pouvoir»[137] ist in der Tat eine der bezeichnendsten Haltungen der späteren principes geworden. In der Verbindung von prokonsularischem Imperium und Konsulat wie in der Übernahme der cura annonae sah Eduard Meyer besonders enge Verbindungen zwischen Pompeius und Augustus: „Es fehlte nur diejenige Funktion, welche Augustus mit klarem politischem Blick zur eigentlichen Trägerin der Stellung des Principats im Innern erhob, die tribunicische Gewalt, die Zusammenfassung nicht nur der Rechte, sondern vor allem der Würde, der maiestas des römischen Volkes in der Person des ersten Bürgers, die eben darum für diese Aufgabe so geeignet

[134] a. O., 4 f.

[135] a. O. 5.

[136] a. O., 117.

[137] J. Béranger, Le refus du pouvoir, Museum Helveticum 5, 1948, 178 ff.

war, weil sie an sich durchaus schillernd und unbestimmt war und ihre Tragweite sich garnicht in feste Sätze fassen ließ."[138]

In der sehr einläßlichen Schilderung der innenpolitischen Wirren jener Jahre mußte Cicero schon auf Grund der Quellenlage stark in den Vordergrund treten. Eduard Meyer fand ihn, bei aller Anerkennung seiner literarischen Verdienste, „zum Staatsmann so ungeeignet wie nur möglich; es war sein Unglück, daß sein Ehrgeiz, ihn wie so viele gewandte Sachwalter in alter und neuer Zeit, dennoch in diese Bahn gedrängt hatte und daß die Zersetzung der Verhältnisse ihm die Möglichkeit zu einer politisch bedeutsamen Rolle bot"[139]. In seiner eingehenden Interpretation von Ciceros Schrift ›de re publica‹ hielt Meyer dem Autor vor, daß er für die Probleme, die sich aus Roms Weltmachtstellung ergeben hatten, kein Verständnis besaß, und daß er die Bedeutung der Machtfrage für den Staat nicht gewürdigt hätte.[140] Trotz solcher grundsätzlicher Vorbehalte erblickte er die historische Bedeutung jener Schrift darin, daß sie „nicht nur die theoretische Formulierung der Stellung, die Pompeius für sich erstrebt, sondern zugleich auch die Grundzüge der Staatsordnung, die Augustus im Principat zu verwirklichen gesucht und in der Tat durch einen mit unvergleichlichem staatsmännischem Geschick abgewogenen Kompromiß zwischen Theorie und Praxis dauernd begründet hat"[141].

Auch bei der Erörterung von Caesars Monarchie ging Eduard Meyer von einer Kritik der Auffassung der neueren Historiker aus. Seine eigene Beurteilung der politischen Leistung Caesars ist dann außerordentlich differenziert und zwiespältig. Der ganze Gegensatz zu Mommsen wird darin sichtbar, daß Eduard Meyer bei Caesar jeden Zusammenhang mit den Idealen der Gracchen bestreitet: „... eine unverhüllte Plutokratie, die den Mantel demokratischer Phrasen, mit dem sie sich bisher deckte, abgeworfen hat, ist das Ergebnis seiner Staatsgestaltung wie der des Augustus."[142] Der Caesar Eduard

[138] a. O., 177.
[139] a. O., 120.
[140] a. O., 187.
[141] a. O., 189.
[142] a. O., 418.

Meyers „glaubte nicht an Ideale" [143], er wollte die errungene Macht festhalten. Aber wie kritisch Eduard Meyer auch hierin blieb, durch die Wiederaufnahme der Vorstellung der Weltmonarchie Alexanders d. Gr. stand Caesar andererseits im Einklang mit den Tendenzen der gesamten Kulturentwicklung. Römische und imperiale Wertung traten hier auseinander. Das „Gottkönigtum Caesars" [144] erhielt innerhalb dieser weiteren Sicht seine volle historische Legitimation.

Im Unterschied zu Mommsen hatte sich Eduard Meyer früher mit Augustus als mit Caesar befaßt. Sein Vortrag „Kaiser Augustus" [145] wurde in Mommsens Todesjahr gehalten. Er markiert bereits die Ansätze einer Reaktion des primär historischen Verständnisses von Augustus' Werk gegenüber der staatsrechtlichen Systematik Mommsens. Schon hier zeichnen sich die Perspektiven des späteren Pompeius- und Caesarbuches in allerdings noch schwachen Linien ab; immerhin wird Augustus schon hier enger an Sulla und Pompeius herangerückt als an Caesar, dessen Erbe er nur „dem Namen nach" [146] gewesen ist. Von Caesar wie von Alexander trennt Augustus eine tiefe Kluft. Schon seiner Persönlichkeit nach gehört Augustus nicht in die Reihe der großen Welteroberer: „Die Impulsivität des Genius, die Cäsar besaß, das Dämonische, ich möchte sagen Instinktive, das überwältigend hervorbricht und die Menschen mit sich fortreißt, fehlt ihm durchaus ... In all seinem Tun dominiert der Verstand; er folgt immer dem, was er als sein Recht und seine Pflicht erkannt hat, und führt das mit kühler Überlegung aus, soweit es die Umstände gestatten. ... Vorsichtige Zurückhaltung, gepaart mit einem sehr gewählten, sehr korrekten und sehr überlegten Auftreten, das ist der Eindruck, den alle Augustusstatuen hervorrufen." [147]

Von einer Weltmonarchie im Sinne Alexanders und Caesars ist deshalb auch die Staatsschöpfung des Augustus weit entfernt. Augustus hält an den rechtlichen Unterschieden zwischen Bürgern und

[143] a. O., 468.

[144] a. O., 508.

[145] HZ 91, 1903, 385—431 = Kleine Schriften. I¹. 1910, 441—492.

[146] Kleine Schriften. I¹. 1910, 489.

[147] a. O., 462.

Untertanen fest, während die Weltmonarchie alle Nationen nivelliert. Meyer schärfte indessen ein, daß die zukünftige Entwicklung des Imperium Romanum gerade in jene Bahn einmündete, welche Augustus „hatte vermeiden und versperren wollen“ [148]. So besehen mußte die Geschichte der römischen Kaiserzeit bei Eduard Meyer von vornherein unter negativem Vorzeichen stehen. Selbst die Romanisierung des römischen Westens untergrub die „Entwicklung einer lebenskräftigen italischen Nationalität.“ [149] Septimius Severus vollzog dann „die späte Rache Karthagos an seinem Überwinder, er zerschlug mit vollem Bewußtsein den Staatsbau des Principats und ersetzte ihn durch eine brutale Militärmonarchie“ [150].

Die endgültige Wendung zum Niedergang der antiken Kultur wurde somit auch für Eduard Meyer im 3. Jh. n. Chr. vollzogen. Die Ursachen des Untergangs lagen für ihn überwiegend in der inneren Entwicklung des Reichs. Auf wirtschaftlichem Gebiet ergriff der Ruin der Landbevölkerung zuletzt auch die Stadt, das „Hauptförderungsmittel“ [151] der antiken Kultur, auf politischem Gebiet erstickten das Kaisertum und sein nivellierendes Regiment die Vielfalt der Nationalitäten ebenso wie die Energien des einstmals freien Bürgertums.

Seit Tillemont und Gibbon war der alten Geschichte die Aufgabe gestellt, das Christentum in die Geschichte des Altertums, speziell in die Geschichte der römischen Kaiserzeit zu integrieren. In seiner einseitigen Ablehnung von Rankes ›Weltgeschichte‹ [152] hatte Eduard Meyer die Tatsache nicht für erwähnenswert gehalten, daß Ranke gerade darin Vorbildliches geleistet hatte. Da Eduard Meyer selbst keine ausführliche Darstellung der römischen Kaiserzeit unternahm, war eine analoge Verflechtung schon von vornherein ausgeschlossen. Aber ein anderes Moment trat hinzu. Meyer war der Überzeugung, daß den üblichen Darstellungen des Ursprungs und der Anfänge des

[148] a. O., 444.

[149] Weltgeschichte und Weltkrieg. 1916, 104.

[150] a. O., 111.

[151] Kleine Schriften. I[1]. 1910, 157.

[152] III[3]. 1954, 229. — Hierzu G. Freitag, Leopold von Ranke und die Römische Geschichte. Diss. Marburg. 1966, 9 ff.

Christentums „der Kopf“ [153] fehle, wenn sie erst mit den Vorgängen des 1. Jh. n. Chr. einsetzten. Demgegenüber vertrat er die Auffassung, „ein wirkliches Verständnis der großen weltgeschichtlichen Entwicklung“ erfordere, „dem Ursprung und der Weiterbildung der Ideen und Anschauungen nachzugehen, die im Christentum die für die folgenden Jahrtausende maßgebende Gestaltung gewonnen haben“ [154]. Dies führte zu der bereits besprochenen eingehenden Behandlung des Judentums und dazu, daß bei Eduard Meyer innerhalb der Geschichte des Altertums nicht – wie bei Ranke – Römertum und Christentum, sondern Griechentum und Judentum die Brennpunkte der Ellipse bildeten.

Die Entwicklung des Judentums war bei Eduard Meyer zudem ganz entschieden mit dem Einfluß der dualistischen Auffassungen der Religion Zoroasters verbunden worden,[155] daneben hatte er der Fortbildung der jüdischen Gottesanschauung, der Entwicklung der Eschatologie, den Vorstellungen von Messias und Gericht seine besondere Aufmerksamkeit geschenkt.[156] Er hatte gezeigt, wie gerade die Nöte der Religionskämpfe des 2. Jh. v. Chr. zur Umbildung der Vorstellungen vom Weltgericht, der Auferstehung der Frommen und dem Fortleben nach dem Tode führten.[157]

Mit diesen weit zurückreichenden Entwicklungsgliedern war nun Jesus verkettet, er war als Person ganz von Galiläa aus verstanden, innerhalb „national“-jüdischem Rahmen gesehen – im schärfsten Gegensatz zu Ranke [158]. Bei Jesu Lehre betonte Meyer den Vorrang der Gesinnung [159], die beiden „Grundgebote“ der Gottesliebe und der Nächstenliebe [160] – aber als eine der Hauptthesen, welche die für Meyer charakteristische universalhistorische Einordnung der Lehre Jesu und des Christentums fixierten, muß sein Satz gelten, daß beide im Grunde einen ausgeprägt dualistischen Charakter auf-

[153] Ursprung und Anfänge des Christentums. I. 1921, VII.
[154] a. O. VIII.
[155] a. O. II. 1921, 58 ff.
[156] a. O. II, 96 ff.
[157] a. O. II, 174 ff.
[158] Freitag, a. O., 230 f.
[159] Ursprung und Anfänge des Christentums. II. 1921, 428.
[160] a. O. II, 430.

wiesen wie das späte Judentum, aus dem sie erwuchsen. „Erst durch das Christentum gelangt die Weltanschauung des iranischen Propheten zu ihrer größten weltgeschichtlichen Wirkung.“ [161]

Innerhalb solcher Perspektiven war es nur konsequent, wenn Jesus sowohl die Qualität eines Schul- oder Sektenstifters als auch diejenige des Stifters einer neuen Religion abgesprochen wurde. Er ist vielmehr „der Erfüller der Verheißungen und des Gesetzes, der Vollender des Judentums, der göttliche Lehrer, der die Gedanken, die von Anfang an in diesem liegen, rein herausholt und zur Verwirklichung führt, und daher der Messias.“ [162]. Eduard Meyer hat diese Position Jesu schon durch den Aufbau seines letzten Hauptwerkes betont, in dem der eigentliche Ansatz zur Entwicklung des Christentums strikt vom Tode Jesu getrennt wird.

Erst durch das an die Predigt Jesu anknüpfende Wirken seiner Gefolgschaft, speziell des Paulus, kommt es dann, praktisch innerhalb einer Generation, zur Ausbildung des Christentums. Nach Eduard Meyer war dessen Entwicklung schon im Jahre 64 n. Chr., zur Zeit der neronischen Verfolgung, „in allem Wesentlichen abgeschlossen, so viel auch die folgenden Generationen zu der weiteren Ausgestaltung noch hinzugefügt haben“ [163]. Die Wirkung der Persönlichkeit Jesu über den Tod hinaus hat Eduard Meyer mit jener des Sokrates verglichen und die Folgerung nicht gescheut, daß auf „dem Zusammenströmen der Entwicklungsreihen, die an Sokrates und an Jesu anknüpfen .... im letzten Grunde die gesamte weitere Entwicklung des geistigen Lebens der abendländischen Menschheit“ [164] beruhe.

Stets suchte Eduard Meyer die Erscheinungen seiner Gegenwart „in den Zusammenhang der weltgeschichtlichen Entwicklung einzureihen“ [165] wie umgekehrt historische Phaenomene mit Hilfe zeitgenössischer Beobachtungen und Erfahrungen zu erfassen. Wenige Jahre vor dem Ersten Weltkrieg entstand auf diese Weise seine Monographie über die Mormonen, die sowohl in religionsgeschichtlicher

[161] a. O. II, 441.
[162] II, 445.
[163] III, 3.
[164] III, 220.
[165] Weltgeschichte und Weltkrieg. 1916, VII.

als auch in politischer Hinsicht zu neuen Fragestellungen überleiten sollte.[166] Eduard Meyer studierte diese neue Offenbarungsreligion, „unter den geoffenbarten Religionen eine der rohesten, ja vielleicht die intellektuell am tiefsten stehende“ [167] deswegen, weil ihm die Analogie der Antriebe und Erscheinungsformen mit dem Islam ins Auge gesprungen war,[168] weil er hier auf Grund reicher zeitgenössischer Primärquellen das Entstehen einer neuen religiösen Bewegung bis in alle Einzelheiten fassen konnte, aber auch deswegen, weil ihm die Geschichte der Mormonenkirche für die Beurteilung der gesellschaftlichen Entwicklung und der politischen Geschichte Amerikas wichtig erschien.

Nach dem Ausbruch des Ersten Weltkrieges wandte sich Eduard Meyer zunächst überwiegend den Aufgaben der Tagespolitik zu. Auch seine *politischen Schriften* gehören – in all ihrer Einseitigkeit und mit all ihren Schwächen – mit zum Gesamtbild des Historikers. Schon im Januar 1915 hatte Eduard Meyer sein Englandbuch abgeschlossen, eine gedrängte Übersicht über die staatliche und politische Entwicklung Großbritanniens, die rasch mehrere Auflagen erlebte. In einem ersten Hauptteil wollte Eduard Meyer dabei den „Charakter des englischen Staats“ analysieren. In der Beschreibung der englischen Verfassungsentwicklung kam wieder und wieder die Prinzipienlosigkeit der englischen Politiker zur Sprache,[169] bei der Beschreibung des „politischen Nationalcharakters“ der Engländer wurde unterstrichen, daß „das für ihren politischen Freiheitsbegriff entscheidende Moment . . . nicht die Durchsetzung der eigenen Ideale (sei), sondern die Unterordnung unter die Majorität“ [170]. Der englische Freiheitsbegriff allgemein aber trug nach Meyer „einen durchaus negativen, gegen die Ansprüche der Staatsgewalt gerichteten Charakter“ [171]. Hier wie dort wurde der Gegensatz zu deutschen Auffassungen betont.

166 Ursprung und Geschichte der Mormonen. 1912.

167 a. O., 2.

168 a. O., 1.

169 England. Seine staatliche und politische Entwicklung und der Krieg gegen Deutschland. 1915, 9, 13.

170 a. O., 13.

171 a. O., 25.

Der Einfluß der Parteiherrschaft, Rückständigkeit in Kulturpflege und Sozialgesetzgebung, britischer cant, Hochmut und Dünkel, die britische Politik gegen Irland und Schottland – wo immer sich dunkle Punkte im Bilde Englands aufspüren ließen, Meyer wußte sie zu finden und zu verbinden. So verstieg er sich dazu, in dem Krieg zwischen England und Deutschland den „Kampf einer rückständigen, von der geschichtlichen Entwicklung überholten und zum Untergang reifen Gestaltung des nationalen und politischen Lebens (England) gegen eine weit darüber hinaus fortgeschrittene, ethisch wie politisch viel höher stehende“ [172] zu sehen.

Ähnlich einseitig war die Behandlung der englischen Politik und der englischen Weltmacht im zweiten Hauptteil, der bis in das 16. Jahrhundert zurückgriff und die Wendung gegen Deutschland aus der Entwicklung der englischen Politik des 19. Jahrhunderts abzuleiten suchte. Eine Brandmarkung der englischen Kriegführung und des sittlichen Verfalls der britischen Nation leiteten dann über zu einem Ausblick auf die „neue Weltlage und die Probleme der Zukunft“. Eduard Meyer gab sich darin als entschiedener Verfechter eines entschlossen geführten U-Boot-Krieges gegen England zu erkennen,[173] und schloß seine Ausführungen damit ab, daß es gelte, auch in Zukunft drei Dinge „unantastbar“ zu erhalten: „... unsere militärische Organisation, die Organisation unseres Wirtschaftslebens mit dem Schutz unserer Landwirtschaft ... und eine kräftige, selbständig über den Parteien stehende Monarchie.“ [174]

Als Eduard Meyer ein Jahr später eine kleine Sammlung von Vorträgen und Aufsätzen ›Weltgeschichte und Weltkrieg‹ erscheinen ließ, die wiederum zur „Klärung der Anschauungen“ [175] beitragen wollte, da gab er in seiner Einleitung selbst der Kritik Raum, die unterdessen vor allem von Friedrich Wilhelm Förster gegen sein Englandbuch vorgetragen worden war.[176] In der Replik wurde För-

[172] a. O., 33.

[173] a. O., 204 f.

[174] a. O., 213.

[175] Weltgeschichte und Weltkrieg. 1916, VII.

[176] a. O., XIII f.: „In einer Besprechung meines Buches über England sagt der Münchener Ethiker Prof. Fr. W. Förster: ‚Die Zusicherung des

ster als „Träumer" und „Nachtwandler"[177] eingestuft, gerade die ausführliche Polemik Meyers zeigt jedoch, wie stark er von jenen Äußerungen getroffen worden war, die dem Mut seines Kontrahenten das denkbar höchste Zeugnis ausstellen. Das Zukunftsbild, das Meyer in einem der Aufsätze dieses Bandes entwarf, war im Grunde düster genug. Die erstrebte Festigung der Grenzen in Ost und West und der Aufruf, auch in Zukunft „ein nationaler Staat" zu bleiben,[178] verstanden sich nach Lage der Dinge von selbst. Anders steht es hingegen mit der Beurteilung der zukünftigen internationalen Beziehungen. Sie lief praktisch auf eine Isolierung[179] Deutschlands hinaus. Selbst die Freizügigkeit bei der Zulassung von Ausländern zum Studium an den deutschen Hochschulen wollte Meyer aufheben.[180]

Verfassers: ›wir Deutsche werden niemals vergessen, was England uns angetan hat‹, kennzeichnet den noblen Geist des Buches und den Grad seiner historischen Einsicht in die komplizierte Vorgeschichte des Weltkrieges. ›Es wäre eine Versündigung an unserer Nation, wollten wir noch einmal in die Bahnen des Internationalismus treten und ihm von neuem wichtige Interessen opfern.‹ Wo haben wir denn dem Internationalismus wichtige Interessen geopfert? etwa auf den Haager Konferenzen, die der Verfasser einfach als ›Possenspiel‹ bezeichnet? So springen diese Vertreter deutscher Wissenschaft mit den besten Vermächtnissen deutschen Wesens um, so wagen sie es, Bestrebungen lächerlich zu machen, an die viele der besten Männer unserer Zeit ihr Herzblut gegeben haben, um einen Damm gegen das unverantwortliche Treiben all jener Elemente aufzurichten, die sich in ihren großen Antipathien und ihren nationalen Leidenschaften gehen lassen, ohne an die blutige Saat zu denken, die unvermeidlich früher oder später daraus entsprießen muß!' ... Förster erklärt, er habe ,selten ein Buch mit solch innerster Indignation gelesen wie dieses — mit Indignation nämlich über die dem Ruf der deutschen Universitäten durch solche Pamphlete angetane Schmach'." — Zu Förster siehe nun die Untersuchung von H. Burger, Politik und Ethik bei Fr. W. Förster. 1969.

[177] a. O. XIV.

[178] a. O., 23.

[179] a. O., 23 ff.

[180] a. O., 31: „Welches Interesse haben wir daran, noch weiter die Hörsäle unserer Universitäten und Hochschulen von Russen und Russinnen

Wie tief sein Haß gegen England war, das nach ihm „moralisch und geschichtlich ... allein die Verantwortung“[181] für den ersten Weltkrieg trug — über dem Verlauf des Ringens selbst zogen ihn immer stärker die Vereinigten Staaten in ihren Bann. 1915 und 1917 widmete er ihnen kleinere Schriften[182], in den ersten Monaten des Jahres 1919 schrieb er dann in einer Reihe „Angewandte Geographie“ einen Abriß der Geschichte, Kultur, Verfassung und Politik der Vereinigten Staaten, ein Gegenstück in mancherlei Hinsicht zum Englandbuch[183]. Auch hier ist die antidemokratische Tendenz vorherrschend. Meyer geht davon aus, daß es notwendig sei, „die entwickeltste Demokratie der Gegenwart“ gründlich kennenzulernen, um so mehr, als man in Deutschland bisher lediglich die „Gebrechen der amerikanischen Demokratie sofort gründlich übernommen (habe): die schrankenlose Selbstsucht und Begehrlichkeit, den Unterschleif, die Verschleuderung der öffentlichen Gelder, die gedankenlose Unterordnung unter die Majorität, die inhaltlose Phraseologie, die Tyrannei der gerissenen Politiker und Parteigrößen, die charakterlose Handhabung des Strafrechts, die Riesenstreiks mit all ihren Ausschreitungen und den Schießereien auf den Straßen, ja sogar das Lynchgericht. Aber das zu übernehmen, worin wirklich die Leistungsfähigkeit und Größe der Union besteht, die Verwerfung des Parlamentarismus und die Aufrichtung einer kräftigen Staatsgewalt, die in den Händen einer persönlich verantwortlichen, von der Majorität erwählten und daher auf einer selbständigen Grundlage ruhenden Persönlichkeit liegt, haben unsere weisen Gesetzgeber sich pein-

überschwemmen zu lassen, die uns oft lästig genug gefallen sind und das Gastrecht recht wenig geachtet haben, oder gar japanische Studenten mit offenen Armen aufzunehmen, damit sie dadurch die Fähigkeit gewinnen, die Europäer und ihre eigenen Lehrmeister nur um so intensiver zu bekämpfen und aus der Welt des Stillen Ozeans zu verdrängen? Auch auf diesem Gebiet müssen wir fortan den humanitären, universellen Gesichtspunkt zurückdrängen und uns lediglich von den Geboten unseres eigenen Interesses, dem politischen Nutzen, leiten lassen.“

[181] a. O., 179.

[182] Nordamerika und Deutschland. 1915. Der amerikanische Kongreß und der Weltkrieg. 1917.

[183] Die Vereinigten Staaten von Amerika. 1920.

lich gehütet; statt dessen haben sie die Karikatur der Demokratie eingeführt, den Parlamentarismus in krassester Form, die elendste aller Staatsverfassungen, die nirgends irgendwelche Verantwortung kennt und jede kräftige Regierung unmöglich macht, eine Staatsform, die Rousseau mit vollem Recht als das Gegenteil der Demokratie, die Abdankung des Volks zu Gunsten einer befristeten, aber der Verantwortung enthobenen Oligarchie bezeichnet hat."[184]

Während im Eingangsteil des Buches in skizzenhafter Form die Geschichte der Vereinigten Staaten von der Gründung der Kolonien bis in die imperialistische Phase besprochen wurde, stellte ein Abschnitt über den amerikanischen Volkscharakter den Mittelpunkt des zweiten Teiles dar, in dem Wirtschaft, Kultur und Nationalcharakter beschrieben wurden. Puritanismus, Streben nach Glückseligkeit, Unrast und mangelnder Lebensgenuß, Gutmütigkeit und Optimismus, der Terror der öffentlichen Meinung, die Unfertigkeit und Monotonie des Lebens, die Überschätzung der körperlichen Arbeit, Pazifismus und Bluff, die Stellung der Frau in der Gesellschaft – dies sind bevorzugte Themen dieser kritischen Beschreibung. In der Partie über die Universitäten konnte Meyer von den persönlichen Eindrükken in Chicago und Harvard zehren, auf die Verfassung der amerikanischen Hochschulen wurde dabei ebenso eingegangen wie auf den Habitus der Studenten oder auf die Problematik des Frauenstudiums.

Im folgenden Teil über „Verfassung und Politik" informierte Meyer dann über die Verfassungsstruktur des Bundes, die Kompetenz des Präsidenten und der Verwaltung, die Zustände in den Einzelstaaten und Städten. Er stellte dabei besonders die Korruption, die Unzulänglichkeit der Gerichte und Verwaltungsinstanzen bloß und betonte die Tyrannei der Arbeiter, der Presse und der öffentlichen Meinung.[185] Diesmal zeigte Meyer die Gegensätze zwischen amerikanischem und deutschem Freiheitsbegriff auf.[186] In der einseitigen Einstellung der Amerikaner gegenüber Militarismus und Monarchie sowie in der zunehmenden wirtschaftlichen Rivalität sah er wesentliche Triebkräfte der antideutschen Politik während des ersten Weltkrieges. In bitteren Schlußworten über Wilson klang das Buch aus.

[184] a. O. VII.
[185] a. O., 238 f.
[186] a. O., 243.

Insgesamt betrachtet stellt dieses Werk eine eigenartige Mischung zwischen Pamphlet- und wissenschaftlicher Literatur dar. Neben nüchterner, sachlicher Information, die freilich immer wieder durch sarkastische Glossen unterbrochen wird,[187] steht die ganz offenkundige Kritik eines politischen Systems, dessen Schwächen und Gefahren Eduard Meyer nicht zuletzt deshalb so stark belichtet hat, weil er seine Übertragung auf das eigene Volk als verhängnisvoll betrachtete.[188] Seine prinzipielle Einstellung zur parlamentarischen Demokratie ergab sich aus der historischen wie politischen Bewertung der Monarchie. Hier war Eduard Meyer gleichsam festgelegt und nicht in der Lage oder nicht bereit, auch die positiven und wertvollen Kräfte im demokratischen Lager distanziert von den Fronten des Tages zu würdigen.

Eduard Meyers Amerikabuch wurde in dem Augenblick veröffentlicht, als der Gelehrte den Höhepunkt seiner akademischen Laufbahn erreicht hatte. Als er am 15. Oktober 1919 seine Antrittsrede als Rektor der Friedrich-Wilhelm-Universität Berlin hielt, waren Reich und Monarchie dahingesunken. Seine Rede über Preußen und Athen war auch, in enger Analogie zum thukydideischen Epi-

[187] z. B. S. 24.

[188] a. O., 245: „Die politische Freiheit dagegen im Sinne des radikalen Liberalismus ist nicht das Ideal des Deutschen, was auch die Schreier sagen und uns aufzwingen mögen: er will regiert sein, und zwar in allen Schichten des Volks, nicht selbst regieren. Die Regierung aber soll die Interessen der Gesamtheit vertreten, und eben darum unparteiisch und mit gefesteter Autorität über den einzelnen und über den Gruppen stehen. Der Pflichtbegriff steht dem Deutschen höher als der der politischen Rechte, die Hingabe für ein über den einzelnen und sein Wohlergehn, über die „Erstrebung der Glückseligkeit“ hinausgehendes Ziel, für eine Idee ist ihm das Ideal, mag sie in Wirklichkeit auch noch so verschwommen und unhaltbar sein. Gerade die Sozialdemokratie mit ihrer Organisation und den starken Anforderungen an Unterordnung und Hingabe an das in weiter Ferne gedachte Ziel, im Gegensatz zu den über die praktischen Fragen des Moments nicht hinausgehenden Arbeiterorganisationen Englands und Amerikas hat diesen echt deutschen Idealismus in charakteristischer Weise gezeigt — ein Moment, das unsere Regierung und die bürgerlichen Kreise in ganz verhängnisvoller Weise immer verkannt haben.“

taphios, ein Elogium auf das vernichtete zweite deutsche Reich. Jetzt wurde Karthago in umgestülptem Verhältnis beschworen als „eine Parallele und eine beschämende Folie zu dem Schicksal, dem wir erlegen sind.“ [189] Meyer rief nun zu Bescheidenheit und tiefer innerer Demut auf,[190] das Einzige, was der Nation noch geblieben war und was ihr niemand rauben konnte, war „das geistige Leben“, und hier erinnerte Meyer an die besondere Verantwortung der deutschen Universität. Er pochte auf die Bewahrung „der vollen Freiheit des wissenschaftlichen Lebens, der Lehrenden so gut wie der Lernenden“[191], sprach sich gegen „mechanisches Abrichten auf scharf umgrenzten Gebieten“ [192] aus, forderte jedoch energisch den Nachweis „der nötigen Vorbildung“ zum Studium, denn: „Eine Hochschule für alle ist keine Hochschule mehr.“ – „In der Lage, in die wir jetzt hinabgestürzt sind, ist die Rückkehr zu strenger geistiger Zucht und daher zu einer Erziehung, die die heranwachsende Generation mit vollem Ernst anpackt und den Dilettantismus nicht aufkommen läßt, nur um so dringender geboten. Die Wissenschaft ist eine strenge Herrin: sie erschließt sich nur dem, der mit Einsetzung aller Kraft um sie ringt und sich ganz ihr hingibt.“ [193]

Die Kriegsteilnehmer, die damals die Berliner Universität füllten, sind von Meyers nüchternen und doch mitreißenden Worten zutiefst bewegt worden. Es ist darnach verständlich, daß Meyers Schatten über der Entwicklung der deutschen Althistorie zwischen den beiden Weltkriegen lag, obwohl sich Eduard Meyer fortan politisch zurückhielt und die Arbeit an der Neufassung seiner ›Geschichte des Altertums‹ die Kräfte des Alternden weithin absorbierte. Eine Schule im engeren Sinne hat Meyer nicht gebildet, obwohl treue Helfer – allen voran H. E. Stier und H. Marohl – sein wissenschaftliches Erbe pflegten. Universalhistorie, wie sie Eduard Meyer gefordert und geschrieben hatte, wurde zwar auch nach seinem Tode noch oft genug zum Programm erhoben, allein von einem Einzelnen nie mehr in solchen Dimensionen verwirklicht.

[189] Kleine Schriften. II. 1924, 543.
[190] a. O., 556.
[191] a. O., 563.
[192] a. O., 564.
[193] a. O., 565.

12

MICHAEL IWANOWITSCH ROSTOVTZEFF (1870–1952)

Droysen hatte einst den Hellenismus als „die moderne Zeit des Altertums“[1] bezeichnet. Für die moderne Sicht jener modernen Zeit aber hat kein Historiker mehr geleistet als M. I. Rostovtzeff[2], der im zweiten Viertel unseres Jahrhunderts, auf dem Höhepunkt seines Wirkens, eine Ausstrahlung erreichte, die wohl nur mit derjenigen Theodor Mommsens verglichen werden kann. Ähnlich wie Mommsen gab Rostovtzeff durch seine Forschungen wie durch seine Darstellungen Impulse, welche den Spezialisten ebenso beeindruckten wie ein großes Publikum. Ähnlich wie Mommsen erschloß er neue Quellenkategorien, legte er systematische Materialsammlungen vor, war er durchglüht von dezidierten politischen Überzeugungen, die auch seine wissenschaftlichen Wertungen bestimmten. Ähnlich wie Mommsen wagte er die große Synthese. Für den Gewinn und den Preis wissenschaftlichen Fortschritts gibt es wohl kaum ein besseres Exempel als den Vergleich zwischen dem 1885 erschienenen V. Band von Mommsens ›Römischer Geschichte‹, dem faszinierenden Tableau der ›Provinzen von Caesar bis Diocletian‹ und Rostovtzeffs vierzig Jahre später veröffentlichtem Werk über ›Gesellschaft und Wirtschaft im römischen Kaiserreich‹.

Michael Iwanowitsch Rostovtzeff[3] wurde am 10. November 1870 in der Nähe von Kiew als fünftes von neun Kindern eines Latein-

[1] Kleine Schriften zur Alten Geschichte. I. 1893, 313.

[2] Rostovtzeffs Lebensgang schlug sich in der vielfach wechselnden Schreibweise seines Namens nieder. Vgl. hierzu die Zusammenstellung von C. Bradford Welles, Bibliography — M. Rostovtzeff, Historia 5, 1956, 358 Anm. 1.

[3] Da bisher weder eine ausführliche Biographie über Rostovtzeff vorliegt noch dessen Briefwechsel, folge ich in den Angaben zur Vita den Würdigungen und Nachrufen von C. Bradford Welles, A. Momigliano und G. Vernadsky. Vgl. S. 373.

professors geboren, der später leitende Posten in der Unterrichtsverwaltung des zaristischen Rußlands bekleidete. Von Jugend an wuchs Rostovtzeff in den Kreisen des liberalen russischen Großbürgertums auf und in einer geistigen Welt, die auf das klassische Altertum ausgerichtet war. Er zählte zu einer Schicht, die sich ihrer europäischen Tradition ebenso bewußt war wie der Mission, die sie innerhalb des Zarenreiches zu erfüllen hatte. Rostovtzeff hat seine russische Heimat nie verleugnet und als Patriot im Sinne dieser Tradition auch gehandelt, aber wenn er wissenschaftlich arbeiten und Anerkennung finden wollte, so war er auf die Kontakte mit der europäischen Forschung und auf den Gebrauch ihrer Sprachen angewiesen, von denen er zuletzt fünf fließend beherrschte. Das „Rossica non leguntur" klang aus seinem Munde immer doppelt bitter, aber ohne den bewußt vollzogenen Anschluß an die europäische Altertumswissenschaft wäre Rostovtzeff wohl nie zu jener breiten Wirkung und anhaltenden Resonanz gelangt, die ihn in die erste Reihe der Archäologen und Althistoriker seiner Zeit trug.

Für die Ausbildung seiner Forscher- und Gelehrtenpersönlichkeit sollte so die heimatliche Bildungstradition nicht weniger wichtig werden als die Forschungslage der europäischen Altertumswissenschaft, die Suche nach neuen, persönlichen Methoden nicht weniger als das Erleben politischer Krisen. Zunächst wurde Rostovtzeff freilich durch den normalen humanistischen Bildungsgang der Gymnasien in der Ukraine geprägt. Wenn er auf dem Kiewer Gymnasium bereits eine kleine Arbeit über die römische Provinzialverwaltung zur Zeit Ciceros anfertigte, so dürfte diese den konventionellen Rahmen wohl kaum überschritten haben und höchstens als vaticinium ex eventu von Belang sein. Wichtiger wurden die Jahre an der Universität von St. Petersburg. Dort hatte er das Glück, glänzende Lehrer und eine Reihe hochbegabter Studienkameraden zu finden, die den schärfsten Anforderungen entsprachen.[4]

[4] Rostovtzeff hat sich immer zu diesem Kreis von Lehrern und Kollegen bekannt. Vgl. etwa die Widmung seines ersten großen, in der Emigration geschriebenen Werkes ›Iranians and Greeks in South Russia‹. 1922 und die verschiedenen Nachrufe und Gedenkartikel, die Welles in seiner Bibliographie unter den Nrn. 394—405 zusammengestellt hat.

Der klassische Philologe Thaddeus Zielinski ist auch außerhalb Rußlands bekannt geworden,[5] bei ihm erwarb sich Rostovtzeff gediegene Kenntnisse in der lateinischen Literatur. Doch noch stärker und im Grunde wegweisend für Rostovtzeffs gesamte Tätigkeit in Rußland sollte der Einfluß des Archäologen N. P. Kondakov werden, der den jungen Studenten in die Probleme der griechischen und skythischen Denkmäler auf russischem Boden einleitete, der ihn lehrte, archäologisches Material auch unter anderen als ästhetischen Fragestellungen zu sehen, der ihn schließlich an jene Fundprovinz und an jenen Problemkreis heranbrachte, welche Rostovtzeff dann bis in die zwanziger Jahre unseres Jahrhunderts fesselten, an die Überlagerung skythisch-nomadischer und griechisch-hellenistischer Kunst- und Kultureinflüsse im Randsaum des orbis antiquus, auf russischem Boden.

Aber ehe diese Saat reifen konnte, wurde Rostovtzeff von den Resultaten der Ausgrabungen in Pompeji fasziniert, die er 1892 in einer Examensarbeit behandelte und die er im Sommer desselben Jahres auch an Ort und Stelle studieren konnte. Pompeji war so die erste der klassischen Ausgrabungsstätten des Mittelmeerraums, die Rostovtzeff später wohl nahezu alle kennenlernen sollte, denn unter den Archäologen und Althistorikern des 20. Jahrhunderts ist er wohl einer der eifrigsten Reisenden gewesen, dem die Autopsie über alles ging. Schon 1895 bis 1898 unternahm er dank eines großzügigen Stipendiums seine erste, systematisch angelegte Erkundungsfahrt. Dabei bereiste er in den Sommerhalbjahren die Türkei, Griechenland, Spanien, Nordafrika und Italien, während er den Winter jeweils in den großen Instituten und Sammlungen verbrachte. Den Winter 1895 verweilte er in Wien, wo er bei Bormann und Benndorf studierte, den des Jahres 1896 in Paris, wo er am Cabinet des Médailles arbeitete, den des Jahres 1897 in London, wo er wiederum an einem führenden Münzkabinett, dem des Britischen Museums, seine Materialkenntnisse erweiterte.

[5] Th. Zielinski wurde vor allem durch seine Monographie ›Cicero im Wandel der Jahrhunderte‹ [3]1912 (Nachdr. 1967) in breiteren Kreisen bekannt.

Vor dieser großen Reise, von deren Anregungen und wissenschaftlichem Ertrag Rostovtzeff noch lange zehrte, hatte er schon drei Jahre am Gymnasium von Zarskoje Selo unterrichtet und diese Zeit zu einer sehr mutigen, wissenschaftlich freilich etwas bedenklichen Edition von Caesars Bellum Gallicum benutzt. Jetzt, nach der Rückkehr nach Rußland im Herbst 1898, nahm er eine noch ausgedehntere Lehrtätigkeit auf. Während er an der Universität von St. Petersburg über lateinische Literatur las, unterrichtete er gleichzeitig an einer Höheren Mädchenschule Römische Geschichte. Rostovtzeff hat diese pädagogischen Erfahrungen nie bereut und auch den Unterrichtsbedürfnissen seinen Tribut gezollt.[6] Er erwarb sich hier jene unschätzbare Fähigkeit zur klaren, konzentrierten, aber wissenschaftlich begründeten Darstellung historischer Entwicklungen, die später seinen Grundrissen der Geschichte der Alten Welt ihren Rang sicherten. Rostovtzeff zwang sich seither auch zur genauen Erklärung und intensiven Erläuterung aller Denkmäler und Abbildungen, womit er in der Darbietung und Kommentierung der Bildtafeln und Skizzen altertumswissenschaftlicher Werke einen ganz neuen Stil begründete.

Inzwischen reiften aber auch die Früchte von Rostovtzeffs Studienreise heran, und hier waren seine Ansätze nun freilich zum Teil mit bedingt durch die Konstellation der europäischen, speziell der deutschen Altertumsforschung in der Ära nach Mommsen. Noch unter Mommsens Anleitung hatten die Untersuchungen seines Schülers Otto Hirschfeld zur römischen Reichsverwaltung der Kaiserzeit eingesetzt[7], durch Max Weber waren die Agrargeschichte und darüber hinaus die Bereiche der Sozial- und Wirtschaftsgeschichte in ein neues Licht gerückt worden[8], Robert Pöhlmann hatte sich der sozia-

[6] So verfaßte er erklärende Texte zu Tafeln der antiken Stadt Rom. Vgl. Bibliography Nr. 217, 218.

[7] O. Hirschfeld, Die kaiserlichen Verwaltungsbeamten bis auf Diocletian. ²1905.

[8] Max Webers einschlägige Schriften: Die Römische Agrargeschichte in ihrer Bedeutung für das Staats- und Privatrecht. 1891. — Agrarverhältnisse des Altertums, in: Handwörterbuch der Staatswissenschaften. ³1909. = Gesammelte Aufsätze zur Sozial- und Wirtschaftsgeschichte. 1924, 1—288. — Wirtschaft und Gesellschaft (Grundriß der Sozialökonomik.

len Frage im Altertum zugewandt[9], Eduard Meyer die ersten Bände seiner ›Geschichte des Altertums‹ vorgelegt[10], in der mit frischer Energie die Wechselbeziehungen zwischen dem Alten Orient und der griechischen Kultur zur Darstellung gebracht wurden, Ulrich Wilcken nahm soeben die Erforschung des hellenistischen Ägyptens anhand detaillierter Quellenstudien in Angriff[11]. An diesem Geflecht der Forschung wob auch Rostovtzeff zunächst weiter, auch er machte sich daran, die Geschichte der einzelnen Institutionen der hellenistisch-römischen Zeit zu klären, und im Zuge der im 19. Jahrhundert

III.). 1922. — Wirtschaftsgeschichte. Abriß der universalen Sozial- und Wirtschaftsgeschichte. Aus den nachgelassenen Vorlesungen hrsg. v. S. Hellmann und M. Palyi. 1924. — Die sozialen Gründe des Untergangs der antiken Kultur, Die Wahrheit 6, 1896, 57—77 = Gesammelte Aufsätze zur Sozial- und Wirtschaftsgeschichte. 1924, 289—311. — Im Hinblick auf den zuletzt genannten Vortrag Max Webers ist ein Vergleich mit Rostovtzeff durchgeführt worden: G. Wollheim, Aufstieg und Niedergang des Kapitalismus im Römerreich nach Max Weber und Michael Rostovtzeff, Jahrb. f. Sozialökon. u. Statistik 138, 1933, 390—412. — Im Zusammenhang mit dem Max-Weber-Jubiläum im Jahre 1964 wurde auch sein Beitrag zur Geschichte des Altertums wieder in Erinnerung gerufen. Vgl. A. Heuß, Max Webers Bedeutung für die Geschichte des griechisch-römischen Altertums, HZ 201, 1965, 529—556. W. J. Mommsen, Universalgeschichtliches und politisches Denken bei Max Weber, a. O., 557—612. G. Abramowski, Das Geschichtsbild Max Webers. 1966 (Kieler Historische Studien 1). Es läßt sich jedoch nicht verkennen, daß die Integration der Forschungen Max Webers in die moderne Altertumswissenschaft ebenso aussteht wie der systematische Vergleich zwischen seiner Sicht und der Rostovtzeffs.

[9] Zum Werk R. v. Pöhlmanns: H. Berve, Robert von Pöhlmann und Walter Otto, in: Geist und Gestalt. I. 1959, 186—195. U. Wilcken, Jahrb. Bayer. Akad. 1915, 146 ff. J. Vogt, Geschichte und Gegenwartsverständnis, in: Geschichte und Gegenwartsbewußtsein (Festschrift für Hans Rothfels zum 70. Geburtstag). 1961, 62 ff. sowie oben S. 201 ff.

[10] E. Meyer, Geschichte des Altertums. I¹. 1884. — Nach Bradford Welles, Bibliography Nr. 406 hat Rostovtzeff einen Nachruf auf Eduard Meyer veröffentlicht. — Vgl. im übrigen oben S. 299 ff.

[11] Zur Beziehung zwischen Wilcken und Rostovtzeff siehe A. Momigliano, Studies in Historiography 1966, 95.

eingeleiteten Bestrebungen zur Sammlung und kritischen Edition der wichtigsten Quellenkategorien hat auch er seinen Beitrag geleistet.

Durch eine von dem Mommsenschüler Bormann übertragene epigraphische Arbeit war Rostovtzeff mit der Institution der *Staatspacht* in Berührung gekommen. Es ist für ihn bezeichnend, daß er das Problem, dem für die Steuer-, Verwaltungs- und Wirtschaftsorganisation der römischen Kaiserzeit eine Schlüsselposition zukommt, systematisch anging und daß er die römische Entwicklung nicht isoliert betrachtete, sondern sie mit den griechischen und hellenistischen Erscheinungen, speziell jenen des ptolemäischen Ägyptens, in Verbindung brachte.[12] Demselben Problemkreis gehörten die Untersuchungen über den *Kolonat* an, die bezeichnenderweise wiederum aus Studien über die kaiserliche Patrimonialverwaltung in Ägypten und aus der Frage nach den Ursprüngen dieser Institution erwachsen waren. Hier war nun die Berührung mit Max Webers Interessen besonders eng,[13] aber auch hier schuf Rostovtzeff eine Monographie, die auf erstaunlich breiter Materialkenntnis beruhte, zwar die Erscheinungen des hellenistischen und des römischen Ägyptens in den Mittelpunkt rückte, im Grunde aber doch die hellenistisch-römische Gesamtentwicklung in den Griff zu bekommen trachtete.[14] Parallel dazu lief die Arbeit an Spezialartikeln aus dem Gebiet der Reichsverwaltung, Finanz- und Wirtschaftsadministration für die Real-Encyclopädie und de Ruggieros ›Dizionario Epigrafico‹, die Rostovtzeff später als wichtige Bausteine für seine Synthesen verwenden konnte.[15]

Eine engere Verbindung mit Rostovtzeffs archäologischen Studien hatten seine Untersuchungen über die *Tesserae*, an die er fast zufällig gekommen war. Im Zuge der systematischen numismatischen

[12] Geschichte der Staatspacht in der römischen Kaiserzeit bis Diokletian. Philologus. Ergänzungsband 9. 1902, 331—512.

[13] Vgl. oben Anm. 8.

[14] Studien zur Geschichte des römischen Kolonates. Archiv für Papyrusforschung, Beiheft 1. 1910. (Nachdr. 1970).

[15] Es handelt sich um die RE-Artikel Congiarium, Ab Epistulis, Fiscus, Frumentum, um die Artikel Conductor, Fiscus in de Ruggieros Dizionario. Vgl. Bibliography Nr. 135, 146, 147, 152, 130 und 158.

und archäologischen Materialsammlungen war diese Gruppe von Marken aus verschiedenartigem Material, meist aus Blei, Marken von zum Teil privatem, zum Teil offiziellem Charakter — sicher eine der, vom ästhetischen Standpunkt aus geurteilt, unansehnlichsten Quellenkategorien des Altertums —, von der Forschung bisher völlig vernachlässigt worden. Ein Einzelproblem hatte Rostovtzeff an die Materie gebracht und ihm die Notwendigkeit der Publikation des Gesamtmaterials gezeigt. Eine ganze Reihe von Materialvorlagen und Katalogen folgte[16], Rostovtzeffs Dissertation war diesem Gegenstand gewidmet, schließlich brachte auch hier eine Monographie eine intensive Auswertung, die bereits als „ein Beitrag zur Sozial- und Wirtschaftsgeschichte der römischen Kaiserzeit“ bezeichnet war[17]. Denn auch jetzt war die Untersuchung nicht auf die Materialordnung, nicht auf die innere Geschichte der Objekte beschränkt worden, sondern Rostovtzeff hatte sich bemüht, die Aussagen dieser Gegenstände für die Bereiche der Spiele, der Korn- und Geldverteilungen, des Heerwesens, der Religion und der Beeinflussung der öffentlichen Meinung auszuschöpfen. Der archäologische Niederschlag des römischen Alltags hatte in ihm einen kundigen und beredten Interpreten gefunden. Es war ein sinnfälliger Abschluß dieser vielfältigen und ertragreichen Studien, die längst in Mittel- und Westeuropa starke Beachtung gefunden hatten, daß die führenden deutschen Altertumsforscher jener Jahre, U. v. Wilamowitz-Moellendorff und E. Meyer, Rostovtzeff zur Bearbeitung einer Sozial- und Wirtschaftsgeschichte der hellenistisch-römischen Welt einluden.

Doch ehe es dazu kam, schlug der Schüler Kondakovs eine andere Saite an. Sein Studium der pompejanischen Wandmalerei hatte ihn fast zwangsläufig auf die Überreste antiker Wandmalerei auf russischem Boden, vor allem in den Gräbern von Kertsch, verwiesen. Archäologische und historische Untersuchungen überschnitten sich, der Problemkreis *Hellenismus und Iranismus in Südrußland* hielt Rostovtzeff drei Jahrzehnte lang gefangen. Neben einer ganzen Reihe von Spezialuntersuchungen zur antiken Wandmalerei, zur

[16] Vgl. die Titel Nr. 16—26 von Bradford Welles' Bibliography.

[17] Römische Bleitesserae. Ein Beitrag zur Sozial- und Wirtschaftsgeschichte der römischen Kaiserzeit. Klio Beiheft 3. 1905.

hellenistisch-römischen Architekturlandschaft, neben Publikationen des Fundgutes bestimmter Tumuli und der Erörterung historischer Einzelprobleme des Schwarzmeergebietes und Südrußlands im Altertum, bereitete Rostovtzeff monumentale archäologische Publikationen vor, die zum Teil ihre eigene Geschichte finden sollten und Rostovtzeffs persönliches Schicksal widerspiegelten. Einen ersten Höhepunkt bildete hier das 1913/14 veröffentlichte kostbare zweibändige Werk über die antike dekorative Malerei in Südrußland.

Über den Arbeiten an einer ähnlich umfassenden Monographie ›Skythien und der Bosporus‹, einer Sammlung der schriftlichen und archäologischen Quellen zur Geschichte und Kultur Südrußlands im Altertum, brach die Revolution aus. Da es für Rostovtzeff mit dem neuen System keinerlei Kompromiß gab, wählte er die Emigration. 1918 siedelte er nach Oxford über, 1920 ging er in die Vereinigten Staaten. Von seinen Materialsammlungen abgeschnitten, war er bemüht, nun wenigstens die Grundzüge seiner Erkenntnisse über die Einflüsse und Wechselbeziehungen iranischer und griechischer Kunst und Kultur auf dem Boden Südrußlands in den großen westeuropäischen Sprachen zur Geltung zu bringen. Dem diente vor allem die Monographie ›Iranians and Greeks in South Russia‹, die 1922 in Oxford erschien. Aber das projektierte, in seinen ersten Teilen bereits für den Druck vorbereitete größere Werk holte seinen Verfasser doch noch ein. 1925 erschien der monumentale Band in russischer Sprache, wobei die Drucklegung ganz ohne Mitwirkung des Autors erfolgt war; 1931 kam eine von Rostovtzeff autorisierte deutsche Übersetzung heraus, die das Material jetzt auch einem breiteren Benutzerkreis erschloß. Der stattliche Band war freilich nur ein Fragment der einst viel weitergehenden Pläne, von den Funden und Denkmälern Rußlands blieb Rostovtzeff fortan praktisch abgeschnitten.

Von dem faszinierenden Bereich der nomadischen Kunst aber kam er nicht mehr los. Er ist einer der Gelehrten gewesen, welche in den zwanziger Jahren die Bedeutung des sogenannten Tierstils, die Kunst der Nomaden und Steppenvölker in dem weiten Saum zwischen China, Zentralasien und Südrußland erhellten und die Kunstprovinzen und spezifischen Motive der iranischen, skythischen, griechisch-sarmatischen und griechisch-iranischen Kunst erforschten. Die alten heimatlichen Probleme wurden in einen immer weiteren Horizont eingefügt und mit der Berührung griechisch-iranischer und parthischer Kunst auch schon ein Fragenkreis gestreift, der dann Rostovtzeffs letzte Lebensphase ausfüllen sollte.[18]

Die Flucht aus der Heimat traf Rostovtzeff tief. Er hat zunächst in einer großen Zahl von journalistischen Beiträgen gegen das bolschewistische System Stellung genommen und vor allem die Haltung der russischen Intelligenz erläutert. Erst nach 1922 klang sein Beitrag zur russischen Emigrantenliteratur aus. Mindestens ebensolange dauerte es, bis er selbst wieder festen Boden unter den Füßen hatte. Denn obwohl er in Oxford rasch eine neue Wirkungsmöglichkeit erhielt, paßte der vitale, schaffensfreudige, vehemente, oft auch intuitiv arbeitende Russe, der zu alt war, um sich anzupassen und zu fügen, nicht in die gemessene Welt und die temperierte Atmosphäre der englischen Colleges.[19] Zwei Jahre nach dem Beginn in Oxford wagte er in Wisconsin einen neuen Anfang und 1925 fand er schließlich in Yale ein ihn befriedigendes, großes Wirkungsfeld.

Die acht Jahre zwischen 1918 und 1926 sind für Rostovtzeff neben der äußeren Umstellung angefüllt mit einer fast hektisch anmutenden Publikation. Seite an Seite mit den bereits besprochenen Werken, Beiträgen und Aufsätzen stehen Dutzende von Spezialuntersuchungen zur Geschichte, Kunstgeschichte und Archäologie des Altertums, steht ein 1924 in Berlin gedruckter Grundriß der Geschichte der Alten Welt in russischer Sprache[20] und die erstmals 1926/27 englisch erschienene knappe zweibändige Geschichte der Alten Welt, die später auch in deutscher[21], niederländischer und bul-

[18] Die einschlägigen Arbeiten bei Bradford Welles, Bibliography Nr. 33 ff., 69 ff.

[19] Die Spannungen sind angedeutet bei A. Momigliano, Studies in Historiography. 1966, 98 und H. M. Last, JRS 43, 1953, 133.

[20] Für das breitere Publikum bestimmte Darstellungen hatte Rostovtzeff schon früher verfaßt (Bibliography Welles Nr. 53, 155, 233). Sie sind — mit Ausnahme des Büchleins ›Out of the Past of Greece and Rome‹ (in Russisch zuerst 1915, in englischer Übersetzung 1932) — außerhalb Rußlands aber praktisch nicht bekannt geworden.

[21] Geschichte der Alten Welt. Übersetzt von H. H. Schaeder. I. 1941. II. 1942. Neuauflage 1955.

garischer Übersetzung verbreitet wurde und die heute noch zu den gelungensten konzentrierten Darstellungen der Geschichte des Altertums zählen darf. Aber jetzt, 1926, erschien nun auch Rostovtzeffs ›Social and Economic History of the Roman Empire‹, der 1929 eine deutsche, 1933 eine italienische und 1937 eine spanische Ausgabe folgten. Damit war Rostovtzeff der Durchbruch als Historiker gelungen. Das Werk fand sofort eine weltweite Resonanz und Anerkennung, gerade weil es nach Anlage, Methode und Stil völlig neuartig war. Rostovtzeff hatte seine Form der Synthese gefunden.

So ungewöhnlich Resonanz und Erfolg waren, sie sollten sich wiederholen, als 1941 die dreibändige ›Social and Economic History of the Hellenistic World‹ erschien.[22] Erst das hellenistische Pendant zeigte die Geschlossenheit von Rostovtzeffs Konzeption, Wertung und Geschichtsbild, die Vorzüge seiner Betrachtungsweise wie deren notwendige Einseitigkeit. Das Neuartige an dieser Sozial- und Wirtschaftsgeschichte der hellenistisch-römischen Welt, die man immer im Zusammenhang sehen muß, lag zunächst in der systematischen Analyse und Auswertung der archäologischen Quellen im weitesten Sinne des Wortes unter primär historischer Fragestellung. Noch niemals zuvor waren Bauten, Plastiken, Vasen, Geschirr jeder Form und Qualität, Wirtschaftsgüter aller Art, Gerät, Münzfunde, Wirtschaftsweise, Eigentumsformen und Arbeitsorganisation, kurzum der gesamte archäologische Niederschlag einer Kultur und alle Zeugnisse ihres Wirtschaftslebens in einer ähnlich weiträumigen und zugleich differenzierenden Weise erfaßt und ausgeschöpft worden. Dabei handelte es sich nicht um die Zusammenfassung eines Theoretikers, der lediglich aus zweiter Hand schöpfte, sondern um die Synthese eines Gelehrten, der selbst Dutzende von Spezialuntersuchungen zu den wissenschaftlichen Problemen der verschiedensten Wirtschaftslandschaften des antiken Mittelmeerraumes vorgelegt hatte, um das Werk eines Praktikers, der mit allen Quellenkategorien, Inschriften wie Münzen, Papyri wie Siegeln, umzugehen wußte und der alle wichtigeren Fundprovinzen und Fundplätze der griechisch-römischen Welt persönlich kannte.

[22] Deutsche Übersetzung: Die hellenistische Welt. 3 Bände. 1955/56.

Das verarbeitete Material war stupend, die langen Anmerkungen enthielten umfassende Bereitstellungen von Quellen und Spezialliteratur, häufig boten sie kleine Forschungberichte. Die wirtschaftlichen und gesellschaftlichen Entwicklungen in den verschiedenen Provinzen, Epochen und Reichen waren sicher erfaßt und souverän akzentuiert, die verschiedensten Lebensbereiche in anregender, aber wissenschaftlich immer fundierter Weise vergegenwärtigt. Besonderen Wert hatte Rostovtzeff in beiden Werken auf den Abbildungs- und den Tafelteil gelegt, die hier nicht nur illustrierten, sondern die in die Darstellungen einbezogen waren, sie dokumentierten und ergänzten. So viele Abbildungswerke zur Kultur der Antike seither auch folgten, dieser Standard wurde nicht übertroffen.[23]

Rostovtzeff hat immer den aristokratischen Charakter und die städtische Gebundenheit der antiken Kultur betont. Die soziale Herkunft, sein persönliches Erleben und die Gefährdung der eigenen Gesellschaftsschicht bedingten eine gewisse Einseitigkeit seines Gesellschaftsbildes und seiner Wertungen. Nach ihm war das Bürgertum, speziell das Großbürgertum,[24] der wichtigste Faktor für die Kultur der römischen Kaiserzeit, und ohne das Wirken der Händler, Großkaufleute, Unternehmer und Spezialisten aller Art wäre auch die Blüte der hellenistischen Kultur seiner Ansicht nach nie erreicht worden. Hier wie dort fand jedoch das breite Fundament der Zivilisation, fanden Bauern und Sklaven wohl kaum die ihnen gebührende Beachtung,[25] was naturgemäß zum Teil mit dadurch bedingt war, daß der archäologische Niederschlag dieser Bevölkerungsgruppen immer im Dunkeln bleibt.

In beiden Fällen aber schrieb Rostovtzeff auch die Geschichte

[23] Bezeichnend für die moderne Entwicklung der Kulturgeschichte des Altertums ist die große Zahl der seit dem II. Weltkrieg erschienenen Werke, die primär vom Bilde ausgehen oder doch von den Abbildungen leben. Selbst das so anspruchsvolle Universum der Kunst zeigt in seinen Bilderläuterungen am klarsten, was Rostovtzeff einst geleistet hat.

[24] Genaue soziologische und philosophische Definitionen lagen Rostovtzeff immer fern. Vollends hat er auf die Schaffung einer eigenen Terminologie verzichtet, wie sie Max Weber praktizierte.

[25] Vgl. Momigliano, a. O. 103. Dort sind auch weitere Vorbehalte gegen sein Werk genannt.

einer gefährdeten Kultur und in beiden Fällen ging er mit besonderem Nachdruck auf die Frage nach den Ursachen ihres Scheiterns ein. In dem früheren Werk trug er, noch ganz im Banne des eigenen Erlebens und zutiefst erregt durch die Erfahrungen mit der „roten Arbeiter- und Bauernarmee“, die These vor, daß die städtische Zivilisation des römischen Kaiserreiches im Grunde im 3. Jahrhundert n. Chr. dem gegen die bisherige Oberschicht gerichteten Bündnis zwischen Heer und Bauerntum zum Opfer gefallen sei.[26] Der Verfall der antiken Kultur war nach Rostovtzeff auf politischem Gebiet identisch mit einer allmählichen Barbarisierung des Reiches von innen,[27] in sozialer und wirtschaftlicher Beziehung mit dem Übergleiten von den traditionellen städtischen Wirtschaftsformen in neue Formen der Hauswirtschaft, in intellektueller Hinsicht aber durch die Ausbreitung der primär religiös fundierten Mentalität des flachen Landes auch in den Städten. Als bestimmende Tendenz der sehr komplex gesehenen Gesamtentwicklung ergab sich daher für ihn „die fortschreitende Absorbierung der höheren Klassen durch die niederen, begleitet von einer allmählichen Nivellierung in regressivem Sinne“[28]. Das Kernproblem des Niedergangs der antiken Kultur aber war für Rostovtzeff mit der Frage identisch, warum es ihr nicht gelang, die Massen zu assimilieren. Daraus leitete er folgerichtig für seine eigene Zeit die Lehre und die Warnung ab, daß keine Kultur nur von einer Klasse getragen werden dürfe, sondern daß sie sich auf die Massen stützen müsse, wenn sie sich behaupten wolle.[29]

In seiner Darstellung der hellenistischen Welt hatte Rostovtzeff die Geschichte der hellenistischen Reiche weder von Hellas aus be-

[26] Die These war von ihm zuvor auch schon in Aufsätzen vertreten worden. Siehe Bradford Welles, Bibliography, Nr. 159, 161, 162.

[27] Gesellschaft und Wirtschaft im Römischen Kaiserreich. II, 238.

[28] a. O., 240.

[29] a. O., 247. — In einer späteren Studie ›The Decay of the Ancient World and its Economic Explanations‹, Economic History Review 1930, 197—214 hat Rostovtzeff vor allem die staatlichen Eingriffe stärker herausgearbeitet. Deutsche Übersetzung dieses Beitrages nun in: Der Untergang des Römischen Reiches. Hrsg. von K. Christ. 1970. (Wege der Forschung 269), 228 ff.

wertet, noch sie auf das Christentum bezogen. In einer zwangsläufigen Reaktion auf die Perspektiven Droysens und Kaersts hatte er eine archäologische Provinz nach der andern durchschritten und dabei den vielfältigen Reichtum des Lebens in den hellenistischen Staaten aufgezeigt. Wenn bei Droysen die weltgeschichtliche Funktion des Hellenismus weithin passiv war, in Vermischung der Kräfte und Formen und in der Bereitung des Bodens für die Saat des Christentums bestand,[30] so war sie bei Rostovtzeff viel vitaler und aktiver. Hier stellte die hellenistische Welt einen in sich ruhenden Höhepunkt der antiken Kultur dar, demgegenüber Rom nur abfällig beurteilt werden konnte. Wenn Rostovtzeff für den Niedergang der hellenistischen Staatenwelt die Planwirtschaft und die Kriege der hellenistischen Könige, nicht zuletzt aber Roms Intervention im Osten verantwortlich machte,[31] so konnten seine Argumente nicht ganz überzeugen, da sie völlig im Widerspruch zu seinem glänzenden Bilde standen, in dem die Schatten und die inneren Schwächen der hellenistischen Gesellschaft vermutlich überdeckt worden sind.

Dem Banne des Bildes selbst aber wird sich niemand entziehen können, denn es gibt nur wenige Darstellungen, die in ähnlich ausgereifter Form so reichhaltige Informationen vermitteln wie diese Bände. Die Welt der griechischen Städte wird hier ebenso erfaßt wie die der hellenistischen Monarchien bis hinüber nach Baktrien, die Gesellschaftsordnung ebenso aufgezeigt wie die Wirtschafts- und Finanzpolitik der großen Mächte, die Formen des Landbesitzes werden ebenso besprochen wie die Arten der Haustiere. Aber nie verliert sich der Autor im Antiquarischen und Kuriosen, das ganze Werk wird durchpulst vom Problembewußtsein des großen Historikers.

So markiert Rostovtzeff im Bereich der Alten Geschichte den Beginn einer neuen Epoche der Geschichtsschreibung. Sie ist identisch mit der Forderung, die Ergebnisse der archäologischen Forschung in die historische Synthese miteinzubeziehen. Schon als Archäologe, und das ist Rostovtzeff in seiner ersten Lebensphase überwiegend gewesen, hat er sich nie mit dem Versenken in lokale Erscheinungen

[30] Siehe oben S. 57 ff.

[31] Die hellenistische Welt. I. 53 ff.

begnügt, sondern die großen Horizonte und die weiträumigen Bewegungen gesucht. Zum Historiker im vollen Sinne des Wortes ist er im Grunde jedoch erst durch das Erleben der Revolution geworden. Die Entstehung des Römischen Reiches, Augustus, der Untergang der antiken Zivilisation sind die ersten historischen Problemkreise,[32] denen er sich zwischen 1918 und 1922 zuwandte. Vor allem in die soziale und politische Krisis des Römischen Reiches während des 3. Jahrhunderts hat er dann die Erschütterung der eigenen Gesellschaftsschicht hineingesehen und auch in der Folgezeit an der Idealisierung der hellenistischen und der römischen Bourgeoisie festgehalten.

Die erstaunliche Kapazität seines Gedächtnisses und seine außerordentlich vielseitigen Kenntnisse in allen Sparten der Altertumswissenschaft und die Vertrautheit mit allen Teilen der alten Welt erlaubten es ihm, auch im historischen Bereich unter ganz anderen Voraussetzungen jene Weiträumigkeit der Betrachtungsweise beizubehalten, mit der er schon als Archäologe verblüfft hatte. Dabei vermochte er immer wieder auch dem Spezialisten durch seine Materialbeherrschung, durch seine neuartigen Aspekte und Kombinationen und durch die manchmal intuitiv erfaßten Zusammenhänge und Verbindungen zu imponieren.

Bedingt durch seine Herkunft und durch seine Interessen stand im Mittelpunkt seines Schaffens und seiner eigenen Forschungen der östliche und der nordöstliche Grenzsaum der alten Welt, die Zone, die sich von den Steppengebieten Rußlands und Zentralasiens über den Bosporus, Kleinasien, das Zweistromland, Syrien bis nach Ägypten erstreckt, die Zone zugleich der großen welthistorischen Berührungen.

Bei Rostovtzeff haben sich stets die verschiedensten Arbeiten überlappt, doch in dem Jahrzehnt zwischen 1928 und 1937 stand *Dura-Europos* im Mittelpunkt seines Wirkens, ja diese Stätte hat ihn dann bis zu seinem Tode im Jahre 1952 nicht mehr losgelassen;[33] die große Grabung und ihre Publikation sollten zum Gegenstück seiner Arbei-

[32] Bibliography Nr. 155, 157, 159.

[33] Bibliography Nr. 263—326. — In den Umkreis dieser Forschungen gehört auch die Monographie Caravan Cities. 1932.

ten über Südrußland im Altertum werden. Denn auch dieser Fundplatz lag in einem Streifen, in dem sich die verschiedenartigsten Kultureinflüsse überschnitten, – wenn auch zunächst nicht vorauszusehen war, welche Resultate der Platz gerade dafür liefern würde. Eine französische Grabung unter der Leitung von Franz Cumont war zwischen 1922 und 1923 vorausgegangen, fünf Jahre später setzte unter der Führung Rostovtzeffs die Arbeit des Teams der Yale-University ein, Zug um Zug wurden zunächst die Preliminary Reports, seit 1943 dann die Final Reports in einer mustergültigen Darbietung veröffentlicht.[34]

Das „Pompeji des Ostens", wie Rostovtzeff die Stadt selbst bezeichnete,[35] gewann seine erregende Geschichte wieder und enthüllte den bunten Reichtum seiner Zivilisation. Unter den Seleukiden als Euphratfestung ausgebaut, war die Stadt vor 100 v. Chr. in parthische Hand gekommen. Nach den makedonischen und hellenistischen Impulsen brach mit dem Einzug der parthischen Garnison eine neue Welle der Orientalisierung über die Stadt herein. Darauf folgte eine Phase prekärer Selbständigkeit zwischen den beiden Großmächten unter gleichzeitiger Anlehnung an Palmyra. Unter L. Verus besetzten die Römer den Platz und bauten ihn sogleich zu einem Angelpunkt der römischen Grenzverteidigung aus, der jedoch in den Vorstößen Schapurs I. fiel und unterging. Die ungewöhnliche Bedeutung der Funde von Dura-Europos ist somit darin zu erblicken, daß sich hier über den Zeitraum eines halben Jahrtausends hinweg das Aufeinanderprallen der verschiedenartigsten Kräfte und Formen, vor allem in Kunst und Religion, in exemplarischer Weise beobachten und analysieren läßt. Heiligtümer für lokale und orientalische Gottheiten traten dort ebenso zutage wie hellenistische und römische Kultbauten, ein Mithraeum, eine mit Fresken ausgeschmückte Synagoge und eine christliche Kirche, die wiederum mit Wandmalereien geschmückt war – daneben aber auch die Überreste der seleukidischen und römischen Befestigungen.

So faszinierend Funde und Grabungsresultate waren, seinen wissenschaftlichen Rang verdankte Dura daneben in hohem Maße den

[34] Bibliography Nr. 263—272, 273—278.

[35] Bibliography Nr. 311.

zügig edierten Grabungsberichten und den vorbildlichen Materialpublikationen, mochte es sich nun um Keramik, Glas, Lampen, Textilien, Inschriften, Ritzzeichnungen oder Münzen handeln. Vor allem aber wurde Rostovtzeff nicht müde, die Einzelprobleme, welche der Platz und die neuen Funde aufwarfen, in Dutzenden von Spezialuntersuchungen und Veröffentlichungen in englischer, französischer, russischer, italienischer und deutscher Sprache der Fachwelt und dem breiten Publikum nahezubringen. Dem gleichen Ziele diente auch das 1938 entstandene kleine Buch ›Dura and its art‹, das in skizzenhafter Form die damals erkennbaren Ergebnisse zusammenfaßte. Nicht zuletzt aber waren die Eindrücke und Erfahrungen von Dura-Europos eine wesentliche Komponente seines Bildes der hellenistischen Welt.

Rostovtzeff war so auch ein wirkungsvoller Dolmetscher der neu gewonnenen Erkenntnisse. Wer immer ihn über Dura sprechen hörte, wurde von dem starkknochigen Mann mit dem imponierenden, großen Schädel und den zwingenden blauen Augen fasziniert. Das war keine Schreibtischnatur, wieviel er auch immer schrieb, sondern ein Gelehrter, der selbst das Leben unter freiem Himmel liebte und der wie wenige andere die Funde zu beleben verstand.[36] Das methodisch Neue, das er in seinen heute schon klassischen Geschichtswerken vorführte, hat er selbst so umrissen: „Für mich ist Archäologie nicht eine Illustrationsquelle für geschriebene Texte, sondern eine unabhängige Quelle historischer Information, nicht weniger wertvoll und wichtig, manchmal wichtiger als die schriftliche Überlieferung. Wir müssen es lernen und lernen es allmählich, Geschichte mit Hilfe der Archäologie zu schreiben.“[37]

[36] Zum persönlichen Eindruck Rostovtzeffs siehe A. Momigliano, a. O., 91 f.

[37] Iranians and Greeks in South Russia. 1922, VIII.

ANHANG

LITERATURVERZEICHNIS

Der folgende Anhang gibt zunächst in seinem *allgemeinen Teil* eine Zusammenstellung der Literatur zur Entwicklung der Alten Geschichte, in dem anschließenden *speziellen Teil* Übersichten über die Hauptwerke der hier behandelten Historiker sowie über den jeweiligen Forschungsstand. Einem vergleichenden Überblick soll auch die am Ende beigegebene Zeittafel dienen.

A. Allgemeiner Teil

a) Umfassendere Übersichten

C. Wachsmuth, Einleitung in das Studium der Alten Geschichte. 1895, 1—66.

K. J. Neumann, Entwicklung und Aufgabe der alten Geschichte. 1910.

J. Vogt, Geschichte des Altertums und Universalgeschichte, in: Ders., Orbis. 1960, 362 ff.

H. Bengtson, Einführung in die Alte Geschichte. [6]1969, 1 ff.

J. T. Shotwell, The story of ancient history. Columbia Paperback 18. 1961.

H. Bengtson, Die neueren Forschungen auf dem Gebiete der griechischen Geschichte, in: Griechische Geschichte von den Anfängen bis in die römische Kaiserzeit. [2]1960, 1 ff. (Handbuch der Altertumswissenschaft III, 4).

A. Momigliano, Prospettiva 1967 della Storia Greca, Rivista Storica Italiana 80, 1968, 5 ff.

P. Treves, Un secolo di Storie della storia greca, Studi di Storiografia Antica in memoria di L. Ferrero. 1971, 1 ff.

A. Heuß, Die römische Geschichte in der Forschung, in: Römische Geschichte. 1960, 499—660.

H. Bengtson, Die neueren Forschungen auf dem Gebiet der Römischen Geschichte, in: Grundriß der Römischen Geschichte mit Quellenkunde. I. 1967, 1 ff. (Handbuch der Altertumswissenschaft III, 5, 1).

b) Zu speziellen Aspekten

A. Momigliano, Contributo alle storia degli studi classici. 1955.
Secondo contributo ... 1960.
Terzo contributo ... 2 Bde. 1966.
Quarto contributo ... 1969.
Studies in Historiography. 1966.
J. Vogt, Wege zum historischen Universum. 1961.
K. Christ, Zur Entwicklung der Alten Geschichte in Deutschland, Geschichte in Wissenschaft und Unterricht (im Druck).
F. Taeger, Die Lage der Alten Geschichte, HZ 175, 1953, 449 ff.
A. Heuß, Die Geschichte des Altertums und das Problem der geschichtlichen Bildung, Geschichte in Wissenschaft und Unterricht 3, 1952, 321 ff.
V. Ehrenberg, Universalgeschichte oder Altertumswissenschaft, in: Ost und West. Studien zur geschichtlichen Problematik der Antike. 1935, 1 ff.

c) Veröffentlichungen und Wertungen aus der Sicht des Historischen Materialismus

H. Köpstein, Altertumskundliche Publikationen, erschienen in der DDR, 1945—1955. 1957.
Altertumskundliche Publikationen in der DDR. 1956—1964, in: Sonderheft der Bibliotheca Classica Orientalis 10, 1965, 6.
Historische Forschungen in der DDR. 1960—1970. Analysen und Berichte. Sonderband der Zeitschrift für Geschichtswissenschaft zum XIII. Internationalen Historikerkongreß in Moskau 1970.
Historische Forschungen in der DDR. Sonderheft der ZfG. 1960.
Bibliographie von Arbeiten zur Wirtschafts- und Sozialgeschichte des Altertums, Jahrbuch für Wirtschaftsgeschichte 1968, 409 ff.
W. Eckermann — H. Mohr, Einführung in das Studium der Geschichte. 1969.
K. Aland, Die Arbeiten der Deutschen Akademie der Wissenschaften auf dem Gebiet der Religionsgeschichte. 1957.
H. F. Graham, The significant role of the study of ancient history in the Soviet Union, Classical Weekly 61, 1967, 85—97.
N. A. Maschkin, Die Behandlung der römischen Geschichte von der Renaissance bis zur Gegenwart, in: Römische Geschichte. 1953, 44—78.
A. B. Ranowitsch, Aufsätze zur Alten Geschichte. 1961.

Studien über die deutsche Geschichtswissenschaft. 2 Bde. Hrsg. von J. Streisand. 1963/64.
Das klassische Altertum in der sozialistischen Kultur. Wiss. Ztschr. der Friedrich-Schiller-Univ. Jena, Ges.- u. Sprachwiss. Reihe 18, 1969, Heft 4.
Antiquitas Graeco-Romana ac tempora nostra. Ed. J. Burian et L. Vidman. 1968.

d) Zur Entwicklung der modernen Geschichtswissenschaft

E. Fueter, Geschichte der neueren Historiographie. [2]1936.
G. P. Gooch, Geschichte und Geschichtsschreiber im 19. Jahrhundert. 1964.
H. v. Srbik, Geist und Geschichte vom deutschen Humanismus bis zur Gegenwart. 2 Bde. 1950.
Fr. Wagner, Geschichtswissenschaft. 1951.
Fr. Wagner, Der Historiker und die Weltgeschichte. 1965.
J. W. Thompson, History of Historical Writing. 2 Bde. 1942.
H. Butterfield, The present state of historical scholarship. 1965.
H. Butterfield, Man on his past. The study of the History of Historical Scholarship. The Wiles Lectures (1954). 1955.
G. G. Iggers, Deutsche Geschichtswissenschaft. 1971.

e) Zur Entwicklung der Altertumswissenschaft

M. Wegner, Altertumskunde. 1951.
U. v. Wilamowitz-Moellendorff, Geschichte der Philologie, in: Gercke-Norden, Einleitung in die Altertumswissenschaft. I, 1. 1921.
A. Gudeman, Grundriß der Geschichte der klassischen Philologie. [2]1909.
J. E. Sandys, A History of Classical Scholarship. 3 Bde. 1908.
W. Kroll, Geschichte der klassischen Philologie. 1908. Die Altertumswissenschaft im letzten Vierteljahrhundert. Bursians Jahresberichte ... 124. 1905.
C. Bursian, Geschichte der klassischen Philologie in Deutschland. 1883.
M. Platnauer, Fifty Years of Classical Scholarship. [2]1968.
A. Bernardini — G. Righi, Il concetto di filologia e di cultura classica. 1953.
R. Weiss, The Renaissance Discovery of Classical Antiquity. 1969.
W. Schiering, Zur Geschichte der Archäologie, in: Allgemeine Grundlagen der Archäologie. Hrsg. von U. Hausmann. (Handbuch der Archäologie. I). 1969, 11—161.

U. Hölscher, Die Chance des Unbehagens. Zur Situation der klassischen Studien. 1965.

M. Fuhrmann, Die Antike und ihre Vermittler. 1969. (Konstanzer Univ. Reden, 9).

A. Hentschke — U. Muhlack, Einführung in die Geschichte der klassischen Philologie. (In Vorbereitung.)

B. Spezieller Teil

Edward Gibbon

I. Hauptwerke

History of the Decline and Fall of the Roman Empire. 1. 1776. 2. und 3. 1781. 4.—6. 1788.

Maßgebende wissenschaftliche Ausgabe: Ed. J. B. Bury. 7 Bände. 1896 bis 1900.

The Miscellaneous Works of Edward Gibbon, Esq., ed. John, Lord Sheffield. 2 bzw. 5 Bände. 1796. 1814^2.

The Autobiography of Edward Gibbon. Edited and introduced by D. A. Saunders. New York 1961.

Briefe: The Letters of Edward Gibbon. Edited by J. E. Norton. 3 Bände. 1956.

Tagebücher: D. M. Low, Gibbon's Journal to January 28th 1763. 1929. G. Bonnard, Le Journal de Gibbon à Lausanne, 17. 8. 1763—19. 4. 1764. 1945. Miscellanea Gibboniana. Lausanne 1952, 93—107.

II. Schriftenverzeichnis

J. E. Norton, A Bibliography of the Works of Edward Gibbon. 1940.

III. Bibliographische Hinweise

Leben und Bildungsgang Edward Gibbons wurden in den letzten Jahrzehnten im Zusammenhang mit den Editionen der Autobiographie, Tagebücher und Briefe (siehe oben) intensiv erforscht. Nach den ausführlichen Biographien von D. M. Low, Edward Gibbon. 1737—1794. 1937. und

G. M. Young, Gibbon. 1932. ermittelte G. Keynes, The Library of Edward Gibbon. 1940 den heute noch faßbaren Grundbestand der einst über 6000 Bände zählenden Privatbibliothek. Wichtige Einzelstudien vereinigt der Sammelband in sich von G. R. de Beer, G. A. Bonnard, R. Gavin, L. Junod, Miscellanea Gibboniana. Publications de la Faculté des Lettres. X. Lausanne 1952.

Von neueren Monographien sind hervorzuheben: G. Giarrizzo, E. Gibbon e la cultura europea del Settecento. 1954. P. Fuglum, Edward Gibbon. His view of life and conception of history. 1953. H. L. Bond, The Literary Art of Edward Gibbon. 1960. T. E. Oliver, Gibbon and Rome. 1958. J. W. Swain, Edward Gibbon the Historian. 1966. V. Purcell, Gibbon and the Far East. 1971.

Von wichtigen Einzelstudien: G. A. Bonnard, Gibbon's „Essai sur l'Étude de la Littérature" as judged by contemporary reviewers and by Gibbon himself, English Studies 32, 1951, 145—153; H. S. Offler, Edward Gibbon and the making of his Swiss History, Durham Univ. Journal 41, 1949, 64 ff.; G. J. Gruman, „Balance" and „Excess" as Gibbon's Explanation of the Decline and Fall, History and Theory 1, 1961, 75—85; Fr. C. Scheibe, Christentum und Kulturverfall im Geschichtsbild E. Gibbons, Archiv für Kulturgeschichte 50, 1968, 240—275.

Zur Einführung in sein Werk seien empfohlen Fr. Meinecke, Die Entstehung des Historismus I. 1936, 247—255. J. Bernays, Edward Gibbons Geschichtswerk, Ein Versuch zu einer Würdigung, in: Gesammelte Abhandlungen. Hrsg. v. H. Usener. II. 1885, 206—254. A. Momigliano, Gibbon's Contribution to Historical Method, Historia 2, 1954, 450—463 = Studies in Historiography. 1966, 40—55. Chr. Dawson, Edward Gibbon, Proceedings of the British Academy 20, 1934, 159—180.

Barthold Georg Niebuhr

I. Hauptwerke

(Die in den Anmerkungen benutzten Sigel sind jeweils vorangestellt.)

RG. Römische Geschichte. I^1. 1811. I^2. 1827. — II^1. 1812. II^2. 1830. III^1. 1832.

VAG. Vorträge über alte Geschichte, an der Universität zu Bonn gehalten. Herausgegeben von M. Niebuhr. I. 1847. II. 1848. III. 1851.

VLV. Vorträge über alte Länder- und Völkerkunde ... Herausgegeben von M. Isler. 1851.

VRA. Vorträge über römische Alterthümer... Herausgegeben von M. Isler. 1858.

VRG. Vorträge über römische Geschichte... Herausgegeben von M. Isler. I. 1846. II. 1847. III. 1848.

Geschichte des Zeitalters der Revolution... Herausgegeben von M. Niebuhr. I. II. 1845.

Kleine historische und philologische Schriften. I. II. 1828.

Nachgelassene Schriften nichtphilologischen Inhalts. Herausgegeben von M. Niebuhr. 1842.

Briefe. D. Gerhard – W. Norvin, Die Briefe B. G. Niebuhrs. I. 1926. II. 1929. (Die Edition blieb unvollständig, sie bricht im Jahre 1816 ab).

LN. Dore Hensler, Lebensnachrichten über B. G. Niebuhr aus Briefen desselben und aus Erinnerungen einiger seiner nächsten Freunde. I. II. 1838. III. 1839. – (Hierzu E. Rosenstock, Die Zuverlässigkeit der Lebensnachrichten über B. G. Niebuhr, HZ 110, 1913, 566 ff.).

Fr. Lieber, Erinnerungen aus meinem Zusammenleben mit B. G. Niebuhr, dem Geschichtsschreiber Roms. Aus dem Englischen übersetzt von Dr. K. Thibaut. 1837.

B. G. Niebuhr, Brief an einen jungen Philologen. Herausgegeben von G. K. Jacob. 1839.

II. Schriftenverzeichnis

(liegt separat nicht vor.)

III. Bibliographische Hinweise

Von den älteren Darstellungen verdienen noch immer Beachtung die Biographien von J. Classen, B. G. Niebuhr. 1876 und Fr. Eyssenhardt, B. G. Niebuhr. 1886.

Kürzere neuere Würdigungen gaben J. Straub, B. G. Niebuhr, in: 150 Jahre Rheinische Friedrich-Wilhelms-Universität zu Bonn 1818–1968. Bonner Gelehrte. Geschichtswissenschaften. 1968, 49–78. H. Ritter von Srbik, Geist und Geschichte vom deutschen Humanismus bis zur Gegenwart. I. 1950, 210 ff. H. Bengtson, B. G. Niebuhr und die Idee der Universalgeschichte des Altertums. 1960. Würzburger Universitätsreden, Heft 26. A. Heuß, B. G. Niebuhr, in: Die großen Deutschen. V. 1957, 208–219. Fr. Schnabel, Niebuhr. 1931. U. Wilcken, Eine Gedächtnisrede auf B. G. Niebuhr. 1931. Bonner Akademische Reden, Heft 10.

·chriften des 19. Jahrhunderts, die eine ähnliche Nachwirkung gefunden ·aben. Aus der reichen Spezialliteratur sind zu nennen: E. Meister, Die ;eschichtsphilosophischen Voraussetzungen von J. G. Droysens Historik, Historische Vierteljahrsschrift 23, 1926, 25—63, 199—221. E. Rothacker, J. G. Droysens Historik, HZ 161, 1940, 84 ff.
Fr. Meinecke, Droysens Historik, in: Vom geschichtlichen Sinn und Sinn der Geschichte, Leipzig 1939, 39 ff. K.-H. Spieler, Untersuchungen zu J. G. Droysens „Historik". 1970 (Hist. Forsch., 3). J. Rüsen, Begriffene Geschichte. 1971.

Auch zu Droysens Geschichtsauffassung liegt eine reichhaltige Sekundärliteratur vor: H. Astholz, Das Problem „Geschichte" untersucht bei J. G. Droysen. Historische Studien 231. 1933. J. Frank, Die Geschichtsauffassung des J. G. Droysen und ihre geistesgeschichtlichen Grundlagen. Ms. Diss. FU. Berlin. 1951. B. Ottnad, Mensch und Geschichte bei J. G. Droysen. Ms. Diss. Freiburg 1952. H. Rother, Geschichte und Politik in der Gedankenwelt J. G. Droysens. Historische Studien 268. 1935.
P. Hünermann, Der Durchbruch geschichtlichen Denkens im 19. Jahrhundert. Johann Gustav Droysen, Wilhelm Dilthey, Graf Paul York von Wartenburg, Ihr Weg und ihre Weisung für die Theologie. Freiburg 1967.
G. Birtsch, Die Nation als sittliche Idee. Der Nationalstaatsbegriff in Geschichtsschreibung und politischer Gedankenwelt J. G. Droysens. Kölner Hist. Abh. 10, 1964.
J. Kaerst, Die Geschichtsauffassung Rankes und Droysens in ihrer nationalen Bedeutung, in: Universalgeschichte. 1930, 233 ff.

Ernst Curtius

I. Hauptwerke

Griechische Geschichte. I. 1857. II. 1861. III. 1867. 6. Auflage 1887—1889.
Olympia. Die Ergebnisse der von dem Deutschen Reich veranstalteten Ausgrabung. Herausgegeben von E. Curtius und Fr. Adler. 5 Bände, 4 Tafelbände, 1 Foliomappe. 1890—1897.
Peloponnesos. Eine historisch-geographische Beschreibung der Halbinsel. I. 1851. II. 1852.
Atlas von Athen. 1877.
Die Ionier vor der ionischen Wanderung. 1855.
Göttinger Festreden. 1864.

Niebuhrs Leistung in der Erforschung der Römischen Geschichte erhellten die folgenden Spezialuntersuchungen: E. Kornemann, Niebuhr und der Aufbau der altrömischen Geschichte, HZ 145, 1932, 277—300; A. Momigliano, G. C. Lewis, Niebuhr e la critica delle fonti, in: Contributo alla storia degli studi classici. 1955, 249—262; Ders., Perizonius, Niebuhr and the character of Early Roman Tradition, in: Secondo Contributo... 1960, 69—87. V. Bär, Das Bild der Römischen Geschichte bei B. G. Niebuhr. 1966. (Marburger Maschschr. Examensarbeit). C. Barbagallo, Il problema delle origini di Roma da Vico a noi. 1926. A. Heuß, Niebuhr und Mommsen, Antike und Abendland 14, 1968, 1—18.
Ort und Eigenart der historischen Forschung Niebuhrs untersuchten: D. Gerhard, Die Grundlagen der historisch-politischen Gedankenwelt B. G. Niebuhrs. I. Teil. Die Voraussetzungen. Diss. Berlin 1923. H. Sparwald, Die Geschichtsforschung B. G. Niebuhrs. Diss. Leipzig 1925. Fr. Renker, Niebuhr und die Romantik. Diss. Leipzig 1935. Über seine Würdigung in den Perspektiven des historischen Materialismus ist aufschlußreich R. Günther, B. G. Niebuhr, in: Studien über die deutsche Geschichtswissenschaft. Herausgegeben von J. Streisand. I. 1963, 105—117. — Zeitgeschehen und Zeitgeist in den geschichtlichen Beurteilungen Niebuhrs untersuchte eingehend S. Rytkönen, B. G. Niebuhr als Politiker und Historiker. Annales Academiae Scientiarum Fennicae. Ser. B. Tom. 156. Helsinki 1968.
Die Beziehungen zwischen Goethe und Niebuhr haben L. Wickert, Goethe und der Historismus in der Altertumswissenschaft, in: Convivium (Festgabe für K. Ziegler) 1954, 154—187 und H. Dreyhaus, Niebuhr und Goethe, Preuß. Jahrb. 142, 1910, 433 ff. geklärt.

Johann Gustav Droysen

I. Hauptwerke

Geschichte Alexanders des Großen. 1833. 2. Auflage = Geschichte des Hellenismus, erster Teil. Zwei Halbbände. 1877.
3. Auflage 1880. 4. Auflage 1892.
Neudruck der ersten Auflage. Hrsg. v. H. Berve. 1932.
Vgl. auch die Ausgabe der Geschichte Alexanders d. Gr. von G. Ressing mit Einleitung von E. Boehringer. 1966. (WBG.)
Geschichte des Hellenismus. Erster Teil. Geschichte der Nachfolger Alexanders. 1836. 2. Auflage = Geschichte des Hellenismus, zweiter Teil. Geschichte der Diadochen. Zwei Halbbände. 1878.

Geschichte des Hellenismus. Zweiter Teil. Geschichte der Bildung des hellenistischen Staatensystems, mit einem Anhang über die hellenistischen Städtegründungen. 1843. 2. Auflage = Geschichte des Hellenismus, dritter Teil. Geschichte der Epigonen. Zwei Halbbände. 1877. 1878.

Des Aischylos Werke übersetzt. Zwei Teile. 1832. [2]1842. [3]1868. [4]1884.

Des Aristophanes Werke übersetzt. Drei Teile. 1835. 1837. 1838. [2]1869. [3]1881.

Kleine Schriften zur Alten Geschichte. Hrsg. v. R. Hübner. 1893. 1894.

Vorlesungen über die Freiheitskriege. 2 Bände. 1846. [2]1885.

Das Leben des Feldmarschalls Grafen York von Wartenburg. 3 Bände. 1851/52. [11]1913.

Geschichte der Preußischen Politik. 14 Bände. 1855—1886.

Grundriß der Historik. Als Manuskript gedruckt. 1858. 1862. Im Buchhandel: 1. Aufl. 1868. 3., umgearb. Aufl. 1882. Neuausgaben: 1925. 1937 (R. Hübner). Zuletzt: J. G. Droysen, Historik-Vorlesungen über Enzyklopädie und Methodologie der Geschichte Hrsg. und mit Beilagen versehen von R. Hübner. [6]1971.

J. G. Droysen, Briefwechsel. 2 Bände. Hrsg. v. R. Hübner. 1929.

Die weiteren Werke Droysens zur Neueren Geschichte und Politik:

Politische Schriften. Hrsg. v. F. Gilbert. 1933.

Die Verhandlungen des Verfassungsausschusses der deutschen Nationalversammlung. 1. Teil. 1849.

Aktenstücke und Aufzeichnungen zur Geschichte der Frankfurter Nationalversammlung. (Aus dem Nachlaß hrsg. v. R. Hübner), in: Deutsche Geschichtsquellen des 19. Jh. 14. 1924.

Weitere Einzelausgaben in der Bibliographie bei H. Astholz, unten S. 362.

II. Schriftenverzeichnis

„Verzeichnis von Johann Gustav Droysens Schriften zur alten Geschichte und zur griechischen und römischen Litteratur", in: Kleine Schriften zur Alten Geschichte. II. 1894, 444—448.

III. Bibliographische Hinweise

Von der ausführlichen Droysenbiographie, die dessen Sohn Gustav in Angriff nahm, erschien lediglich der erste Teil, der die Zeit bis zum Beginn der Frankfurter Tätigkeit im Jahre 1848 umfaßt.

Literaturverzeichnis

Von kürzeren Gesamtwürdigungen sind hervorzuheben
O. Hintze, Allgemeine Deutsche Biographie 48, 1903,
O. Hintze, Ges. Abhandlungen zur Soziologie, Politik un
Geschichte. Hrsg. v. G. Oestreich. [2]1964, 427 ff.
M. Duncker, J. G. Droysen, Preußische Jahrbücher 54, 18
A. Dove, J. G. Droysen, Im neuen Reich 1878, 105—118.
Th. Schieder, J. G. Droysen, Neue Deutsche Biographie. 4,
Die wohl eindringlichste Würdigung seines Werkes gab F
J. G. Droysen. Sein Briefwechsel und seine Geschichtsschreibun
1930, 249—287. Vgl. aber auch die Monographie von B. Bravo,
histoire, philosophie de l'histoire. Étude sur J. G. Droysen h
l'antiquité. Warschau 1968. (Comité des sciences de la cult.
polon. d. Sciences).

Die wissenschaftsgeschichtliche Bedeutung von Droysens Alexand
prägnant H. Berve in seiner Einleitung zu dem Nachdruck der U
[3]1941. Vergleiche daneben auch A. Momigliano, Per il centenar
„Alessandro Magno" di J. G. Droysen, Leonardo 4, 1933, 510-
Contributo alla storia degli studi classici. 1955, 263—273.
H. Ludolph, Religiöse und politische Motive im Alexanderbild J. G
sens. Mschr. Staatsexamensarbeit Marburg 1968.
Forschungsübersichten zum modernen Alexanderbild:
G. Walser, Schweizer Beitr. z. allgem. Gesch. 14, 1956, 156—189.
J. Seibert, Alexander d. Gr. (Erträge der Forschung, in Vorbereitun

In die Entwicklung des „Hellenismus"-Begriffes nach Droysen leite
besten ein: R. Laqueur, Hellenismus. Gießener Rektoratsrede 1
H. Herter, Hellenismus und Hellenentum, Das Neue Bild der Antik
1942, 334 ff. A. Momigliano, Genesi storica e funzione attuale del conc
di ellenismo, in: Contributo. 1955, 165 ff.
H. Bengtson, Griechische Geschichte. [2]1960, 289 f., 443 f.

Von den älteren Auseinandersetzungen mit Droysens Geschichte d
Hellenismus sei hervorgehoben
A. Schmidt, Droysens Geschichte des Hellenismus. I. Kritische Beurteilung
Neue Jahrbücher für Philologie und Pädagogik 19, 1837, 3 ff.

Droysens, im Hinblick auf die Historik gesprochener Satz: „Vielleicht wird man, wenn ich tot bin, sehen, daß etwas in dem Grundriß steht", (9. 5. 1881 an Gustav Droysen. — Briefwechsel. II. 1929, 943) hat sich bestätigt. Es gibt nur wenige methodologische und geschichtstheoretische

Alterthum und Gegenwart. Gesammelte Reden und Vorträge. I^{2}. 1877. II^{2}. 1882.
Gesammelte Abhandlungen. I. 1894. II. 1894.

II. Bibliographische Hinweise

Die beste Einführung in Leben und Werk gibt das von Friedrich Curtius herausgegebene Lebensbild in Briefen Ernst Curtius. 1903.

Theodor Mommsen

I. Hauptwerke

Römische Geschichte. 1. 1854. 2. 1855. 3. 1856. 1/3^{9}. 1903/04. 5. 1885. 5^{4}. 1894.
Römisches Staatsrecht. 1. 1871. 2, 1. 1874. 2, 2. 1875. 3, 1. 1887. 3, 2. 1888. 1^{3}. 1887. 2, 1^{3}. 1887. 2, 2^{3}. 1887. Nachdruck 1971 WBG.
Abriß des römischen Staatsrechts. 1893.
Römisches Strafrecht. 1899.

Inscriptiones regni Neapolitani Latinae. 1852.
Inscriptiones Confoederationis Helveticae Latinae. Mitt. Antiquar. Ges. Zürich. X. 1854.
Corpus Inscriptionum Latinarum: I^{1}. Inscriptiones Latinae antiquissimae ad C. Caesaris mortem. 1863. III, 1, 2. Inscriptiones Asiae provinciarum Europae Graecarum Illyrici Latinae. 1873. Suppl. 1902. V, 1. Inscriptiones Galliae Cisalpinae Latinae. 1872. 2. 1877. VIII, 1. Inscriptiones Africae Latinae. 1881. Von G. Wilmanns bearbeitet, von Th. Mommsen abgeschlossen. IX. Inscriptiones Calabriae Apuliae Samnii Sabinorum Piceni Latinae. 1883. X. Inscriptiones Bruttiorum Lucaniae Campaniae Siciliae Sardiniae Latinae. 1883.

Res gestae divi Augusti. 1865. ^{2}1883.
De collegiis et sodaliciis Romanorum. 1843.
Die römischen Tribus in administrativer Beziehung. 1844.
Die unteritalischen Dialekte. 1850.
Die römische Chronologie bis auf Caesar. 1858. ^{2}1859.
Geschichte des römischen Münzwesens. 1860.
Römische Forschungen. 1. 1864. 2. 1879.

Gesammelte Schriften: Abt. 1: Juristische Schriften. 3 Bde. 1905/07. Abt. 2: Historische Schriften. 3 Bde. 1906/10. Abt. 3: Philologische Schriften. 1909. Abt. 4: Epigraphische und numismatische Schriften. 1913.

Reden und Aufsätze. 1905.

C. Iulii Solini collectanea rerum memorabilium. Recognovit Th. Mommsen. 1864. [2]1895.

Digesta Iustiniani Augusti. Recognovit adsumpto in operis societatem Paulo Kruegero Th. Mommsen. 1. 1870. 2. 1870.

Corpus iuris civilis. Digesta. Recognovit Th. Mommsen. 1872.

Analecta Liviana. Edd. Th. Mommsen et G. Studemund. 1873.

Jordanis Romana et Getica. Recensuit Th. Mommsen. 1882.

Fragmenta Vaticana. Mosaicarum et Romanarum legum collectio. Rec. Th. Mommsen. 1890.

Chronica minora saec. IV. V. VI. VII. Ed. Th. Mommsen. 1, 1. 1891. 1, 2. 1892. 2, 1. 1893. 2, 2. 1894. 3, 1. 1894. 3, 2. 1895. 3, 3. 1896. 4. 1898.

Cassiodori Senatoris Variae. Rec. Th. Mommsen. 1894.

Eusebius Werke II. Kirchengeschichte. Die lateinische Übersetzung des Rufinus bearb. v. Th. Mommsen. 1903.

Theodosiani libri XVI ... edd. Th. Mommsen et P. M. Meyer. I. 1904.

Politische Schriften

G. Gehrcke, Th. Mommsen als schleswig-holsteinischer Publizist. (Veröff. der schleswig-holsteinischen Universitätsgesellschaft 11). 1927 (Anhang!).

Th. Mommsen, Die Grundlagen des deutschen Volkes mit Belehrungen und Erläuterungen. 1849 (anonym). Herausgegeben mit einem Nachwort von L. Wickert. 1969.

Th. Mommsen, Auch ein Wort über unser Judentum. 1880.

Agli Italiani Teodoro Mommsen. 1870.

An die liberalen Wähler des Reichswahlbezirks Coburg. 1881.

Universitätsunterricht und Confession. 1901. In: Reden und Aufsätze. 1905, 432—436.

Poesie

Liederbuch dreier Freunde. Zus. mit Th. Storm und Tycho Mommsen. 1843.

Carducci. 1879. (Übersetzungen z. T. von Mommsen).

II. Schriftenverzeichnis

Theodor Mommsen als Schriftsteller. Ein Verzeichnis seiner Schriften von Karl Zangemeister. Im Auftrage der Königlichen Bibliothek bearbeitet und fortgesetzt von Emil Jacobs. Berlin 1905.
(Vgl. dazu oben S. 93, Anm. 21).

III. Bibliographische Hinweise

Jede wissenschaftliche Beschäftigung mit dem Leben und Werk Th. Mommsens muß heute ausgehen von der Biographie von L. Wickert, Theodor Mommsen. I. Lehrjahre (1817—1844). 1959. II. Wanderjahre (Frankreich-Italien). 1964. III. Wanderjahre (Leipzig-Zürich-Breslau-Berlin). 1969.
Daneben ist immer noch heranzuziehen L. M. Hartmann, Th. Mommsen — eine biographische Skizze. 1908.
Von neueren Monographien oder Spezialuntersuchungen seien hervorgehoben: A. Heuß, Theodor Mommsen und das 19. Jahrhundert. 1956. (Veröff. der Schlesw.-Holstein. Univ. Gesellschaft. N. F. 19.) A. Wucher, Th. Mommsen. Geschichtsschreibung und Politik.. ²1968. E. Meyer, Th. Mommsen in Zürich, Schweizer Beitr. zur allgem. Gesch. 12, 1954, 99 ff. K. Roßmann, Wissenschaft, Ethik und Politik. 1949. L. Wickert, Theodor Mommsen — Lebendige Gegenwart. 1954. Th. Mommsen. 1817—1967. Festakt im Christianeum am 30. 11. 1967. L. Wickert, Drei Vorträge über Th. Mommsen, Hrsg. von H. Bellen. 1970. L. Wickert, Th. Mommsen und J. Bernays, HZ 205, 1967, 265—294. Zur Stellung des „Staatsrechts": Fr. Wieacker, Privatrechtsgeschichte der Neuzeit. 1967, 348 ff. und W. Wilhelm, Zur juristischen Methodenlehre im 19. Jahrhundert. 1958.

Jacob Burckhardt

I. Hauptwerke
(Die in den Anmerkungen benutzten Sigel sind vorangestellt.)

JBA. Jacob-Burckhardt-Archiv (Basler Privatarchive im Staatsarchiv des Kantons Basel-Stadt Nr. 207 und 208).
Werke. Jacob-Burckhardt-Gesamtausgabe. 14 Bde. Hrsg. v. E. Dürr u. a. 1929—1934.
Die Zeit Constantins d. Gr. 1853. ²1880. (Einige Verbesserungen in der Textgestaltung bringt die Ausgabe von B. Wyss. Bern 1950.)

Der Cicerone. 1855. 6 1893.
Die Kultur der Renaissance in Italien. 1860.
Die Baukunst der Renaissance in Italien. 1867.
Griechische Kulturgeschichte. 1898—1902.
Weltgeschichtliche Betrachtungen. 1905.
Historische Fragmente. 1929.
Briefe. Hrsg. v. M. Burckhardt. Z. Z. 7 Bde. 1949—1969.
J. Burckhardt, Briefe zur Erkenntnis seiner geistigen Gestalt. Hrsg. v. F. Kaphahn. 1935. (Auswahl).
J. Burckhardt, Gedichte. Hrsg. v. K. E. Hoffmann. 1926.

II. Schriftenverzeichnis

Die wichtigsten Angaben enthalten die Einleitungen der Jacob-Burckhardt-Gesamtausgabe. Daneben nützliche Übersicht bei R. Loesch, Jacob Burckhardt, Europaarchiv 3, 1948, 1297 ff. und bei A. Momigliano, Secondo Contributo alla Storia degli Studi Classici. 1960, 293 ff.
Seit 1946 wird die Burckhardt-Literatur in der Basler Bibliographie, Beilage zur Basler Zeitschrift für Geschichte und Altertumskunde erfaßt, erstmals in Bd. 51, 1952 publiziert. Zur allgemeinen Situation des Nachlasses siehe E. Kessel, Ranke und Burckhardt, Archiv für Kulturgeschichte 33, 1951, 351—379.

III. Bibliographische Hinweise

Grundlegend für jede Beschäftigung mit Burckhardt ist heute die große Biographie von W. Kaegi, Jacob Burckhardt. I. 1947. II. 1950. III. 1956. IV. 1967. Als knappe Einführung ist zu empfehlen H. Heimpel, Jacob Burckhardt, in: Zwei Historiker. 1962, 21—39.
Aus der umfangreichen Literatur seien folgende Monographien und Spezialstudien hervorgehoben:
O. Markwart. J. Burckhardt. I. 1920 (mehr nicht erschienen). E. Dürr, Freiheit und Macht bei J. Burckhardt. 1918. K. Joel, J. Burckhardt als Geschichtsphilosoph. 1918. C. Neumann, Jacob Burckhardt. 1927 (Sammlung verschiedener Einzelstudien, z. B. auch zur Griechischen Kulturgeschichte). W. Rehm, J. Burckhardt. (1930). 1952. K. Löwith, J. Burckhardt. (1936). 1966. Fr. Meinecke, Ranke und Burckhardt. Dtsch. Akad. d. Wiss. Berlin. Vortr. u. Schriften, 27. 1948. A. v. Martin, Die Religion in J. Burckhardts Leben und Denken. 2 1947. E. Salin, Burckhardt und

Aus Altertum und Gegenwart. Gesammelte Abhandlungen. 1. 1893. 2. 1901 = ²1911. Neue Folge. ¹1911.

II. Ein Schriftenverzeichnis liegt nicht vor.

III. Bibliographische Hinweise: Vgl. oben S. 201 f. Über die ideologische Aktualisierung der Römischen Geschichte bei R. v. Pöhlmann, K. J. Beloch und E. Meyer bereitet A. Schiele eine Dissertation vor.

Karl Julius Beloch

I. Werke

Griechische Geschichte. 1. Auflage: I. 1893. II. 1897. III, 1 und 2. 1904. 2. Auflage: I, 1. 1912. I, 2. 1913. II, 1. 1914. II, 2. 1916. III, 1. 1922. III, 2. 1923. IV, 1. 1925. IV, 2. 1927.
Bevölkerungsgeschichte Italiens. I. 1937. II. 1939. II². 1961. III. 1961.
Campanien. 1879.
Der italische Bund unter Roms Hegemonie. 1880.
Die Bevölkerung der griechisch-römischen Welt. 1886.
Römische Geschichte. 1926.
Die attische Politik seit Perikles. 1884. Nachdruck. WBG. 1967.

II. Schriftenverzeichnis

Ein vollständiges Verzeichnis der Schriften Belochs existiert zur Zeit nicht. Die wichtigsten Angaben bietet indessen A. Momigliano, Karl Julius Beloch, Dizionario Biografico degli Italiani. 8, 1966, 3—16.

III. Bibliographische Hinweise

Eine autobiographische Skizze liegt vor in der Reihe ›Die Geschichtswissenschaft der Gegenwart in Selbstdarstellungen‹. II. 1926, 1—27. Von den Nachrufen enthalten wertvolle Angaben Gaetano De Sanctis, Giulio Beloch, jetzt in: P. Treves, Lo Studio dell'Antichità classica nell'ottocento. Milano 1962, 1231—1246; Fr. Oertel, Gnomon 5, 1929, 461—464; U. Kahrstedt, Geschäftl. Nachrichten der Göttinger Akademie der Wissenschaften 1928/29, 78—82.

Eduard Meyer

I. Hauptwerke

Geschichte des Altertums.
a) 1. Auflage
1. Band: Geschichte des Orients bis zur Begründung des Perserreichs. 1884.
2. Band: Geschichte des Abendlandes bis auf die Perserkriege. 1893.
3. Band: Das Perserreich und die Griechen. Bis zu den Friedensschlüssen von 448 und 446 v. Chr. 1901.
4. Band: Das Perserreich und die Griechen. Athen (vom Frieden von 446 bis zur Capitulation Athens i. J. 404 v. Chr.). 1901.
5. Band: Das Perserreich und die Griechen. Der Ausgang der griechischen Geschichte. 1902.
b) Spätere, heute wissenschaftlich verbindliche Auflagen
1. Band, 1. Hälfte: Einleitung. Elemente der Anthropologie. 2. Auflage 1907. 7. Auflage 1965.
1. Band, 2. Hälfte: Die ältesten geschichtlichen Völker und Kulturen bis zum sechzehnten Jahrhundert. 2. Auflage 1909. 8. Auflage 1965.
Nachtrag zum 1. Band: Die ältere Chronologie Babyloniens, Assyriens und Ägyptens. 1. Auflage 1925. 2. erweiterte Auflage von H. E. Stier. 1931. (In der 8. Auflage 1965 enthalten).
2. Band, 1. Abteilung: Die Zeit der ägyptischen Großmacht. 2. Auflage 1928. 4. Auflage 1965.
2. Band, 2. Abteilung: Der Orient vom zwölften bis zur Mitte des achten Jahrhunderts. Aus dem Nachlaß hrsg. v. H. E. Stier. 2. Auflage 1931. 4. Auflage 1965.
3. Band: Der Ausgang der altorientalischen Geschichte und der Aufstieg des Abendlandes bis zu den Perserkriegen. Hrsg. v. H. E. Stier. 2. Auflage 1937. 4. Auflage 1965.
4. Band, 1. Abteilung: Das Perserreich und die Griechen bis zum Vorabend des Peloponnesischen Krieges. Hrsg. v. H. E. Stier. 3. Auflage 1939. 6. Auflage 1965.
4. Band, 2. Abteilung: Der Ausgang der griechischen Geschichte. Hrsg. v. H. E. Stier. 5. Auflage 1965.
5. Band: Das Perserreich und die Griechen. Der Ausgang der griechischen Geschichte. 404 bis 350 v. Chr. Hrsg. v. H. E. Stier. 5. Auflage 1969.
Geschichte von Troas. 1877.
Geschichte des Königreichs Pontos. 1879.

Geschichte des alten Ägyptens. 1887.
Ägyptische Chronologie. 1904.
Die Entstehung des Judentums. 1896. Nachdruck 1965.
Die Israeliten und ihre Nachbarstämme. Alttestamentliche Untersuchungen. 1906. Nachdruck 1967.
Der Papyrusfund von Elephantine. Dokumente einer jüdischen Gemeinde aus der Perserzeit und das älteste erhaltene Buch der Weltliteratur. 1912.
Ursprung und Anfänge des Christentums.
Bd. 1. Die Evangelien. 1. Auflage 1921.
Bd. 2. Die Entwicklung des Judentums und Jesus von Nazaret. 1. Auflage 1921.
Bd. 3. Die Apostelgeschichte und die Anfänge des Christentums. 1. Auflage 1923.
4./5. Auflage von Bd. 1 und 2: 1924—1925. Nachdruck Bd. 1—3. 1962.
Reich und Kultur der Chetiter. 1914.
Theopomps Hellenika. 1909.
Caesars Monarchie und das Principat des Pompeius. Innere Geschichte Roms von 66 bis 44 v. Chr.
1. Auflage 1918. 3. Auflage 1922. Nachdruck 1963.
Ursprung und Geschichte der Mormonen. Mit Exkursen über die Anfänge des Islams und des Christentums. 1912.
England. Seine staatliche und politische Entwicklung und der Krieg gegen Deutschland. 1915.
Nordamerika und Deutschland. 1915.
Weltgeschichte und Weltkrieg. Gesammelte Aufsätze. 1916.
Der amerikanische Kongreß und der Weltkrieg. 1917.
Die Vereinigten Staaten von Amerika. Geschichte, Kultur, Verfassung und Politik. 1920.
Spenglers Untergang des Abendlandes. 1925.
Forschungen zur alten Geschichte.
Bd. 1. Zur älteren griechischen Geschichte. 1892.
Bd. 2. Zur Geschichte des fünften Jahrhunderts v. Chr. 1899.
Kleine Schriften. Bd. 1. 1. Auflage 1910. 2. Auflage 1924. Bd. 2. 1924.

II. Schriftenverzeichnis

Ein mustergültiges Verzeichnis wird verdankt Heinrich Marohl, Eduard Meyer. Bibliographie. Mit einer autobiographischen Skizze Eduard Meyers und der Gedächtnisrede von Ullrich Wilcken. Stuttgart 1941.

III. Bibliographische Hinweise

Eine Biographie Eduard Meyers existiert nicht. Kürzere Würdigungen gaben — neben der oben genannten Gedächtnisrede U. Wilckens — W. Otto, Eduard Meyer und sein Werk, ZDMG. N. F. 10, 1932, 1—24; V. Ehrenberg, HZ 143, 1931, 501—511. S. Morenz, Die Einheit der Altertumswissenschaften. Gedanken und Sorgen zum 100. Geburtstag E. Meyers, Das Altertum 1, 1955, 195 ff.

Michael Iwanowitsch Rostovtzeff

I. Hauptwerke

The Social and Economic History of the Roman Empire. 1926.
Deutsche Ausgabe: Gesellschaft und Wirtschaft im römischen Kaiserreich. Übersetzt von Lothar Wickert. 2 Bände. Leipzig o. J. (1929).
Italienische Ausgabe: Storia Economica e Sociale dell'Impero Romano. Übersetzt von G. Sanna. 1933.
Spanische Ausgabe: Historia Social y Economica del Imperio Romano. Übersetzt von L. Lopez-Ballisteros. 2 Bände. 1937.
The Social and Economic History of the Hellenistic World. 3 Bände 1941. Second edition with additions and corrections by P. M. Fraser. 3 Bände. 1953.
Deutsche Ausgabe: Die hellenistische Welt. Gesellschaft und Wirtschaft. Übersetzt von G. und E. Bayer. 3 Bände. 1955/56. (= Gesellschafts- und Wirtschaftsgeschichte der hellenistischen Welt. Wissenschaftliche Buchgesellschaft. 3 Bände. 1955/56.).
A History of the Ancient World. Translated from the Russian by J. D. Duff. 2 Bände. 1926.
Deutsche Ausgabe: Geschichte der Alten Welt. Übersetzt von H. H. Schaeder. 2 Bände. 1941. 1942. Neuauflage 1955.
Skythien und der Bosporus. Übersetzt von E. Pridik. Band I. 1931.
Iranians and Greeks in South Russia. 1922.
Römische Bleitesserae. Ein Beitrag zur Sozial- und Wirtschaftsgeschichte der römischen Kaiserzeit. Klio Beiheft 3. 1905.
Tesserarum Urbis Romae et Suburbi Plumbearum Sylloge. 1903.
Studien zur Geschichte des römischen Kolonates. Archiv für Papyrusforschung. Beiheft. 1. 1910. Nachdruck 1970.
Geschichte der Staatspacht in der römischen Kaiserzeit bis Diokletian. Philologus. Ergänzungsband 9. 1902, 331—512.

The Excavations at Dura-Europos conducted by Yale University and the French Academy of Inscriptions and Letters. Preliminary Report. (Herausgeber) 10 Bände. 1929—1952. Final Report. (Herausgeber) 6 Bände. 1943—1949.

Dura-Europos and its Art. 1938.

Caravan Cities. Translated by D. and T. Talbot Rice. 1932.

II. Schriftenverzeichnis

C. Bradford Welles, Bibliography — M. Rostovtzeff, Historia 5, 1956, 358—381.

Das Verzeichnis nennt 444 Titel, ist jedoch — wie Welles S. 371 Anm. 1 und S. 380 Anm. 1 bemerkt — unvollständig.

III. Bibliographische Hinweise

Zu Lebzeiten Rostovtzeffs erschien eine erste Würdigung seines Werks von G. V. Vernadskij im Seminarium Kondakovianum 4, Prag 1931, 239—252, in der vor allem die russische Lebensphase zur Darstellung gelangte. Die ausführliche Schilderung von Leben und Werk gab C. Bradford Welles, Michael I. Rostovtzeff, in: Architects and Craftsmen in History. Festschrift für Abbott Payson Usher. Tübingen o. J. (1957?), 55—73.

Von Erinnerungen und Nachrufen seien hervorgehoben: A. Momigliano, M. I. Rostovtzeff, The Cambridge Journal 7, 1954, 334—346 = Studies in Historiography. 1966, 91—104. C. Préaux, Chronique d'Égypte 1954, 179—190.

ZEITTAFEL

(Im folgenden sind jeweils nur die Erscheinungsjahre der Erstauflagen berücksichtigt worden.)

1776—1788	E. Gibbon, History of the Decline and Fall of the Roman Empire. 6 Bde.
1811—1812	B. G. Niebuhr, Römische Geschichte. I. II.
1817	A. Boeckh, Die Staatshaushaltung der Athener. I. II.
1832	A. Boeckh, Die Staatshaushaltung der Athener. III.
1833	J. G. Droysen, Geschichte Alexanders d. Gr.
1836	J. G. Droysen, Geschichte der Nachfolger Alexanders.
1843	J. G. Droysen, Geschichte der Bildung des hellenistischen Staatensystems.
1846—1847	B. G. Niebuhr, Vorträge über römische Geschichte. I. II.
1847	B. G. Niebuhr, Vorträge über alte Geschichte. I.
1848	B. G. Niebuhr, Vorträge über alte Geschichte. II.
	B. G. Niebuhr, Vorträge über römische Geschichte. III.
1851	B. G. Niebuhr, Vorträge über alte Geschichte. III.
	E. Curtius, Peloponnesos. I.
1852	E. Curtius, Peloponnesos. II.
	Th. Mommsen, Inscriptiones Regni Neapolitani Latinae.
1853	J. Burckhardt, Die Zeit Constantins d. Gr.
1854—1856	Th. Mommsen, Römische Geschichte. I.—III.
1857	E. Curtius, Griechische Geschichte. I.
1861	E. Curtius, Griechische Geschichte. II.
1863	Th. Mommsen — G. Henzen, Corpus Inscriptionum Latinarum. I.
1867	E. Curtius, Griechische Geschichte. III.
1871	Th. Mommsen, Römisches Staatsrecht. I. (—1888. III, 2.)
1884	R. Pöhlmann, Die Übervölkerung der antiken Großstädte im Zusammenhange mit der Gesamtentwicklung städtischer Civilisation.
	E. Meyer, Geschichte des Altertums. I.
1885	Th. Mommsen, Römische Geschichte. V.
1886	K. J. Beloch, Die Bevölkerung der griechisch-römischen Welt.

1887	E. Meyer, Geschichte des alten Ägyptens.
1889	R. Pöhlmann, Grundriß der griechischen Geschichte.
1893	R. Pöhlmann, Geschichte des antiken Kommunismus und Sozialismus. I.
	K. J. Beloch, Griechische Geschichte. I.
	E. Meyer, Geschichte des Altertums. II.
1897	K. J. Beloch, Griechische Geschichte. II.
1898—1902	J. Burckhardt, Griechische Kulturgeschichte. I.—IV.
1900	H. Delbrück, Geschichte der Kriegskunst im Rahmen der politischen Geschichte. I.
1901	R. Pöhlmann, Geschichte des antiken Kommunismus und Sozialismus. II.
	E. Meyer, Geschichte des Altertums. III. IV.
1902	E. Meyer, Geschichte des Altertums. V.
1904	K. J. Beloch, Griechische Geschichte. III.
1918	E. Meyer, Caesars Monarchie und das Principat des Pompeius.
1921	E. Meyer, Ursprung und Anfänge des Christentums. I. II.
1922	M. Rostovtzeff, Iranians and Greeks in South Russia.
1923	E. Meyer, Ursprung und Anfänge des Christentums. III.
1926	K. J. Beloch, Römische Geschichte.
	M. Rostovtzeff, The Social and Economic History of the Roman Empire.
	M. Rostovtzeff, A History of the Ancient World.
1931	M. Rostovtzeff, Skythien und der Bosporus.
1941	M. Rostovtzeff, The Social and Economic History of the Hellenistic World.

REGISTER